KB231304

수업 비평가의 시선

수업 비평가의 시선
- 수업에 관한 오해와 이해

ⓒ 이혁규, 2018

2018년 6월 28일 처음 펴냄
2022년 11월 22일 초판 4쇄 찍음

글쓴이 | 이혁규
기획·편집 | 이진주, 설원민, 공현
출판자문위원 | 이상대, 박진환
디자인 | 이수정, 박대성
제작 | 세종 PNP

펴낸이 | 김기언
펴낸곳 | 교육공동체 벗
이사장 | 최은숙
사무국 | 최승훈, 이진주, 설원민, 서경, 공현
출판등록 | 제2011-000022호(2011년 1월 14일)
주소 | (03971) 서울시 마포구 성미산로1길 30 2층
전화 | 02-332-0712
전송 | 0505-115-0712
홈페이지 | communebut.com
카페 | cafe.daum.net/communebut

ISBN 978-89-6880-102-0 93370

수업 비평가의 시선

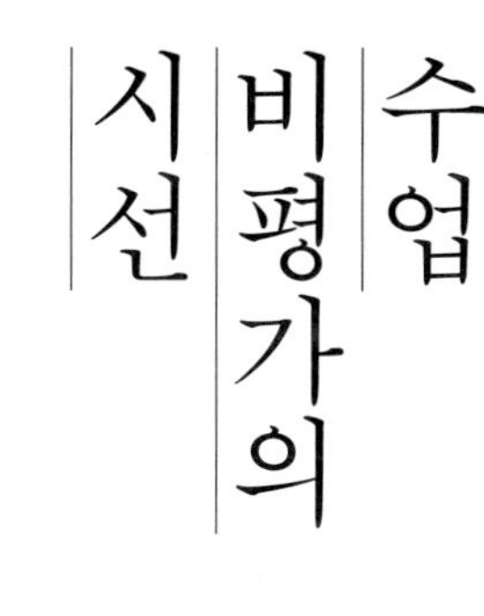

수업에 관한 오해와 이해

이혁규 씀

교육공동체벗

교육 현장에서 교사와 학생은 대부분 수업으로 만난다. 무엇보다도 학생들이 학교에서 보내는 시간의 대부분은 수업 시간이다. 따라서 수업에서 학생들이 의미 있는 학습과 성장을 경험하지 못한다면 교육은 총체적으로 실패할 수밖에 없다. 우리가 수업 현상에 관심을 가지고 수업 개선을 위해 노력해야 할 이유도 여기에 있다. 이런 거창한 이유 외에 교육자로서 내 수업을 잘해 보고 싶다는 소박한 욕망도 수업 연구를 계속하게 하는 동기이다.

내가 수업 연구를 위한 여러 방법을 모색하다가 수업 비평을 시작한 것이 2000년대 초반이다. 《수업, 비평을 만나다》(2007)와 《수업, 비평의 눈으로 읽다》(2008)라는 단행본을 기준으로 하면 10년이 지났다. 그 기간 동안에 우리 교육 현장에는 엄청난 변화가 있었다. 경기도에서 시작된 혁신학교운동이 전국 학교의 수업과 학교 문화에 영향을 미쳤다. 개별 혹은 교사공동체 단위의 다양한 수업 실천 운동이 전개되고 있다. 이 책은 이렇게 역동적으로 변화하는 한국 수업 실천의 몇몇 현장을 찾아보고 그 의미를 비평해 보려는 노력을 담고 있다. 하브루타 수업, 배움의 공동체 수업, 거꾸로교실, 사상 최대 수업 프로젝트 등 한국 교육 현장에 큰 반향을 불러일으키고 있는 수업 실천 사례들을 들여다보았다. 그동안 입시 위주 교육이라고 당연시하면서 들여다보지 않았던 고등학교 3학년 수업의 속살도 살펴보았다. 사교육 스타 강사인 설민석의 수업을 소재로 공교육과 사교육의 문제도 생각해 보고 양자를 넘어서는 교육 생태계의 공공성에 대해서 고민해 보았다. 교육대학교 교수로서 나는 어떻게 수업하고 있는지를 성찰하는 자기 수업 비평도 포함하고 있다.

이 글들은 대부분 교육공동체 벗에서 발간하는 《오늘의 교육》에 연재했던 글들이다. 연재를 하면서 2004~2007년에 관찰했던 수업들과 의식적 무의식적으로 비교해 보았다. 그러면서 수업 실천이 어떻게 변화하고 있는지를 생각해 보았다. 중요한 차이는 수업 실천의 스케일이다. 과거에는 한 시간 단위 수업 실천의 완결성을 추구하는 경향이 있었다. 그런데 최근에는 수업 실천의 스케일이 커지고 있다. 주제 통합 수업이나 프로젝트 수업, 마을 연계 수업 등 수업을 사유하는 방식이 달라지고 있기 때문이다. 일상적인 수업의 경우에도 강의식 수업이 아니라 활동형 수업이 늘어나면서 수업 내 상호 작용의 복잡성과 다양성이 증가하고 있다. 한 시간 수업보다 연차시 수업을 하는 경향도 늘어났다. 이런 현상을 기술하고 해석하려다 보니 수업 비평문의 길이도 자연스럽게 늘어났다.

이 책에 실린 사례 외에 다양한 수업 사례를 관찰하면서 나는 우리 수업과 학교 현장이 역동적으로 변화하고 있음을 느낀다. 과거와 달리 기존 수업 관행을 탈피한 새로운 수업 실천들이 양적으로 질적으로 확대되고 있다. 수업을 중심에 두고 고민하고 사유하고 실천하는 교사공동체도 여러 곳에서 생겨났다. 고립적인 교사 문화를 탈피하여 함께 수업을 고민하고 공동 실천을 모색하는 노력도 진지하게 이루어지고 있다. 물론, 모든 교사와 학교가 다 그런 것은 아니다. 전

환기의 풍경화가 그러하듯이 어떤 곳에서는 놀라운 변화가 협력적으로 일어나고 있는가 하면 다른 곳에서는 새로운 변화에 대한 냉소와 저항이 존재한다. 개혁과 혁신을 둘러싸고 갈등과 반목을 경험하는 곳도 적지 않다. 그러나 전체적으로 볼 때 수업 실천과 학교 변화를 위한 노력이 이렇게 짧은 기간에 급속하게 진전되는 경우도 세계적으로 흔하지 않을 것이다. 과거에는 좋은 수업 사례를 찾기가 쉽지 않았다. 그러나 최근에는 의미 있는 수업 실천 사례들이 점점 더 늘어나고 있다. 따라서 이런 실천 경험을 공유하고 함께 배우려는 마음을 가지면 한국의 수업 실천, 나아가서 한국 학교는 가까운 장래에 놀랍도록 변화할 것이라고 나는 낙관한다.

수업 비평은 이런 변화의 흐름 속에서 무슨 역할을 할 수 있을까? 우선 수업 비평은 수업을 꼼꼼히 들여다보는 측면에서는 다른 어떤 수업 연구 장르보다 강점이 있다. 수업에 대한 수많은 연구가 쏟아지고 있지만 수업을 꼼꼼히 들여다보는 연구 전통은 한국에서 아직도 박약하다. 여전히 많은 수업 연구들이 수업 전에 이루어지는 수업 설계 문제에 집중하거나 수업 후에 학생들이 나타내는 성적에만 주목한다. 이에 비해서 수업 비평은 한 사회의 문화가 전수되며, 교사와 학생이 함께 성장하고, 사회적 의미가 공동 구성되는 장으로서 수업 현상 자체를 꼼꼼히 이해하고 해석하고자 노력한다. 수업 비평은 너무 일상적이고 신비감이 없다는 이유로 혹은 사회 구조의 단순한 반영물이라는 이유로 블랙박스처럼 무시하던 수업 현상을 관심의 중심으로 옮겨 놓는다. 이 점에서 수업 비평은 한국 수업 연구의 결함을 보정하고 균형 있는 수업 연구를 가능하게 하는 강력한 수단이다. 다음으로 수업 비평은 수업 연구자와 실천가, 그리고 수업 현상에 관심을 가지는 학부모나 시민들을 연결시켜 주는 인터스페이스이자 교차로의 역할을 수행할 수 있다. 비평이라는 장르가 작품과 대중을 연계하는 것처럼 수업 비평도 수업 실천을 소통과 대화의 장으로 이끌어낸다. 수업 비평은 개별 교사들이 고립된 문을 열도록 촉구하며 현장은 현장대로, 학계는 학계대로 분리되어 존재하는 담론의 장벽을 허무는 계기를 제공한다. 이를 통해서 수업 실천과 연구에 집단 지성이 깃들고 자랄 수 있는 토대를 마련한다. 오랜만에 내놓는 이 수업 비평 사례집도 수업 실천에 대한 대화와 메타 대화를 생성하고 좋은 수업을 향한 집단적 역량을 고양하는 계기가 되기를 소망해 본다.

전작들이 그러하듯이 이 책 또한 자신의 수업을 공유해 주신 선생님들 없이는 세상의 빛을 보지 못했을 것이다. 소중한 수업 실천의 지혜를 열어 보여 주신 김수현, 김은정, 김현정, 박현숙, 임은경, 장지혁, 정용주, 한은선 선생님께 깊이 감사드린다. 언제나 그렇지만 훌륭한 수업 실천가들과의 만남은 교육 실천에 대한 좋은 자극제가 된다. 이 분들 모두가 내 연구와 수업 실천의 소중한 스승들이다.

《오늘의 교육》에 수업 비평 꼭지를 마련해 주고 이를 단행본으로 출간해 준 교육공동체 벗 식구들에게 고마움을 전한다. 항상 지지와 격려를 아끼지 않는 소중한 아내에게 감사하고 너무나 훌륭하게 성장하고 있는 준학이, 준서, 준경에게도 사랑한다는 말을 꼭 전하고 싶다. 아울러 내 자녀 같은 이 땅의 많은 아이들이 서로 존중하고 협력하면서 마음껏 성장할 수 있는 좋은 교육 생태계가 만들어지기를 소망해 본다. 마지막으로 오늘도 구슬땀을 흘리며 더 나은 교육을 위해 분투하는 이 땅의 교사들에게 이 책이 작은 도움이 되었으면 좋겠다.

2018년 6월
늦은 밤 연구실에서 이혁규

수업 비평,
비평가가 들려주는 이야기

- 신념에 따라 사는 것은 도덕적인가

1

경기도수업비평교육연구회는 수업 비평을 중심으로 활동하는 연구회이다. 따라서 이 모임 소속 교사들은 수업을 함께 관찰하고 연구하는 데 매우 열려 있다. 이 수업은 이 연구회 핵심 멤버인 김은정 수석 교사가 수업 비평 워크숍을 위해 자발적으로 공개한 수업이다. 이 워크숍에 참여하면서 나는 김은정 교사가 학생들을 대하는 자세에서 많은 것을 배웠고 열린 공동체에 참여하는 즐거움을 누렸으며 수업을 보는 나의 관습에 대해서도 성찰하는 소중한 기회를 얻었다.

유홍준의 《나의 문화유산 답사기》를 읽은 일부 독자들은 차를 몰고 전남 강진으로 몰려갔다고 한다. 놀랍기도 하지만 무척 흥미로운 반응이 아닐 수 없다. 왜 이러한 현상이 발생했을까? 독자들은 자신이 즐기는 것을 다른 사람들은 어떻게 즐기는지를 정확하게 듣고 싶어 한다. 특히 뛰어난 비평가들이 위대한 작품에 대해 어떤 반응을 보이는지를 더 듣고 싶어 한다. (……) 말하자면 독자들은 '문화유산'을 즐기기 위해서가 아니라 '비평가인 유홍준의 안목'을 즐기기 위해 달려간 것이다. (……) 수업 비평은 수업 그 자체가 '보여 주는 이야기'가 아니라 비평가가 '들려주는' 이야기이다. 그래서 그 이야기가 재미없으면 그 책임은 수업에 있는 것이 아니라 구연자인 비평가에게 있다. 우리의 일상처럼 지루하고 단조로운 수업을 청자나 독자로 하여금 듣고 싶은 수업 이야기로 탈바꿈시킨다. 굴곡이 없어 보이던 수업이 발단, 전개, 위기, 절정, 결말로 재구성되기도 하며, 교사와 학생의 평범한 대화가 심리적인 갈등을 지닌 문제 상황으로 전경화되기도 한다. 비평가는 수업에 내재된 사연이나 수업 현상을 퍼 올려 청자나 독자로 하여금 그 수업을 보고 싶게 만들거나 그 사연의 주인공을 만나 보고 싶게 만든다.[1]

위에 인용한 내용은 청주교대 심영택 교수가 〈수업 비평적 담화 방법의 원리 탐색〉이라는 논문의 소절 "수업 비평을 하는 이유"에 기록한 말이다. 이 글에서 수업 비평은 수업 그 자체가 '보여 주는 이야기'가 아니라 비평가가 '들려주는' 이야기라는 말이 인상적이다. 심지어 심 교수는 수업 비평문이 재미가 없으면 그 책임은 수업자에게 있는 것이 아니라 구연자인 비평가에게 있다고까지 말한다. 이 말을 곰 곰이 곱씹어 보면 수업 비평은 수업 장학이나 수업 컨설팅과 같은 수업 전문성 신장 체계와는 매우 다른 성격의 활동임을 알 수 있다. 수업 장학이나 수업 컨설팅의 경우 문제가 되는 것은 교사의 수업이다. 장학진이나 컨설턴트의 안목이나 전문성은 어느 정도 확보되어 있는 것으로 간주된다. 그렇게 가정하지 않으면 장학이나 컨설팅이라는 활동은 성립할 수가 없다. 물론, 개별 장학사나 컨설턴트의 역량에는 차이가 있다. 그럼에도 불구하고 장학이나 컨설팅은 수업을 보는 어느 정도 표준화된 눈이 있다는 전제하에 작동한다. 따라서 컨설팅과 장학이라는 담론의 장에서 문제시되는 것은 수업이며 수업을 보는 안목 자체가 최소한 이론상으로는 크게 문제가 되지 않는다. 이에 비해 수업 비평은 수업 자체뿐 아니라 수업 비평가의 안목을 문제 삼는 소통 장르이다. 수업 이야기가 재미없으면 그것은 수업자 탓이 아니고 비평가 탓이라고 하지 않는가? 다시 말하자면 수업 비평은 수업 비평가가 '들려주는' 이야기이다.

그런데 심영택 교수는 여러 대학원생들과의 수업 비평 실습 경험을 바탕으로 수업 비평 이야기가 재미없게 흘러가거나 혹은 위험해질 수 있는 경향을 언급하고 있다. 이런 사실을 예증하기 위해서 그는 '소위' 비평 초보자가 쓴 다음 내용을 인용하고 있다.

우선 수업 분위기가 대단히 산만했다. 교사가 그 산만한 수업 분위기를 어떤 방법이든 좀 조용하게 만들고 본 수업이 진행되도록 하는 교사의 역할을 좀 더 해 주었으면 좋겠는데 그렇지 못해서 아쉬웠다. (……) 학습 목표를 영상으로 제시했는데 칠판에 좀 게시한다든지 지속적으로 학습 목표를 아이들이 인식하도록 해야 하는데 그런 부분이 첫 부분이었기 때문에 뒤는 어떻게 진행되었는지 모르겠지만 아쉬웠다.
(……)[2]

지면 관계상 자료의 아주 짧은 한 부분을 인용했다. 심 교수는 위 인용문처럼 대부분의 비평 초보자들은 지엽적인 부분에 주목하고 '기술'과 '분석', 그리고 '해석'은 생략한 채 수업 동영상을 '관찰'하자마자 바로 '평가'로 달려가는 경향을 보인다고 평가하고 있다. 그 결과 비평이라기보다는 비난이나 비판에 가까운 목소리가 많으며, 비난하거나 비판하는 방식이 아닌 비평하는 방법을 배우기 위해서는 이러한 습관에 대한 근본적인 성찰이 필요하다고 진단한다.

내가 김은정 교사의 수업을 비평하면서 글머리에 "수업 비평은 수업 비평가가 들려주는 이야기"라는 점과 "수업 비평 초보자의 잘못된 습성"을 심영택 교수의 글을 빌려서 길게 적는 이유가 있다. 수업 비평을 꽤 오랫동안 해 온 나조차도 이런 비평 초보자의 습관으로부터 멀리 벗어나 있지 못한 경우가 많다는 자각 때문이다. 관찰에서 평가로 직행하는 습관은 인간의 보편적 사유 습성 중 하나인지도 모른다. 수업 비평은 이런 사유 습속을 넘어서서 깊은 숙고를 통해서 수업을 새롭게 보는 것을 지향한다. 나는 김은정 교사의 수업을 여러 번 관찰하면서 내가 주목한 부분이 어떻게 달라지는가를 드러냄으로써 섣부른 관찰과 평가를 넘어서서 수업 비평이 비평가의 안목을 시험하고 넘어서는 부단한 학습의 과정임을 드러내고 싶다.

김은정 교사의 도덕 수업 스케치

김은정 교사는 경기도수업비평교육연구회[3]에서 활동하는 수석 교사이다. 나는 이 수업을 경기도수업비평교육연구회에서 연수 프로그램을 진행하는 과정에서 접하게 되었다. 2016년에 경기도 수원 연무 중학교 1학년 교실에서 이루어진 도덕 수업이다. 먼저 김 교사가 이 수업에서 사용한 활동지를 제시하고자 한다. 이 활동지를 통해서 수업의 전개 과정을 개략적으로 기술해 보겠다.

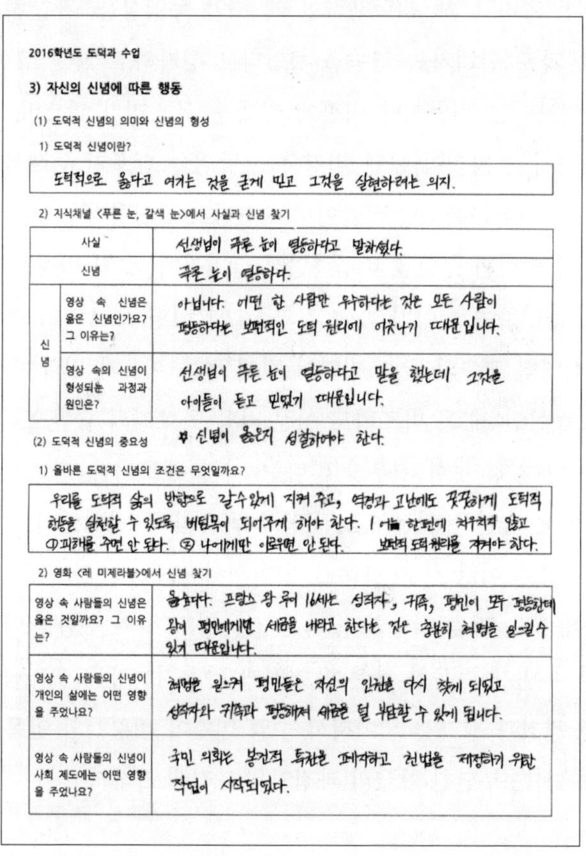

김은정 교사의 도덕 수업 활동지

이 수업은 교과서 1단원 〈도덕적 주체로서의 나〉의 4번째 소단원

"도덕적 실천" 중 '자신의 신념에 따른 행동'이라는 주제를 다루고 있다. 활동지를 보면 이 수업은 크게 도덕적 신념의 의미를 이해하는 부분과 도덕적 신념의 중요성에 대해서 학습하는 부분으로 구성된다. 김 교사는 먼저 학생들에게 교과서를 읽게 했다. 학생들은 교과서를 읽은 후에 도덕적 신념에 대해 설명하는 부분을 찾아서 학습지에 옮겨 적었다. 이어서 김 교사는 학생들과 함께 EBS 지식채널e의 〈푸른 눈, 갈색 눈〉을 시청하였다.[4] 〈푸른 눈, 갈색 눈〉은 마틴 루터 킹 목사가 살해되는 등 인종 문제가 중요한 이슈로 대두되던 1960년대 말 미국, 초등학교 교사 제인 엘리어트가 아이오와주 라이스빌 초등학교 3학년 아이들을 대상으로 행했던 교실 실험을 다루고 있다. 푸른 눈을 가진 사람은 열등하다고 가르치는 단 하루의 실험만으로 학생들이 편견과 차별을 내면화하는 것을 보여 주는 충격적인 실험이다. 〈푸른 눈, 갈색 눈〉을 함께 본 후에 김 교사는 학생들에게 사실과 신념의 차이를 설명하고 동영상에서 사실과 신념을 찾아보도록 했다. 이어서 학생들이 찾아낸 신념이 도덕적으로 올바른 것인지에 대해서 판단을 내리고 그 이유를 적도록 했다. 최종적으로는 이런 도덕적 신념이 어떤 과정을 통해서 형성되었는지를 판단해 보도록 하였다. 예컨대, 예시된 활동지를 작성한 학생은 영상 속 신념이 옳은 신념인지, 그 이유는 무엇인지에 대해 "어떤 한 사람만 우수하다는 것은 모든 사람이 평등하다는 보편적인 도덕 원리에 어긋나기 때문입니다"라고 적었다. 그리고 그런 도덕적 신념이 형성된 원인은 선생님의 말을 단순하게 믿었기 때문이라고 답하였다.

〈푸른 눈, 갈색 눈〉 이야기를 통해서 어떤 신념은 올바르지 않을 수도 있음을 언급한 후에 김 교사는 다시 학생들에게 교과서를 읽고 올바른 도덕적 신념의 조건은 무엇인지 찾아보도록 하였다. 예시된 활동지와 같이 학생들은 각자 교과서를 읽고 올바른 도덕적 신념의 조건에 대해서 나름의 답을 적었다. 이 활동이 끝난 후에 김 교사는 다시 영화 〈레 미제라블〉의 한 장면을 학생들과 함께 보았다. 그리고 활동지의 질문을 따라서 자유를 찾아서 죽음을 무릅쓴 영화 속 인물들의 신념이 그들의 개인적인 삶과 사회 제도에 어떤 변화를 가져왔는지를 생각해 보도록 이끈다.

관찰에서 바로 평가로 달려가는 습관

수업 비평가는 수업에 대한 비평문을 쓰기 위해서 여러 번에 걸쳐서 수업 비디오와 관련 자료를 반복해서 보는 경우가 많다. 그 최종적인 사유의 결과를 비평문에 담아낸다. 따라서 최초에 수업을 접할 때부터 시작해서 비평문을 산출할 때까지의 사유의 변화 과정이 최종 비평문에 담기는 경우는 드물다.

그렇다면 수업을 최초로 관찰할 때 수업 비평가는 무엇을 볼까? 그리고 이때 비평가의 시선은 관찰에서 바로 평가로 달려가는 습관으로부터 얼마나 자유로울까? 이 질문에 답하기 위해서 내가 김은정 교사의 수업 비디오를 처음 관찰했던 경험을 술회하고자 한다. 결론부터 말하자면 나 또한 '관찰'하자마자 자연스럽게 '평가'로 달려가는 경향으로부터 자유롭지 못하다. 수업을 처음 관찰하였을 때 나에게 의아하게 보였던 장면은 수업 전반부에 있는 "사실과 신념을 구분하는 부분"이었다. 다음의 교사-학생 상호 작용 내용을 살펴보자.

교사 선생님이 지금 여러분에게 신념과 사실이 어떻게 다른가를 잠깐 설명을 할게. (판서를 하며) 1학년 8반에는 몇 명 있나? 32명의 학생이 있다! 그러면 이건 사실일까? 신념일까?

학생들 사실! 사실.

교사 사실이야, 사실. 그런데 1학년 8반은 착한 학생들이다. 동의하나?

학생들 (웃으면서) 사실! 네, 사실!

교사 사실? 근데 이건 '착한 애들이다'라는 판단이 들어 있지? 그렇기 때문에 이건 사실이 아니고, 뭘까?

학생들 신념!

교사 신념이야. 구분이 갈까? 좀 어렵지? 하나만 더 해 보자. 송중기는 연예인이다.

학생들 사실! 사실!

교사 사실이지! 그러면 송중기는 최고의 연예인이다.

학생들 사실! 사실!

교사 자! 여기서 연예인이라는 것에 대해서 최고라고 하는 어떤 판단을 내렸잖아. 이거는 뭐야?

학생들 신념.

교사 신념이야. 신념과 사실. 구분이 가십니까?

학생들 네.

김 교사는 사실과 신념의 차이에 대해 설명하고 있다. 두 개념의 차이를 설명하기 위해서 "1학년 8반"과 "송중기"를 예로 들고 있다. 그런데 김 교사의 설명에 의하면 어떤 판단이 들어간 것은 신념이다. 이러한 설명은 "도덕적으로 옳다고 여기는 것을 굳게 믿고 그것을 실현하려는 의지를 도덕적 신념"이라고 적고 있는 교과서 설명과는 다소 거리가 있었다.

총평을 하자면 사실과 신념을 구분하는 활동은 나에게는 어색하게 느껴졌다. 사실/신념의 구분 대신에 내 머릿속에 직관적으로 떠오른 것은 사실/가치의 이항 대립이다. 사회과학에서는 일반적으로 사실과 가치를 구분하기 때문이다. 일반적으로 사실은 경험적 자료를 통해서 참과 거짓 또는 옳고 그름을 구분할 수 있는 진술을 말하고, 가치는 주관적 판단이 개입되어 있어서 경험적 자료만으로는 참과 거짓을 가려낼 수 없는 진술을 말한다. 그렇다면 위의 교사-학생 상호 작용은 사실과 신념을 구분하는 활동이 아니라 사실과 가치를 구분하는 활동이어야 한다. 흥미로운 것은 "송중기는 최고의 연예인이다"라는 문장에 대해서 학생들이 "사실"이라고 답하는 부분이다. "최고의 연예인"이라는 말에는 틀림없이 가치 판단이 들어 있다. 그런데 왜 학생들은 "사실"이라고 반응했을까? 학생들의 반응이 틀린 것일까? "송중기가 최고의 연예인 중 하나"라는 것은 많은 사람들이 동의하는 객관적인 사실 아닌가?

학생들의 이런 반응은 사회과학적 논의의 한 중요한 부분을 건드리고 있다. 사실 판단과 가치 판단은 경험적 증명 유무에 의해서 구분된다. 그러나 우리가 무엇인가를 관찰할 때 순수하게 경험적으로만 대상을 보지 않는다. 우리의 관찰은 상당한 정도로 이론 의존적이다. 자연 현상이건 사회 현상이건 우리가 어떤 가치관이나 신념, 이론의 체계를 가지고 있느냐에 따라서 동일한 현상도 전혀 다르게 보이고 해석된다. 좀 더 깊은 차원으로 들어가면 사실과 가치의 구분은 그다지 명확하지 않다. 이 점을 좀 더 확대해 보면 사실과 가치의 구분은 증명의 문제이기보다는 합의의 문제일 수도 있음을 알 수 있다.

예컨대, "A가 미인이라는 것은 모두가 인정하는 객관적인 사실이다"라는 문장을 한번 생각해 보라. 이 문장이 어색해 보이는가? 그렇지 않다. "A가 미인이다"라는 가치 진술은 모든 사람이 그것을 받아들이는 상황에서 하나의 사회적 사실이 되어 버리는 것이다. 아마도 학생들이 "송중기는 최고의 연예인이다"라는 말에 대해서 "사실"이라고 반응한 데도 우리 사회 전체가 받아들이고 있는 언어 사용의 이런 암묵적 용례를 학생들이 따르고 있기 때문으로 보인다.

그렇다면 수업의 전반부에 이루어진 사실과 신념을 구분하는 활동은 오개념을 형성하거나 학생들을 상당히 혼란스럽게 만들었을 가능성이 크다. 좀 더 정확하게 접근하려면 사실과 신념을 바로 대비시키기보다는 사실과 가치를 구분하고 신념이 가치의 한 특수한 형태라는 것을 설명하는 식으로 수업이 구성되어야 하지 않았을까?

'숙고'와 '학습'으로서의 수업 비평의 차원

수업 비디오를 처음 보면서 수업 공개자인 김 교사의 입장에서 보면 받아들이기에 불편한 수업 설계의 오류(?)를 발견한 셈이다. 이 지점에서 나는 다소 착잡한 심정이 되었다. 수업비평교육연구회의 교사들과 이 수업을 보고 함께 분석하는 활동을 해야 하는데 이런 오류를 언급하면 수업 비평은 "지적질"이 될 가능성이 높은 것이다. 그리고 수업 비평가의 이런 지적질은 안 그래도 수업 공개가 부담스러운 교사들에게 수업 공개를 주저하게 만들 가능성이 높을 것이다. 그렇다고 이런 문제를 언급하지 않고 넘어가면 학생들이 겪을 학습의 오류를 바로잡을 수가 없는 것 아닌가?

그런데 수업에서 관찰한 바에 대해서 즉각적인 판단이나 평가를 하는 행위는 수업 비평가들이 주장하는 방법적 원리와 상충되는 면이

있다. 예컨대, 나부터가 "수업을 평가하려는 자세를 버리고 수업이 주
는 새로운 자극을 기대하고 이를 통해 수업을 보는 자신의 인식을 재
구성하는 겸손한 학습자의 눈이 필요하다"[5]고 진술한 적이 있다. 좀
다른 차원에서 심영택 교수는 루이스Clive Staples Lewis의 말을 인용해
서 "어떤 예술 작품이 우리에게 영향을 미치도록 하기 위해서 제일 먼
저 요구되는 것은 복종이다. 보라. 들어라. 그리고 받아들여라. 너 자신
이 방해물이 되지 말라"[6]라고 했다. 이 말들은 수업 관찰자가 자신의
선입견이나 편견을 내려놓고 수업 현상을 주의 깊게 들여다보아야 함
을 의미한다. 그러나 우리가 선입견이나 편견을 내려놓으려고 아무리
노력을 해도 그것이 우리의 시야에서 완전히 사라지지는 않는다. 우리
가 수업을 처음 볼 때 머릿속에 떠오르는 즉각적인 사유들은 워낙 자
동적이라서 우리는 스스로 그런 생각들을 제어할 수 없다. 그리고 이
런 즉각적인 생각들은 그 나름의 고유한 기능도 가지고 있다.

관찰에서 처음 떠오른 생각과 숙고를 통해서 얻는 판단 간의 관계
를 균형 있게 조망하는 데 노벨경제학상을 수상한 심리학자 대니얼
카너먼이 정립한 인간의 사고에 대한 두 가지 시스템 이론이 도움이
될 것 같다.[7] 대니얼 카너먼은 인간의 머릿속에는 〈시스템 1〉과 〈시스
템 2〉라는 두 가지 다른 사고 시스템이 존재하고 있다고 말한다. 〈시
스템 1〉은 거의 혹은 전혀 힘들이지 않고 자발적인 통제에 대한 감
각 없이 자동적으로 빠르게 작동한다. 이에 비해 〈시스템 2〉는 복잡
한 계산을 포함하여 관심이 요구되는 노력이 필요한 정신 활동에 관
심을 할당한다. 이 두 시스템은 끊임없이 상호 작용을 하면서 우리
의 지각과 인식과 선택에 영향을 미친다. 〈시스템 1〉은 〈시스템 2〉를
위해서 인상, 직관, 의도, 느낌을 지속적으로 제안한다. 〈시스템 2〉의
승인을 받으면 인상과 직관은 믿음으로 바뀌고 충동은 자발적인 행

위로 변한다. 아주 쉽게 설명하면 〈시스템 1〉은 빨리 사고하는 부분이고 〈시스템 2〉는 느리게 사고하면서 〈시스템 1〉을 보완하는 역할을 한다고 볼 수 있다. 〈시스템 1〉은 매우 빨리 작동하기 때문에 효율적이지만 사물을 제대로 파악하지 못하는 착시나 편향에 빠지기 쉽다. 〈시스템 1〉의 또 다른 한계는 그 작동을 잠시도 멈출 수가 없다는 것이다. 예컨대, 내 눈이 착시를 보고 있다는 것을 인지하고 있음에도 여전히 내 눈에 지각되는 사물의 상은 착시의 모습 그대로이다. 우리는 〈시스템 2〉의 교정 작용을 통해서 비로소 이런 오류를 알아채고 주의할 수 있게 되는 것이다. 이 이론을 적용해 보면 우리가 어떤 수업을 처음 관찰할 때 해당 수업에 대해서 자연스럽게 얻게 되는 느낌, 판단, 평가 등은 〈시스템 1〉에 가깝다. 그리고 수업을 반복해서 들여다보고 깊이 연구하는 것은 〈시스템 2〉를 의도적으로 작동시키는 과정이다.

아마도 내가 김은정 교사의 수업을 처음 보면서 사실과 신념의 구분에서 어색한 점을 발견한 것은 오랜 숙고의 결과가 아닌 〈시스템 1〉의 작동으로 보인다. 그리고 여기에는 사회과학 관련 공부를 해 온 나의 이전 경험치가 무의식적으로 반영되어 있다. 그러나 앞에서도 말했지만 수업 비평은 수업 비평가의 기존의 안목이나 관점을 기계적으로 수업에 투사하는 것 이상이어야 한다. 좋은 수업 비평은 수업 현상을 주시하고 청종하며 수업 현상이 들려주는 이야기를 듣고자 하는 학습의 과정을 동반해야 한다. 〈시스템 1〉이 직관과 판단의 영역에 가깝다면 수업을 반복해서 들여다보며 귀를 기울이는 노력은 숙고와 학습의 영역이다. 좋은 수업 비평은 그런 수고를 하는 과정을 동반한다. 이를 통해서 수업을 보는 수업 비평가의 눈은 더 성장해 간다.

누구도 소외되지 않는 교실

'보라! 들어라! 받아들여라!' 수업 현상이 나에게 들려주는 의미 있는 메시지를 찾기 위해서 나는 다시 수업 동영상과 수업 전사록을 꼼꼼히 반복해서 읽었다. 몇 번을 읽는 동안에 한 작은 장면이 점점 더 크게 클로즈업되었다. 그 수업 장면의 상호 작용을 인용해 보겠다. 이 부분은 수업의 후반부에 속하는데, 영화 〈레 미제라블〉을 보고 영화 속 사람들의 신념에 따른 행동의 결과가 개인들에게 어떤 영향을 미쳤는지를 논의하는 장면이다.

교사　(박수 세 번) 8반 나 안 보는 거야? 지금 쓰느라고 정신없지. 마무리 못 했어도 좋아요. 다른 친구들의 얘기 들으면서 조금 정리해 보도록 하죠. 일단, '영상 속 사람들의 신념은 뭐였을까?'에 대해 누가 한번 발표를 해 보죠. 우리 승우[8]가 목이 너무 아파서 힘들 텐데 지금 열심히 참고 참여해 주고 있어. 승우가 한번 말해 볼까? 저 사람들의 신념은 뭐가 있을까?

승우　다 못 썼어요. 쓴 거라도 말해요?

교사　응, 쓴 거 읽어 주세요.

승우　아직 못 다 써 가지고⋯⋯.

교사　괜찮아, 선생님은 네 의견을 듣고 싶어.

승우　어⋯⋯ (한숨) 잘 모르겠어요.

교사　저기 승우가 잘 모르겠대, 좀 어려웠나 봐. 다른 사람이 한번 얘기해 줘 보자. 승우야, 끝나고 선생님이랑 다시 더 얘기하자. 선생님이 알려 줄게. 누가 얘기해 보자. (⋯⋯) 지원이가 나와 눈이 마주치자 얼른 고개를 흔들었어. 지원이 얘기를 들어 보자.

지원　음, 틀릴 수도 있어요.
교사　괜찮아, 틀려도 좋아.

　　이 대화에서 김 교사는 영상 속 사람들의 신념이 무엇인지를 학생들에게 묻고 있다. 그중에서 승우라는 학생에게 답을 요청하는 장면이다. 승우는 무엇인가를 말하려고 시도한다. 그러나 결국 말을 내뱉지 못한다. 그러자 김 교사는 '수업 끝나고 선생님이 알려 주겠다'는 말로 격려한다. 그리고 지원이라는 학생에게 대화를 이동시킨다. 지원이라는 학생에게 답을 유도할 때도 '틀려도 괜찮다'고 격려한다. 한 시간 수업의 수많은 상호 작용 중에 왜 이 장면이 눈에 들어왔을까? 정답만 요구하는 경직된 우리 교실의 상호 작용과는 질적으로 다른 상호 작용이기 때문이다. "교실은 실수를 통해서 배우는 곳"이라는 언명에도 불구하고 우리 교실은 여전히 정답 위주이고 공부 잘하는 학생들을 위한 공간이 아닌가? 이에 비해 김은정 교사는 모두가 참여하고 누구도 소외받지 않는 교실을 구현하고자 노력하고 있는 것이다. 그리고 그런 김 교사의 노력이 학생들에게 어떤 영향을 미치는지는 이어지는 교실 수업 장면에서 바로 증명된다.

교사　자, 그럼 이게 사회적으로는 어떤 영향을 줬을까? 어떤 결과를 가져왔을까? 우리 예주가 말해 보자.
예주　국가에서 국민회의가 인정되고 헌법을 제정하기 위한 작업이 시작되었습니다.
교사　아! 국가에서 국민회의를 인정하고 헌법을, 평등한 헌법을 만드는 계기가 되었대요. 좋아요. 우리 승우가 손들었어요. 너무 반가워, 말해 봐요.

승우 사회 제도를 평등하게 만들었어요.

교사 사회 제도를 좀 더 평등하게 만드는 데 신념이 작용한 거 같대요. 어, 좋았어!

수업의 마지막 부분에서 김 교사는 영화 속 사람들의 행동이 사회적으로 끼친 영향력을 물었다. 그런데 아까 대답에 실패했던 승우가 자발적으로 참여하는 것이 아닌가? 이런 수업 장면은 흔히 관찰할 수 있는 장면이 아니다. 모든 학생을 따뜻하게 격려하고 대화로 초대하는 김은정 교사와 학생들이 평소에 맺고 있는 관계와 그로 인해 형성된 신뢰의 결과라고 볼 수 있다. 나는 이전 글에서 교사의 가르치는 행위를 가르치는 존재의 인격성과 분리할 수 없다고 말했다.

교사를 다른 전문직과 같이 기능적으로 분화된 역할 수행자로 자리매김하는 바로 그 순간에 교육의 위기가 배태된다. 가르치는 행위를 가르치는 존재의 인격성과 분리하는 것은 사실상 불가능하기 때문이다. 교사가 국어, 수학, 사회, 음악 등에 대한 지식을 훌륭하게 가르친다고 하더라도 개인적으로 방탕하고 비겁하고 거짓말을 일삼는다면 교사로서 적합하지 않다. 왜냐하면 학생들을 교육시키는 일은 단지 학생의 머릿속에 수많은 학문적·기술적 지식과 기능을 채워 넣는 것 이상의 행위이기 때문이다. 교육은 결정적으로 품성과 태도를 형성하는 문제와 관련되어 있다.[9]

모든 가르치는 행위가 이러하거늘 하물며 도덕 교과는 더더욱 그러하지 않을까? 배려와 존중이 살아 있는 이런 수업 장면이야말로 김 교사가 탁월한 도덕 교사임을 잘 드러낸다.

신념에 따라 사는 것은 도덕적인가?

김 교사와 학생들이 함께 구성한 수업을 더 깊이 이해하기 위해서 교육과정과 교과서, 학생 활동지의 결과를 꼼꼼히 다시 살펴보았다. 김 교사는 본 수업 이전의 전 차시에 학생들이 모둠별로 "도덕적 신념을 실천한 인물을 조사하고 자료를 작성하여 전시하는 활동"을 하였다. 학생들은 베토벤, 잔다르크, 링컨, 넬슨 만델라, 슈바이처, 김구, 오프라 윈프리, 이태석 신부 등 실로 다양한 사람을 선택하여 업적도 소개하고 가상 인터뷰와 4컷 만화 등을 신문 기사로 작성해 보는 활동을 하였다. 오늘 수업은 신념이 무엇인지를 좀 더 명확히 정리해 보고 올바른 신념과 나쁜 신념을 구분해 보는 확장된 활동으로 이어지고 있는 셈이다. 거기에 더하여 김은정 교사는 〈푸른 눈, 갈색 눈〉 이야기를 통해서 잘못된 신념이 매우 사소한 계기를 통해서 형성될 수 있다는 점을 부각시켰다.

일반적인 공개 수업이 그러하듯이 김은정 교사의 수업도 교과서를 충실하게 따르는 수업이 아니다. 이를 우리는 흔히 '교육과정/교과서를 재구성한 수업'이라고 부른다. 교육과정이나 교과서를 재구성해야 하는 이유는 여러 가지이다. 가장 소극적인 의미로 보면 표준적인 상황을 가정하고 만든 교육과정이나 교과서가 해당 학급의 특수한 맥락을 반영하지 못하기 때문에 교육과정을 재구성해야 할 필요성이 생긴다. 이 말은 해당 교실의 맥락이 그다지 특수하지 않으면 굳이 재구성을 안 해도 된다는 뜻이 된다. 그러나 공개 수업을 하는 교사들은 거의 대부분 재구성의 압력을 받는다. 이런 심리적 압력 때문에 재구성을 하지 않아도 될 상황에서 굳이 재구성을 하게 된다. 그 결과 재구성한 수업이 원래 교과서보다 못한 수업이 되는 경우도 종종 생겨난다. 이 점과 관련하여 나는 교육과정 재구성보다 교육과정 문해력이라는 좀 더 포괄적인 말을 사용하는 것이 좋겠다고 생각한다. 교육과정 문해력이란 말 그대로 교육과정을 제대로 읽고 해독할 수 있는 능력이다. 교육과정 재구성 능력은 이 포괄적인 교육과정 문해력의 한 부분이라고 할 수 있다. 교사가 교육과정을 충실히 문해하는 정도에 따라서 재구성 작업은 수행될 수도 있고 그렇지 않을 수도 있다.

교육과정과 교사의 관계를 좀 다른 차원에서 조망해 보자. 교육학자 벤-페레즈Miriam Ben-Peretz는 교육과정과 관련된 교사의 역할을 수동적인 것에서부터 능동적인 것까지 3단계로 나누었다.[10] 첫 번째는 교육과정의 수동적인 사용자Users of Teacher-Proof Curriculum에 머무는 교사이다. 이 경우 교육과정은 다른 전문가들이 개발한다. 그리고 개발자의 교육과정 아이디어를 정확하게 반영하는 다양한 교수 자료가 만들어진다. 교사는 개발된 교재를 주어진 지침에 따라서 수동적으로 전달하는 역할에 머문다. 둘째는 교육과정의 능동적인 실행자Active Implementor로서의 교사이다. 앞의 예와 달리 교육과정 개발자들은 교사가 교육과정의 실행에 영향을 미친다고 가정한다. 그래서 교사가 교육과정 혁신을 이해하도록 도와주는 실행 전략들을 개발한다. 교사 연수와 워크숍 등을 통해서 교사가 교육과정의 아이디어를 이해하고 실행할 수 있도록 돕는다. 그러나 교사들은 여전히 교육과정 개발에 완전한 파트너라기보다는 능동적 실행자의 역할만 한다. 세 번째는 교육과정의 사용자-개발자 모델Curriculum User-Developer이다. 이 경우 교사는 교육과정 개발 과정에서 완전한 파트너로 간주된다. 교사는 교육과정 문서들을 자신의 목적과 자신이 처한 특수한 환경에 맞추어 변화시켜서 사용한다. 이 경우에는 미리 정해진 하나의 교육과정 목표가 존재하는 것이 아니며 교사의 해석에 의해 새로운 목표가 생겨난다.

이 세 가지 범주에 더하여 교사가 교육과정을 직접 개발하고 그것을 사용하면서 수정해 가는 가장 적극적인 경우도 있을 수 있다. 우리나라와 같이 국가 교육과정이 명확하게 규정되어 있는 경우에는 네 번째 범주의 교사의 역할은 거의 나타나기 어렵다. 그럼에도 불구하고 반성적 실천가로서 자신의 수업 실천을 성찰하는 교사라면 교육과정에 대한 능동적 역할은 세 번째 범주를 넘어 때로 네 번째 범주를 포함하는 데까지 나아갈 수 있다.

나는 세 번째와 네 번째 범주에 해당하는 적극적인 입장에서 김은정 교사의 수업 차시에 해당하는 교육과정과 교과서를 살펴보았다. 김 교사의 수업은 도덕 교육과정 중학교 1~3학년 〈(1) 도덕적 주체로서의 나〉 중에서 '(라) 도덕적 실천'에 속하는 내용이다. 구체적인 성취 기준은 '도덕적 사고와 행동 간의 괴리로 인해 발생하는 다양한 문제와 이에 대한 원인을 분석한다. 이를 바탕으로 도덕적으로 아는 것과 실천이 일치할 때 도덕적인 생활이 가능함을 인식하고, 자신이 옳다고 믿는 바에 따라 행동할 수 있는 의지와 태도를 지닌다'이며, ① 도덕적 사고와 행동 ② 도덕적 실천 동기 ③ 자신의 신념에 따른 행동이라는 세 가지 주제를 다루고 있다. "도덕적 실천"이라는 제목에서 유추할 수 있듯이 이 단원은 실천의 중요성을 강조하고 옳다고 믿는 바에 따라 행동할 수 있는 의지와 태도를 함양하는 것을 목적으로 하고 있다. 지행합일을 강조하고 올바른 도덕적 행동을 실천으로 옮길 수 있는 의지를 강조하는 것은 도덕교육에서 마땅히 중요시해야 할 것이다. 그러나 교과서를 검토하는 동안에 나는 다소 의문이 드는 내용을 발견할 수 있었다. 앞에서도 인용했지만 교과서는 "도덕적으로 옳다고 여기는 것을 굳게 믿고 그것을 실현하려는 의지를 도덕적 신념"으로 정의하고 있다. 그리고 간디와 테레사 수녀를 예화로 소개하면서 올바른 도덕적 신념에 따라서 사는 삶이 가치 있음을 부각시키고 있다. 수많은 유대인들을 학살한 독일의 아이히만의 예를 들어서 올바르지 못한 도덕적 신념의 해악에 대해서도 경고하고 있다. 이 정도 서술이라면 도덕적 신념에 관한 균형 있는 접근으로 평가할 만하다.

그러나 교과서는 거기서 한 발 더 나아간다. 마무리 활동으로 〈위대한 멘토들과 함께하는 역할극〉을 제시한다. 학생들에게 자신이 존경하는 인물을 뽑아서 그들의 신념과 그 신념을 이루기 위한 방법이 무엇이었는지를 역할극으로 발표하는 활동을 하게 한다. 이어서 마지막에는 학생들에게 〈나의 신념 선언문〉을 작성하도록 하고 있다. 〈나의 신념 선언문〉의 형식은 "나는 (   )을 나의 신념으로 삼을 것이며 이를 이루기 위해 구체적으로 (   )를 노력할 것이며 그 신념이 (   )한 모습으로 이루어질 때 나는 나의 신념이 실현되었음을 알 것이다"라는 문장으로 되어 있다.

단도직입적으로 말해 나는 이 마무리 활동은 상당히 위험할 수 있다고 생각한다. 우리는 가치다원주의 사회에 살고 있다. 서로 통약 불가능한 사람들의 신념이 충돌하여 생겨나는 많은 비극들을 매일 목도하면서 산다. 그래서 신념에 따라서 사는 삶이 아름답다는 것을 가르치는 것 못지않게 신념에 따라서 사는 것이 얼마나 위험할 수 있는지도 강조해서 가르칠 필요가 있다. 물론 교과서는 잘못된 신념의 위험성에 대해서 지적하고 있다. 그러나 올바른 신념조차도 그것이 절대화될 때 초래할 수 있는 무시무시한 해악에 대해서는 충분히 주의를 기울이고 있지 않다. 올바른 신념이라고 간주되는 종교적 열정 때문에 야기되는 수많은 문제들을 우리는 수시로 목도하지 않는가? 이와 관련하여 한참 가치관이 형성되는 시기인 중학생들이 학습해야 할 신념과 관련된 태도는 "도덕적으로 옳다고 여기는 것을 굳게 믿고 그것을 실현하려는 의지"의 아름다움보다는 "도덕적으로 옳다고 여기는 것을 정당하게 회의하고 의심할 수 있는 태도"가 아닐까 한다. 예컨대, 유시민은 《어떻게 살 것인가》라는 책의 한 꼭지인 〈신념의 도구가 되는 것〉이라는 제목의 글에서 이상주의자 폴 포트와 종교개혁가 칼뱅의 경우를 들어 좋은 이상이나 신념이 얼마나 잘못된 결과를 가져올 수 있는지를 언급한다.

신념을 위해 살고 죽는 것도 훌륭한 인생일 수 있지만 그것과 다른 인생 역시 얼마든지 훌륭할 수 있다고 생각한다. (……) 삶에서 더 중요한 것은 신념 그 자체보다는 그것을 대하는 태도이며 그 신념을 실천하는 방법이다. 신념이 잘못된 것이 아닌 경우에도 그것을 실현하는 방법을 잘못 선택하면 삶이 죄악의 구렁텅이에 빠진다.[11]

종합적으로 정리하자면 이 단원이 도덕적 실천의 중요성을 강조하는 단원이라고 하더라도 중학생들에게 자신이 굳게 믿고 실천해야 할 올바른 신념을 도출하고 실천하도록 촉구하는 활동으로 내용을 마무리하는 것은 과잉 도덕교육에 해당한다는 것이 내 입장이다.

이런 교과서와 비교하여 볼 때 김은정 교사는 도덕적 신념의 문제에 대해서 훨씬 더 온건하게 접근하고 있다는 인상을 받는다. 공개수업 계획안을 보면 이 수업과 관련되어 있는 성취 기준은 '도덕적 신념의 의미와 중요성을 이해할 수 있다'와 '자신의 도덕적 신념에 따라 행동할 수 있는 적극적인 의지와 태도를 가질 수 있다' 이 두 가지이다. 그러나 두 가지 성취 기준을 다 언급하고 있지만 수업의 무게 중심은 "도덕적 신념에 따라 행동할 수 있는 적극적 의지와 태도"보다는 "도덕적 신념의 의미와 중요성을 이해하는 것"에 경도되어 있다. 그 점에서 수업의 실제 진행은 〈자신의 신념에 따른 행동〉이라는 활동지의 표제어와는 다소 거리가 있다. 물론, 김은정 교사의 수업이 도덕적 신념에 따라 행동하려는 의지와 태도를 기르는 것과 전혀 무관하다고는 할 수 없다. 김은정 교사는 학생들로 하여금 도덕적 신념에 따라서 삶을 살고 자신을 희생해서 사회에 공헌한 많은 인물들을 모둠 활동의 형태로 발표하도록 하였다. 또 프랑스 혁명의 사례를 통해서 올바른 신념을 실천하기 위해서 희생하는 행위가 개인과 사회에 긍정적인 영향을 미치고 역사 변화의 전기를 가져올 수 있음을 부각시키기도 했다. 그러나 이를 바탕으로 김 교사는 학생들로 하여금 도덕적 신념에 대한 선언문을 작성하고 그것을 실천하는 의지를 다지는 활동을 하도록 나아가지 않는다.

대신에 수업의 중간 부분에서 김은정 교사는 〈푸른 눈, 갈색 눈〉이야기를 통해서 편견이나 잘못된 도덕적 신념이 매우 사소한 계기에 의해 생겨날 수 있음을 부각시킨다. 그리고 그 연장선에서 오늘 수업의 결론은 자신의 신념을 확인하고 실천 의지를 다지는 활동이 아니라, 자신의 신념에 대해 성찰하는 일의 중요성을 강조하는 것으로 마무리한다. 다음은 김은정 교사가 수업을 마무리하는 부분의 발언 내용이다.

교사 우리는 오늘 신념에 대해서 배웠어요. 여러분들은 신념에 대해서 여러 가지 생각을 해 봤어. 옳지 않은 신념이 왜 형성됐을까도 봤어. 그렇지? 강한 사람이 말하는 것을 무조건 믿어서 그런 경우도 있었죠?

여러분, 만약 내가 "야! 1학년 8반 오늘부터 선생님이 예뻐하는 사람만 집에 간다" 이런 얘기를 했어. 그리고 10명만 찍어서 집에 보내고 나머지는 남겨서 1시간씩 공부를 시켰어. 그러면 어떨까? 선생님의 신념에 동의할 수 있나요?

학생들 아니요!

교사 없죠. 절대 동의하지 못할 거야. 아무리 선생님이 강자라 해도 그 말을 그냥 믿지는 않겠죠. 그러면 올바른 신념을 가지려면 우리는 뭐를 해야 될까?

학생들 그 신념이 옳은지 아닌지 생각해 봐야 해요.

교사 (학생들의 말을 받아서) 옳은지 그른지 생각해 봐야 하죠. 오늘 배웠는데, 두 글자로 된 그걸 뭐라고 하죠?

학생들 성찰!

교사 그렇지 성찰. 도덕적 신념에도 성찰이라는 게 필요합니다. 과연 이 신념은 옳은 거야? 이거 믿어도 되는 거야? 나에게만 옳은 거 아니야? 모든 사람에게 동등한 거야? 이런 생각을 해 봐야만 우리가 올바른 신념을 가질 수 있겠죠. 8반, 그럴까요?

학생들 예~!

도덕적 신념에 대한 학습이 이런 성찰적 태도로 마무리되는 것은 김은정 교사의 탁월한 교육과정 문해력의 소산이라고 나는 믿는다. 그리고 그것은 교육과정에 대한 역할 면에서 세 번째와 네 번째 범주에 해당하는 적극적인 교사의 모습이다.

자신의 수업을 비평을 위해 공개하는 것에 대해서

앞에서 "수업 비평은 수업 그 자체가 '보여 주는 이야기'가 아니라 비평가가 '들려주는' 이야기이다"라는 말을 인용했다. 수업을 공개하는 교사의 입장에서 보면 이런 이야기를 듣는 것은 때로 즐거운 경험일 수도, 때로 곤혹스러운 경험일 수도 있다. 수업 컨설팅이나 장학과 다르게 수업 비평은 공개되는 이야기이기 때문이다. 더욱이 수업 비평의 직접적인 내포 독자는 수업을 공개한 교사라기보다는 이 수업 현상에 관심을 가질 것으로 상정되는 수많은 독자이다. 그 점에서 수업 공개 교사는 자신의 수업을 소재로 하여 수업 비평가가 들려주는 이야기를 많은 독자들과 공유하는 위험을 감수해야 한다. 그리고 그 이야기 속에 자신의 수업에 대한 오류나 약점에 대한 지적이 있으면 움츠러드는 것도 사실이다. 한편 수업 실천가뿐 아니라 수업 비평가 또한 비평문을 쓸 때 위험을 감수해야 한다. 객관적이고 양적인 준거에 의존하지 않고 수업을 보는 자신의 안목을 날것으로 드러내야 하기 때문이다. 그 점에서 수업 비평은 수업 실천가나 수업 비평가 모두에게 적어도 얼마간은 공정(?)하다고 해야 할까?

양자가 이런 대중적 노출의 위험을 감수하면서 수업 비평을 해야 할 까닭은 무엇일까? 수업 실천가가 자신이 수업을 잘한다는 사실을 근육질로 자랑하기 위함은 아닐 것이다. 수업 비평가 또한 자신이 수업을 잘 본다는 사실을 만방에 드러내기 위함은 더더욱 아니다. 수업 실천에 대한 이해와 소통의 끊임없는 순환을 통해서 양자가 함께 성장하기 위함이다. 아울러 수업 비평을 읽는 독자들 또한 감응의 장 속에서 동반 성장을 경험하기 위함이다. 교육 비평으로서의 수업 비평은 수업 현상에 대한 해석과 평가를 넘어 모두의 공동 성장을 최종 목적지로 삼아야 한다고 나는 믿는다.

　마지막으로 열린 마음으로 수업을 공유해 주신 김은정 교사에게 깊은 감사를 드린다. 비평가가 보기에 사실/가치 대신에 사실/신념의 대립 항을 설정한 오류가 이 수업 전체의 장점을 가릴 수는 없다. 수업의 시종 동안 보인 김 교사와 학생들의 따뜻한 만남은 이 교실에서 형성되어 온 깊은 신뢰 관계를 보여 주는 증표이며 이런 인간적이고 교육적인 관계야말로 도덕 수업이 정초될 수 있는 소중하고 훌륭한 토양이다. 나아가서 도덕적 신념에 대해서 김은정 교사가 보여 준 균형 잡힌 접근은 교과서를 넘어서는 깊은 혜안이 담겨 있는 선택임을 다시 언급해 두고자 한다.

도덕 수업의
딜레마를 넘어서

김은정(경기 수원 연무중)

수업 비평을 만나다

수업 비평을 처음 접한 것은 10여 년 전 《우리교육》을 통해서이다. 이혁규 교수가 연재한 수업 이야기를 보며 수업 비평에 호기심과 궁금증이 생겼다. 수업을 따라가는 따뜻한 시선과 비평가가 들려주는 수업 이야기가 꽤 흥미로웠던 것 같다. 그 당시만 해도 수업을 드러내고 공유한다는 것이 흔한 일이 아니었기에 수업을 공개한 선생님이나 수업 이야기를 들려주는 비평문에 마음이 간 것이리라.

그러던 차에 경기도수업비평교육연구회가 있다는 사실을 알게 되었고, 망설임 없이 연구회에 참여하고자 연구위원 신청을 했다. 운 좋게도 연구위원이 되었다. 운이 좋았다는 것은 내가 수업 비평을 좀 더 알 수 있는 기회가 마련되었다는 의미에서이다. 그렇게 연구위원 5년 차가 된 나는 아직도 수업을 고민하고 있다.

사실 망설임 없이 연구위원을 신청한 이유는 내 수업을 성찰하고 개선하고 싶은 욕구가 강했기 때문이다. 교육 경력 24년 차가 되어도 나는 늘 내 수업에 무언가가 부족함을 느끼고 있었다. 토론 수업도 해 보고, 협동학습도 해 보고 이런저런 수업 방법을 적용해 보아도 내 수업에는 뭔가가 빠져 있는 느낌이 들었던 터라 수업 비평을 공부해 보면 부족한 뭔가가 채워지지 않을까 하는 기대를 가지고 있었다.

그리고 5년, 내 수업에 부족한 무엇인가가 채워졌는지는 아직 잘 모르겠다. 수업 비평의 목적이 수업 개선이라면 나는 내 수업 개선에 얼마나 많은 노력을 기울였을까 하는 의문이 생기고 있던 차에 이혁규 교수와 수업 비평 직무 연수를 함께하는 기회를 갖게 되었다. 경기도수업비평교육연구회 연구위원들이 이혁규 교수에게 요청하여 개설된 직무 연수였다. 연구위원들은 설립 후 8년 동안 수업 비평에 대해 공부하고, 고민하고, 실천해 왔지만 여전히 수업 비평의 개념, 실천 방법 등에 대해 고민이 많았다. 그래서 이혁규 교수와 공부하면서 개념 정리 또는 실천 방법 등을 정립하고자 하는 욕구가 강했다.

이 직무 연수 과정에서 내 수업을 공개하게 되었다. 물론 나 스스로 수업을 공개하겠다고 자청했다. 교직 경력 28년이 되어도 안개 속처럼 답답함을 느끼게 하는 나의 도덕 수업에 대한 고민의 실마리, 또는 해결의 단서를 찾고 싶은 욕심 때문이었다.

결론부터 말하자면 수업 공개를 한 것은 잘한 일이라는 생각이다. 내 수업이 잘되어서도 아니고, 내 수업의 속살을 낱낱이 공개하는 일이 좋아서는 더더욱 아니다. 사실 수업을 공개하고, 이혁규 교수와 연구위원들과 함께 내 수업을 분석하고 비평하는 과정이 즐거웠다고 할 수는 없다. 오히려 내 수업에 대한 다양한 해석이 혼란스러웠다. 때로는 아픈 부분도 있었다. 그런데 그 과정을 거치면서 나는 내 수업에 대한 고민의 실마리를 찾을 수 있었다. 늘 답답하게 여겨졌던 그 무엇이 조금은 모습을 드러냈다고 해야 할까.

도덕 교사, 도덕 수업의 딜레마

도덕 교사로서 나의 딜레마는 당위적 규범이나 가치를 가르치는 일에 대한 나 자신의 회의에서 비롯되었다. 학창 시절에도 그랬고 도덕 교사가 된 이후에도 당위적 규범이나 가치가 항상 옳은 것인가에 대한 의문이 있었다. 그리고 그것을 가르치는 일이 학생들의 삶에 의미 있는 경험과 교육이 될 수 있는가에 대한 의문이 들었다. 이는 도덕 교사로서 난감한 문제가 아닐 수 없다. 자기 교과의 정체성에 대해 회의하고 있다면 도대체 어떻게 학생들을 가르칠 수 있겠는가.

그런 고민에서 내가 선택한 도덕 수업은 '질문하기, 비판적으로 성찰하기'였다고 말하고 싶다. 되도록 당위적 규범을 전달하기보다는 그러한 규범들이 우리 삶에 어떤 의미가 있으며, 왜 어떤 과정으로 생겨나게 되었는지를 탐구하고 성찰하는 일을 더 중요하게 생각하며 도덕 수업을 진행해 왔던 것 같다. 하지만 그것이 제대로 된 도덕 수업인지에 대해서는 나 자신도 확신할 수 없었다. 이번 수업 비평의 과정에서 나는 내 도덕 수업이 학생들에게 의미 있는 수업인지 고민을 하고 있음을 명료하게 알아차리게 되었다.

중학교 도덕 수업은 인지적 요소가 큰 부분을 차지하지는 않는다. 따라서 교육과정을 재구성하는 부분에서 인지적 요소를 전달하는 시간이 부족해 어려움을 겪지는 않는다. 오히려 어떻게 도덕적 가치나 규범을 학생 스스로 내면화하고 경험하게 하여 실천으로 이어지게 할 수 있을까 하는 부분이 더 중요하게 작용한다. 그런데 가치나 규범은 보편적이라는 말에도 불구하고 늘 개별성과 특수성, 상황에 따라 다른 의미를 가질 수 있다. 거기서 나는 도덕 수업을 재구성하는 데 어려움을 느낀다.

이번 수업에서도 도덕적 신념이라는 것을 어떻게 가르치고 배우게 할 것인가에 대한 고민이 있었다. 나 자신조차 도덕 규범과 가치의 당위성에 대한 신념이 부족한 상황에서 학생들에게 도덕적 신념을 가르친다는 것은 매우 어렵게 느껴졌다. 그래서 이혁규 교수의 말처럼 나는 좀 더 온건한 방법을 택했다. 도덕적 신념을 실천한 인물들을 탐구해 보고 도덕적 신념이 개인과 타인, 나아가 사회에 어떤 영향을 미쳤는가를 탐구하고 성찰하도록 하는 방법을 선택했다. 그리고 비판이나 성찰이 없는 신념이 우리에게 어떤 영향을 미치는지 학생들이 생각할 수 있는 기회를 주고 싶었다.

지식채널e의 〈푸른 눈, 갈색 눈〉 영상을 선택한 것도 그런 이유였다. 교사의 선언 한마디에 학생들이 자신의 신념을 무비판적으로 형성해 가는 과정을 보여 주고, 신념을 형성하는 과정에서 그것이 옳은 신념인가를 성찰하는 습관을 갖도록 하고 싶었기 때문이다. 신념의 형성 과정에서 어떤 사실을 무비판적으로 수용하거나 무조건적으로 믿어 버릴 때 심각한 편견이나 선입견이 형성되고, 그렇게 형성된 신념이 다른 사람에게는 폭력이 될 수도 있음을 생각하게 하고 싶었다. 그러기 위해서는 제일 먼저 사실과 신념을 구분하는 것을 가르칠 필요가 있다고 생각했다.

그런데 수업 첫 부분에서 이혁규 교수의 탁월한 교육적 감식안이 내 수업의 오류를 찾아낸다. 사실과 신념을 구분하게 하는 과정에서 이혁규 교수의 말대로 내게는 뼈아픈 오류가 있었음을 인정하지 않을 수 없다. 사실과 신념의 구분은 도덕 교과서 2권에서 사실 판단과 가치 판단의 구분으로 잘 기술되어 있다. 이혁규 교수의 말대로 도덕적 신념은 가치 판단, 그중에서도 도덕 판단에 해당한다. 따라서 판단이 들어 있다고 해서 신념이라고 설명한 것은 분명한 오류이다. 오히려 어떤 사실이나 사물, 사람 등에 대해 '좋다, 나쁘다, 옳다, 그르다' 등의 주관적 판단이 개입될 때 그것을 가치 판단이라고 하고, 가치 판단 중에서도 도덕적으로 '옳다, 그르다'라는 판단이 개입될 때 도덕 판단이라고 하며, 도덕적 신념은 도덕 판단에 해당한다고 설명했어야 한다. 그럼에도 나는 '판단'이 들어 있어 신념이라고 설명했기 때문에 학생들은 사실과 신념을 구분하는 데 어려움과 혼란을 겪고 있었다.

나는 이혁규 교수의 비평을 통해 뒤늦게 이 사실을 깨닫게 되었다. 수업을 진행하면서 사실과 신념의 구분을 어려워하는 학생들을 보며 뭔가 개운하지 않은 느낌이 있었지만 그것이 단지 중학교 1학년 학생들이기에 어려움을 겪는 것이라고 간과했음을 알게 되었다. 여기서 나는 수업 비평가의 탁월한 감식안이 수업을 성찰하는 데 도움이 됨을 다시 한번 깨닫게 되었다. 그리고 비평가의 통찰이 수업에 대한 전문성과 세심한 관찰에서 나오는 것이라는 것도 알 수 있었다.

도덕적 탐구와 성찰을 넘어 도덕적 실천으로

내 수업을 비평하는 과정에서 얻은 가장 큰 깨달음은 도덕적 탐구나 성찰을 넘어 도덕적 실천으로 이어지는 수업을 해야겠다고 생각하게 된 것이다. 그동안 나는 도덕적 탐구나 성찰을 잘하면 도덕적 실천으로 이어질 것이라는 막연한 기대를 가지고 있었다. 그러나 도덕적 탐구나 성찰이 실천으로 이어질 것이라는 것은 단지 기대에 불과하다. 많이 알고, 올바르게 생각할 수 있으면 도덕적으로 행동할 가능성은 커질 것이다. 그러나 그것이 반드시 도덕적 행동으로 이어지는 것이 아니라는 것을 우리는 미디어를 통해 많이 접한다. 학력이 높고, 매우 이성적이고 합리적으로 보이는 사람들이 자신의 이익을 위해 도덕적 가치를 저버리는 것을 보도를 통해 흔히 접하게 되니 말이다.

이혁규 교수는 내 수업을 비평하는 과정에서 도덕적 실천에 대한 화두를 던졌다. 독일의 헬레네 랑에 학교에서는 학생들이 호스피스 과정을 경험하게 한다고 한다. 이혁규 교수는 이 사례를 들려주면서 타인을 배려하는 경험을 직접 하게 하는 것이 우리 도덕 수업에도 필요하지 않은가라고 제안했다. 그 제안은 내 머리에 반짝하고 불이 켜지는 느낌을 가져왔다. 도덕적 탐구나 성찰 못지않게 경험으로 습득하고 체화하는 것이 얼마나 필요한가를 다시 생각하게 된 것이다. 그리고 나의 도덕 수업에 대한 고민의 방향 전환이 이루어졌다. '어떤 도덕적 실천을 경험하게 하고, 어떻게 도덕적 경험과 실천을 통해 자존감과 기쁨을 갖게 할 것인가?' 이것이 내 도덕 수업의 중심이어야 한다는 생각을 가지고 수업을 진행하고 있다.

수업 비평: 직관과 숙고의 변증법!

"5분만 관찰해도 수업을 얼마나 잘하는지 알 수 있어." 교사 사회에서 자주 듣는 말이다. 이 말은 동료 교사의 수업을 한 시간 내내 참관할 필요가 없음을 정당화하는 근거가 되기도 한다. 정말 5분만 관찰해도 수업을 잘 평가할 수 있을까? 심리학 연구에 의하면 일단은 "예"라고 말할 수 있다. 학기 초에 선생님이 강의하는 영상을 피험자들에게 몇십 초 정도 보여 주고 학기 말에 학생에게 어떤 평가를 받을지 추측하게 하는 실험을 하였다. 피험자 평정을 실제 강의를 수강한 학생들의 평정과 비교해 보니 놀랄 만한 일치도를 보였다.[12] 직관의 놀라운 힘을 보여 주는 실험이다. 이런 직관은 뇌의 경제성과 관련되어 있다. 적대적인 자연 환경 속에서 오랜 세월을 살아오는 동안에 인간은 생존을 비롯한 다양한 필요에서 빠른 의사 결정을 내리는 능력을 발달시킬 수밖에 없었다. 짧은 시간 수업을 관찰하는 것만으로 한 학기 수업의 질을 상당히 정확하게 판단할 수 있는 능력도 이런 빠른 의사 결정 능력의 한 부분이다.

그런데 이 실험 결과를 받아들인다면 수업을 꼼꼼히 반복해서 관찰할 이유가 없지 않은가? 더욱이 교사와 학생의 말을 꼼꼼히 전사轉寫하여 살펴보는 것은 너무 비경제적인 일이 아닌가? 그러나 이런 질문에 대해서 분명하게 "아니다"라고 말할 수 있다. 우리 삶의 경험을 반추해 보면 곧 답이 나온다. 첫인상이 좋아서 사귀었다가 낭패를 당하는 일은 한두 사람만 경험하는 것이 아니지 않는가? 직관을 너무 믿다가 낭패를 당하는 일은 일상에서 자주 일어난다. 결국 지혜로운 판단은 직관의 경제성에 탐문과 조사의 무게를 더해야 비로소 획득된다. 그리고 이런 과정이 반복되면 최초의 소박한 직관 또한 훈련된 직관으로 진화해 갈 것이다.

그 점에서 수업 비평을 꾸준히 해 나가는 것은 직관과 숙고의 변증법적 대화를 통해서 훈련된 안목을 획득해 가는 과정에 다름 아니다. 이런 변화 과정을 하나의 비평문에 담아내는 방법도 있지 않을까? 예를 들어 수업을 처음 관찰했을 때 그 수업이 어떻게 보였는지를 적는다. 다시 수업을 본 후에 새롭게 보이는 점을 적는다. 이런 식으로 수업을 여러 번 관찰하고 수업을 이해하기 위한 연구도 병행하면서 새롭게 이해한 바를 한 편의 비평문에 담는다면 직관과 숙고를 함께 담아내는 것이 가능하지 않을까 싶다. 이런 글쓰기 형식을 통해 수업을 꼼꼼히 읽어 내는 일의 가치와 함께 수업 비평가의 학습과 성장의 과정도 드러낼 수 있으리라! 다음 기회에는 좀 더 본격적으로 이런 유형의 수업 비평문 쓰기도 함께 시도해 볼 수 있으면 좋겠다.

2

원숙함과 균형 감각
그리고 창조적 탈주

- 배움의 공동체 수업을 참관하고

이 수업 비평문은 2015년 10월 경기도 시흥 장곡중학교에서 행해진 박현숙 교사의 국어 수업과 김현정 교사의 역사 수업을 비평한 것이다. 장곡중학교는 배움의 공동체를 받아들여 수업을 중심으로 학교를 혁신한 사례로 유명하다. 두 교사가 자신의 수업 실천의 행로 속에서 어떻게 성장하고 어디를 향해서 나아가고 있는지 살펴보자. 독자 여러분 또한 자신의 수업 생애사를 돌아보고 자신의 성장을 기획해 보면 좋겠다.

장곡중학교는 경기도 혁신학교의 대표적인 모델 학교 중 하나이다. 동시에 배움의 공동체 수업을 적용하여 수업을 혁신한 사례로도 잘 알려져 있다. 그래서 장곡중을 방문하면서 여러 가지 기대가 있었다. 경기도 혁신학교의 모델이라는 장곡중의 수업은 어떤 특징을 지니고 있을지 궁금했다. 장곡중에서 혁신을 이끌어 가고 있는 교사들이 어떤 맥락과 필요에서 배움의 공동체를 받아들였는지도 관심사 중 하나였다. 또한 배움의 공동체 수업이 이 학교 교사들의 실천과 성찰을 통해서 어떻게 토착화되어 가고 있는지도 살펴보고 싶었다.

장곡중을 방문하여 촬영한 수업은 총 5편이다. 처음 촬영은 2015년 10월 초에 이루어졌다. 이때 국어과 박현숙, 역사과 김현정, 영어과 장은미 교사가 수업을 공유해 주었다. 10월 말에 두 번째 방문하여 박현숙, 김현정 교사의 수업을 촬영하였다. 전체 제안 수업으로 진행된 김현정 교사의 수업은 수업협의회 장면도 함께 살펴볼 수 있었다. 본 수업 비평은 10월 말에 진행한 김현정, 박현숙 교사의 한 차시 수업을 대상으로 논의를 전개하려고 한다. 한 편의 비평문에 너무 많은 이야기를 담아낼 수 없어 영어과 수업을 함께 다루지 못한 아쉬움이 있다. 대신 지면을 빌려 수업을 공유해 준 장은미 교사에게도 감사드린다.

두 교사의 수업을 하나의 비평문에서 다루기 때문에 독자들에게 미리 수업 비평가의 딜레마를 언급해 두고자 한다. 나는 그동안 한 번의 예외를 제외하고 모든 수업 비평문에서 한 교사의 수업을 비평하였다. 유일한 예외는 통일교육이라는 주제로 초등 수업과 중등 수업을 함께 다룬 경우이다. 한 비평문에서 한 편의 수업을 비평하는 것과 여러 교사의 수업을 동시에 비평하는 일은 다소 상이한 접근을 필요로 한다. 복수의 수업을 함께 다룰 때는 개별 수업에 대해 깊이 있는 해석을 하기가 어렵다. 그러나 깊이를 희생하는 대신에 다른 이점도 생겨난다. 복수의 수업을 함께 다루기 때문에 수업 상호 간의 공통점과 차이점을 다룰 수 있는 이점이다. 예컨대, 나는 두 편의 통일 수업을 함께 비교하면서 유사한 수업 주제에 대한 초등학생과 중학생의 상이한 반응, 두 교사의 같으면서도 다른 수업 의도, 각각의 수업에서 묘사되는 북한 이미지의 유사성과 차이점, 두 수업에서 드러나는 초등 수업과 중등 수업의 계열성 등을 다룰 수 있었다.

내가 장곡중의 수업을 보면서 두 교사의 수업 사례를 함께 다루겠다고 마음먹은 것은 이런 이점 때문이다. 교사공동체가 잘 운영되는 학교의 수업은 단위 학교 구성원들의 집단적 사유와 실천의 산물이라고 볼 수 있다. 그 점에서 장곡중 혁신의 중심에 있는 두 교사의 수업을 함께 살펴보는 것은 수업의 공통성에서 드러나는 장곡중의 집단 지성을 들여다볼 수 있는 유효한 창이다.

두 교사의 수업을 살펴보면서 공통성과 함께 차이에도 주목할 것이다. 차이는 차이대로 공통성은 공통성대로 의미가 있기 때문이다. 차이와 공통성은 문화와 개인의 상호 의존적 존재 방식을 드러낸다. 개인은 그가 속한 문화의 수인(囚人)이다. 그러나 개인은 문화에 전적으로 종속된 존재는 아니다. 개개인은 문화라는 거푸집에 의해서 조형되지만 동시에 능동적 실천을 통해서 문화를 변혁해 가는 적극적인 행위자이기도 하다. 아마도 두 교사의 수업에서 발견되는 차이와 공통성에도 개개인의 실천과 문화 일반 사이의 상호 의존적 관계가 함축되어 있을 것이다. 좀 더 맥락을 부여하여 말하자면 두 교사의 공통성에는 작게는 장곡중, 넓게는 경기도 중등학교 혁신과 관련된 집단 문화가 투영되어 있을 것이다. 반면에 두 교사의 수업에서 발견되는 차이에는 개별 교사의 생애사가 투영된 고유한 실천 양상이 녹아 있다. 그 고유성들은 집단 문화를 변화시켜 갈 수 있는 창조적 변이의 씨앗들이기도 하다.

이제 수업 속으로 걸어 들어갈 준비를 해 보자. 먼저 직접 참관하지 않은 독자들이 두 교사의 수업을 이해할 수 있는 정도로 기술하려고 한다. 아주 세밀한 묘사는 생략하고 수업이 어떤 구조를 가지고 있고 교사와 학생 간에 어떤 상호 작용이 일어났는지를 중심으로 기술할 것이다. 이어서 수업 생애 곡선을 바탕으로 두 교사가 어떤 문제의식과 반성적 성찰 속에서 수업을 실천하고 있는지 조망해 보고자 한다.

개별 교사의 입장에서 보면 현재의 수업은 무엇이 좋은 수업인지에 대한 사유와 실천과 성찰의 순환 속에서 과거 자신의 수업 실천을 지양하면서 성취해 낸 결과물이다. 마찬가지로 현재의 수업 실천도 교사의 새로운 사유와 실천과 성찰을 통해서 지양되어 갈 잠정적인 성과인 셈이다. 물론, 성취와 지양의 보폭과 속도는 교사마다 상이하다. 인습에 젖어서 무반성적인 실천을 답습하는 교사라면 10년 전 수업이나 5년 전 수업이나 현재의 수업이 별 차이가 없을 것이다. 그러나 박현숙과 김현정과 같이 계속 성장해 가는 교사들의 수업은 끊임없이 진화하고 있을 것이다. 나는 수업을 두 교사의 수업 생애사 속에 정치定置함으로써 어떤 지향과 지양의 연쇄 속에서 현재의 수업이 성취되었는지를 드러내 보고자 한다.

수업과 관련하여 주목하는 또 다른 주요 맥락은 배움의 공동체이다. 두 교사는 배움의 공동체의 영향을 받았다. 그 영향이 현재의 수업 실천에도 상당히 녹아 있다. 이와 관련하여 두 교사가 배움의 공동체를 어떻게 만났으며 무엇을 중요하게 실천하고 있는지 살펴보려고 한다. 또한 배움의 공동체 수업을 실천하면서 무엇을 계승하고 무엇을 지양하면서 자신의 수업 영토를 개척해 가고 있는지도 살펴보고자 한다. 배움의 공동체가 일본이라는 토양을 떠나서 한국에서 어떻게 변화해 갈지도 관심사 중 하나이다.

여기에 더하여 좋은 수업 담론이라는 좀 더 일반적인 연구 전통에 기반하여 두 교사의 수업을 비평하려고 한다. 교사 생애사와 배움의 공동체라는 렌즈는 교사의 삶이라는 지평과 장곡중이라는 구체적인 맥락 속에서 비평 대상 수업을 이해하려는 눈이다. 반면에 좋은 수업이라는 규범적인 렌즈는 추상적이고 일반적인 차원에서 수업 자체의 장단점을 비평해 보려는 시선이다.

김현정 교사의 역사 수업

수업은 활동지와 보조 자료를 나누어 주는 것으로 시작된다. 활동지는 '주제 36'이라고 적혀 있다. 학생들이 함께 해결할 문제와 역사 자료로 구성되어 있으며 '개념 잡기'와 '한 걸음 더' 등의 소제목이 붙어 있다. 인사를 나눈 후 교사는 학생들에게 오늘의 주제를 적도록 한다. 오늘의 주제는 '[주제 36] 농민·천민 새로운 세상을 꿈꾸다'이다.

학생들이 주제를 적고 나자 김 교사는 학생들에게 주제를 보면 무슨 생각이 나는지를 묻는다. 짧은 문답 후에 교사는 '보조 자료 1'에 당시의 농민과 천민들이 무엇을 꿈꾸고 그 꿈을 이루기 위해서 어떤 노력을 했는지 나온다고 안내한다. 그리고 윤서를 지명하여 자료를

[주제 36]

개념 잡기!

1. 무신 정권 시기에 일어난 농민과 천민의 봉기(자료 1 참고)
   1-1) 무신 정권 시기에 일어난 농민·천민 봉기를 찾아 표시해 보고 이들의 외침과 주장의 공통점을 말해 보자.
   1-2) 농민·천민의 봉기가 무신 정권 시기에 집중적으로 일어난 이유를 말해 보자.
   1-3) 1)과 같은 농민·천민 봉기는 고려 사회에 어떤 영향을 끼쳤을지 추론해 보자.

2. 만적의 봉기(자료 2 참고)
   2-1) 자료 2의 1막 대본을 모둠원과 함께 실감 나게 읽어 보자.
   　① 만적의 봉기 배경, 신분 해방의 의지와 관련된 부분에 밑줄을 쳐 보자.
   2-2) 자료 2의 2막 대본을 읽고 다음 활동을 해 보자.
   　① 내가 만약 순정이라면 어떤 선택을 했을까?
   　② 역사 인물 순정이 실제로 선택한 행동과 그와 같은 행동의 결과를 알아보자.

한 걸음 더(참고 자료)

   2-3) 다음 대본을 실감 나게 읽어 보자.

> ### 만적의 죽음
> (죽음을 앞둔 만적 마지막 말을 남긴다)
> 하늘이 사람을 세상에 내실 때 모두가 사람답게 살라 명하시었거늘 어찌 왕후장상의 씨가 따로 있을 수 있겠소이까? 노비 문서 하나에 귀천이 갈리는 세상을 뒤엎지 못하고 가는 것이 원통할 뿐이오이다!
> 허나 먼 훗날 우리의 자식들이 죽어 간 우리를 자랑스러워할 것이오니 후회는 없소이다!
>
> 　　　　　　　　　드라마 〈무인시대〉 - 만적의 대사 중에서

   ① 역사 속에는 수많은 순정과 만적이 있다. 해당하는 인물들을 각각 말해 보고 이들의 선택이 역사 발전에 어떤 영향을 주었을지 말해 보자.

김현정 교사의 역사 수업 활동지

읽게 한다. 자료를 중간쯤 읽자 교사는 읽기를 멈추게 하고 학생들에게 각자의 속도로 자료의 나머지 부분을 읽게 한다. 자료에는 무신 정권의 수탈로 인해서 생활이 어려워진 농민들이 고향을 떠나 유랑하거나 도적이 되는 등 고난을 겪는 내용이 적혀 있다. 학생들이 자료를 다 읽고 나자 교사는 다음과 같이 말한다.

자, 다 읽으셨나요? 네, 다 읽었으면 지금부터는 모둠끼리 만나서 1번 활동을 빠른 속도로 해 봅시다. 최대한 빠른 속도로.

활동지의 질문에 따라 학생들은 봉기가 일어난 지역을 지도에 표시하고 농민과 천민이 주장한 내용의 공통점도 찾아 적는다. 또 이들의 활동이 고려 사회에 미친 영향도 추론해서 적기 시작한다. 교사는 학생들이 모둠 활동을 하는 동안에 모둠 사이를 돌아다니면서 학생들의 질문에 답하고 학습 수행 상태도 점검한다. 일정한 시간이 경과하자, 교사는 1번 활동이 끝난 모둠은 자연스럽게 모둠을 풀고 전체 공유를 하자고 제안한다. 그리고 학생들과 함께 문제를 정리해 가기 시작한다.

1모둠은 2번까지만 하고 모둠을 풀어 보자. 자, 1번 활동은 좀 마무리가 됐습니까? 어때, 해 보니까? 생각보다 어려운 것 같지. 그러면 다른 모둠 친구들 얘기 좀 들어 보게 1번부터 정리해 보자. 무신 정권기에 일어난 농민·천민 봉기를 다 찾아서 밑줄 그어 봤지? 한 번만 표시를 해 보면 일단 서경에서 누구? 유수, 조위총. 유수라는 말도 어렵고 조위총이라는 이름도 처음 들어 봐서 어려웠지?

자, 그 다음에 서경에서 아래로 내려오니까 누가 있어? 공주 명학소에 망이, 망소이 형제의 반란이 있었고 그 다음 밑에 내려와 보니까, 김사미와 효심의 봉기가 있습니다. 하나만 살펴보면 서경이 어디야? 서경? (학생들 "평양"이라고 답한다.) 어느 나라의 수도? 예전에 고구려의 수도였던 곳. 공주는 어디의 수도였어? 백제, 백제의 수도였고 김사미, 효심의 봉기는 경주 주변에서 일어났대. 그럼 어디야? (학생들 "신라"라고 답한다.) 고구려, 백제, 신라, 뭔가 느낌이 오지? 이 농민·천민 반란, 봉기 이후에 삼국을 부흥하려고 하는 움직임까지 있었대. 그건 나중에 대몽 항쟁 할 때 다시 한번 얘기해 보자.

그 다음에 이제 천민들의 봉기를 보니까 전주 관청에 소속된 노비들이 반란을 일으켰네요. 관청 소속 노비. 그 다음 또 누가 있어? 누가 또 반란을 일으켰어요? (학생들 "만적"이라고 답한다.) 만적이라고 하는 최충헌의 사노비. 노비도 두 가지 종류가 있고 둘 다 반란을 일으켰다는 걸 눈으로 확인했죠. 선생님이 이들이 주장하는 내용의 공통점을 찾으라고 해서 좀 어려워했던 것 같아. 농민들이 원하는 게 있고 천민들이 원하는 게 있죠. 명진이가 한번 이야기해 줘 봐. 그 부분을 어떻게 주장을 했는지. (명진: 농민들은 주로 자기 지역을 수탈하거나 약탈하는 데 반감을 가지고 그걸 해결하기 위한 입장이고……) 그렇죠. 이렇게 두 가지 입장을 지금 모둠에서 한 부분에다 보충하거나 구별해서 쓰면 될 것 같아요.

김 교사는 설명도 하고 학생들이 적은 내용을 발표할 기회도 부여한다. 활동지 1번의 두 번째 문제에 대해서도 역시 문답과 설명을 적절히 배합하여 수업을 이어 간다. 이 시기에 봉기가 집중적으로 일어난 까닭으로 '이의민이라는 존재가 이들에게 희망을 주었다', '무신 정권이 개혁을 하지 않아서', '수탈을 많이 해서', '신분 상승에 대한 기대감으로 인해서'라는 답들이 확인되고 정리된다.

세 번째 문제도 유사한 방식으로 정리된다. 농민·천민 봉기가 비록 실패하기는 했지만 '지방관의 횡포도 줄어들고', '천민의 행정 구역도 없어지는' 효과를 가져왔음을 김 교사는 문답을 통해 정리해 간다.

두 번째 활동은 모둠끼리 역할극을 하는 활동이다. 이 활동은 농민 봉기에 참여한 사람들의 마음을 미루어 짐작해 보는 활동이다. 4명으로 이루어진 모둠은 역할을 나누어서 대사를 실감 나게 연기해 본다. 학생들이 대사를 연기하고 난 후 김 교사는 만약 자신이 역사 속의 순정이라면 어떤 선택을 할지를 생각해서 활동지에 적도록 한다. 학생들은 '봉기에 참여하겠다'는 의견과 '참여하지 않고 주인에게 알릴 것'이라는 의견으로 나뉜다. 학생들의 의견을 청취한 후에 김 교사는 자료를 바탕으로 실제 순정은 어떤 선택을 했는지 살펴보도록 한다. 실제 역사에서 순정은 고자질을 하여 양인이 되고 그로 인해 친구들은 모두 강물에 빠뜨려져 죽임을 당한다.

학생들은 다시 만적의 입장에서 만적이 남긴 글을 읽고 역사 속에서 순정과 만적처럼 서로 다른 길을 선택한 사람을 찾아보는 활동을 한다. 유관순, 오바마, 마틴 루터 킹, 윤봉길, 이완용 등의 이름이 거론된다. 이에 대해 교사는 목숨을 걸고 세상을 바꾸어 보려는 사람과 그 사람들의 발목을 잡은 사람, 이렇게 학생들이 두 부류로 나누어서 생각해 보도록 유도한다. 모둠 활동 중에 이성계와 같이 어느 한쪽으로 분류하기 어려운 인물도 등장한다. 10여 분 가까이 모둠 활동이 진행되는 동안에 김 교사는 학생들 사이를 계속 오가며 이야기를 주고받는다.

오, 유관순. 유관순은 어디야? 순정이야 만적이야? (학생이 "만적"이라고 답한다.) 그럼 유관순 친구 중에 만적 같은 애가 있었을까? 고민해 봐. 그런 사람을 뭐라 그래? 유관순과 같은 사람을 뭐라고 불러? (학생이 "독립운동가"라고 말한다.) 독립운동가와 반대되는 사람들이 누구야? (학생이 "친일파"라고 말한다.) 그렇지. 그렇게 정리하면 될 것 같아. 그 사람들의 선택과 영향에 대해 고민을 해 보자.

모둠 활동이 어느 정도 마무리되자, 김 교사는 "자, 그러면 '내가 만약 순정이라면' 이것부터 공유를 해 볼까? 내가 만약 순정이라면 함께하겠다. 죽을지 모르지만 목숨 내걸고 신분 해방을 위해서 봉기에 참여하겠다. 손들어 보세요"라고 묻는다. 10명 가까운 학생들이 손을 든다. 봉기에 반대하고 주인에게 고자질할 것이라는 의견에는 2명이 손을 든다. 교사는 이 두 가지 의견 외에 '그냥 가만히 있겠다'는 학생의 의견도 소개하면서 역사에는 다양한 선택이 있을 수 있음을 암시한다. 이어서 실제 역사에서는 어떤 일이 생겼는지를 이야기한다. 1,000여 명이 함께하기로 했으나 실제로 100명만 봉기에 참석했다. 나머지 900명은 약속 장소에 나오지 않았다. 김 교사는 900명 중에는 어차피 실패할 것이니 소극적으로 집에 있었던 사람과 순정처럼 자기의 이익을 적극적으로 챙긴 사람 등의 부류가 있었을 것이라고 언급한다. 역사적 사실을 설명한 후 교사는 다시 종혁에게 만적이 남긴 자료를 실감 나게 읽어 보게 한다.

하늘이 사람을 세상에 내실 때 모두가 사람답게 살라 명하시었거늘 어찌 왕후장상의 씨가 따로 있을 수 있겠소이까? 노비 문서 하나에 귀천이 갈리는 세상을 뒤엎지 못하고 가는 것이 원통할 뿐이오이다!
허나 먼 훗날 우리의 자식들이 죽어 간 우리를 자랑스러워할 것이오니 후회는 없소이다!

만적이 남긴 글을 읽고 나자, 교사는 학생들에게 만적과 같은 삶을 살기는 어렵겠지만 최소한 순정과 같이 역사가 발전하는 데 반대 방향으로 가는 행동만은 안 해야지 하고 생각했으면 좋겠다고 말한다.

이어서 김 교사는 왜 순정과 만적을 역사에서 함께 기억해야 하는지에 대해서도 이야기한다. 순정과 같은 인물도 기억해야 하는 이유는 반면교사로 삼기 위해서란다. 수업이 이제 막바지로 접어드는 느낌이다. 김 교사는 기억을 위해서는 기록이 필요하다는 점을 상기시킨다. 만적과 같은 천민은 기록을 남기기가 어려웠기 때문에 역사는 그 시대의 힘 있는 양반들이 기록했음을 상기시킨다. 그러면서 양반의 입장에서 만적이 어떻게 기록되었는지 자료를 바탕으로 살펴보도록 한다.

김 교사의 설명대로 고려사는 만적에 대한 양반의 시각이 반영된 기록이다. 교과서는 현재적 시각에서 만적의 사건을 다시 기록하고 있나 보다. 교사는 두 자료를 비교하여 차이를 찾아보도록 안내한다. 이것이 마지막 모둠 활동이다. 학생들이 다시 4명씩 모둠을 만들어서 두 기록의 차이를 비교하고 정리한다. 이번에도 김 교사는 모둠을 돌아다니면서 학생들에게 보충 설명을 해 준다. 교사의 안내를 따라서 학생들은 두 기록에서 단어의 선택이나 표현 등이 다른 점을 확인하며 역사 기록이 지닌 주관성 내지 특정한 관점을 파악해 간다. 김 교사는 이를 바탕으로 하나의 관점으로만 역사를 보지 말고 기록자의 의도도 생각하면서 객관적으로 바라보아야 한다는 점을 부각시킨다.

김 교사는 고려사는 최충헌에 대해 기록하면서 만적을 곁가지로 기록하였음을 언급한다. 조선 시대도 신분제 사회였기 때문에 신분제를 타파하고 평등한 사회를 만들자고 주장하는 사람들을 우호적으로 기술하기 어려웠음을 부각시킨다. 이를 바탕으로 김 교사는 "마지막으로 묻고 싶은 게 있어요. 역사책을 읽을 때 주의점이 무엇일까?"라고 질문한다.

한 학생이 "비판적으로 읽어요"라고 대답을 하자, 교사는 "뭘 어떻게 비판적으로 읽어요?"라고 다시 묻는다. 그러자 다른 학생이 "관점을 다양하게 보고 비판적으로 읽어요"라고 말한다. 또 다른 학생은 "이 글을 쓴 사람의 입장을 생각해서 그것이 옳은지 그른지 판단하면서 읽어야 해요"라고 대답한다. "그럼으로써 우리가 얻는 것이 무엇일까?"라는 김 교사의 질문에 한 학생이 "진실을 알 수 있어요"라고 말한다. 이 말을 받아 김 교사는 다음과 같이 마무리를 짓는다.

아, 진실을 알 수 있어요. 진실을 보려면 다양한 각도에서 다양한 입장에서 봐야 해요. 그래서 기록을 보더라도 그냥 무작정 따르면 된다, 안 된다? (학생들 "안 된다"라고 말한다.) 안 된다. 항상 비판적으로, 누가? 왜? 어떤 목적으로 기록을 했는지 시대 상황에 따라서 다 따져 보고 판단해 봅시다. 그러면 오늘 여기까지 할게요. 고생 많았습니다. 인사 할까요? 자, 수고하셨습니다.

박현숙 교사의 국어 수업

국어 수업의 대단원 제목은 '작가의 의도를 찾아서'이다. 교사는 이전 시간에 배운 '역설법'과 '반어법'에 대한 내용을 잠깐 상기시킨다. 역설법과 반어법이 작가의 의도를 강조하는 데 기여한다는 점을 다시 설명한 후 박 교사는 오늘의 학습 주제를 소개한다. 학습 주제는 학생들이 마을 신문인 〈장곡타임즈〉를 읽고 작가(신문사)의 의도를 파악하는 것이다. 교사는 학습 주제를 소개한 후에 신문과 '활동지 34'를 나누어 주고 학생들이 모둠으로 문제를 풀도록 한다. 학생들은 각자 신문을 읽고 주어진 활동을 한다. 박 교사는 모둠을 돌아다니며 학생들의 활동을 지켜보면서 종종 학생의 질문에 답을 해 준다. 한 학생이 읽고 있는 내용이 "사설이냐?"고 물어보자, 교사는 교실 전체에 전달하기 위해서 교탁으로 이동한 후 다음과 같이 말한다.

자, 여러분 한자로 쓰여 있는 게 사설이에요. 여기 제목 한자 있잖아. 저기, 2면 위쪽에 보면 사설, 한자로 써 있고요, 굉장히 길어요. 읽고 사설에서 주장하는 바를 한번 찾아보세요.

박 교사는 이 말을 한 후에 학생들 사이를 돌아다니면서 활동을 돕는다. 그리고 긴 사설을 읽으며 과제를 푸는 학생들을 격려한다. 그러고 나서 신문사 편집장이 이 같은 사설을 쓴 의도에 대해서 생각해 보도록 한다.

봐 봐. 이 글을 쓴 사람이 '왜 이런 축제가 필요한가' 하고 물어봤잖아. 그렇다면 이 사람은 축제가 필요하다고 생각하네? 쭉 읽어 보면 이 사람이 축제에 대한 의미와 필요성을 주장하는 바가 있어. 이 주장하는 바, 그게 사설의 주제이지 않을까?

교사의 설명을 들으면서 학생들은 모둠별로 문제를 계속해서 풀어 간다. 4번 문제에 대해서 학생들이 의문점이 많은 것을 확인했는지 박 교사는 전체 학생을 주목하게 한 후에 이에 대해 설명한다.

국어 3학년 2학기	반	번호		이름		활동지 34
대단원 : 01. 작가의 의도를 찾아서				소단원 : 02. 뒤집어 보기		

※ 〈장곡타임즈〉는 마을 신문입니다. 신문 전체를 훑어본 후 〈장곡타임즈〉 40호에서 가장 크게 다룬 일에 대해 생각해 보자.

1. 어떤 일을 가장 비중 있게 다루었는가?

2. 그 일을 비중 있게 다룬 이유는 무엇일까?

3. 〈장곡타임즈〉는 '마을 축제'에 대해 어떤 평가를 내리고 있는지 알아보자.

   1) 1면 "주민자율 실종 시대, 장곡동의 도전" 기사에서는 어떻게 평가하고 있는가?

   2) 2면 사설에서 주장하는 바는 무엇인가?

   3) 4, 5면에서 그려진 축제의 모습은 어떤지 생각해 보자.

   4) 6면 축제 평가를 읽고 생각해 보자.

   - 축제에서 문제점으로 지적된 것.

   - 문제점의 극복 방안으로 제안된 것.

4. 학생들이 쓴 축제 참가 감상문 중에서 어떤 교사가 〈장곡타임즈〉 축제 참가기에 원고를 세 편 골라서 냈고, 그 세 편이 다 실렸다. 교사는 왜 이 세 편을 골라서 신문에 투고했고, 왜 신문은 세 편을 모두 실었을지 생각해 보자. 그리고 그것이 마을 축제를 바라보는 신문사의 입장과 어떤 관계가 있는지 말해 보자.

5. 7면 밑부분 "장곡중 학생 교사 학부모에게 드리는 감사의 말"에서 왜 장곡마을학교와 〈장곡타임즈〉는 이런 기사를 썼을까?

6. 여러분이 쓴 축제 감상문에서의 축제에 대한 생각과 〈장곡타임즈〉 40호를 읽고 난 이후의 축제에 대한 생각이 같은가, 다른가? 어떤 생각인가?

7. 신문사는 어떤 사회 문제를 다룰 때, 자신들의 입장이 있다. 〈장곡타임즈〉도 마을 축제에 대한 입장이 있었다. 신문이 사람들의 여론을 만들어 간다는 면을 인정한다면 이번 마을 축제에 대한 〈장곡타임즈〉의 입장은 바른가, 아니면 다른 면도 있는가? 여기서 '바르다'의 기준은 무엇인가?

8. 어떤 사회 문제를 바라보는 신문사의 입장 차이에 따라 같은 문제를 다른 시각으로 다룰 수 있다. 이번 활동을 통해 어떻게 신문을 읽어야 할지 말해 보자.

박현숙 교사의 국어 수업 활동지

애들아, 4번 한번 볼래? 4번 보면 학생들이 쓴 축제 참가 감상문 중
에서 어떤 교사가 축제 참가기에 원고를 세 편 골라서 냈고, 그 세 편이
다 실렸어요. 여러분, 지영이가 쓴 원고도 여기 실렸죠? 지영이가 이 글
을 쓸 때 나한테 뭐라고 물어봤냐면, "비판적으로 쓰면 신문에 안 실리
죠?"였어. 하하하. 그래서 "그건 잘 모르겠다"고 선생님이 답을 했어요.
그리고 지영이가 쓴 글이 신문에 실렸죠. (학생들이 지영이의 이름이 있는
글을 찾는다.)

근데, 이 신문사에서 마을 축제를 다룬 시선이, 관점이 있죠? 의도가
있지? 파악했나요? 그리고 여러분이 마을 축제 끝난 다음에 축제 감상
문을 썼어요. 그때 선생님이 뭐라 그랬냐면 "신문사에 투고를 하겠다" 그
랬어요. 그렇죠? (……) 그때 여러분이 선생님한테 질문했던 게 뭐냐면,
"비판적으로 써도 돼요?", "감상을 써야 돼요, 아니면 평가를?" 이런 얘
기 많이 했어. 그래서 (선생님은) 마음껏, 자기 의도대로 쓰라고 했어요.

그리고 그것을 선생님이 싹 걷어서 그중에 세 편을 골라서 투고했어
요. 그 세 편의 글에 담긴 의도와 교사가 그 많은 감상문 중에 세 편을
뽑은 의도와 마을 신문사에서 이 세 편을 다 실은 의도와, 또 이 신문
사의 마을 축제를 바라보는 시선, 시각, 관점을 한번 이야기해 보려고
해요.

박 교사의 설명으로 미루어 볼 때 학교 주변 장곡 마을에는 마을
축제가 있다. 학생들은 이 마을 축제를 경험하고 나서 마을 축제에
대한 감상문을 작성하였다. 그중에 세 편을 박 교사가 뽑아서 〈장곡
타임즈〉에 보냈고 세 편 모두 신문에 실린 모양이다. 이 일을 바탕으
로 박 교사는 글을 쓴 학생들의 의도와 그중에서 세 편을 뽑아서 보
낸 박 교사의 의도, 그리고 세 편을 모두 실어 준 〈장곡타임즈〉 편집

자의 의도에 대해서 생각해 보도록 수업을 기획하였다.

학생들은 세 편의 글을 읽고 소감문이 축제에 대해 너무 좋은 점만 부각시키고 있다고 아쉬움을 표한다. 학생들이 이런 반응을 보이자, 박 교사는 새로운 사실을 공개한다. 신문의 편집장이 마을 축제 기획단장이라는 것이다. 이 점을 바탕으로 왜 세 편이 모두 실렸는지 추측해 보도록 한다. 교사의 설명을 듣고 학생들은 활동지를 풀어 간다. 모둠 활동이 어느 정도 마무리되자, 박 교사는 4번 문제에 대해서 학생들과 의견을 주고받는다.

교사　얘들아, 우리 4번만 해 볼까? 여러분 생각을 듣고 싶어요. 학생들이 쓴 축제 참가기가 신문에 투고된 이 글들처럼 다 긍정적인 점만 썼을까요? 어땠을까? 여러분은 어떻게 썼어요?

학생들　비판하는 내용이 있었어요.

교사　비판하는 글도 썼죠. 불평하는 것, 투정하는 것 다 썼죠. 맞아요. 그런데 이 세 편의 글의 공통점은 뭐예요?

학생들　다 긍정적인 내용만 나와 있어요.

교사　다 긍정적인 면만 쓴 것들이 뽑혔죠. 그러면 교사는 왜 이 세 편을, 그 많은 의견들 중에서 긍정적인 것만 뽑았을까?

학생들　교사가 원하는 방향이라서.

교사　교사가 원하는 방향이라서 뽑았다? 뭐, 맞는 말이고.

학생들　신문사에서 축제를 긍정적으로 보고 있으니까, 교사도 긍정적인 원고를…….

교사　신문사에서 축제를 긍정적으로 보고 있으니까 교사도 그런 원고를 투고해야 실린다는 걸 알고 뽑았다? 그러면 마을 축제를 바라보는 신문사의 입장과 교사가 뽑은 그 입장이 어떻다는 얘기예요?

학생들 같아요.

교사 같다는 얘기죠? 축제를 부정적으로 보는 학생들의 시각이 많았을까, 긍정적으로 보는 시각이 많았을까? 어땠을까? 솔직히 부정적으로 서술한 학생들이 많았어요. 그랬는데 여기는 긍정적인 입장만 뽑아서 냈죠? 그러면 5번하고 연결 지어서 〈장곡타임즈〉에서 축제를 바라보는 시각이 어떻다고 느껴져요?

학생들 잘됐다고.

교사 잘됐다고 봐. 그리고 축제의 의미는?

학생들 모두가 함께 참여해서 좋다고.

교사 모두가 함께 참여해서 좋다고 보고 있죠? 그런데 '적어도 신문사라면 부정적인 의견이나 비판적인 의견도 하나 정도는 넣어야 되지 않았을까요?' 하고 질문한 친구들이 있었어요. 여러분도 그렇게 생각하나요?

학생들 네.

교사 그럼 왜 이 신문사는 다 긍정적인 입장만 실었을까요?

학생들 예산 받으려고.

교사 예산 받으려고? 이 신문사의 편집장은 마을 축제의 기획단장이었고요, 이 학생들의 글을 뽑은 교사는 마을 축제의 사무국장이었어요. 하하하.

학생들 선생님 아니에요?

교사 네, 접니다. (다 같이 웃는다.) 자, 다음 시간에 할 건데, 신문에서 어떤 사건을 다룰 때 신문사의 의도가 있겠죠. 그 의도가 마을 여론과 사회 전체의 여론에 어떻게 영향을 미치고, 우린 그걸 어떻게 판단해야 할지를 다음 시간에 계속 이어서 이 신문을 가지고 할 거예요. 여러분, 이 신문 다음 시간에도 가져와야 됩니다. 감사합니다.

박 교사는 학생들이 마을 축제에 대해서 부정적인 글도 쓰고 긍정적인 글도 썼는데 왜 긍정적인 글만 실렸는지에 대한 의문을 증폭시킨다. 그 비밀은 긍정적인 글만 뽑아서 보낸 박 교사에게 있음을 학생들은 짐작한다. 이어지는 차시는 이런 취사선택 과정에 대한 이해를 바탕으로 여론을 어떻게 이해해야 할지에 대한 토론으로 이어질 모양이다. 수업 계획에 의하면 학생들은 이 주제의 마지막에 마을 축제에 대한 개선안을 기획서로 작성하는 글쓰기 활동을 하게 되어 있다.

두 수업의 공통점과 차이점

이제 두 수업의 공통점과 차이점을 찾아볼 차례이다. 서로 다른 교과라는 점을 고려하여 주로 형식적인 면을 중심으로 공통점과 차이점을 언급하고자 한다. 먼저 공통점이다. 첫째는 두 수업 모두 '활동지 중심 수업'이라는 것이다. 두 교사가 모두 활동지를 제작해서 수업을 운영하고 있었다. 활동지만 들여다보아도 수업의 구조와 내용을 알 수 있다. 실제로 활동지를 만드는 데 두 교사는 많은 노력을 들이고 있었다. 활동지는 두 교사가 교육과정과 교과서를 자신의 교실에 맞게 재구성하는 핵심적인 도구라고 할 수 있다. 두 교사의 활동지는 모두 학생들이 읽을 자료와 연관된 탐구 질문으로 구성되어 있다.

둘째, 'ㄷ 자' 좌석 배치가 기본형이며 학생 활동은 4인 1조의 모둠 구성으로 진행하고 있었다. 뒤에서 언급하겠지만 이런 좌석 배치와 모둠 활동은 사토 마나부의 배움의 공동체 수업에서 전형적으로 관찰된다. 김 교사의 수업에서는 활동을 할 때는 4인 1조 모둠을 구성하고 교사가 설명을 할 때는 'ㄷ 자' 좌석 배치로 전환하는 장면이 여러 차례 관찰되었다. 반면에 박 교사의 수업에서는 그런 전환은 관찰되지 않았다.

셋째, 두 교사 모두 칠판을 거의 사용하지 않는다. 필자가 관찰한 많은 초등학교 수업이나 일부 중학교 수업에서 모둠 활동의 결과를 공유하기 위해 모둠 판을 활용하는 데 비해서 두 교사의 수업에서는 그런 모둠 판의 사용도 관찰되지 않았다. 이 점을 언급하는 이유는 활동 결과를 표현하는 것이 수업의 명료성을 증가시키기 때문이다. 이에 대해서는 뒤에서 다시 언급하고자 한다.

이제 표면적으로 드러나는 수업 구조의 차이에 대해서 살펴보겠다. 모든 수업은 구조를 지니고 있다. 수업은 '도입-전개-정리'의 세 부분으로 구성되는 게 일반적이다. 도입, 전개, 정리는 다시 각각 고유한 기능을 하는 하위 부분section들의 집합이다. 학자들은 수업을 분석할 때 수업 구조를 이루는 각 부분들이 어떻게 구획되어 있으며 어느 정도의 시간을 차지하고 상호 어떤 연관성을 지니고 있는지를 살펴본다. 수업 구조와 관련하여 두 교사의 수업은 전개부에서 뚜렷한 차이를 보인다. 김현정 교사의 수업은 전개부가 '모둠 구성 후 활동 - 모둠 풀기 후 교사의 설명'이 하나로 결합된 세 개의 하위 부분으로 구성되어 있다. 반면에 박현숙 교사의 수업은 전개부가 하위 부분으로 명확하게 구획되지 않고 하나의 큰 활동 단위로 통합되어 있다. 이런 수업 구조의 차이 때문인지 김 교사의 수업은 명료하게 세분화된 활동들이 꽉 짜여서 바쁘게 진행되는 느낌이 든다. 반면에 박 교사의 수업은 학생들이 여유 있게 수업에 참여하는 대신에 다소 느슨하게 진행된다는 느낌을 받는다.

범위를 넓혀서 좀 더 큰 단위의 차이를 살펴보자. 김 교사의 오늘 수업 주제는 '주제 36'이라는 모듈이다. 김 교사는 역사 내용을 주제 중심의 모듈로 나누어서 대개 한 차시에 한 주제를 다루는 방식으로 수업을 운영하는 것으로 보인다. 이와 달리 박 교사는 이 주제와 관련하여 세 차시를 할애하고 있다. 관찰한 수업만 놓고 보면 김 교사의 수업은 한 차시의 자기 완결성이 상대적으로 강한 차시 설계Lesson Plan의 형태를 지니고 있는 데 비해, 박 교사의 수업은 여러 시간 활동을 이어 가는 프로젝트형의 단원 설계Unit Plan 형식으로 되어 있다.

박현숙과 김현정의 수업 생애 곡선

두 교사의 수업을 기술하고 형식적인 면에서 공통점과 차이점에 대해서도 개략적으로 스케치를 하였다. 이제 위에서 기술한 두 교사의 수업을 이들의 생애사적 지평 위에 위치시켜 보는 작업을 하려고 한다. 비평 대상인 두 수업은 끊임없이 성장해 가는 열정적인 수업 실천가들의 변화의 한 시점을 포착한 스냅 사진이기 때문이다.

먼저, 수업 생애 곡선을 잠깐 소개하겠다. 수업 생애 곡선은 청주 교대 교육연구원에서 교사학습공동체를 활성화하기 위한 활동 모듈 중 하나로 개발된 것이다. 이 모듈에서 교사는 자신의 수업에 영향을 미친 생애사적 경험들을 회상해 보고 그것을 부정적인 경험과 긍정적인 경험으로 나누어 시기별로 배치시킨다. 이때 부정이나 긍정의 정도가 강할수록 기준선에서 멀리 위치시킨다. 또 각각의 경험이 현재 수업 실천에 미치는 영향력의 강도도 표현한다. 예를 들어 현재 나의 수업 실천에 영향을 미치고 있는 강도를 ◉ 〉 ◎ 〉 ○의 순으로 구분하여 그린다. 수업 생애 곡선을 그리는 목적은 생애사적 경험을 떠올리고 반추함으로써 수업이라는 항해의 선장인 교사 자신에 대한 이해를 심화시키기 위함이다. 이런 활동을 통해 교사는 생애사 속에서 형성된 수업에 대한 자신의 관점을 성찰하고 지속적 성장을 위한 미래 전망도 모색할 수 있다.

수업 비평가의 입장에서 특별히 두 교사에게 수업 생애 곡선을 그리도록 요청한 것은 두 교사가 끊임없이 성장하는 교사이기 때문이기도 하다. 따라서 변화와 성장이라는 통시성 속의 한 계기로서 현재의 수업을 위치시켜 보고 싶었다. 또한 지향과 지양의 연쇄 속에서 현재의 수업이 창조적으로 극복될 미래를 두 교사들과 더불어 소망하기 때문이기도 하다.

먼저 박현숙 교사의 수업 생애 곡선을 살펴보자. 박현숙 교사는 중학교 1학년과 3학년 때의 학창 시절 수업 경험을 아직도 기억하고 있었다. 영어 알파벳 필기체를 몰랐던 경험과 과학 시간에 질문을 했다가 야단맞았던 경험이 아직도 박 교사에게 부정적인 기억으로 뚜렷이 남아 있다. 교단에 선 이후에는 주로 긍정적인 일련의 경험들을 통해 박현숙 교사의 수업 전문성이 신장되어 왔다. 그 첫 계기는 1993년 전교조 전국놀이교사모임 '가위바위보'에 가입한 것이다. 거기서 만난 놀이는 박 교사에게 신세계였다. 학교 축제도 놀이판으로, 보강 수업도 놀이, 특별 활동도 놀이로 할 정도로 박 교사는 놀이에 꽂혔다고 한다. 2000년 시흥 군자공고에서 새로운 유형의 학생들을 만나고, 2003년에는 안산 선부중에서 담임을 맡지 않고 수업에서만 학생들을 만나면서 다소 어려움을 겪기도 하였지만 새로운 환경에 대한 성찰을 통해서 이를 슬기롭게 극복한다. 박 교사의 수업에 또 한 번 변화가 일어난 큰 계기는 2010년 장곡중에 근무하게 되면서이다. 여기서 박 교사는 배움의 공동체 수업을 만나게 되었다. 그 만남을 박 교사는 "학교 문화를 놀이 문화로 바꾸려고 무진 애를 썼던 나에게 '배움의 공동체'와 손우정 박사는 실로 코페르니쿠스적인

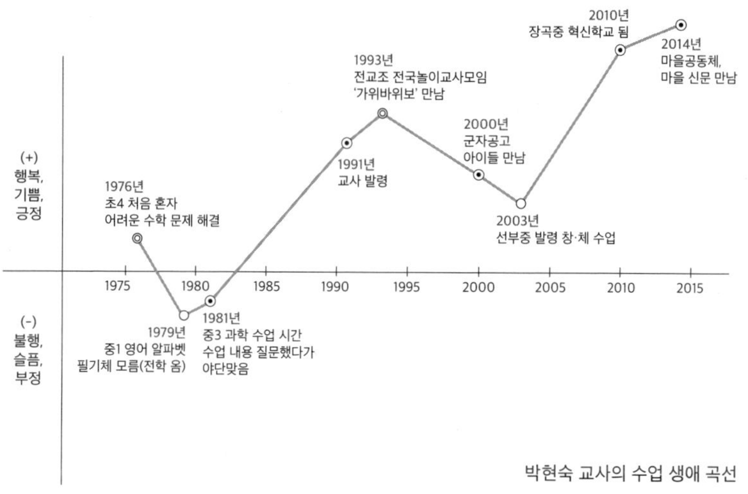

박현숙 교사의 수업 생애 곡선

깨달음을 주었다. 학교 문화의 가장 핵심이자 모든 것일 수 있는 게 '수업'이며 수업을 바꾸지 못하면 아무것도 바꾸지 못한다는 단순한 진리를 왜 깨닫지 못하고 학교 문화를 바꾸려고 그렇게 노력했는지 우둔함에 가슴을 쳤다. 그리고 장곡중의 모든 교사들과 마음을 모아 함께 수업을 바꾸고 함께 고민하자 꿈에도 그리던 학교가 만들어졌다. 수업 속에서 치유가 되었다. 학교의 교육과정 재구성이 저절로 되었다. 학교가 교사와 학생 모두에게 행복한 장소로 탈바꿈했다"[13] 고 술회하고 있다.

박 교사의 수업에 긍정적인 영향을 미친 가장 최근의 계기는 마을공동체 활동이다. 2015년에 마을 축제 사무국장을 했고 마을 신문 기자도 했다. 인근 5개 학교가 학교 축제일을 맞추어서 마을 축제를 공동으로 진행했다. 현재 마을 신문이 적자를 보고 있기 때문에 마을학교협동조합을 만들어서 협동조합 안에서 신문과 학교를 연결 짓고 교육 투어 같은 것도 계획하고 있다고 한다. 앞에서 기술한 수업은 학교가 마을과 맺고 있는 이런 관계를 파악해야만 제대로 이해할 수 있다.

이어서 김현정 교사의 수업 생애 곡선을 살펴보자. 여기에는 역사 교사의 자의식이 깊게 묻어난다. 김현정 교사는 중학교 3학년 역사 선생님에게 많은 영향을 받았다. 그 기억이 역사학과에 입학하는 계기가 되었다고 한다. 2002년 신규 교사 발령을 받으면서 이상과 현실과의 거리와 함께 낯선 환경에서 학생들과 만나는 가운데 약간의 침체를 경험했다. 하지만 곧 전국역사교사모임에 가입하여 활동함으로써 활력을 되찾는다. 이 모임에서 활동하면서 역사 수업 관련 자료도 공유할 수 있었고 역사 교사로서의 정체성도 더욱 심화시킬 수 있었다. 박 교사와 마찬가지로 김 교사의 수업에 새로운 도약의 계기가 된 사건은 장곡중에서 배움의 공동체 수업을 만난 것이다. 김 교사는 그 만남을 "'배움의 공동체' 철학을 만나면서 교육의 공공성에 대

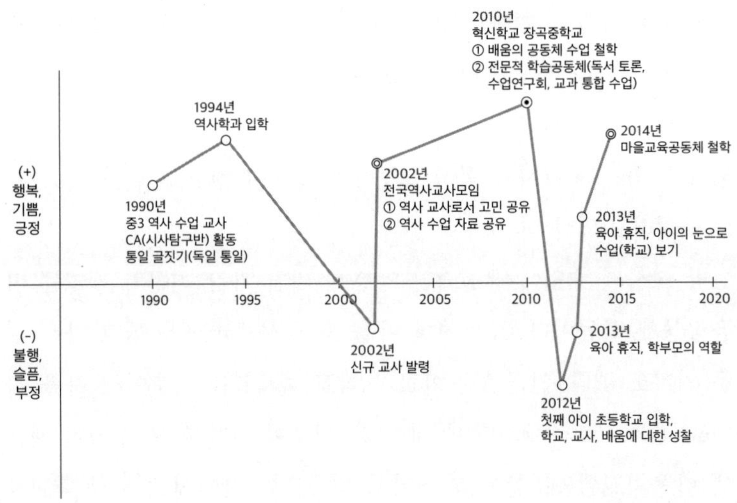

김현정 교사의 수업 생애 곡선

해 진지하게 고민하고 반성했다. 그 과정을 통해 공교육을 하는 교사로서 나의 정체성을 찾았고 교사의 역할은 수업 준비만 잘하면 끝나는 것이 아님을 알게 되었다. 그래서 지금의 나는 공교육 교사로서 매 시간 단 한 명의 아이도 포기하지 않고 그 아이들의 배움과 성장을 도와주려 노력하고 그 배움이 아이들의 삶과 연결될 수 있기를 간절히 바란다. 더불어 역사적 사건을 나와는 상관없는 단순한 옛날이야기로만 생각하는 것이 아니라 지금의 나, 우리 현실과 연관시켜 생각해 볼 수 있는 역사 수업을 꿈꾼다. 따라서 역사적 사건을 현실과 연관시켜 파악하는 활동을 하려고 노력한다. 활동지에서 점프 과제를 만들 때도 시간과 노력을 많이 들인다. 실제 수업에서도 아이들의 생각이 가장 많이 표현되고 의미 있는 장면을 많이 볼 수 있는 활동이라 보람을 느낀다"[14]라고 표현하고 있다.

김 교사의 이런 성찰은 앞에서 살펴본 수업에서도 잘 드러나 있다. 한편 육아의 경험 또한 학생의 눈으로 수업과 학교를 살펴볼 수 있는 소중한 계기를 제공했다. 그리고 김 교사 또한 자신의 수업에 영향을 미친 가장 최근의 경험으로 마을교육공동체 철학을 만난 것을 들고 있다. 수업에는 직접 드러나지 않지만 마을을 소통과 교류의 장으로 생각하게 되면서 역사 수업 속에 지역과 지역사에 관련된 내용을 포함하여 다루게 되었다고 한다.

두 교사의 수업 생애 곡선을 바탕으로 현재 수업에 가장 큰 영향을 미친 요인을 좀 거칠게 정리해 보자면 혁신학교인 장곡중에서 근무하게 된 것과 배움의 공동체를 접하게 된 것이다. 예컨대, 김 교사는 역사교사모임에서 다양한 학습지를 공유하는 등 도움을 받았다고 말했다. 그러나 학습지를 활동지로 바꾸어 부르게 된 것은 배움의 공동체와의 조우 이후로 기억하고 있었다.

박 교사의 경우에도 놀이로 수업을 운영해 가던 시절이 즐겁고 신나는 시절이기는 하였지만 학교 구성원 모두가 함께 소통하고 공유하는 문화를 만들어 가는 데는 배움의 공동체 방식의 수업이 좋다는 판단이 들어 도입하게 되었다고 하였다. 그리고 두 교사는 현재 마을공동체 활동을 통해 또 다른 변화를 경험해 가고 있다.

배움의 공동체 수업의 영향

왜 두 교사를 포함하여 장곡중은 일본 사토 마나부 교수의 배움의 공동체를 학교 수업 개선을 위한 모델로 받아들였을까? 교사들이 집필한 책과 인터뷰를 통해서 장곡중이 배움의 공동체를 받아들이게 된 문제의식을 확인할 수 있었다. 경기도에 혁신학교가 정책적으로 시작된 것은 2009년이다. 이때 덕양중, 호평중, 보평중, 홍덕고, 서정초, 조현초, 남한산초, 보평초 등이 혁신학교로 지정되었다. 장곡중은 이들 학교보다 1년 늦은 2010년에 혁신학교로 지정되었다. 1년 늦게 출발한 장곡중은 기존의 혁신학교와 각 지역에서 학교 혁신을 실천하고 있는 학교들을 탐방하면서 바람직한 모델을 찾으려고 했다. 그런데 당시 대부분의 중등 혁신학교들은 주로 방과후학교나 체험 활동, 지역 사회와 연대한 공부방 등을 주된 사업으로 하고 있었다. 그 당시에는 수업이 혁신적으로 이루어지는 곳은 이우학교밖에 없었다고 한다. 장곡중의 혁신을 이끌었던 여러 교사들은 학교의 본질은 수업이기 때문에 수업을 중심으로 학교 혁신을 이루어야겠다고 방향을 정했다.

그런데 수업 혁신으로 방향을 정했을 때 외부의 실질적인 지원을 받을 수 있는 곳은 사토 마나부의 제자인 손우정 교수밖에 없었다고 한다. 물론 배움의 공동체 수업을 받아들인 데는 이우학교의 영향도 컸던 것으로 판단된다. 이렇게 하여 장곡중은 손우정 교수의 지도를 받으면서 배움의 공동체 수업을 학교 혁신의 중심축으로 삼게 되었다.

그럼 박현숙 교사에게 배움의 공동체는 어떤 의미일까? 어떤 부분이 박 교사의 마음을 사로잡았을까? 책과 인터뷰를 바탕으로 판단하건대 박 교사에게 배움의 공동체는 일종의 수업 철학이었다. 그 철학은 모든 학생들에게 배울 권리를 보장하고 모든 학생들에게 질 높은 수준의 배움에 도전하게 하라는 것이다. '모든 학생들의 배울 권리와 질 높은 성장을 보장'하는 배움의 공동체의 기본 철학에 박 교사는 매료되었다. 그래서 한 명의 학생도 배움에서 소외되지 않는 수업과 학교를 만들려고 노력하게 되었다. 그 결과 장곡중 수업에는 어떤 변화가 일어났을까? 박 교사는 수업을 중심으로 한 학교 혁신으로 학교의 일상이 어떻게 바뀌었는지를 다음과 같이 묘사하고 있다.

수업이 바뀌어 가면서 학교가 정말 바뀔까 했는데, 학교가 바뀌었다. 70% 이상 달고 다니던 수업용 마이크가 사라지고, 교무실에서 큰소리로 아이들을 혼내던 풍경이 사라졌다. 권위로 가득 차 있던 중앙 현관이 이동식 탁구대 4개를 접었다 폈다 하면서 아이들이 자유롭게 탁구를 하는 공간이 되었다. 가끔은 방과 후에 춤 동아리 아이들이 음악을 쾅쾅 틀어 놓고 춤을 연습하는 공간이 되기도 한다. 아이들의 표정이 밝아졌다. 아이들은 존중받고 스스로 자신들의 세상을 열어 간다. 교사는 그 아이들과 더불어 배우고 성장한다.[15]

한편 김현정 교사는 배움의 공동체를 접하면서 교육의 공공성에 대한 고민을 심화시킬 수 있었다고 한다. 한국이나 일본이나 교육은 개인적으로는 출세나 성공을 위한 도구로 여겨지고 국가적으로는 국가 발전을 위한 수단으로 치부된다. 이로 인해서 호혜와 연대와 협력의 정신에 기반한 교육의 공공성에 대한 인식이 제대로 자리 잡지 못하고 있다. 배움의 공동체는 공부에서 배움으로의 전환을 통해서 그런 교육의 공공성을 실현하려는 실천이자 운동이다.

그런데 박현숙 교사와 대화를 나누는 중에 최근 장곡중의 수업을 두고 배움의 공동체 수업이 아니라는 평가가 외부에서 있다는 이야기를 들었다. 배움의 공동체 수업을 가장 열심히 적용해 온 학교의 수업이 배움의 공동체 수업이 아니라는 평가는 누가 내릴까? 도대체 배움의 공동체 수업은 무엇을 말하는 것일까? 배움의 공동체 수업이 지금도 한국의 많은 혁신학교들에 영향을 미치고 있기 때문에 이 점은 흥미로운 논의거리가 아닐 수 없다.

필자가 보기에 배움의 공동체는 하나의 교육운동이자 교육 철학이다. 그런데 추상적인 이론만 나열되어 있는 관념 철학이 아니다. 수업과 학교를 바꾸기 위한 매뉴얼화된 실천 전략을 갖추고 있는 일종의 실천 철학이다. 예컨대, 학습자 중심 교육이나 배움학에 대한 이야기는 한국의 여러 교육학자들도 최근 수십 년 동안 주장해 온 바이다. 그렇지만 한국의 학교 개혁 현장에서 한국 학자들의 실천적 영향력을 확인하기는 쉽지 않다. 반면에 사토 마나부의 배움의 공동체는 매우 큰 영향력을 행사하고 있다.

그 이유 중 하나는 배움의 공동체가 교육의 방향 전환에 대한 추상적인 선언이 아니라 학교와 수업 현장을 개선하기 위한 구체적인 실천 전략의 패키지이기 때문이다. 따라서 일본의 배움의 공동체를 받아들이는 것은 단순히 학교 변화를 위한 교육 철학을 받아들이는 것 이상을 의미한다. 변화를 위한 구체적인 실천 전략과 지침을 하나의 패키지로 도입하는 것을 의미한다. 예컨대, 수업 변화와 관련하여 배움의 공동체는 'ㄷ 자 좌석 배치', '4명 혹은 6명 1조의 모둠 구성', '점프 과제가 있는 수업 지도안', '구체적인 수업 방법', '특정한 유형의 수업협의회 대화 유형'을 함께 받아들이는 것을 말한다.

나는 배움의 공동체를 잘 이해하는 한 방법으로 엥게스트룀^{Yrjö Engeström}의 문화 역사 활동 이론을 원용해 보려고 한다. 문화 역사 활동 이론은 인간의 실행을 사회문화적 맥락에서 이해하려는 유용한 틀로 배움의 공동체도 이 틀을 이용하여 분석하면 그 실체를 좀 더 명확히 이해할 수 있다. 엥게스트룀은 이런 활동의 양상을 설명하기 위해서 활동 체계 모형을 제안하였다. 활동 체계는 기본적으로 주체, 목표, 도구 또는 인공물, 공동체, 규칙, 분업의 요소들로 구성된다.[16]

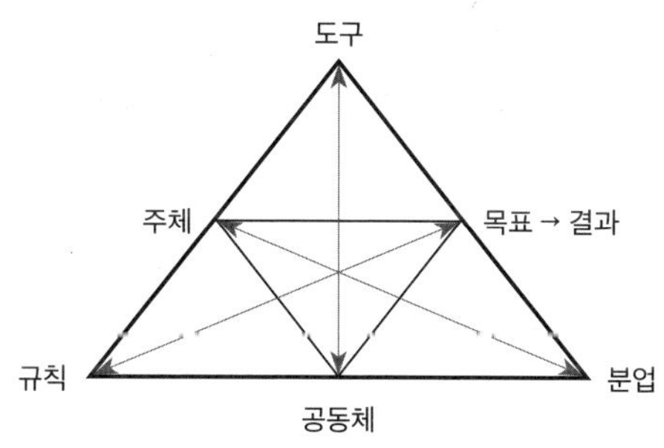

엥게스트룀의 활동 체계 모형

배움의 공동체의 수업 개선 활동을 이 활동 체계의 요소별로 분석해 보자. 우선, 주체는 교사, 학생, 동료 교원들이다. 수업에 참여하는 학생들의 능동적인 역할도 강조한다는 점에서 학생도 수업 개선 활동의 주체에 포함될 수 있다. 목표는 누구도 소외됨이 없이 배움을 통해서 함께 성장하는 것이며 궁극적으로 교육의 공공성을 회복하는 것이다. 이 목표를 달성하기 위해서 개발된 도구 또는 인공물로는 교사가 만드는 활동지, ㄷ 자 좌석 배치, 학생들의 이름이 모두 적혀 있는 좌석 배치도, 학생의 배움을 확인하기 위한 수업 관찰 방법 등이다. 공동체는 학교 구성원, 학부모, 그리고 학교교육에 관심을 가진 지역 사회 인사까지 포함할 것이다. 규칙의 경우에는 좋은 수업에 대한 기준, 수업 지도안이나 활동지 제작의 규칙, 수업 관찰의 규칙,[17] 수업 후 협의회의 논의 규칙 등이 명시적으로 포함될 것이며 여기에 여러 가지 암묵적인 규칙들도 포함될 수 있다. 분업과 관련하여서는 수업을 중심에 두는 학교를 만들기 위한 학교 내 업무의 재배치들이 해당될 것이다.

그런데 배움의 공동체를 이렇게 활동 체계의 요소별로 나누어 볼 때 문제가 되는 것은 누가 공동체의 규칙과 인공물을 만들 권한을 가지는가이다. 배움의 공동체의 일상적인 활동을 규율하는 규칙과 인공물은 사토 마나부 교수가 개발한 것이다. 배움의 공동체를 수용하고 있는 한국의 많은 교사들은 그것을 개정하거나 변경할 수 있는 자유가 별로 없는 것처럼 보인다. 만약 이것이 사실이라면 배움의 공동체는 교조적인 성격을 지니게 된다.

만약 배움의 공동체 수업을 적용하는 한국의 교사들이 교육(운동)의 목표에서부터 주체, 규칙, 인공물, 분업에 이르기까지 배움의 공동체가 제공하는 패키지를 해당 학교의 구체적인 현실에 비추어서 자유롭게 수정할 권한을 지니지 못한다면 그것을 이상적인 교사전문학습공동체라고 볼 수 있을까? 교사들이 학교 문제를 개선하는 일에 참여하는 동안에 새로운 규칙과 인공물을 자율적으로 합의해 나가고 끊임없이 개선해 갈 수 있어야 제대로 된 교사전문학습공동체일 수 있다. 그 점에서 장곡중의 수업 실천을 성찰하고 끊임없이 새로운 길을 열어 갈 수 있는 권한은 종국적으로 장곡중 교사들 자신에게 있어야 한다.

물론 나는 배움의 공동체가 우리 교육에 미친 긍정적인 영향을 과소평가하지 않는다. 그래서 배움의 공동체에 대해 다음과 같이 긍정적인 평가를 한 적이 있다.

이런 사토 마나부의 모델을 실천하는 학교 현장을 관찰하면서 나는 때로 감동적이라고 생각할 때도 있었다. 교사들이 학생 하나하나의 학습을 관찰하고 사후 협의회에서 학생 개개인의 이름을 호명해 가면서 수업의 의미를 논할 때 특히 그랬다. 언제 한국의 교육 현장이 개별 학생들의 배움을 이 정도로 중요하게 생각했던 적이 있었던가? 학생들은 언제나 익명의 대중이 아니었던가? 그리고 우리의 관심은 온통 공부 잘하는 소수에 집중되어 있지 않았던가? 누구도 소외받지 않고 학습에 참여해야 한다는 어쩌면 당연한 명제를 사토 마나부는 손에 잡히는 실천으로 만들어 냈다. 오랫동안 수업 연구를 해 온 현장 연구자들조차도 사토 마나부식 수업 실천이나 관찰에서 충격을 받았다고 고백하는 것을 보면 최소한 이 점에서는 우리는 그에게 빚을 진 셈이다.[18]

박현숙 교사와 김현정 교사가 배움의 공동체에 매력을 느낀 것도 누구도 소외되지 않는 수업과 관련하여 사토 마나부가 제공한 구체적인 실천 전략들이 아닐까 한다. 그 점에서 두 교사의 수업에서 인간적인 훈훈함을 느끼는 것은 어쩌면 당연하다고 생각한다. 동시에 두 교사의 수업에서 배움의 공동체의 교조적 적용을 넘어서는 창조적 탈주를 예견할 수 있어서 좋다. 특히 박현숙 교사의 수업에서는 획일적인 도전 과제를 제시하거나 '연결 짓기'와 '되돌리기' 등과 같은 구체적인 행동의 규범을 따르지 않는 자유로움이 더 잘 드러난다. 두 교사를 포함하여 장곡중의 많은 교사들이 배움의 공동체의 문제의식은 수용하면서 한국적 현실에 맞는 새로운 활동 체계를 만들어 갈 수 있기를 소망해 본다.

좋은 수업과 효율적인 수업

그렇다면 지향과 지양의 계기적 흐름의 한 시점에서 포착해 낸 두 교사의 수업을 어떻게 평가해야 할까? 이와 관련하여 좋은 수업과 효율적인 수업이라는 두 가지 개념을 구분하여 논하고자 한다. 좋은 수업과 효율적인 수업은 상호 겹치는 부분이 많은 개념이다. 좋은 수업은 수업이 지향하는 목표에 대한 사유와 고민이 더 많이 내포되어 있는 개념이다. 반면에 효율적인 수업은 수업이 지향해야 할 목표 자체에는 크게 주의를 기울이지 않는다. 대신에 일정한 목표가 주어져 있다고 가정하고 그 목표를 달성하는 데 효과적인 방법이 무엇인지에 더 많은 관심을 기울인다. 이 점에서 볼 때 좋은 수업은 효율적인 수업을 내포하는 더 큰 개념이다. 그러나 나는 양자를 상호 간의 의미가 중첩되지 않는 배타적 개념으로 구분하여 사용하고자 한다. 즉, 좋은 수업은 주로 목표와 관련되고 효율적인 수업은 주로 수단과 관련된 것으로 조작적으로 정의하면 두 개념을 축으로 한 사분면 — 좋은 수업이면서 효율적인 수업, 좋은 수업이면서 비효율적 수업, 좋지 않으면서 효율적인 수업, 좋지 않으면서 비효율적인 수업 — 을 만들 수 있다. 두 교사의 수업은 이 좌표축의 어디에 놓일까? 일단 두 수업 모두 좋은 수업으로 보인다. 그러나 효율적인 수업인지에 대해서는 다소 의문의 여지가 있다. 이제부터 왜 그렇게 생각하는지를 기술해 보고자 한다.

　우선, 좋은 수업과 관련된 논의이다. 좋은 수업이란 시대를 초월하여 고정적인 것이 아니다. 좋은 수업이란 좋은 사회가 무엇인지에 대한 통찰과 분리해서 생각할 수 없다. 예컨대, 대철학자 플라톤이 전사를 길러 내는 것이 좋은 교육 ― 이 글의 맥락에서는 좋은 수업 ― 이라고 생각했던 이유는 그가 살았던 아테네 도시 국가의 생존과 번영이라는 사회적 전망과 분리하여 이해하기 어렵다. 따라서 현 시점에서 보자면 좋은 수업에 대한 논의는 학습자들이 현재와 미래를 살아가야 할 21세기 삶의 조건에 대한 깊은 고려와 연결되어야 한다. 21세기적 삶의 조건이 무엇인지를 깊게 논하는 것은 이 글의 한계를 넘어선다. 그러나 좋은 수업에 대한 논의에 한정하여 적어도 다수가 동의할 수 있는 자명한 몇 가지 점들은 언급할 수 있다. 예컨대, 21세기 사회는 인간의 막강한 힘이 자연 전체를 파괴할 수 있는 위험 사회라는 점에는 모두 동의할 것이다. 우리가 직면하는 문제들이 복잡하고 상호 얽혀 있어서 올바른 판단을 내리기 위해서는 높은 지적 사유 능력이 요구됨도 명확해 보인다. 또한 지혜로운 문제 해결이 한 개인이나 영웅의 판단이 아닌 수많은 사람들의 집단 지성에 의해서 가능하다는 데도 대체로 동의할 수 있다. 이런 21세기적 조건을 생각할 때 왜 오늘날 많은 나라의 교육과정이 '핵심 역량'을 중심으로 변화되고 있으며 집단적 문제 해결 능력을 더욱 강조하고 있는지도 이해할 만하다. 변화의 일상성을 고려하건대 21세기의 사람들은 평생 학습하면서 살아가야 하는 능동적 학습자이어야 함도 자명하다. 즉, 학습을 무엇을 얻기 위한 수단과 도구로 생각하는 것이 아니라 학습 그 자체를 즐기는 품성을 지니도록 양육되어야 한다.

　결론부터 말하자면 두 수업은 모두 이런 21세기적 삶의 조건에 능동적으로 대응할 수 있는 좋은 수업이다. 먼저, 김현정 교사의 역사 수업은 잡다한 사실을 왜 배워야 하는지도 모르고 암기해야 하는 한국의 전형적인 역사 수업과는 아주 다르다. 김 교사는 주제를 중심으로 활동을 재구성하여 학생들이 사실의 홍수 속에서 표류하지 않고 나름의 문제의식을 갖고 역사를 대하도록 유도하고 있다. 활동지를 통해 학생들은 고려 말 무신 정권의 폭정과 수탈로 인해 극한까지 내몰렸던 농민, 천민의 삶에 감정을 이입한다. 역사 속의 인물이 되어서 자신들이 순정이나 만적이라면 어떤 선택을 할지 고민할 기회를 갖는다. 순정과 만적을 대비시키면서 그들과 같은 선택을 한 사람을 역사의 다른 시점에서 찾아보는 시간도 갖는다. 당시에는 실패로 끝났지만 신분제가 철폐된 오늘날의 입장에서 보면 농민과 천민의 항쟁이 실패했다고 판단하는 것이 옳은지에 대해서도 함께 토의한다.

이 정도만 해도 충분히 좋은 수업이다. 그런데 김 교사는 거기서 머물지 않는다. 한 걸음 더 나가서 역사가 기록과 기억의 문제임을 부각시킨다. 기억되기 위해서는 기록되어야 한다. 그런데 기록은 객관적일까? 그렇지 않다. 난을 일으킨 고려 시대의 농민과 천민들은 글을 쓸 수 없는 문맹들이다. 혹 글을 쓸 수 있는 자가 있었다 하더라도 그것을 기록하여 후대에 전할 만한 물적 토대가 없었다. 그러므로 오늘날 우리가 알고 있는 고려의 천민, 농민 봉기는 고려사를 집필한 조선 사대부의 시각에서 기록된 것이다. 김 교사는 여전히 신분제 질서를 유지했던 조선의 사대부가 신분제 질서의 해방을 주장하는 농민과 천민에 대해서 우호적으로 기록하기 어려웠을 것이라는 점을 부각시킨다. 그리고 농민, 천민의 주장을 우호적인 시각에서 서술한 교과서 속 가상의 역사 기록과 고려사의 기록을 대조하여 학생들에게 그 차이를 찾아보도록 한다. 이런 활동의 결과 학생들은 역사 기록에는 의도와 관점이 반영되며, 따라서 글쓴이의 의도와 관점을 염두에 둔 비판적 독해가 필요함을 자연스럽게 학습한다. 어떤가? 이만하면 좋은 역사 수업이지 않은가? 그리고 21세기에 필요한 집단적 사유 능력을 함께 실험하고 있는 교실 같지 않은가?!

박현숙 교사의 국어 수업도 들여다보자. 마침 이 수업 주제도 글을 쓰는 사람의 의도를 파악하는 내용이다. 이를 위해 학생들은 〈장곡타임즈〉라는 지역 신문을 읽고 그 내용을 분석한다. 학생들이 분석하는 텍스트가 지역 신문이라는 것이 주목할 점이다. 이 신문은 학생들이 거주하는 장곡중 인근 지역을 포괄하는 마을 신문이다. 신문에는 학생들도 함께 참여한 마을 축제에 대한 기사가 실려 있다. 수업 장면을 보면서 짐작했겠지만 축제에 대한 감상문은 이 학교 학생들이 작성한 글이다. 자, 이쯤 되면 학생들의 학습 동기가 어떨지 짐작이 되지 않는가? 학생들은 좁은 교실을 떠나서 마을 축제의 한 자락에 자신들이 스스로 무엇인가를 기획해서 참여했다. 그리고 그 참여의 경험을 글로 표현했다. 학생들이 쓴 글 중에 세 편이 마을 신문에 실렸고 그 글들은 수업 시간에 학생들이 읽고 비평해야 할 해석적 텍스트가 되어서 다시 돌아왔다. 삶과 학습의 순환적 맞물림! 학생들이 축제라는 삶을 살아 내고 그 삶이 글쓰기 형태로 표상되고 그 표상의 결과가 다시 학습으로 되먹임 되는 수업 생태계, 텍스트와 콘텍스트가 교호하는 이런 수업 생태계가 존재한다는 것이 얼마나 놀라운가? 이 속에서 학생과 교사, 지역 사회는 학습과 성장의 책임을 공유하고 연대하면서 함께 나아간다.

그런데 수업을 자세히 들여다보니 학생들이 직접 신문사에 투고한 것은 아닌 모양이다. 박 교사가 마을 축제에 대해서 긍정적으로 평가한 작품 세 편을 뽑아서 보낸 것이다. 그 세 편이 신문사 편집장에 의해서 모두 선정되어 마을 신문에 실렸다. 왜 교사는 마을 축제에 대해서 긍정적인 작품만 뽑아서 보냈을까? 박 교사와 인터뷰를 해 보니 이유가 있었다. 학교 축제가 마을 축제와 함께 진행되자 학생들은 이전 학교 축제와 달리 자신들 마음대로 축제를 진행할 수 없어서 다소 불만스러워했다고 한다. 그래서 국어 시간에 축제에 대한 소감문을 쓸 때 적지 않은 학생들이 부정적인 내용을 담았다고 한다. 그런데 마을 축제의 사무국장이기도 했던 박 교사는 학생들이 축제에 대해서 긍정적인 감정을 갖는 것이 앞으로 마을 축제를 성공적으로 이어 가고, 학교와 마을이 함께하는 마을공동체를 이루어 가는 데도 유리할 것으로 판단했다. 그래서 의도적으로 긍정적인 작품만 뽑아서 마을 신문에 투고를 했다. 학생들이 자유롭게 표출한 마을 축제에 대한 여론을 어느 정도 왜곡해서 마을 언론에 전달한 셈이다. 그리고 마을 축제의 기획단장이기도 한 이 신문사의 편집국장은 마을 축제에 대해서 긍정적으로 기술한 세 편의 글을 모두 신문에 실었다.

아마도 박 교사는 세 편을 뽑아 보내면서 수업에서 이런 내용을 다루려고 의도하지는 않았을 것이다. 그런데 결과적으로 박 교사의 이런 취사선택이 오늘의 수업 주제와 결합되어 학생들은 자신들이 참여한 행사를 소재로 언론의 역할, 언론에서 독자의 목소리를 반영하는 과정에 개입하는 편집 의도를 비판적으로 읽는 계기가 된 셈이다. 수업에서 학생들은 이런 현실을 비판적으로 읽은 후에 마을 축제에 대한 제안서를 작성하였다. 글 읽기와 삶 읽기, 글쓰기와 삶 쓰기가 연결되고 순환하는 수업 실천이 실현되고 있는 것이다. 공부가 대학 입시를 위한 도구적인 수단으로 온전히 치환되어 있는 한국의 현실에서 삶과 배움이 유기적으로 결합되는 이런 수업을 만나는 것은 수업 비평가가 누릴 수 있는 큰 기쁨이 아닐 수 없다. 두 수업이

21세기의 삶의 조건과 조응하는 좋은 수업이라는 점을 더 자세히 부연할 필요는 없어 보인다.

이제 이 수업들이 효율적인 수업인지도 살펴보자. 두 교사가 달성하려고 하는 수업의 목표에 비추어 수업 디자인이 잘되어 있는지를 중심으로 효율성 문제를 검토해 보고자 한다.

먼저, 김현정 교사의 수업부터 살펴보자. 김 교사는 수업 초반부터 학생들에게 빠른 속도로 활동을 수행할 것을 요구한다. 여기에는 김 교사가 역사 수업을 진행하면서 매번 겪는 수업 딜레마가 반영되어 있다. 일반적으로 역사 수업에서 다루어야 할 내용은 매우 많다. 그래서 교사는 항상 진도 나가기에 시달린다. 내용을 전달하는 데도 숨이 가쁜데 김 교사는 학생들에게 역사를 탐구하고 사고하는 활동까지 경험시키려고 한다. 이 때문에 김 교사는 수업에서 자주 시간 부족이라는 물리적 압박에 시달린다. 모든 학생들에게 충분히 사고하고 생각할 수 있는 시간을 부여하기가 어렵다. 본 수업의 경우에도 농민·천민의 난이 갖는 역사적 사실과 의미에 대한 이해, 역사적 인물이 되어 선택해 보기, 선택이 미친 영향에 대해 판단하기, 역사적 기록의 의미를 이해하고 비판적 역사 인식 갖기 등이 한 시간 안에 농축되어 있다. 그래서 김 교사가 수업을 세분화하고 잘 구조화하여 진행함에도 불구하고 깊은 토론이 일어나기 어려운 한계가 있다. 특히, 학생들이 순정이나 만적의 입장이 되어서 역사적 선택을 하고 그 의미를 생각해 보거나 역사에서 순정과 만적과 같은 인물이 누구인지를 이야기하는 부분은 좀 더 심층적인 대화가 이어질 수 있는 부분인데 시간 부족으로 서둘러 진행되어 아쉬움이 남는 장면이었다.

반면에 박 교사의 수업은 느슨한 느낌이 든다. 앞의 수업 구조 분석에서 보듯이 박 교사의 이번 차시 수업에는 특별한 구조가 잘 관찰되지 않는다. 모둠 활동지를 나누어 주고 학생들이 문제를 쭉 푸는 동안에 박 교사는 전체 학생들 사이를 돌아다니면서 학생들에게 따뜻한 격려를 계속해서 보낸다. 학생들과 신뢰와 교감을 주고받는 매우 훈훈한 풍경이다. 그런데 박 교사는 이런 활동을 하는 데 너무 몰두했는지 활동지의 1~4번까지 진행된 오늘의 수업을 작은 단위로 세분화하여 중간중간 전체 학생들과 함께 확인하고 점검하는 시간을 갖지 않는다. 활동지를 보면 3번 문제의 경우 1면에서 5면까지 신문 전체를 분석해야 하는 방대한 과제이다. 박 교사는 이 방대한 과제를 학생들이 어떻게 수행했는지를 공유하거나 점검하지 않고 4번으로 바로 넘어간다. 이래도 괜찮은 것일까?

5면에 걸친 신문을 분석하는 것은 학생들에게 적지 않은 인지적 부담이 되는 과업이다. 〈장곡타임즈〉에는 사설, 보도, 논평, 특집 등 다양한 장르의 기사들이 포함되어 있을 것이다. 그렇다면 3번 활동을 확인하고 공유하는 것은 적지 않은 중요성을 지닌다. 물론, 수업 기획의 의도에 비추어 볼 때 1~3번 질문은 예비적인 활동이고 4번 이후의 질문 즉, 쓴 사람의 다양한 의도를 읽어 내고 나아가서 신문이라는 매체의 편집 의도를 파악하는 질문들이 더 핵심적인 활동일 수도 있겠다. 그렇다면 1~3번 질문을 하나의 활동 단위로 묶어서 정리하고 그 다음으로 나아가야 하지 않았을까? 그리고 학생들이 처음부터 신문 6면을 다 분석하는 것이 오히려 초점을 잃게 할 수도 있어 보인다. 아마도 이런 느슨함은 박 교사가 한 시간 단위로 수업을 완결적으로 설계하지 않고 여러 차시에 걸쳐 일종의 단원 위주의 설계를 했기 때문으로 보인다. 긴 호흡으로 수업을 디자인하다 보니 한 차시 한 차시의 꼼꼼한 진행에 주의를 덜 기울인 것 아닐까? 연차시 수업의 경우라도 단위 차시의 구성과 목표에 대해서 좀 더 명료한 계획과 실행이 필요해 보인다.

정리해 보자면 김 교사의 경우는 한 시간에 너무 많은 목표를 담다 보니 호흡이 가쁘고, 박 교사는 프로젝트 형태로 수업을 진행하다 보니 한 차시가 너무 느슨하게 구조화되어 있다. 이런 문제를 해결하기 위해 수업을 재설계할 방법은 없을까? 이와 관련하여 나는 두 교사의 수업이 어떤 의미에서는 일제식 수업이라는 점을 먼저 지적하고 싶다. 일제식 수업이라는 말에 수업을 공개한 두 교사뿐 아니라 독자들도 다소 의아한 느낌이 들지 모른다. 두 교사의 수업은 분명히 학생 중심이다. 그러나 모든 학생들이 동일한 활동지를 거의 동일한 속도로 해결해 가도록 수업이 설계되어 있다. 즉, 학생들은 개인차와 관계없이 똑같은 활동을 요구받고 있는 셈이다. 그런데 실제로 모둠별로 문제를 토의하는 속도는 조금씩 상이하다. 따라서 전체 수업의 속도를 통제해야 하는 교사는 중간 정도의 속도를 내는 모둠을 염두에 두고 수업을 운영할 수밖에 없다. 따라서 빨리 끝나는 모둠은 시간을 허비하게 되고 속도가 느린 모둠의 경우는 토의를 충분히 진행하지 못한 상태로 다음 활동을 해야 하는 일이 반복되기 쉽다. 그러다 보면 내용을 깊게 숙고할 시간이 부족하게 된다.

이런 문제를 해결할 수 있는 대안적인 설계는 없을까? 하나의 가능한 대안은 학습 내용을 그 논리적 연관을 고려하여 서로 구분되는 모듈들로 구성하는 것이다. 그리고 모둠별로 상이한 모듈을 선택하여 수행한 후 그 내용을 다른 모둠 앞에서 발표하는 방식을 생각해 볼 수 있다. 이 경우 하나의 주제를 모든 학생이 함께 해결하면서 동일한 속도로 진도를 나가는 것과 비교하여 개별 모둠이 하나의 주제를 좀 더 오랜 시간 동안 깊게 들여다보는 것이 가능해진다. 동일 주제를 모든 모둠이 동시에 수행하는 대신에 다양한 주제를 한 모둠 내지 두 모둠이 맡아 수행할 경우에 모둠 학생들이 더 책임감 있게 과제를 수행할 가능성도 높아진다. 나는 그동안 한국의 교실 수업을 많이 관찰해 왔지만 이런 식으로 모둠별로 차별화된 활동 과제를 수행하는 수업은 많이 만나지 못했다. 그러나 미국의 교실 수업을 관찰할 때는 이런 수업을 더 자주 관찰할 수 있었다. 즉, 미국의 수업은 한국의 수업보다는 좀 더 개별화되어 있다. 예컨대, 박 교사의 수업에서 신문 전체를 분석하는 방대한 활동을 모둠별로 나누어서 수행했다면 어떠했을까? 어떤 모둠은 사설, 어떤 모둠은 보도, 어떤 모둠은 특집, 어떤 모둠은 독자 투고란 등으로 나누어서 좀 더 심층적으로 분석하고 이를 다른 모둠 구성원과 나누는 대안적인 수업 설계도 가능하지 않았을까?

수업 운영과 관련하여 사소한 아쉬움을 한 가지만 더 언급하자면 두 교사 모두 학생들이 발표하는 내용을 칠판이나 다른 도구를 사용하여 표현하도록 하지 않았다는 점이다. 학생들의 발표 내용뿐 아니라 수업 중 학생들의 발표를 정리해 주거나 수업의 초점을 제시할 때도 칠판이나 컴퓨터를 사용해서 내용을 가시화하는 모습도 관찰되지 않았다. 각 모둠에서 어떤 토의가 이루어지고 무엇이 합의되는지를 모둠 토론판이나 칠판에 적어서 가시화하는 것이 내용을 공유하고 수업의 효율성을 높이는 데도 더 나은 결과를 가져왔을 것이다.

좋은 수업이라는 주제로 다시 돌아가 보자. 두 교사의 수업은 한국 교실 수업의 일반적인 문제점을 극복한 좋은 수업임이 틀림없다. 그러나 나는 두 교사를 포함하여 장곡중의 다섯 편의 수업을 보면서 좋은 수업의 모습에 대한 다소 획일적인 편향이 존재할 수도 있다는 생각을 했다. 교사 중심의 전달식 내지 강의식 수업을 극복하기 위해서 학생 중심의 활동형 수업의 방향으로 나아가는 것은 한국의 수업이 처한 맥락에서 보면 매우 타당한 개혁의 방향이다. 그러나 때로 개혁을 위한 강조가 또 다른 극단이나 편향을 낳을 위험성도 있다. 예컨대, 교사가 설명하는 직접 교수법은 불필요한 것일까? 그래서 가능한 한 학생들이 수업을 주도하도록 하는 것이 정말 좋은 것인가? 혹은 교사가 주도하는 직접 교수법과 학생 중심의 활동형 수업이 양자택일의 문제이거나 혹은 패러다임 전환의 문제일까? 그렇게 보기는 어렵다. 만약 전자가 필요 없고 후자만 좋은 수업이라고 생각한다면 그것은 하나의 편향에서 또 다른 편향으로 옮겨 가는 것에 지나지 않는다. 이와 관련하여 독일의 교육학자 힐베르트 마이어^{Hilbert Meyer}가 요약한 다음 내용에 주목할 필요가 있다.

직접적 교수의 수업 방식과 열린 수업 방식 중에서 어느 것이 더 나은 수업 성공에 기여하는가에 대한 지난 30여 년에 걸친 해묵은 국제적 논쟁이 있다. 복잡한 연구 결과를 두 문장을 정리해 보자.
　• 교과 학습에서는 직접적 교수가 약간 나은 것으로 보인다. (……)
　• 방법적 학습과 사회적 학습 면에서, 학생의 자존감 향상의 관점에서는 열린 수업이 더 나은 것으로 보인다. (……)
열린 수업이 높은 자기 효능감을 지닌 상위권 학생에게 더 유리한지 아니면 하위권 학생에게 더 유리한지에 관한 질문 또한 논쟁거리다. 이 논쟁에 대한 연구 결과는 일정치가 않다. (……) 두 가지 수업 방식 중에서 어느 것이 더 낫다는 명백한 결론을 내리기란 쉽지 않다. 이로부터 다음 명제가 나온다.
명제 4.2: 교사는 학생들이 두 가지 수업 상황에서 잘 배울 수 있도록 배려하는 것이 좋다.[19]

힐베르트 마이어는 30년에 걸친 국제적인 논쟁을 바탕으로 직접 교수법과 열린 수업 방식 중에 어느 것이 더 낫다고 명백하게 결론을 내기가 어렵다고 주장하면서 두 가지 수업 상황에서 학생들이 모두 잘 배울 수 있도록 교사가 수업을 조직할 수 있는 능력이 있어야 한다고 언급하고 있다. 힐베르트 마이어뿐이 아니다. 《21세기 핵심역량》을 집필한 미국의 교육학자 트릴링Bernie Trilling과 파델Charles Fadel도 다음 그림과 같이 학습에서 새로운 균형이 필요하다는 주장을 하고 있다.

21세기 학습 파트너십P21 위원회에서 활발한 활동을 펼쳐 오고 있는 이 학자들이 21세기 학습과 관련된 핵심 역량을 주장하면서 새로운 학습의 균형으로 다음과 같은 표를 제시하고 있는 것은 일견 충격적이다. 이들의 말을 직접 인용해 본다.

교사 중심	학생 중심
일방적 강의	상호 작용
지식	스킬
내용	과정
기본 스킬	응용 스킬
사실과 원리	질문과 문제
이론	실제
교육과정	프로젝트
배분 시간에 따라	필요에 따라
획일적	개인적
경쟁적	협동적
교실	글로벌 커뮤니티
교과서 중심	인터넷 중심
총괄평가	형성평가
학교 중심 학습	실생활 중심 학습

트릴링과 파델이 제시한 21세기 학습 균형

분명히 인식해야 할 것은 양측에 나열된 학습 실행 중점은 단순히 옳고 그른 문제나 양자택일의 문제가 아니라는 것이다. 각 열은 양쪽 모두 필요함을 보여 주고 있다. 즉, 양쪽의 접근법을 조화시킨 연속체가 필요하다는 것이다. 예를 들어, 응용 스킬과 학습 과정에 집중한다고 해도 기본 스킬이나 일반 지식과 사실을 가르치는 일을 등한시한다는 의미는 아니다. 두 가지 접근법 모두 적절한 균형을 이루어 모든 학습자에게 동시에 적용되어야 한다. 모든 학습 분야에서 실력을 갖춘다는 의미는 지식과 스킬을 발전시켜 그 지식을 해당 분야의 전문가가 해결하고자 애쓰는 질문이나 물음에 적용할 수 있는 수준이 된다는 의미다.[20]

많은 사람들이 왼쪽 항목에 있는 것들은 바람직하지 못하니 오른쪽 항목으로 바뀌어야 한다고 생각하고 있는 경향 속에서 트릴링과 파델은 전통적인 학습 방법과 새로운 학습 방법 사이의 균형을 요구하고 있다.

이 점과 관련하여 나는 경기도에서 한때 주목했던 내용 교수 지식 Pedagogical Content Knowledge에 대한 관심이 약해진 것에 대해서 다소 유감스럽다는 생각을 한다. 내용 교수 지식은 내용에 따라 적합한 교수 방법이 다르다는 것을 전제로 하는 개념이다. 어디 내용뿐이겠는가? 학습 목표와 학습자의 상황에 따라서도 적합한 수업 방식은 달라질 수밖에 없다. 그 점에서 나는 좋은 수업은 천의 얼굴을 가진다고 생각한다. 흔히 개혁의 큰 도정에서는 모두가 따를 수 있는 단순하고 선명한 도식이 이행의 전략으로 도움이 될 때가 있다. 그러나 인간 학습의 본질에 비추어 보면 좋은 수업의 모습은 천의 얼굴을 지닐 만큼 변화무쌍하고 다양하다. 그 점에서 수업 혁신을 주도하는 학교에서 교실 수업의 모양을 정형화된 몇 가지 좁은 틀에 가두는 오류를

범하지 않기를 희망한다. 수업 전문가에게 필요한 것은 인간 학습에 필요한 수많은 전략들을 함께 고려하는 원숙함과 균형 감각이다.

　이제 글을 마무리하려고 한다. 나는 이 비평문에서 좋은 수업에 대해서 평소보다 높은 잣대를 두 교사의 수업에 적용하였다. 그것은 두 교사의 내공을 믿기 때문이다. 그리고 앞에서도 언급했지만 두 교사의 학생들에 대한 사랑과 열정이 일신우일신하는 새로운 수업의 파노라마를 계속해서 연출해 갈 것으로 믿기 때문이다. 그동안의 두 교사의 성취도 놀라운 것이다. 그러나 두 교사가 수업 전문성의 높은 산봉우리 중 한 봉우리에 안주하지 않고 또 다른 등반의 노정에 나설 것을 믿어 의심치 않는다. 그리고 그런 수업이 잉태되고 자라는 장곡중의 교육 생태계도 끊임없이 성장해 가리라 믿는다.

수업의 완결성에 대한 고민과 의구심

박현숙(경기 시흥 장곡중)

[상황 1]

2015년 이혁규 교수가 장곡중의 수업을 보고 싶다고 전해 왔을 때, 우리는 쾌재를 불렀다. 많은 사람들이 우리를 배움의 공동체 수업을 잘하는 학교라고 말하지만 정작 배움의 공동체의 핵심에서는 우리를 배움의 공동체라고 보지 않는다. 우리도 우리가 배움의 공동체이든 아니든 별 상관없다고 생각한다. 교사들에게 중요한 것은 어떤 유명한 학자의 학설이 아니다. 나의 수업이 아이들의 삶을 행복하게 살아갈 수 있도록 도움을 주는 수업인가 아닌가가 가장 중요하다. 그런 의미에서 장곡중은 적어도 전체 교사들이 함께 수업에 대한 고민을 나누고, 실천하고, 성찰하고, 성장하고 있다. 그래서 우리는 진정한 배움의 공동체를 실현하고 있다고 생각한다. 이 부분을 이 교수가 보고, 우리가 그런 공동체인지 아닌지를 객관적이고 전문적인 시각에서 봐 줄 것이란 확신이 들었다.

우리는 배움의 공동체를 매뉴얼로 보지 않는다. 그것은 학교 혁신의 철학이며, 전문적 학습공동체를 구축할 때 그 중심에 수업을 놓아야 한다는 지침이라고 생각했다. 학교 혁신의 철학이 일본에서 건너오든, 핀란드에서 건너오든 교사인 우리로선 중요한 일이 아니었다. 우리에게 중요한 것은 학교를 어떻게 혁신할 것인가였다.

사실 배움의 공동체만 만난 것은 아니다. 프레네도 만났고, 발도르프도 만났고, 협동학습도 만났다. 배움의 공동체를 만나기 이전 나는 놀이로 수업을 하고 있던 교사였다. 그런 내가 가장 잘하는 놀이를 버리고 배움의 공동체를 받아들인 것은, 나 스스로 우리 학교 교사들의 수업을 바꿀 수 없다는 판단에서였다. 당시 학교 문화에서 '교사가 교사들에게 수업을 바꾸라고 한다?' 그랬다면 장곡중은 학교 혁신에 실패했을 것이다.

어떤 매체나 기술로 들어오는 수업 방식은 궁극적으로 수업 전체를 바꿀 수 없다. 수업은 철학으로 하는 것이기 때문에, 그 철학에 교사들이 동의하고 자신의 수업으로 담아야 학교 전체의 수업이 바뀐다. 우리는 배움의 공동체를 철학으로 받아들였다. 그리고 실질적으로 우리를 컨설팅해 줄 사람이 필요했다. 그때 손우정 교수를 만나 2년 동안 수업을 바꾸었다.

2년의 가르침 끝에 우리는 홀로 설 수 있었다. 그리고 그 후 지금까지 보폭이 큰 성장을 거듭하고 있다. 지금 우리가 성장하고 있는 이 상태가 배움의 공동체가 아니라고 한다고 해도, 별로 신경 쓰지 않는다. 수업을 개혁하는 데 반드시 배움의 공동체여야 할 이유도, 그럴 필요도 없다. 장곡중에서는 일본 배움의 공동체 학교에 탐방을 갔을 때도 볼 수 없었던 교육과정에 대한 자유로운 재구성 작업이 활발하게 펼쳐지고 있고, 이제는 마을까지 학교 교육과정이 품게 되었기 때문이다.

[상황 2]

이혁규 교수가 온다고 했을 때, 장곡중 교사들이 쾌재를 부른 이유는 바로 위에서 말한 장곡중에 대한 오해를 씻어 줄 것이란 기대가 있었기 때문이다. 배움의 공동체 핵심에서도 와서 보지도 않고 아니라고 하고, 경기도교육청의 주무 부서의 장조차도 공공연히 배움의 공동체가 아니라고 하는 학교인데, 전국에서 수업을 혁신하려고 하는 학교 교사들과 수업과 교육과정, 역량 등을 연구하는 학자들이 천 명도 넘게 찾아왔으니 말이다. 그러니 이 혼란을 이혁규 교수가 정리해 줄 것이란 기대로 가득 찼다. 우리의 수업이 과연 배움의 공동체에서 말하는 수업이 아닌지부터 수업 비평의 '권위자'의 눈으로 볼 때 정말 가치가 없는 것인지에 대한 객관적인 시각이 필요했다. 이혁규 교수가 누군가? 수업 비평 분야에선 대가라고 일컬어지는 연구자가 아닌가. 우린 이 교수에게 수업을 공개하고, 정확한 진단과 함께 또다른 성장의 제안을 받고 싶었다. 그런데! 맙소사. 이혁규 교수와의 첫 만남은 참으로 실망스러웠다. 애초 수업 공개를 제안받았을 때, 우리는 제안한 측에게 수업 한 편만 보고 비평할 것이면 공개하지 않겠다고 했다. 길게는 한 학기, 한 달, 한 단원, 그것이 안 된다면 적어도 두세 편을 보고 비평을 해야 한다고 했다. 그래서 각각 두 번의 공개가 이루어졌고, 그중 한 편의 수업들이 선택되어 비평이 되었다.

처음 장곡중에 방문해 수업을 본 이혁규 교수와 질의응답을 한 후 우리 학교 교사들은 엄청나게 실망했고, 그 실망은 절망으로 변했다. 저분이 저렇게 수업을 본다면 우리나라 어느 연구자가 수업을 제대로 볼 수 있을까 하는 절망감이었다. 이혁규 교수는 배움의 공동체에 대한 몹시 깊은 오해와 편견에 싸여 있었고, 우리의 수업을 그런 눈으로 패턴화해서 봤다고 짐작을 하게 하는 질문들이 있었다. 그리고 우리에게 한 가지 제안도 했다. 다음엔 배움의 공동체가 아닌 다른 방법으로 수업을 해 보라고. 이 부분에서 우리 교사들은 경악을 했다. 다른 방법? 배움의 공동체가 수업의 방법인가? 그리고 매시간의 수업이 다 다르고, 교사마다 수업의 결이 다르며, 상황마다 다를 수밖에 없는데, 다른 방법으로 하라고? 수업이 기술이고 방법이란 말인가! 어떻게 이혁규 교수에게서 저런 주문이 나올 수 있지? 그렇게 우리는 깊은 고민과 절망으로 혼란스러웠다.

이 사건은 어이없게도, 결과적으로 장곡중 수업은 정통 배움의 공동체 수업이라는 것을 수업 비평의 대가인 이혁규 교수의 참여 관찰에서 밝혀졌고, 장곡중 교사들은 그것에 대한 확인으로 스스로의 수업이 배움의 공동체 수업에서 한 발도 더 발전하지 못했다는 지적에 절망한 것이란 아이러니한 상황이 펼쳐진 것이다.

두 번째 공개에서는 이혁규 교수는 오지 않았고, 교육공동체 벗에서 동영상으로 촬영을 하고 갔다. 김현정 교사의 공개 수업과 그에 대한 수업연구회, 그리고 나의 일상적인 수업이었다. 이혁규 교수와의 만남 이후 우리 학교 교사들은 이 교수를 믿지 않았다. 나의 고민은 바로 이것이었다. 연구자와 교사는 서로 의지하고 돕는 관계여야 하는데 우리 학교 교사들이 이혁규 교수를 불신하는 것은 참 좋지 않은 상황이라는 생각이 들었다. 그러나 나는 이혁규 교수를 믿는 마음이 더욱 컸다.

그러다 2016년 시흥혁신연구회의 공부 주제를 마을교육공동체로 잡으면서 함께 제일 먼저 공부한 책이 이혁규 교수의 《한국의 교육 생태계》였다. (아주 의도적으로 이 책을 골랐다.) 그리고 독서 토론을 하기 위해 이혁규 교수를 초빙했다. 이 교수는 처음에 올 수 없다고 했는데, 일정을 조정하고 와 주었다. 이유를 물었더니, 그 책을 읽고 독서 토론을 하자는 제의가 처음이어서 왔다고 했다.

그 자리에서 우리 학교 교사들은 그동안 품었던 궁금증을 마음껏 쏟아냈다. (당시 내 마음이 몹시 불편했다. 오해가 안 풀리면 어떡하나, 이 교수가 상처받으면 어떡하지 등.) 그때 했던 질문들 중 가장 큰 것들이, '배움의 공동체 수업에 대한 오해가 있는 것 같다', '거꾸로교실에 대해 그리 호의적인 이유는 뭐냐?' 같은 질문이었다. 이혁규 교수는 이런 질문에 대해 자신의 생각을 이야기했고, 자세한 설명을 들은 장곡중의 교사들은 깊은 감동을 받았다. 그 감동은 이혁규 교수가 교사들에게 상당히 깊은 애정을 갖고 있다는 것, 수업에 대한 고민도 현장의 교사 못지않게 한다는 것, 전교조에 대한 애정, 이런 것들에서 오는 것이었다. 아무튼 우린 그 이후로 이 교수께 깊은 애정과 동지애를 느끼게 되었다. 장곡중 교사들은 이혁규 교수를 독서 토론에 초빙한 나와 먼 길과 바쁜 일정에도 함께해 준 이 교수께 아주 고마워했다.

[상황 3]

앞에서도 밝혔듯이 김현정 교사는 그날 수업 공개와 연구회를 했다. 이 교수가 지적했듯, 효율성 측면에서 지나치게 빠르다고 한 부분에 대한 이야기를 해야겠다. 이즈음이 역사 교과서 국정화가 숨 가쁘게 진행되던 때였다. 역사 교사인 김현정 교사는 고민이 깊었다. 학생들과도 수업 시간에 역사 교과서 국정화 이야기를 하겠지만, 공개 수업이라는 공적인 장에서 장곡중 전체 교사뿐만 아니라 외부에서 참관 온 교사들에게 역사의 기록이란 무엇이며, 왜 국정화 교과서가 문제인가를 말하지 않고선 역사 교사로서 책임과 의무를 다하지 않는 것 같아 마음이 편치 않았다. 그러나 그런 이야기를 다 다루기엔 45분이란 시간은 너무 짧았다. 교실에서 수업을 할 때, 모든 시간이 한 시간 단위로 설계가 되지 않는다. 어떤 주제는 한 시간을 더 들여야 하기도 하고, 어떤 주제는 한 시간보다 짧게 다루기도 한다.

그런데 수업 공개란 물리적 환경에선, 아무리 평소의 수업을 보여 준다고 하는 배움의 공동체 수업도, 한 편의 완결된 수업을 보여 줘야 한다. 그러면서 그 속에 교사의 고민과 갈등까지 담아내야 한다. 그런 상황에서 김현정 교사는 심하게 흔들렸다. 한 편의 완결된 수업을 보여 주느냐, 아니면 빠르다는 비판을 감수하고 부족한 수업을 보여 주느냐. 그러다 결국 이 시대를 살아가는 역사 교사로서 그 문제를 열린 공간에서 다루지 않을 수 없다는 판단을 내렸다. 비록 빠른 호흡이란 비판을 받을지라도 그것을 감수하고 그렇게 기획하고 진행했다. 그리고 결과적으로 예견했던 비판을 받았다.

나는 개인적으로 김현정 교사의 수업을 사랑하는 사람이다. 그의 수업에 담긴 역사의식과 매시간 흔들리는 갈등의 깊이가 좋다. 나에게 없는 점이라 더욱 그렇다. 여기에 언급되지 않았지만, 장은미 교사의 수업도 사랑한다. 그의 수업에선 학생들에 대한 무한한 애정이 묻어나는 활동과 수업 주제가 펼쳐진다. 이 부분, 각자 수업의 결이 몹시 다른데, 같은 패턴(전형적인 배움의 공동체 수업)이라는 평가에 우리 학교 교사들이 동의하지 않은 것이다.

그리고 나의 수업. 나는 수업 기획을 학습 내용과 성취 기준으로 한다. 그러다 보니 수업이 한 덩어리이기도 하고, 덩어리 안에 작은 조각이 있기도 하다. '작가의 의도를 찾아서'란 단원의 성취 기준은 풍자, 역설, 반어에 드러난 작가의 의도를 파악하는 것이었다. 그래서 풍자, 역설, 반어는 한 단원의 덩어리 속에서 한 차시씩 알아 가는 수업이 기획되었고, 그것을 바탕으로 문학 작품 속에 사용된 풍자, 역설, 반어를 통해 작가의 의도를 파악하는 활동이 들어갔다. 문학 작품은 작가의 의도를 파악하는 것이 작품을 이해하는 데 큰 역할을 하기에 이런 학습 내용과 성취 기준이 제시된다. 그런데 수업을 기획하다 보면, 그 작품이 시인지 또는 소설인지에 따라서 한 시간 단위로 기획되기도 하고, 두세 시간이 한 덩어리로 기획되기도 한다.

이 교수가 본 수업은 문학 작품을 가지고 하는 작업이 끝나고, 신문을 어떻게 읽을 것인가를 학습 내용으로 한 것이다. 성취 기준에서는 문학 작품으로 한정했지만, 나는 이 수업을 통해 아이들이 살아가면서 비판적 독자로서 신문을 가까이하고 생활에서 활용하기를 바랐기 때문이다. (배움의 공동체 수업을 패턴으로 보는 사람들은 한 차시 수업의 맨 마지막 과제를 점프 과제로 만들어 내야 한다고 하는데, 나는 그렇게 생각하지 않는다. 내 생각이 틀렸다면, 나는 굳이 배움의 공동체 수업을 하고 싶지 않다. 점프 과제는 기본 개념 익히기가 끝나면 바로 제시된다. 그렇다면 신문과 〈마을 축제 하지 마라〉라는 제재를 가지고 하는 수업은 전부 점프 과제였다.) 아이들이 이렇게 살아가려면 일단 신문을 친숙하게 생각해야 한다. 그래서 첫 시간은 신문을 놀이하듯 마음껏 가지고 노는 것으로 기획했다. 앞에 큰 세 가지 과제가 주어졌지만, 첫 시간은 신문을 뒤적뒤적 보고, 광고도 보고, 사설도 대충 보고, 기사도 보면서, 신문에서 가장 크게 다루고 싶어 하는 사건이 무엇이며, 그 사건에 대해 신문사는 어떤 입장을 취하고 있는지 파악하면 되는 것이었다. 한마디로 화장실에서 신문을 볼 때처럼 신문을 들여다보고 오늘의 큰 사건이 무엇인지 파악하면 되는 수업이었던 것이다. 아이들이 신문을 가지고 충분히 살펴보다 보면, 다음 시간에 처음부터(혹은 가장 큰 쟁점인 것들부터) 차근차근 짚어 보고 싶을 것이고, 그러면서 신문의 사설이나 제안 등을 함께 보고 정리한 후, 마을 축제에 대한 자신의 생각을 다시 정리하게 된다. 그 후에 내가 《오늘의 교육》에 마을 축제 후 썼던 글인 〈마을 축제 하지 마라〉(제목 자체가 이 단원의 학습 내용인 반어법이다)를 읽고 그 글에 담긴 작가의 의도를 파악한 후 신문 전체를 다시 생각해 보고, 처음에 자신이 마을 축제 감상문을 썼을 때 생각과 그 수업이 끝난 후의 생각이 어떠한지를 비교하는 활동을 하였다. 그리고 마을공동체와 지속 가능한 삶을 위해 우리 마을의 축제를 어떻게 하면 좋을지에 대한 자신의 의견을 담은 축제 제안서를 쓰는 것이 이 단원의 마지막 활동이자 수행 평가였다. 이 수행 평가도 마을 신문에 독자 투고가 될 것이고(미리 허락을 받았다), 앞으로 열릴 마을 축제에 의견으로 반영이 될 것이다. 이런 의도와 계획을 가진 수업 중 한 편이 이번 비평문에 활용되었다.

[상황 4]

교사로서 이 교수가 비평문에서 제안한 것들을 어떻게 실천해야 할지 고민이 된다. 다만, 교사로서 수업을 할 때 반드시 한 시간 단위의 완결된 형태여야 하는가 하는 의구심이 있다. 그리고 나는 반드시 그래야 한다고 생각하지 않는다. 수업이 때론 열린 형태, 다음 시간으로 바로 이어지는 형태로 끝나는 경우도 종종 있고, 특히 어떤 역량을 생각하는 수업을 기획할 땐 더욱 그렇다. 그런데 김현정 교사의 수업은 공개 수업이란 상황 맥락 속에서 한 편으로 기획해야 했고, 내 경우는 평상시의 수업이란 맥락 속에서 기획이 되었다. 그것을 이 교수가 모르지 않을 것이다. 그런데도 비평문에서 이렇게 제안한 것들에 선뜻 동의가 되지 않는다.

오늘 우리가 하는 수업은 우리의 수준에서 최고의 수업이다. 왜냐하면 매일매일 더 성장할 것을 확신하기 때문이다. 나 혼자 하는 수업은 성장하기 어려울지 모르지만, 나의 동료와 함께 고민하는 수업의 성장에 대한 확고한 믿음이 있다.

어쨌거나 우린 이 교수가 수업을 봐 준 것에 대해 대단히 감사한다. 이 시대 교사로서 이 교수에게 수업을 보일 수 있는 사실 자체가 영광스럽다. 그리고 진정 애정을 가지고 따뜻하게 조언을 해 주는 글에서 인간미가 넘치는 연구자의 모습을 보았다. 그리고 일제식 수업을 넘어 개개인이나 속도가 다른 모둠에 대한 수업을 기획하라는 요구에 대해 다시 고민을 하겠다. 일단은 진짜 일제식인지를 더 세심하게 살펴보라고 하고 싶다. 또, 먼저 한 친구가 조금 느린 친구를 기다리는 미덕을 수업을 통해 배우는 것이 효율적인 수업보다 후순위인지도 묻고 싶다. 우리는 흔히 학교에서 먼저 가는 친구가 느린 친구를 기다리지 않고 짜증 내고, 무시하는 것을 체화해서 사회에 나가서도 그렇게 살아가는 모습을 보이기도 한다. 나는 우리 교육에서 그런 문제를 극복하고 싶다. 그리고 진정으로 교실에 있는 한 사람, 한 사람의 배움을 실현할 수 있는 수업에 대해 고민 또 고민을 해 볼 것이다.

그런데, 장곡중 교사들은 바쁘다. 하물며 다른 학교 교사들이야!

100년이 넘는 일본의 수업 연구 전통이 부럽다

수많은 교육 관계자들이 수시로 일본을 방문하지만 정작 일본 교육에 대해서 모르는 것이 많은 듯하다. 일본이 100년이 넘는 수업 연구의 전통을 지녔음을 아는 사람은 의외로 적다. 일본의 수업 연구와 실천이 전 세계에 적지 않은 영향력을 행사하고 있다는 사실을 아는 사람은 더더욱 많지 않다. 일본의 수업 연구는 1872년 메이지유신 이후 바로 시작되었다.

내가 일본의 수업 연구 문화를 처음 접하게 된 것은 2004년 쓰쿠바대학 부설학교를 방문했을 때이다. 마침 부설초등학교가 주도하는 초등교육연구회 100주년 기념행사를 하고 있었다. 그때 일본의 수업 공개 문화를 처음 접하게 되었고 수업연구회에 대한 뜨거운 열기를 느낄 수 있었다. 2008년 이후부터는 한국연구재단의 지원을 받아서 청주교육대학교 교육연구원에서 주최한 국제학술대회를 통해서 일본의 수업 연구자들을 여러 차례 초청할 수 있었다. 히로시마대학교의 노리오 이케노, 나고야대학교의 마토바 마사미, 동경 학습원대학교의 사토 마나부 교수와 같은 저명한 학자들을 통해서 일본의 다양한 수업 연구 전통을 배울 수 있었다. 2013년에는 히로시마대학교를 직접 방문하여 이케노 교수의 안내를 받아 부설초등학교와 인근 협력 학교들에서 수업 연구를 참관할 기회도 있었다. 이를 통해 독특한 일본의 수업 실천과 협력적인 수업 연구 문화를 접할 수 있었다.

100년의 전통을 지닌 일본의 수업 연구가 전 세계에 알려진 때는 1990년대 중반 이후이다. 국제성취도평가인 제3차 수학·과학 성취도 국제비교연구TIMSS와 함께 각국의 수학과 과학 교실 수업에 대한 비교 연구가 비디오 분석을 통해 행해진다. 이 연구에 참여한 캘리포니아의 제임스 스티클러James W. Stigler와 동료들은 일본의 독특한 문제 해결식 수업 방식과 일본 교사들의 협력적인 수업 연구 문화에 주목하게 된다. 그리고 1999년《Teaching Gap》이라는 저서를 통해서 "Lesson study(수업 연구)"라는 용어로 일본의 수업 연구 문화를 서구에 소개하게 된다. 이들은 일본의 Lesson study는 ① 문제 정의하기, ② 수업 계획하기, ③ 수업 실행하기, ④ 수업을 평가하고 결과를 성찰하기, ⑤ 수업 다시 계획하기, ⑥ 재설계된 수업 실행하기, ⑦ 다시 평가하고 성찰하기, ⑧ 결과 공유하기의 8단계로 구성된다고 보았다.

최초 소개 후 20년 정도가 지난 현재, 일본의 수업 연구는 전 세계에 어느 정도 알려져 있을까? 2017년에 나는 일본 나고야대학교에서 개최된 세계수업연구학회World Association of Lesson Studies에 참여했다. 2007년에 출범하여 11회째를 맞고 있는 이 학술대회에 전 세계에서 1,000여 명에 가까운 학자들이 참여했다. 아시아권뿐 아니라 전 세계의 학자들이 함께하는 자리였다. 일본의 수업 연구가 지닌 세계적 위상을 확인하고는 사실 많이 부러웠다. 일본 수업 연구의 힘은 사토 마나부 교수가 주창한 배움의 공동체가 한국뿐 아니라 아시아권에서 발휘하고 있는 영향력을 통해서도 확인할 수 있다. 일본의 교사와 연구자들이 함께 100년을 이어 오고 계속 혁신해 가고 있는 수업 연구 전통이 전 세계에 반향을 불러일으키는 것을 보면서 한국의 수업 연구자로서 마냥 부럽다.

한국의 수업 연구 전통은 몇 년이나 된다고 보아야 할까? 오천석의 새교육운동이 1946년에 시작되었고 한국교총의 현장연구대회도 1952년에 시작되었다. '연구자로서의 교사'라는 개념도 미국에서 1950년대에 수입되었다. 따라서 개화기와 일제 강점기를 논외로 하면 광복 이후 곧바로 수업 연구가 시작되었다고 볼 수 있다. 그러나 우리나라에는 '수업 연구 70년', '수업 연구 80년'과 같은 표현이 존재하지 않는다. 수업 연구사를 정리한 문헌도 없다. 왜일까? 일단 대학 연구자들은 오랫동안 수업 연구 자체에 별 관심이 없었다. 현장은 현장대로 일상 수업 개선과 별 상관이 없는 보여 주기식 수업 연구 문화가 오랫동안 계속되었다. 그러다 보니 전통이라고 우리 스스로 자랑할 만한 역사가 만들어지지 못했다. 질적 연구자를 중심으로 학계의 관심이 생겨나고 자생적인 교사 단체들이 출범하기 시작한 1980년대 이전까지는 수업 연구의 빈곤 상태를 벗어나지 못했다.

수업 연구의 역사가 일천한 것은 부끄러운 일이다. 그러나 장점도 있다. 전통의 하중에서 비교적 자유롭게 다양한 수업을 시도할 수 있다는 점이다. 전 세계의 다양한 사조를 자유롭게 받아들이는 역동성은 현재의 한국 수업 연구와 실천 문화가 지닌 고유한 강점이다. 다만, 유행에 민감한 것이 다소 흠이라고 해야 할까? 세계로부터 배우되 그것을 우리 문화에 맞게 꽃피우고 고유한 전통으로 만드는 것은 온전히 우리의 몫이다. 나는 수업 연구와 실천의 한국적 전통이 만들어지고 세계가 그것을 배우러 오는 아름다운 미래를 가끔 꿈꾼다.

3

하브루타로 보는
하브루타 과학 수업

- 우리는 정답을 제시하려는 습관으로부터 자유로운가

정답이 아니라 질문이 있는 수업은 우리 수업이 나아가야 할 중요한 방향이다. 이스라엘의 하브루타 교육은 이 점과 관련하여 좋은 자극제가 되고 있다. 한은선 수석 교사의 과학 수업은 질문이 있는 교실로 나아가는 우리 수업의 한 여정을 보여준다. 한은선 교사에게 자극을 받아서 나도 여러 가지 질문을 생성하는 연습을 해 보았다. 이 글을 읽고 있는 교사들의 교실에는 어떤 질문이 꽃피고 있는가?

"질문이 있는 교실" 만들기는 서울시교육청이 추구하는 수업 혁신 방향 중 하나이다. 서울시교육청은 질문이 있는 교실을 '정답 찾기보다 창의적인 생각이 살아 있는 교실, 일방적인 전달이 아니라 상호 소통이 활발한 교실, 서로 토론하고 협력하며 함께 생각하는 교실, 질문하고 토론하며 협력하는 과정에서 자연스럽게 공감, 소통, 존중, 배려, 협동하는 능력 함양을 목적으로 하는 교실'로 정의하고 있다. 서울시교육청뿐 아니라 여러 다른 교육청들도 질문이 있는 교실을 강조하는 추세다. 그런가 하면 한국협동학습연구회 김현섭 교사가 쓴 《질문이 살아있는 수업》은 교육학 베스트셀러 목록에 오르기도 하였다. 질문이 이렇게 관심을 끄는 이유는 지식 전달 위주의 수업 방식은 더 이상 현재와 미래 사회에 적합하지 않다는 인식이 널리 확산되고 있기 때문이다.

교실 수업에서 질문의 중요성을 부각시키고 이를 교실 개혁 운동으로 연결시키는 데 중요한 역할을 하고 있는 또 하나의 흐름은 하브루타havruta 운동이다. 하브루타 운동은 부천대 전성수 교수에 의해 주도되고 있는 것으로 알려져 있다. 전성수 교수는 인구도 적고 평균 IQ도 우리나라보다 12점이나 낮은 이스라엘 사람들이 아이비리그 대학에서 적지 않은 비중을 차지하고 노벨상 수상자가 전체의 25%에 달하는 현상을 이해하기 위해서 많은 자료를 찾아보고 이스라엘을 직접 방문하여 연구하기도 하였다. 그리고 유대인의 높은 학업 성취의 비법이 하브루타라는 독특한 교육 방법에 있다는 결론을 내렸다. 하브루타는 '짝을 지어 질문하고 대화하고 토론하고 논쟁하는 것', 즉 '함께 이야기를 나누는 것'을 의미한다. 하브루타의 원어적인 의미는 '친구, 짝, 파트너'를 뜻하며 친구라는 뜻의 '하베르chaver'에서 유래했다고 한다. 이것이 '짝과 함께 공부하는 것'으로 확대되었고 질문하고 대답하고 토론하는 형식으로 발전해 왔다고 한다.

하브루타 수업이 한국 교실 개혁의 중요한 흐름으로 부각되고 있기 때문에 수업 비평가로서 이를 비평하는 기회를 갖고 싶었다. 하브루타 수업을 실천하고 있는 교사를 수소문한 결과, 경기 화성 장안여중의 한은선 수석 교사를 섭외하게 되었다. 한은선 교사는 2012년에 하브루타 수업을 처음 접하게 되었다고 한다. 그 후 연구 모임에도 참여하고 동료 교사들과 함께 연구도 하면서 하브루타 수업을 실천하기 위해 노력하고 있다고 한다.

2016년 6월, 한은선 교사의 과학 교실을 찾았다. 교실 환경은 보통의 과학 실험실과 다르지 않았으나 수업 분위기는 사뭇 달랐다. 학생들은 모두 즐겁게 수업에 참여하고 있었다. 한 교사도 매우 열정적이었다. 교사와 학생의 참여적인 수업 분위기에 나도 매료되어서 열심히 참관을 했다. 한 교사가 다음 시간에는 더 재미있는 주제를 다룬다고 해서 내친김에 그 수업도 공개해 주기를 요청했다. 그래서 두 시간 수업을 비평하게 되었다. 첫 수업의 주요 주제는 '해풍과 육풍이 부는 원리'이고, 이어지는 수업의 주제는 '대기 대순환'에 관한 것이다.

수업을 관찰하면서 비평문의 제목으로 "하브루타로 보는 하브루타 과학 수업"이 직관적으로 떠올랐다. 왜 이 제목인가? 수업을 보면서 다양한 질문이 떠올랐기 때문이다. 그래서 내가 떠올렸던 질문들 중 몇 가지 질문을 표제어로 제시하고 내 나름의 답변을 적어 가는 방식으로 글을 전개하려고 한다. 이런 자문자답적 글쓰기를 "하브루타"

라고 부를 수 있을까? 엄밀하게 말하면 "하브루타"라고 부를 수 없다. 그러나 은유적 의미에서는 하브루타라고 부를 수 있지 않을까? 내가 떠올린 질문을 해결하기 위해서 자료도 찾고 수업 비디오도 반복 관찰하고 교사와 인터뷰도 하고 과학교육 전문가의 자문도 얻었기 때문이다. 그 과정을 통해서 대화하고 토론하고 논쟁도 하였으니 '하브루타'라고 간주할 수 있지 않을까?!

사회교육 전공자인 내가 과학 수업을 비평할 수 있을까?

수업을 관찰한 후에 첫 번째 떠오른 질문은 "내가 과학 수업을 비평할 수 있을까"였다. 사회 전공자인 내가 과학 수업을 비평하는 것은 일종의 도전이다. 나는 처음에 이 수업의 비평을 과학 전공 수업 비평가에게 부탁하려고 했었다. 그러다가 마음을 고쳐먹었다. 이렇게 결정한 까닭은 특정 교과 수업에 대한 비평이 해당 교과 전공자에게 한정되는 것이 꼭 바람직하지는 않다는 판단 때문이다. 실제로 수석 교사, 교감, 교장과 같은 장학/컨설팅 담당자들은 자신의 전공 배경을 넘어서 다른 교과를 컨설팅하거나 장학해야 하는 경우가 자주 있다. 이런 사정을 감안할 때 수업 비평 활동도 자기 전공을 넘어서 확장될 필요가 있다. 물론, 이 경우 수업 비평가는 해당 분야에 대한 전문 지식이 부족하며, 따라서 전공자의 자문도 구하고 관련 서적도 읽으면서 공부를 해야 한다. 이런 사정이야말로 학습의 과정으로서 수업 비평의 양상을 드러내는 좋은 경험이 아닌가. 나의 개인적인 공부에 더하여 그래도 부족한 부분을 보충하기 위해서 비평문의 중간에 과학교육 전공자의 육성을 삽입해 두었다.

수업 비평문에서 수업 상황은 얼마나 자세히 기술해야 하는가?

수업 비평에서 수업 장면 기술의 중요성은 여러 문헌에서 언급하고 있다. 수업 활동은 일반적으로 예술 작품처럼 공개되지 않아 다중이 접근하기 어렵다. 따라서 수업에서 무슨 일이 일어났는지를 잘 묘사하는 일은 수업 비평문의 본질적인 요소이다. 수업 장면에 대한 묘사는 자세하면 자세할수록 좋다. 그러나 실제 수업 비평문을 쓸 때 수업 장면을 객관적이고 자세하게 묘사하는 것만이 능사는 아니다. 비평문에서 수업 장면을 묘사하는 부분은 분석/해석/평가 등을 담고 있는 부분과 조화를 이루어야 한다. 따라서 양자를 어떤 비율로 작성하고 서로 어떻게 배치시킬지를 항상 고민해야 한다. 수업 비평문이 독자의 관심과 호기심을 불러일으키는 문학적 글쓰기를 지향한다는 점에서 수업 장면을 묘사하는 일에도 상당한 정도의 문학적 감수성이 요구된다.

이번처럼 한 편의 수업 비평문이 다루는 수업 차시가 늘어나면 수업 장면을 묘사하는 어려움은 더 늘어난다. 두 시간 수업을 전사했더니 A4 용지 22쪽 분량의 대화록이 작성되었다. 원고지 130매에 달하는 분량이다. 사실 전사 자료도 수업에 대한 모든 정보를 담고 있는 것은 아니다. 비언어적 상호 작용까지 포함하면 두 시간 수업에서 일어나는 일만도 엄청난 정보량인 셈이다. 수업 비평문의 수업 장면 묘사는 그중 아주 적은 부분만을 담아낸다. 따라서 수업 장면 묘사는 매우 전략적인 선택일 수밖에 없다. 본 비평문에서는 수업의 전체 진행 과정을 교사와 학생이 주고받는 대화는 거의 생략하고 기술하고자 한다. 질문과 대답이 오가는 교사와 학생 상호 작용 부분은 분석/해석/평가와 관련하여 필요한 경우에 선택적으로 인용하고

자 한다. 이 문제를 독자들과 미리 공유하는 이유는 수업 장면 묘사의 불완전성을 강조하기 위해서이다. 결국 여백을 메우는 것은 독자의 상상력이다. 자, 이제 한은선 교사의 수업 속으로 들어가 보자.

한은선 교사의 교실 수업은 어떻게 진행되었는가?

1차시: 〈바람이 부는 원리: 해풍과 육풍〉 수업 장면 기술

한은선 교사는 전시 학습을 상기하는 것으로 수업을 시작했다. 전시 학습을 확인하는 방식이 다소 특이한데 책을 덮고 짝꿍과 서로 대화하는 방식이다. 일종의 하브루타 수업의 한 단면?! 전시 학습 확인이 끝나자, 퀴즈로 오늘의 수업 목표를 확인한다. 칠판에는 다음과 같은 초성 퀴즈가 적혀 있다.

(　　　　)이 부는 원리를 찾을 수 있다.
(ㅎ ㅍ)과 (ㅇ ㅍ)이 부는 원리를 (ㄱ ㅇ ㅊ)로 설명할 수 있다.

학생들은 첫 번째 퀴즈를 바로 맞혔다. 두 번째 초성 퀴즈는 다소 어려웠나 보다. 지명받은 17번 학생은 "해풍과 육풍이 부는 원리를 기온 차로 설명할 수 있다"라고 말한다. 정답은 '기온 차'가 아니라 '기압 차'이다. 오늘 수업 목표는 바람의 원리를 이해하는 것이며, 특히 해풍과 육풍의 원리를 기압 차로 설명하는 것이었다.

학습 목표를 확인한 후에 교사는 모둠 판(작은 화이트보드)을 나누어 주고 학생들에게 오늘 배울 내용과 관련하여 궁금한 질문을 함께 적어 보도록 했다. 학생들이 열심히 적은 모둠 판은 다시 거두어 칠판에 붙인다. 한 교사는 "오늘 가장 멋진 질문을 만든 사람을 수업

시간 5분 남겨 두고 확인해 보겠다"고 말한다. 이어서 활동지를 배부하려고 손에 들었다가 다시 내려놓고, "학습지를 나누어 주면 학습지에 집중할 것 같아서 일단 바람이 부는 원리를 보여 주는 실험을 시범하겠다"고 말한다.

교탁 위에는 이미 실험 준비가 되어 있다. 교과서에 제시되어 있는 실험이다. 왼쪽에는 뜨거운 물이, 오른쪽에는 얼음이 든 물이 담겨 있다. 가운데에는 향이 꽂혀 있다. 교사는 칸막이를 치운 후에 향에 불을 붙인다. 연기가 곧바로 위로 올라간다. 한 교사는 다시 칸막이를 막는다. 학생들에게 칸막이를 막은 후 시간이 경과하면 공기가 어떻게 될지 질문한다. 학생이 "따뜻하거나 차가울 것 같아요"라고 말하자, 교사는 이어 받아서 설명을 계속한다. 시간이 부족하기 때문인지 한 교사는 미리 촬영한 영상을 보여 준다. 칸막이를 막으면 연기가 일직선으로 올라가다가 칸막이를 열면 연기가 더운물 쪽으로 가는 장면이다.

한은선 교사가 바람이 부는 원리를 확인해 보는 실험을 학생들에게 보여 주고 있다.　　ⓒ 최승훈

실험 영상을 보여 준 후에 교사는 비로소 활동지를 나누어 준다. 활동지의 앞부분은 다음과 같다. '[하브루타]'라고 표시된 부분은 학생들이 짝과 함께 해결해야 하는 활동이다. 한 학생이 "오늘 하브루타 있어요?"라고 질문한다. 이 질문을 받아서 한 교사는 "네, 오늘 우리가 하브루타 수업을 공개하는 거예요. 모든 부분이 하브루타지만 그래도 지금부터 본격적으로 해 보시겠어요?"라고 답한다. 학생들은 이미 익숙한 듯 짝과 함께 대화하면서 답을 적는다.

학생들에게 주어진 시간이 지나자 한 교사는 활동지의 3번 문제를 설명한다. 3번 문제의 내용은 공기가 가열되어 위로 올라가면 저기압이 되고 주변의 고기압으로부터 바람이 불어오는 현상을 설명하는 내용이다. 한 교사는 교과서의 그림을 띄워 놓고 열정적으로 설명한다. 학생들에게는 교과서에 나오는 두 개의 그림을 합쳐서 그리고, 교과서를 참조하여 설명을 적어 보라고 한다. 활동지 4번은 수업 초반부에 본 실험에 대해 설명을 하는 부분이다. 한 교사는 더운물이 있는 곳은 공기가 위로 올라가서 저기압이 되고 찬물이 있는 고기압으로부터 저기압으로 바람이 부는 원리를 설명한다. 그리고 학생들에게 자신의 설명을 듣고 활동지에 정리해서 적도록 안내한다.

이제 6번 문제에 도전할 차례이다. 6번 문제는 해풍과 육풍의 원리와 직접 관련되어 있는 내용이다. 즉, 바다와 육지의 비열 차이로 인해서 낮과 밤에 기압 배치가 바뀌기 때문에 낮밤을 기준으로 바람이 교대로 부는 것을 설명하는 내용이다. 한 교사는 칠판에 그림을 띄워 놓고 "6번 시작하겠습니다. 여기 내용이 어려워요. 그래서 집중을 해야 하는데 박수 두 번 칠까요? 박수 두 번 시작!" 하고 학생들을 집중시킨다. 이 부분 설명이 중요함을 재차 강조하려는 듯, "손동작을 다 멈추셔야 합니다. 더 이상 어떤 것도 하시면 안 돼요" 하고 설명을

1. [하브루타] 짝과 함께 [교과서 154~155쪽 바람]을 보면서 질문하고 대화하면서 빈칸을 채워 보세요. 먼저 A를 맡은 학생이 홀수 문항을 질문하고, B가 대답하고, A도 자신의 생각을 말해 보면서 적습니다. 다음에는 B가 짝수 문항을 질문하고 A가 답을 해 보는 순으로 해 보세요. [시범 실험]

	질문을 큰 소리로 읽기	대화 (A:)	대화 (B:)
A	1) [보고 생각하기: 바람이 부는 원리]	실험에서 칸막이를 천천히 들어 올렸더니 향 연기가 (더운물 쪽/ 찬물 쪽)으로 움직였다.	
B	2) 수조에서 공기가 이동한 방향을 적어 보자.	( )→( ) 방향으로 이동	
A	3) 위 실험을 분석해 보면 무엇을 알 수 있었는지?		
B	4) 고기압이란?		
A	5) 저기압이란?		
B	6) 공기(=바람)는 기압이 어떤 곳에서 어떤 곳으로 이동하는가?		

2. 지표면의 온도가 지역에 따라 다른 이유는?
(같은 양의 태양 복사 에너지를 받더라도 _______________________)

3. 바람이 부는 원리를 그림으로 그리고 설명을 적어 보자. [선생님의 설명 듣고 적기]

그림(교과서의 두 개의 그림을 하나로 합쳐서 표현하고 지표면에 부는 바람 방향 진하게 표현)	설명
	가열된 지역의 공기는 (가벼워/무거워) (상승/하강)하면서 기압이 (낮아진다/높아진다). (고기압/저기압)이 된다. 반대로 냉각된 지역의 공기는 주변보다 (가벼워/무거워) (상승/하강)하면서 기압이 (낮아진다/높아진다). (고기압/ 저기압)이 된다. 지표면에 부는 바람은 (고/저)기압에서 (고/저)기압으로 분다.

4. 154쪽의 실험에서 찬물 쪽에서 더운물 쪽으로 공기가 이동하는 이유는 무엇일까? (단, 고기압, 저기압 단어를 포함하여 적는다.)[선생님 설명 듣고 적기]

6. 바닷가에서는 낮과 밤에 부는 바람의 방향이 다르다. 어떻게 다른지 적어 보자. [선생님 설명 듣고 적기]

	시기: 낮		시기: 밤
그림		그림	
설명	낮에는 육지가 바다보다 빨리 (가열/냉각)되어 즉 비열이 (높아/낮아) 육지 위의 기온이 높아 (저기압/고기압)이 된다. 따라서 낮에는 (고/저)기압인 (바다/육지) 쪽에서 (고/저)기압인 (바다/육지) 쪽으로 (해풍/육풍)이 분다.	설명	밤에는 육지가 바다보다 빨리 (가열/냉각)되어, 즉 비열이 (높아/낮아) 육지 위의 기온이 낮아 (저기압/고기압)이 된다. 따라서 낮에는 (고/저)기압인 (바다/육지) 쪽에서 (고/저)기압인 (바다/육지) 쪽으로 (해풍/육풍)이 분다.

7. 그림은 어느 해안 지방에서 부는 바람을 나타낸 것이다. 이에 대한 설명으로 옳은 것은?

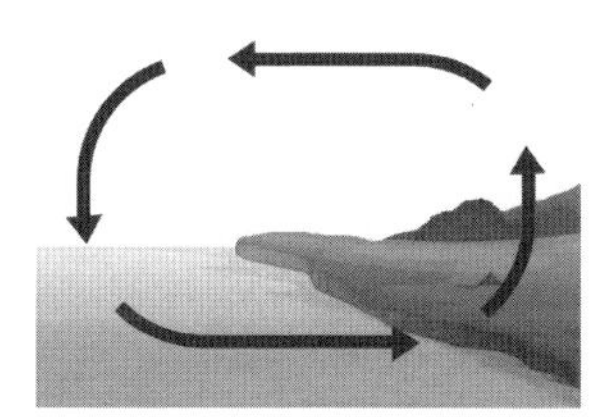

① 육풍이다.
② 밤에 부는 바람이다.
③ 바다 쪽이 기온이 높다.
④ 육지 쪽이 기압이 높다.
⑤ 하루를 주기로 부는 바람이다.

8. 맑은 날 밤에 해안 지방에서 부는 바람의 생성 원인을 다음의 용어를 모두 사용하여 설명하시오.

육지, 바다, 비열, 냉각, 기압, 육풍

9. 공기의 온도 차가 커지면 바람의 세기는 어떻게 변하는지 고기압과 저기압의 단어를 포함시켜 쓰시오.

한은선 교사의 과학 수업 활동지

시작한다.

교사는 해풍과 육풍의 개념을 먼저 설명하고, 이어서 똑같이 태양이 비추어도 육지는 고온, 바다는 저온이 된다고 설명한다. 그리고 이런 현상이 2학년 때 공부했던 무슨 개념과 관계 있는지 질문한다. 학생들은 "비열"이라고 어렵지 않게 답한다. 그러나 비열 개념을 정확히 이해하고 있는지 확인하기 위해 "콩기름과 물을 가열할 때 콩기름이 더 빨리 가열된다. 둘 중 어떤 것이 비열이 더 큰가?"라고 교사가 질문하자 학생들은 헷갈리기 시작한다. 한 교사는 "비열은 어떤 물질 1kg의 온도를 1℃ 높이는 데 필요한 열량"이라고 부연한다. 학생들이 비열 개념과 바다와 육지의 기압 차를 연결시키는 것을 어려워하자, "육지와 바다 중 어떤 것의 온도가 더 빨리 올라가게 되는데, 이때 비열의 개념이 쓰여요. 그 정도만 알아 둡시다" 하고 정리한다. 이어지는 설명은 공기가 무거워지면 밑으로 내려와서 고기압이 되고 공기가 가벼우면 위로 올라가서 저기압이 되며, 바람은 이런 기압 차 때문에 고기압에서 저기압으로 분다는 내용이었다. 이어 우리가 실제 경험하는 바람은 아래쪽 바람이기 때문에 공기의 순환도에서 아래쪽 바람을 기준으로 육풍과 해풍이라는 이름을 붙였다고 설명했다. 학생들은 교사의 설명을 들으면서 6번 활동지를 풀었다.

이제 수업 막바지이다. 한 교사는 수업 중간에 옆으로 치워 놓았던 학생들의 모둠 판을 칠판에 다시 붙인다. 그즈음에 학생들은 활동지의 나머지 문제를 풀면서 교사에게 질문을 한다. 학생들의 질문에 친절하게 답을 하느라고 또 몇 분의 시간이 흘러간다. 질문하고 대답하는 시간이 어느 정도 마무리되자, 한 교사는 오늘의 베스트 질문을 선정하여 발표한다. "여기에 아주 독특한 질문이 있는데요. '민들레 씨는 어떤 영향 때문에 날아갈까?' 민들레 씨라는 독특한 소재를

사용한 이 질문을 오늘의
베스트 질문으로 선정하
겠습니다."

이어서 학생들이 모둠
판을 가지고 가서 질문
에 대해 모둠원끼리 서로
답을 해 본다. 질문에 대
해서 대답을 주고받는 과

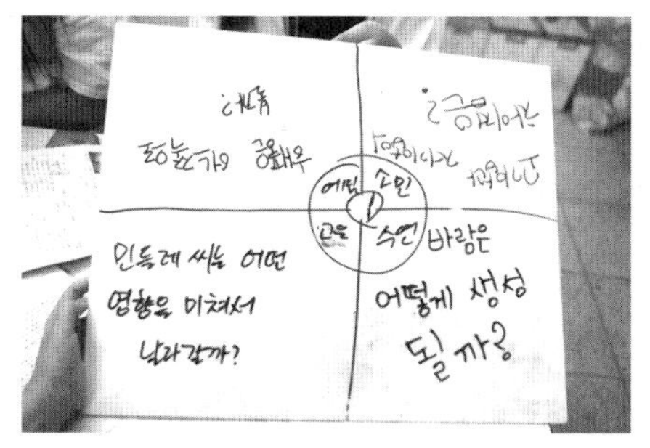

베스트 질문으로 선정된 질문이 쓰여 있는 모둠의 모둠 판

정에서 한 학생이 "'바람은 일상생활에 어떤 영향을 미칠까?'라는 친
구의 질문에 답을 못 하겠다고 말하자, 한 교사는 "오, 이것도 멋있는
질문이에요. 이 질문에도 쿠폰 드릴게요, 좋아요. 다른 학생들이 대
답해 보세요, 어떤 영향을 주는지?"라고 응대한다. 학생들은 "시원하
게 해 준다" 등의 답을 내놓는다. 이런 질문과 응대의 과정이 2~3분
정도 이어진 이후에 한 교사는 수업 종료를 알리는 타종을 한다. 그
리고 활동지를 모두 제출하라고 하고 상을 받을 학생들에게는 쿠폰
을 나누어 준다.

2차시: 〈바람이 부는 원리: 대기 대순환〉 수업 장면 묘사

수업의 첫 장면, 한 교사는 희수라는 학생을 지명해서 지난 시간
에 배운 내용을 설명하게 한다. 희수는 핵심 내용을 파워포인트를 이
용하여 차분히 설명하고 몇 가지 퀴즈도 낸다. 학생들은 친구가 낸
퀴즈에 활발하게 답한다. 이어서 희수는 배운 소감도 다음과 같이 말
한다.

바람이라는 주제의 프로젝트를 통해 낮에 바람이 어디서 불어오는지

와 저기압과 고기압의 뜻, 그리고 바람이 부는 원리에 대하여 알게 되어서 좋았습니다. 이것을 예습하여 다음에 배울 때 이해가 잘될 것 같습니다. 감사합니다.

발표가 끝나자, 친구들은 모두 박수로 격려한다. 한 교사는 다지기를 하겠다면서 칠판에 한국 지도를 그리고 서해안과 동해안을 표시한 다음 해풍과 육풍에 대해서 다시 설명한다. 그리고 "낮에는 바다 쪽에서 이 장안여중 쪽으로 바람이 굉장히 많이 불지요? 바다 쪽에서, 한번 느껴 보세요. 그런데, 낮에는 해풍이 불고 밤에는 육풍이 분다면 (……) 이게 언제 바뀔까요? 바로 이 시간에 바뀌어요. 오전 8시부터 10시 사이, 이것을 아침뜸이라고 하는데, 이 시간에는 바람이 잠잠합니다. (……) 이거 기억하시고요"라며 장안여중 주변의 현상을 예로 들어 보충한다. 이어서 아침에 창문을 열면 창문 커튼이 움직이는 현상도 예를 든다. 학생들은 "교실은 덥고 밖은 춥기 때문"이라고 대답한다. 한 교사는 "그렇기 때문에 아침에 환기를 하면 좋다"고 말한다. 이제 오늘 수업 주제로 이행할 차례이다. 수업 주제는 '대기 대순환'이다. 교실과 교실 바깥의 기압 차로 인한 바람이나 육지와 바다의 기압 차로 인한 바람보다 훨씬 큰 스케일의 바람이다. 이런 규모의 차이를 학생들에게 인지시키려는 듯 한 교사는 콜럼버스의 항해를 예로 든다.

오늘 우리는 좀 더 넓은 생각을 갖게 될 거예요. 우리나라를 벗어나 더 큰 생각을 하셔야 해요. (……) 이 사람 이름이 뭐냐 하면, 콜럼버스예요. 콜럼버스가 대서양을 건너서 아메리카로 갑니다.

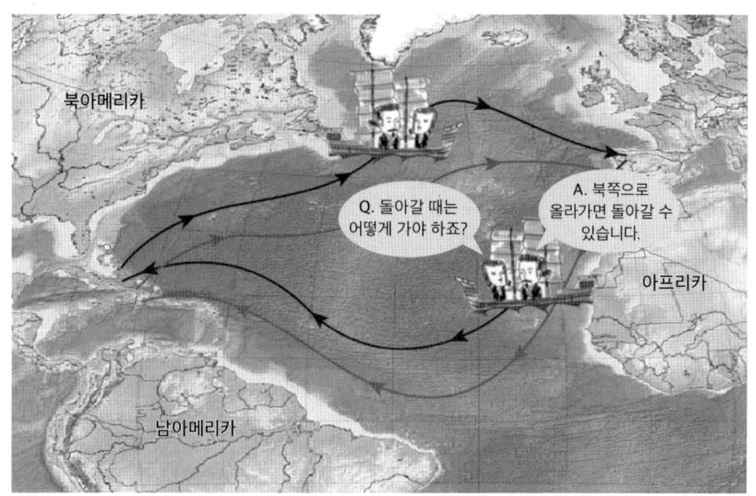

콜럼버스의 항해 이야기는 '대기 대순환'의 훌륭한 동기 유발 소재가 된다.

콜럼버스의 항해 이야기는 대기 대순환의 훌륭한 동기 유발 소재로 보인다. 이어서 지난 수업처럼 초성 퀴즈로 학습 목표를 환기한다. 돌림판을 돌려서 낙점된 8번 학생이 대기 대순환을 어렵지 않게 맞힌다. 이어서 학생들은 수업 초반부 질문 만들기 활동을 한다. 다만 시간이 부족한지 한 교사는 모둠 판은 활용하지 않는다. 그리고 지난 시간과 달리 범위를 한정하여 앞서 보여 준 콜럼버스의 항해 그림을 소재로 하여 질문을 생성하라고 지시한다. 주어진 1분이 경과하자, 다수의 학생들이 손을 든다. 그중 교사가 발언 기회를 준 학생은 총 세 명으로 질문 내용은 다음과 같다.

학생 1 올라갈 때 어떻게 갈까요?

학생 2 올라갈 때, 어떤 바람으로 갈까?

학생 3 화살표 색깔이 왜 다를까?

교사는 학생들의 질문에 응대를 하면서 수업의 바다를 항해할 준비를 시작한다. 이제 활동지가 배분된다. 지난 시간 활동지와 마찬가지로 앞부분에 '[하브루타]'라고 적혀 있는 칸이 있다.

학생들은 짝과 열심히 이야기를 주고받으며 활동지를 완성해 간다. 그 과정에서 궁금한 점은 아주 자유롭게 교사에게 질문한다. 교사는 귀찮은 표정 하나 없이 학생들의 질문에 응대한다. 하브루타가 끝나자, 교사는 2번 '[보고 생각하기: 대기 대순환]'까지 학생들이 짝과 토론해서 해결하도록 한다.

학생들이 문제를 어려워하자, 교사는 전체 학생들을 집중시킨 후에 힌트를 준다. 설명을 위해 지구본이 등장한다. 한 교사가 지구 자전이 대기 대순환에 미치는 영향을 설명하는 내용의 일부이다.

북쪽에서 부는 바람은 무슨 풍? 북풍. 일단 이게 기본적인 거죠. 북풍만 불어요. 지구가 자전하지 않는다고 가정할 때. 그런데 지구가 자전을 하잖아요. 바람 덩어리가 몇 덩어리입니까? 세 덩어리의 대순환이 나타나요. 그래서 콜럼버스가 대서양을 왔다 갔다 할 수 있었습니다. 자가 볼게요. 여기(적도)는 위도가 몇 도라고 했죠? 0°(적도), 여기(북극)는 90°, 그럼 여기(중위도)는 몇 도겠어요? 30°. 요기(고위도)는 60°가 되겠죠? 이제 여러분들이 이 바람들이 무슨 바람인지 맞혀야 돼요. 선생님이 안 가르쳐 줄 거예요. (……) 북풍인지 남풍인지 맞힐 수 있어야 돼요. 스스로 할 수 있어야 합니다. 그리고 2-3)번에 (가)랑 (나)의 설명도 지금 할 수 있어야 돼요. 자, 차이점이 뭔지 적으세요.

몇몇 학생들은 '북풍', '남풍'과 같은 기본적인 바람의 명칭도 혼란스러워한다. 교사는 불어오는 쪽의 방향을 기준으로 바람의 이름을

1. [하브루타] 짝과 함께 [교과서 156~157쪽 대기 대순환]을 보면서 질문하고 대화하면서 빈칸을 채워 보세요. 먼저 A를 맡은 학생이 홀수 문항을 질문하고, B가 대답하고, A도 자신의 생각을 말해 보면서 적습니다. 다음에는 B가 짝수 문항을 질문하고 A가 답을 해 보는 순으로 해 보세요.

질문을 큰 소리로 읽기		대화 (A:)	대화 (B:)
A	1) 방 한쪽에 난로를 피워 놓으면, 난로 근처뿐만 아니라 방 전체가 골고루 따뜻해진다. 그 이유는?(서로 다르게 표현)		
B	2) 지구의 저위도 지방에서는 공기가 상승하게 된다. 왜일까?		
A	3) 지구의 고위도 지방에서는 공기가 하강하게 된다. 왜일까?		
B	4) 대기 대순환이란?		
A	5) 대기 대순환이 일어나는 원인은 무엇일까?		

2. [보고 생각하기: 대기 대순환] 그림 두 개를 비교해 보자.

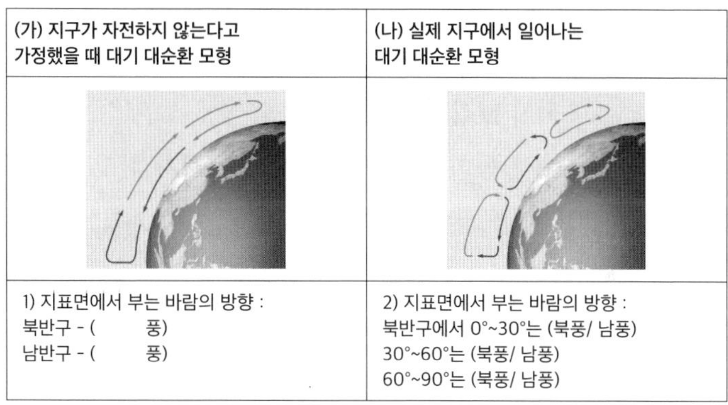

(가) 지구가 자전하지 않는다고 가정했을 때 대기 대순환 모형	(나) 실제 지구에서 일어나는 대기 대순환 모형
1) 지표면에서 부는 바람의 방향 : 북반구 - (풍) 남반구 - (풍)	2) 지표면에서 부는 바람의 방향 : 북반구에서 0°~30°는 (북풍/ 남풍) 30°~60°는 (북풍/ 남풍) 60°~90°는 (북풍/ 남풍)

3) (가) 자전하지 않는 지구와 (나) 자전하는 지구에서의 대기 대순환은 어떤 차이점이 있는지 적어 보자. [선생님 설명 듣고 적기]

4) 이러한 대기 대순환에 의해 (저위도/고위도) 지방의 남는 에너지는 (저위도/고위도) 지방으로 운반된다.

한은선 교사의 과학 수업 활동지

정했다는 점을 재차 강조한다. 이렇게 교사의 설명과 학생의 질문이 적절히 어우러지는 가운데 수업은 또박또박 앞으로 나아간다.

이제 오늘 활동의 하이라이트라고 할 수 있는 3번 문제와 관련된 활동이다. 준비된 바구니에는 스티로폼으로 만들어진 반구가 들어 있다. 교사는 반구의 바닥에 두 사람씩 팀을 맺어 학번과 이름을 적도록 시킨다. 그리고 지구 자전축처럼 반구의 축을 잡아서 지구 자전과 같이 서쪽에서 동쪽으로 돌리는 시범을 보인다. 칠판에 학생들이 반구에 표시해야 할 내용도 매우 차근차근하게 설명해 간다. 북극과 남극, 적도, 중위도, 고위도, 저압대, 고압대 등이 학생들이 반구에 표시해야 할 내용이다. 그리고 지구가 자전하면서 북극과 남극에서 내려오는 바람이 전향력에 의해서 휘게 됨을 설명한다. 전향력이라는 말이 교육과정상 도입할 필요가 없는 용어임을 염두에 두었는지 이 용어 자체는 중요하지 않다고 부연도 한다.

손으로 조작하는 활동이 주어지자 학습 분위기가 한껏 고조된다. 그러나 작은 반구를 돌리면서 정확하게 그림을 그리기가 쉽지는 않아 보인다. 교사도 이 점을 간파한 듯 자세하게 부연 설명한다.

바람이 이렇게 순환을 하는데 우리가 그리는 것은 밑의 부분이에요. 고기압에서 저기압으로 바람이 내려오죠, 그런가요? 바람은 어디서 어디로 분다고? 고기압에서 저기압으로. 지수, 바람이 어디서 분다고요? (고기압에서 저기압으로.) 잘했어요. 바람은 이렇게 와야 돼요. 잘 보셔야 합니다. 여기서 이렇게 내려와야 하는데 지구가 돌아가면서 바람 자체가 방향이 휘게 되는 거예요. 돌릴 때 잘 돌려야 해요. 중심 잡고요, 순간적으로 휙 돌려야 합니다. (……) 선생님은 분명히 똑바로 내려 그렸거든요, 그런데 지구가 돌면서 이렇게 휜 거예요. 이렇게 지구 자전에 의하여 바

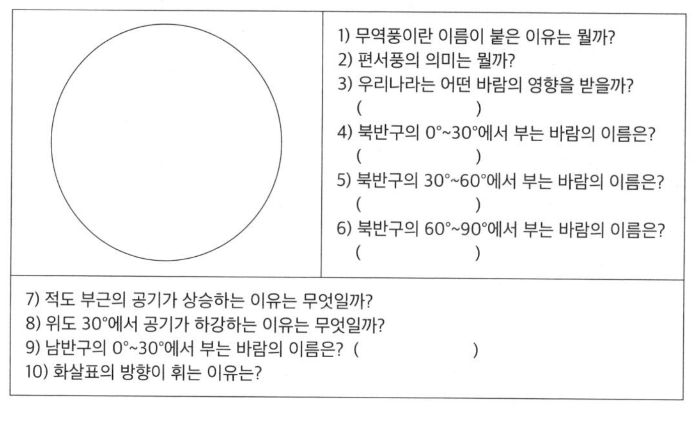

한은선 교사의 과학 수업 활동지

람 방향이 휘는 것을 '전향력'이라고 해요. 코리올리의 힘이라고도 하고요. 이거 그냥 들어만 두세요. 시험에 절대 안 냅니다. 그러나 이 지구의 자전 때문에 바람이 똑바로 못 내려오고 휜다는 것은 아셔야 합니다. 이제 한번 해 보세요. 지금 해 보고 잘 이해해야 합니다. 똑바로 내리는데 지구를 돌려, 지구가 확 돌아가야 돼. 서에서 동 방향으로……

활동이 재미있다고 느꼈는지 학생들의 분위기가 점점 더 활발해진다. 여기저기서 그리는 방법에 대한 질문도 이어진다. 작은 스티로폼 모형 반구를 돌려 가면서 바람의 방향을 정확하게 그리는 것이 용이하지 않자, 학생들은 연신 질문을 하고 교사는 계속 시범을 보인다. 이렇게 북극, 고위도 저압대, 중위도 고압대 순으로 바람의 방

한 학생이 지구 전체의 대기 대순환을 그린 반구를 들어 보이고 있다.   © 최승훈

향을 그리는 실습을 이어 간다.

역시 조작 활동은 시간이 많이 걸린다. 시간이 지체되어 활동지 5번 문항인 "중국의 북경과 일본의 동경의 공장 굴뚝에서 동시에 오염 물질이 다량 배출되었다. 어디에서 배출된 오염 물질이 우리나라에 영향을 더 미치게 될까? 그렇게 생각한 이유는?"을 해결할 시간이 없다. 이 문항은 점프 과제로 설정된 것이다. 잠시 고민하던 교사는 마무리되지 않은 활동지를 우선 제출하라고 한다. 그리고 다음 시간에는 이어지는 활동을 할 것이라고 예고한다. 점심시간에 더 하고 싶은 학생들은 과학실에 와서 계속 활동을 해도 좋다고 친절하게 덧붙인다.

과학교육 전공자는 이 수업에 대해서 어떤 견해를 가지고 있는가?

앞에서 과학교육 전공자가 아닌 내가 과학 수업을 비평할 수 있을까 하는 질문을 제기했었다. 그리고 비록 전공 과목이 아니어도 학습을 바탕으로 다른 과목 수업을 비평할 수 있으며, 또 그렇게 하는 것이 필요하거나 바람직할 수 있다고 말했다. 그런데 한편으로는 과학교육 전공자에게는 이 수업이 어떻게 보일지 궁금했다. 그래서 같은 대학의 과학교육 전공 정정인 교수에게 수업 전사록과 학생 활동지를 보내고 의견을 물었다. 전화로 이야기를 주고받다가 수업에 대한 과학교육자로서의 판단을 구어체 형식으로 기술해 주기를 요청했다. 다음은 정 교수가 보내 준 이 수업에 대한 소감이다.

전사 자료로만 본 이 수업에 대한 첫 느낌은 '질문 생성 수업' 같다는 것이었어요. 모둠 판 활동과 베스트 질문을 선정했다는 것 때문일까요? 활동지에 있는 질문에 대한 답을 채우기 위해 논의하는 과정만으로는 이 수업이 '하브루타 수업'이구나라는 느낌이 강하게 들지 않는 것 같아요. 하브루타 수업이란 논점을 가지고 학생들이 대화하고 토론하고 논쟁하는 과정을 통해 답(과학적 개념)을 확립해 가는 것이라고 생각하는데, 그런 점들을 전사 자료만으로는 파악하기가 힘드네요.

교육과정상으로 보면 해풍과 육풍은 초등학교 교과서에서도 다루어지고 실험도 유사합니다. 그래서 교사가 온도 차에 따라 향이 휘는 현상을 보여 준 후에, 학생들이 이미 배웠던 지식 혹은 개념으로 그 현상이나 논점(논점은 교사가 주면 더 좋을 것 같아요. 학습지에 채워 넣는 개념이 아니라 실제로 논쟁을 벌일 수 있는 주제로)을 서로 토론하고 발표한 후, 발표를 통해 학생들의 토론을 정리하고 다양한 논점을 파악하고, 교사가 피드백을 주는 수업으로 하면 하브루타 수업이 더 돋보이지 않았을까 하는 생각이 듭니다.

그리고 두 번째 수업 주제인 대기 대순환의 경우에는 중학교 2학년 학생들에게는 대순환의 원리(열적 순환과 역학적 순환)를 설명하기에는 너무 어렵기 때문에 지구의 자전으로 세 개의 셀로 이루어져 있고 각각 동풍과 서풍이 분다는 것, 이 지식만 전달하는 수업입니다. 지구과학 내용이 많은 경우 그러하듯이 이 수업에서도 "왜"라는 질문을 제기하는 순간 너무 어려워져요(예를 들어 중위도 지역은 왜 서풍이 부는지, 순환 방향이 왜 다른지 등). 그래서 지구에서 일어나는 현상을 보여 주고 학생들 수준에 맞게 설명하는 수밖에 없어요. 그런 점에서 보면 교사의 교수 방법은 교과 내용을 이해시키기 위해 아주 좋은 방법이었던 것 같아요. 콜럼버스의 항해를 예로 들어서 학생들이 항해 방향을 관찰하면서 위도에 따라 바람의 방향이 다르며, 어떤 방향의 바람이라는 것을 추리할 수 있도록 해 주는 교사의 스토리텔링 교수 방법은 이 수업 주제에 대해 학생들이 흥미를 가질 수 있는 좋은 방법이었던 것 같습니다.

그리고 바람의 방향이 휘는 것을 반구를 이용해서 학생들이 실험을 해 보게 하는 것도 좋은 시도인 것 같아요. 그런데 좀 아쉬운 점은 활동지 1번의 질문인 '2) 지구의 저위도 지방에서는 공기가 상승하게 된다. 왜일까?' 그리고 '3) 고위도 지방에서는 공기가 하강하게 된다. 왜일까?'라는 질문을 학생들이 읽고 관찰을 통해 질문(이 열적 순환이 중위도 지역엔 해당되지 않는다는 것. 중위도 지역만을 따로 떼서 보면 공기가 고위도에서는 상승을, 저위도에서는 하강을 하고 있다)을 하지 않는 것이 좀 아쉬웠어요. 혹 학생들이 질문을 했었다면 교사가 그 질문을 찾아내 논점으로 끌고 가거나 칭찬을 해 주었다면 하는 아쉬움도 있어요.

이 수업은 어떤 수업 구조를 지니고 있는가?

이 질문이 떠오른 것은 한 교사의 수업이 독특한 수업 구조를 지니고 있다고 느껴졌기 때문이다. 현장 교사들은 종종 특정한 수업 모형에 의거하여 수업을 전개한다. 예컨대, 과학 같으면 탐구 학습 모형, 발견 학습 모형, 개념 변화 학습 모형과 같은 수업 모형들이 있다. 하브루타를 연구하는 학자들도 질문 중심 하브루타 수업, 논쟁 중심 하브루타 수업, 비교 중심 하브루타 수업 등의 수업 모형을 제안하고 있다. 그러나 현실의 수업이 특정한 수업 모형을 온전히 따라서 이루어지는 경우는 사실 드물다. 현장 교사들은 이런 원형적인 수업 모형을 염두에 두면서 실제로는 해당 수업 목표나 내용에 따라서 한 시간 수업 안에서도 다양한 모형을 절충적으로 활용하는 경향이 강하다. 그래서 실제 수업을 이해하고자 할 때에 수업 구조를 살펴보는 것이 더 낫다. 특정한 수업 모형을 따르지 않는 수업도 일정한 수업 구조는 지니고 있기 때문이다. 그리고 수업 구조를 들여다보면 정정인 교수가 왜 이 수업을 질문 생성 수업이라고 느꼈는지도 짐작할 수 있다.

수업 구조는 활동지에 그 골격이 잘 드러난다. 첫 번째 수업을 중심으로 수업 구조를 큰 줄기만 언급하면 '〈전시 학습 상기〉 - 〈학습 목표 확인〉 - 〈모둠별 질문 생성〉 - 〈하브루타〉 - 〈교사 설명/학생 활동〉 - 〈모둠별 질문 답변〉 - 〈수업 마무리〉'의 구조로 되어 있다. 그런데 수업 구조를 좀 더 추상적 수준에서 조망하면 '〈질문 생성〉 - 〈질문 해결을 위한 교사 설명/학생 활동〉 - 〈질문 답변〉'의 세 단계로 이루어져 있다. 이 수업 구조를 표면적으로 보면 하브루타 수업의 원리를 어느 정도 반영하고 있는 듯 보인다. 첫 번째 단계에서는 학생들이 질문을 스스로 생성하고, 두 번째 단계에서 다양한 학습 활동을 통해서 질문에 대한 답을 추구해 가며, 마무리 단계에서는 자신들이 생성했던 질문이 대답되었는지 확인하기 때문이다.

　그런데 왜 과학교육 전공자인 정 교수에게는 이 수업이 하브루타 수업이 아니고 질문 생성 수업으로 보였을까? 수업 구조를 조금 더 꼼꼼히 들여다보면 그 이유를 알 수 있다. 수업의 초반부에 '모둠별 질문 생성' 활동을 통해서 수업 주제와 관련하여 학생들이 자유롭게 질문을 생성하도록 한다. 학생들은 다양한 질문을 생성하여 모둠 판에 적는다. 여기까지는 훌륭한 질문 생성 과정이며 하브루타의 첫 단계이기도 하다. 그런데 그 다음이 다소 문제이다. 하브루타 정신을 구현하려면 이어지는 수업은 당연히 학생들이 생성한 질문들을 기반으로 해야 한다. 이 질문들을 바탕으로 대화하고 토론하고 논쟁해 가야 한다. 그러나 한 교사는 그렇게 하지 않는다. 대신에 활동지를 중심으로 교과서의 과학적 정보와 지식을 학생들이 이해하도록 하는 활동들을 전개한다. 물론, 그 과정 중에는 [하브루타]라고 명명된 활동지의 1번 문항처럼 짝과 대화하면서 함께 해결해야 하는 활동도 존재한다. 또 교실이 자유롭고 허용적인 분위기이기 때문에 수업 중간 중간에 학생들이 다양한 질문을 제기하고 교사가 이에 친절하게 답하는 장면도 자주 관찰된다. 그러나 전체적으로 보면 수업 구조의 두 번째 단계는 학생들이 대화하고 토론하고 논쟁하면서 문제를 스스로 해결해 가는 과정보다는 교사의 수준 높은 설명이 차지하는 비중이 훨씬 높다. 활동지 구성을 살펴보아도 [선생님 설명 듣고 적기]가 상당히 많다. 결과적으로 논점을 중심으로 대화하고 토론하고 논쟁하는 부분이 약한 것이다.

　첫 번째 단계와 두 번째 단계 사이에 이렇게 틈이 존재하다 보니 학생들이 처음 생성한 질문이 다 다루어지지 못하는 경우도 생겨난다. 물론, 수업의 두 번째 단계는 첫 번째 단계에서 생성된 학생들의 질문과 무관하지 않다. 학생들은 오늘의 수업 목표를 알고 난 후에 질문을 생성하였다. 따라서 두 번째 단계의 교과서 내용과 연관된 질문들이 대부분이며 이런 질문들은 학생들끼리의 [하브루타]와 교사의 설명을 통해서 대부분 해결된다. 그러나 학생들이 생성하는 질문 중에는 오늘의 수업 주제를 벗어나는 질문들도 있다. 이를 확인하기 위해서 학생들이 모둠 판에 적은 질문들을 모두 인용해 보겠다.

"해풍과 육풍의 차이점은?" "바람이 부는 원리는 무엇일까?" "바닷가에서 낮에 부는 바람?" "바람은 일상생활에 어떤 영향을 미칠까?" "바람이 부는 원리는?" "공기가 이동하는 이유는?" "해풍은 어떻게 불까?" "낮과 밤에 부는 바람의 원리는 무엇일까?" "고기압과 저기압은 어떤 것일까?" "지표면의 온도가 지역에 따라 다른 이유는?" "육풍은 낮과 밤 중 언제 불까?" "고기압과 저기압은 어떤 것일까?" "낮에 고기압인 바다 쪽에서 저기압인 육지 쪽으로 부는 바람은 뭐라고 할까?" "기압 차이에 의해 바람이 부는 과정은?" "육지 쪽으로 해풍이 부는 이유는?" "바람과 공기는 어떻게 이동을 할까?" "바람은 어떻게 생성될까?" "민들레 씨는 어떤 영향을 미쳐서 날아갈까?" "해풍은 어느 쪽으로 불까?" "고기압과 저기압의 차이점은?"

학생들이 생성한 질문은 총 20개였다. 거의 대부분 오늘 수업에서 다루는 주제와 관련 있는 질문이다. 그러나 "바람은 일상생활에 어떤 영향을 미칠까?"와 "민들레 씨는 어떤 영향을 미쳐서 날아갈까?" 같은 질문은 그렇지 않다. 이것을 의식했는지 한 교사도 "민들레 씨는 어떤 영향을 미쳐서 날아갈까?"를 오늘의 베스트 질문으로 선정하였다. 정말 기대하지 않은 참신한 질문이라고 생각했을까?! 이 외에도 "바람이 부는 원리는?"과 "공기가 이동하는 이유는?"처럼 같은 듯 다른 듯 의문을 야기하는 흥미로운 질문들도 보인다. 이런 세밀한 뉘앙스의 차이를 보이는 질문들은 자세히 분석될 기회를 얻지 못한다.

정리해 보면 수업 구조의 측면에서 볼 때 한 교사의 수업은 학생들이 자유롭게 질문을 생성하는 것에서 시작하지만 그 질문들이 꼬리에 꼬리를 무는 대화와 토론과 탐구의 소재로 직접 활용되지는 않는다. 학생 질문과 교사 설명이 맞물려 있는 이런 절충적 수업 진행은 한국 교사가 직면하는 일반적 수업 상황과 깊은 관련이 있다고 나는 생각한다. 한국은 여전히 국가 교육과정의 강고한 전통을 지니고 있다. 교육과정 문해력과 교육과정 재구성이 강조되고 있는 추세이지만 빠짐없이 진도를 다 나가야 하는 문화적 관습은 크게 약화되지 않았다. 이런 현실적 여건 속에서 질문이 살아 있는 수업에 대한 새로운 요구를 현실과 접맥하고 절충하려는 한 교사의 노력이 지금 같은 수업 양태로 나타난 것으로 보인다.

학생들이 제기하는 질문을 어떻게 분류할 수 있을까?

이 수업에서 학생들은 다양한 질문을 생성하였다. 그런데 질문과 관련된 교육학 문헌들을 보면 학생들의 질문에 대한 연구는 교사의 질문에 대한 연구보다 적다. 교실에서 질문을 제기하고 답을 제공하는 주된 책임을 교사가 맡고 있기 때문이 아닌가 한다. 그러나 '질문이 있는 교실'을 강조하는 현재의 흐름은 당연히 학생의 질문에 대한 관심을 고조시킨다. 학생들이 가능한 한 많은 질문을 제기하게 하고 능동적으로 답을 찾아가는 교실 문화를 일상화시키려고 하기 때문이다. 한은선 교사의 수업에서 학생들이 자유롭게 질문하고 상호 토론하는 문화가 형성되어 있는 것은 그런 점에서 매우 바람직해 보인다.

그런데 수업에서 학생들이 제기하는 질문을 분류할 수 있는 범주는 없을까? 이 문제를 생각하다가 하나의 가설적 분류 범주를 떠올리게 되었다. 이 가설적 분류 범주는 학생들의 질문에 대한 교사들의 현상학적 반응 양식을 가정하면서 떠올려 본 것이다. 교사의 입장에서 보면 학생들이 자유롭게 질문을 하도록 허용하는 상황은 매우 도전적인 상황일 수밖에 없다. 호기심에는 한계가 없는 법! 인간의 본래적이고 원초적인 호기심에 기반하여 끝없이 질문을 쏟아 내는 상황은 교사들에게 그다지 달가운 일이 아닐 수 있다. 20~30명의 학생들이 궁금한 것들을 마구 쏟아 내는 상황을 한번 가정해 보자. 그런 교실은 카오스 상황임에 틀림없다. 학습이 이루어지려면 그런 카오스 상황을 방치해서는 안 된다. 좋은 수업은 질문의 카오스 속에서 학습의 코스모스를 찾아가는 여정이라 할 수 있다. 이를 위해 교사는 학습자의 호기심 어린 수많은 질문에 잘 응대하는 능력을 익혀야 한다. 교사는 학습자의 현재와 미래의 학습과 성장을 위해서 바람직한 질문이 무엇인지를 식별해 내는 감식안을 지녀야 한다. 즉, 다양한 질문들 중에 이 시간에 다루어야 할 질문과 유보해야 할 질문을 구분해 낼 수 있어야 한다. 그리고 다루고자 선택한 질문에 대해서는 학습자들이 사유하고 토론하고 논쟁할 수 있는 시간을 허용해야 한다. 또한 학습자들이 자신들이 생성한 질문을 교과의 정보와 지식들과 연결 지어서 해답을 찾아가도록 조력해야 한다.

이런 고차원적인 교수 능력이 요구되는 '질문이 살아 있는 교실' 수업 상황에서 교사가 학습자의 질문에 잘 응대하는지를 판단하기 위해 나는 두 가지 좌표축을 설정해 보았다. 하나의 좌표축은 학습자가 제기하는 질문에 대해서 교사가 답을 아는지 모르는지가 기준이다. 다른 하나의 좌표축은 학습자의 질문이 오늘의 수업 주제와 관련된 질문인지 아닌지가 기준이다.

두 가지 기준을 왜 떠올리게 되었을까? 앞에서 언급했듯이 학생들이 자유롭게 질문하는 상황은 교사에게 매우 도전적일 수 있다. 그것이 도전적인 첫 번째 이유는 교사가 답을 모르는 질문일 가능성이 상존하기 때문이다. 교사가 모든 것을 알고 항상 정답을 알려 주어야 한다는 근대 공교육 체제의 교사상을 염두에 둘 때 답을 모를 수도 있는 상황은 교사에게 불안감을 야기한다. 나의 오랜 수업 관찰 경험에 비추어 볼 때 교사들은 실제로 학생의 질문에 답을 아는 경우와 그렇지 않은 경우에 상당히 다른 반응 양상을 보였다.

두 번째 기준은 수업 주제와의 관련성이다. 이 기준도 사소한 것 같지만 중요하다. 교실 수업은 단막극이 아니다. 일련의 학습 경험들이 연속적으로 계열화되어 있는 긴 과정이다. 거기에는 중요성과 선후 관계가 개입된다. 따라서 학생의 질문이 아무리 중요하고 창의적이라고 하더라도 수업 주제와 직접적인 관련성이 없으면 교사는 해당 질문을 오늘 수업의 전경으로부터 밀어내야 한다. 그렇지만 학습자에게 해당 질문이 가치 없다는 잘못된 시그널을 주지는 않아야 한다. 질문의 수업 관련성을 판단해 내고 이에 적절히 응대하는 것은 질문이 살아 있는 교실이 순항하는 데 꼭 필요한 교사의 교수 능력이다.

첫 번째 좌표축과 관련하여 교사가 답을 알고 있는가 모르고 있는가가 너무 강한 기준이라고 생각할 수도 있다. 교사가 답을 모르는 질문이 전혀 관찰되지 않을 수도 있다. 그래서 대안적인 기준으로 교사가 예상한 질문인가 아닌가 하는 기준을 상정해 보았다. 답을 알거나 모를 때 교사가 보이는 반응 양상과 예상한 질문인 경우와 아닌 경우에 교사가 보이는 반응 양상 간에는 유사성이 있기 때문이다. 이 좌표축들을 종합하여 도표로 표현하면 아래와 같은 사분면이 나온다. 이 좌표 평면은 학생들의 질문에 대한 교사의 응대 방식을 살펴보는 유용한 분석 틀이 될 수 있다.

2사분면: 교사가 답을 모르지만/혹은 예상하지 못하였지만, 오늘 수업 주제와 관련 있는 질문	1사분면: 교사가 답을 알고/혹은 예상하였고, 오늘 수업 주제와 관련 있는 질문
3사분면: 교사가 답도 모르고/혹은 예상하지 못하고, 오늘 수업 주제와 관련도 적거나 없는 질문	4사분면: 교사가 답을 알지만/혹은 예상하였지만, 오늘 수업 주제와 관련이 적거나 없는 질문

한은선 교사는 학생들의 질문에 대해서 어떻게 응대하는가?

이제 앞서 제시한 좌표 평면에 기반해서 한은선 교사가 학생들의 다양한 질문에 대해 어떻게 응대하는지를 살펴보자. 한 교사가 답을 모르는 질문이 하나도 없는 것으로 판단되기 때문에 예상 질문인지 아닌지를 좌표축으로 논의를 해 갈 것이다.

먼저, 1사분면에 해당하는 사례이다. 학생들이 제기하는 전체 질문 중에서 이 유형의 질문이 가장 많다. 학생들이 모둠 판에 적었던 20개의 질문 중 대부분도 이 범주에 속한다. 이 외에도 수업 중간중간 학생들이 하는 많은 질문들도 이 유형에 속한다. 이런 1사분면 범주의 질문이 많으면 많을수록 교실 분위기는 고양된다. 그리고 교사도 기분이 좋다. 그런데 한국 교사들은 이 유형의 질문에 대해서 바로바로 답하는 경향이 있다. 교사는 답을 제공하는 사람이라는 몸에 밴 습관이 있기 때문이다. 한 교사도 그런 경향을 보이고 있다. 이와 관련된 사례 하나만 인용해 보겠다.

〈질문 사례 1〉
학생 선생님, 찬물을 얼음물이라고 써도 상관없죠?
교사 그럼요.

이 대화 장면은 첫 수업 시간에 칸막이를 사이에 두고 찬물과 더운물을 배치한 후 칸막이를 치우면 향의 연기가 더운물 쪽으로 향하는 것을 관찰하고 그 결과를 활동지에 정리하는 과정에서 발생했다. 바람이 찬물에서 더운물 쪽으로 분다는 내용을 정리하는 과정에서 활동지에 얼음이 든 물이라고 적혀 있는 부분을 발견하고 한 학생이 찬물과 얼음물이 대체 가능한 용어인지를 묻고 있는 장면이다. 이 장면을 보면서 나는 '왜 이런 사소한 질문을 묻나?' 하는 생각이 순간적으로 들었다. 학생은 왜 이 질문을 했을까? 학생의 눈높이로 돌아가서 생각해 보자. 나의 학창 시절을 떠올려 보면 사소한 궁금증이 많았던 기억이 난다. 그런데 수업 분위기가 억압적이라 묻지 못하고 넘어간 적도 많았다. 이 질문을 제기한 학생의 경우도 활동지에 적혀 있는 '찬물'과 '얼음물'을 보고 순간적으로 궁금했을 수 있다. 교실의 자유로운 분위기가 궁금증을 공개적인 질문으로 표출하도록 만들었다. 아마도 이 학생은 양자가 대체 가능한지를 정확히 혹은 어렴풋이나마 이미 알고 있을지도 모른다. 그러나 질문을 하고 확인을 받는 행위를 통해서 교사의 주목을 받고 싶은 동기도 있었을 것이다. 어쨌든 학생은 찬물을 얼음물이라고 써도 되는지 물었다. 이에 대해 교사는 망설임 없이 "그럼요"라고 말한다. 교사가 이렇게 즉답하는 것은 이 질문이 교사가 예상했거나 기대했던 범주 안에 있음을 암시한다. 교사의 확답을 받자 질문한 학생은 자신의 생각을 추인받아서 기분이 좋은지 신나게 활동을 이어 간다.

이 짧은 대화 장면은 나무랄 데 없는 교수-학습 장면이다. 학생은 묻고 교사는 답을 말해 주면서 순조롭게 수업이 진행되어 간다. 그런데 약간의 아쉬움도 남는다. 한 교사가 바로 답을 해 주지 않고 다른 전략을 사용했으면 어떠했을까? 예컨대, 좋은 질문이라고 격려한 후에 양자가 대체 가능한 말인지를 스스로 생각해 보거나 친구와 의논해서 풀어 보도록 했다면 어떠했을까? 사실 이 질문은 사소해 보이지만 1차시 수업 주제와 관련시켜 보면 그다지 사소하지 않다. 물의 온도 차가 기압의 차이를 발생시키고 바람이 불게 만든다는 것을 정확하게 이해해야 양자가 대체 가능한지를 판단할 수 있기 때문이다. 따라서 한 교사가 학생의 돌발적인 질문에 바로 답하지 않고 질문을 되돌려 주어서 학생들이 스스로 답할 수 있는 기회를 제공했다면 좀 더 하브루타에 가까운 수업이 되지 않았을까? 이렇게 짧고 사소해 보이는 대화의 단편을 분석하는 이유는 수업 시간에 자연스럽게 일어나는 학생 질문에 대해서 즉각적으로 답하는 것이 단지 한 교사 개인의 습성이라고 생각하지 않기 때문이다. 나를 포함하여 한국 교원 대부분이 그런 몸의 습속을 지니고 있다. 앞에서도 언급했듯이 설명하고 정답을 제시하는 것을 교사의 주된 역할로 간주하는 오랜 교실 관행 때문이다. 이런 몸의 습속을 바꿀 수 있다면 우리 교실은 질문과 대화와 토론과 논쟁이 어우러지는 문화로 좀 더 신속하게 진화해 갈 것이다.

둘째, 2사분면에 해당하는 질문 사례를 살펴보자. 오늘의 수업 주제와 관련이 있으면서 한 교사가 예상하지 못했을 법한 질문이 있을까? 이 범주에 속한다고 내가 판단한 질문과 대답의 사례를 들어 보겠다.

〈질문 사례 2〉

학생 선생님, '하루를 주기로'라는 게 낮과 밤이 섞여 있다는 의미인가요?

교사 그렇죠. 낮과 밤으로 변화가 있느냐, 계절로 변화가 있느냐 그런 의미죠.

학생 그럼 아니지 않나요?

교사 낮과 밤에 벌어진다는 건 하루를 주기로 볼 수 있어요, 없어요?

학생 음……, 있어요.

교사 있죠. 하루를 주기로 낮과 밤이 오는 거죠.

이 질문은 아래 활동지 7번 문제를 해결하는 과정에서 한 학생이 제기한 질문이다.

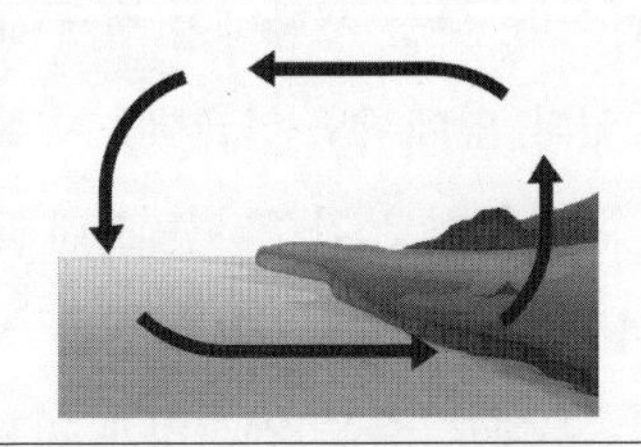

한은선 교사의 과학 수업 활동지

왜 이 질문을 제기했을까? '하루를 주기로'라는 표현을 잘 이해하지 못했기 때문인 듯하다. '주기'의 한자어는 '돌 주週', '기약할 기期'로 '한 바퀴를 도는 기간'이라는 뜻이다. 물리학에서는 '진동하는 물체가 한 방향으로 움직였다가 다시 반대 방향으로 그만큼 움직여 본래의 자리로 돌아오는 데 걸리는 시간'을 의미한다. 따라서 '하루를 주기로'라는 말은 24시간을 하나의 사이클로 해서 동일한 현상이 반복된다는 의미이다. 학생들에게는 이 표현이 매우 어렵게 느껴졌나 보다. 그래서 질문을 한다. 그런데 모르는 것을 물을 때도 기술이 필요한 법! 학생의 질문을 읽어 보아도 무엇을 묻는지 잘 파악하기가 어렵다. 전사 자료를 여러 번 읽어도 한 교사의 설명 또한 그다지 명료해 보이지는 않는다. 예상하지 못했던 질문이라서 그런 것 아닐까? '하루를 주기로'라는 말을 학생의 수준을 고려하여 달리 표현하면 '24시간을 하나의 사이클로 동일한 현상이 반복된다고 말할 수 있다. 혹은 12시간마다 바람의 방향이 바뀐다'고 말하면 좀 더 쉬워질까? 이 대화 사례를 통해 현상을 이해하고 있는 경우라도 언어적 표현을 이해하지 못해서 답을 찾기 어려운 경우도 종종 있음을 확인할 수 있다. 이런 난점을 해소하려면 좁게는 과학적 언어들, 넓게는 언어 일반에 대한 문식력을 높여 주는 학습 활동이 지속적으로 제공될 필요가 있다. 〈질문 사례 2〉에서 학생은 한 교사의 설명을 듣고 자신의 의견을 수정한다. 그런데 이 학생은 '하루를 주기로'라는 말의 뜻을 정말로 이해한 것일까? 이 대화로는 그것을 확인할 방법이 없다. 만약 학생이 제대로 이해했는지를 명확히 알려면 이해한 바를 다른 말로 풀어서 쓰게 하고 그것을 검토하는 후속 작업이 수행되었어야 하지 않을까?

4사분면에 해당하는 질문, 즉 교사가 예상하기는 하였으나 오늘 수업 주제와 관련이 적거나 없는 질문은 존재할까? 이 유형의 질문은 찾기가 쉽지 않았다. 교사가 베스트 질문으로 선정한 '민들레 씨는 어떤 영향을 미쳐서 날아갈까?'가 이 유형에 가까운 질문이 아닐까 싶다. 앞에서 한 교사가 이 질문을 베스트 질문으로 선정한 이유를 기대하지 않은 참신한 질문으로 판단하였기 때문이라고 추측해 보았다. 그러나 정말로 참신한 질문일까? 교과서 도입부에 '바람은 공기가 이동하는 현상으로 민들레 꽃의 씨앗이 바람을 타고 퍼져 나가는 것은 공기의 흐름을 타고 이동하기 때문이다'고 기술되어 있기 때문이다. 교과서 옆 날개에는 민들레 꽃과 씨앗까지 친절하게 그려져 있다. 그렇지만 바람의 존재를 알려 주는 민들레 씨앗이 날아가는 현상이 바람의 원리를 이해하는 데는 별로 도움이 되지 않는다. '바람은 일상생활에 어떤 영향을 미칠까?'도 유사한 성격의 질문이다. 한 교사는 이런 질문들을 수업의 전경에 올려놓지 않는 방식으로 적절히 대응한다.

3사분면에 해당하는 학생 질문과 교사의 응대를 살펴보자. 교사가 예상하지 못하고 오늘의 수업 주제와도 관련이 먼 질문의 예이다. 아래 대화 사례는 대기 대순환의 '콜럼버스의 항해'를 설명하는 부분에서 발생했다. 한 교사는 지도를 보여 주면서 유럽에서 대서양으로 향할 때는 남쪽으로 내려오는 항로를 택하고 다시 유럽으로 돌아갈 때는 편서풍을 이용하기 위해서 북쪽으로 올라가는 항로를 택한다고 설명한다. 지도를 보고 질문을 생성해 보도록 요구했을 때 한 학생이 제기한 질문이다.

〈질문 사례 3〉

학생 1 올라갈 때 어떻게 갈까요?

교사 올라갈 때에 어떻게 갈까? 한 번 더, 질문을 다듬어 봅시다.

학생 2 어, 올라갈 때, 어떤 바람으로 갈까?

교사 좀 더 질문이 구체적으로 되었는데요? (돌림 판을 돌린 후에 16번이 나오자) 16번, 질문해 보세요.

학생 3 화살표 색깔이 왜 다를까?

교사 이 질문 재밌는데요. 왜 다를까? 이에 대한 답을 이따 찾아보기로 하고 화살표는 정말 뭘까요? 그러면 오늘 수업 내용을 진행할 건데, 여러분들은 이 교과서의 3단원 중 대기의 순환을 배우고 있습니다.

아마도 한 교사가 기대했던 것은 '위도에 따라서 왜 바람의 방향이 달라지는가?'를 묻는 질문일 것이다. 그런데 16번 학생은 "화살표의 색깔이 왜 다를까?"라고 묻는다. 오늘의 주제와 관계없는 생뚱맞은 질문이다. 교과서의 저자는 바람에 따라 달라지는 항해 경로를 좀 더 가시적으로 표현하기 위해서 구분되는 색을 사용했을 것이다. 이 경우에 파란색과 빨간색이라는 색깔 자체가 무슨 의미를 지니는 것은 아니다. 파란색과 빨간색이 아니라 검은색과 노란색이라도 상관없다. 또 다른 색이 될 수도 있다. 즉, 여기서 색상 구분은 오로지 차이를 드러내기 위해서 사용되었다. 색깔의 차이와 그 의미를 변별해 내는 이런 문제는 기호학적 사유와 연결된다. 따라서 이 엉뚱한 학생의 질문에 정색을 하고 응대한다면 우리는 기호학이라는 또 하나의 재미있는 탐구의 문을 열어젖힐 수도 있다.

그러나 오늘의 수업 주제로만 놓고 보면 순수한 호기심에 우러나온 이 학생의 질문은 교사가 계획한 수업 진행을 방해하는 교란 요인이다. 질문이 살아 있는 교실에서 교사는 자주 이런 유형의 질문과 조우한다. 이런 질문을 어떤 방식으로 처리하는가는 교실 수업 문화를 가꾸는 데 매우 중요하다. 만약 교사가 호기심에서 유발되는 학생들의 생뚱맞은 질문을 억압하면 교실은 이내 경직되고 만다. 반대로 교사가 이런 질문 하나하나에 성실하게 응대하고자 할 경우 교실 수업은 정해진 경로에서 이탈하여 표류할 것이다. 그런 점을 종합적으로 고려해 볼 때 한은선 교사의 응대는 적절해 보인다. 쓸데없는 질문이라고 학생을 면박하지 않기 때문이다. 매우 재미있는 질문이라고 응대하면서 여운을 남기는 적절한 대화술을 한 교사는 구사하고 있다.

한은선 교사는 왜 학생들의 활동지를 거두어들일까?

과학교육 전문가의 이야기도 들어 보았고 수업 구조와 학생 질문 유형을 중심으로 수업도 살펴보았다. 과학교육 전문가의 견해처럼 전체적으로 이 수업은 좋은 질문 생성 수업으로 보이나 하브루타 수업의 특성을 온전히 지니고 있지는 못하다. 수업 구조와 학생 질문 유형을 중심으로 수업을 자세히 들여다보니 개선할 점도 눈에 보인다. 1차시 수업의 경우 초등학교 교육 내용이 반복되는 측면이 있고 상대적으로 쉬운 내용이라는 점에서 교사의 설명을 줄이고 학생들이 논점을 정하여 대화하고 논쟁하는 시간을 좀 더 늘렸으면 좋지 않았을까 생각된다.

2차시 수업의 경우 콜럼버스 항해의 내러티브를 활용하고 바람이 휘는 현상을 직접 재현해 보는 조작 활동을 중심으로 진행한 점은 탁월한 선택으로 보인다. 그러나 내용의 성격상 교사가 설명하고 시범을 보이는 수업이 중심이라고 하더라도 학생들의 예리한 질문이 눈에 띄지 않았다. 지구 자전으로 인해서 대기 순환이 세 개 셀로 나누어진다는 내용을 교과서도 교사도 그 이유에 대한 설명 없이 — 교육 과정의 범위를 넘어서는 어려운 내용이기 때문에 설명하지 않는 것이

어쩔 수 없는 상황이기도 하다 ─ 사실만 전달하고 있는데 "왜 그렇게 되는지"를 질문하는 학생이 한 명도 없는 점이 아쉽다. 비록 답을 얻지는 못하더라도 질문을 했더라면 좋았을 텐데!

그러나 이런 몇 가지 아쉬움에도 불구하고 한 교사의 교실에서 교사와 학생들은 공감하고 존중하고 배려하고 협동하면서 함께 성장해 가고 있음이 명확해 보인다. 한 교사의 교실을 처음 방문했을 때 수업이 참 매력적이라고 느꼈었다. 이 첫인상은 비평 작업이 끝나고 나서도 그다지 흔들리지 않았다. 한 교사의 수업을 어떻게 은유할 수 있을까? 열정적인 교사와 서로 배려하며 협력하는 학생들이 함께 만들어 가는 앙상블!

그 조화로움을 만들어 내는 감독의 막후 노력을 하나 소개하는 것으로 글을 마무리하려고 한다. 한 교사의 교실을 방문하였을 때 수업 마지막 부분에 한 교사가 학생들의 활동지를 모두 거두어들이는 장면을 관찰했다. 왜 활동지를 제출하라고 하는지 물어보았더니, 활동지를 모두 체크해서 다시 나누어 준다고 했다. 언제부터 그렇게 했는지를 물었다. 26년쯤 전인가 원어민 강사가 모든 학생들의 활동지를 체크해서 나누어 주는 것을 보고 나라고 못 할소냐 하고 시작하게 되었다고 한다. 모든 학생이 학습에서 소외되지 않고 성장할 수 있도록 배려하고 격려한다는 것이 최근의 교실 개혁의 지향이다. 그렇지만 여전히 학생 개개인까지 신경을 쓰는 교사는 많지 않다. 너무 많은 노력이 들기 때문이다. 그런데 한 교사는 그 일을 하고 있었다. 교실에서의 교수-학습의 성공은 학생과 교사 간에 맺어지는 신뢰 관계를 기반으로 한다. 한은선 교사의 수업에서 관찰할 수 있는 학습자들의 열정적 참여의 밑바탕에는 그런 신뢰의 그물망이 촘촘히 구축되어 있다.

교육과정 속의 하브루타 과학 수업

한은선(경기 화성 장안여중)

교육공동체 벗에서 하브루타 수업에 대한 수업 비평을 원한다는 전화를 받았다. 순간 비평이라는 단어 때문에 망설였지만 수업을 한 단계 업그레이드해 보겠다는 생각으로 용기를 내어 수업을 공개하기로 했다. 내 수업은 실험을 한 시간 내내 진행해야 하는 수업이 아니라면 거의 모든 수업이 하브루타를 포함하고 있었다. 그래서 아무 때나 오셔도 좋다고 하였고, 이혁규 교수는 아침 일찍부터 경기도 서쪽 끝에 있는 멀고 먼 학교까지 와서 수업 참관을 하였다. 1교시 수업은 공개자에게나 학생들에게나 참관자에게나 버거운 일일 수 있다. '학생들의 말문이 열릴까? 질문은 잘 만들어 낼까? 수업에서 주체적 활동을 할까?' 등 고민이 들기도 했다.

이혁규 교수는 내 수업을 참관한 후 비평글을 쓰면서 전화 통화로 인터뷰하는 중에 "한은선 선생님은 이런 스타일로 전체 수업을 진행하시나요?"라고 물었다. 나는 "제 수업이 어떤 스타일인데요?" 하고 반문을 했다. 참관자가 보는 내 수업 스타일이 궁금하기도 했고, 다양한 수업 스타일 중 어떤 스타일의 수업을 말하는 것인지도 궁금했다. 혹시 내가 생각하는 수업 스타일과 다르게 내 수업을 본 것은 아닌지도 궁금했다.

나는 하브루타 수업에 대한 고민을 늘 해 왔고, 지금도 내가 하는 수업이 진정 하브루타인가 고민하고 있다. 유대인들이 하는 하브루타 스타일대로 모든 수업이 진행되면 더할 나위 없이 좋겠지만 현실은 그렇지 않다. 학생들이 대화-토론을 충분히 하게 하고 교사의 목소리를 줄여도 성취 기준에 도달하는 수업이 될 수도 있고, 학생들만의 대화로는 성취 기준에 제대로 도달하지 못하고 흐지부지 끝나고 마는 수업이 될 수도 있다. 수업에서 교사와 학생의 주도권은 수업 내용에 따라 적절하게 조절하면서 진행해야 한다고 생각한다.

비평문에는 내 수업을 보고 하브루타가 아니고 '질문 생성 수업'이라는 낯선 단어를 언급한 정정인 교수의 이야기도 있었다. 하지만 내 수많은 수업들 중에는 '질문 생성 수업'의 느낌이 강한 수업도 있을 것이고, 논점을 제시하고 학생들끼리 대화를 해 보게 하는 수업도 있을 것이므로 그 부분이 특별하다는 생각이 들지는 않았다. 수업의 도입 시점에 학생들끼리 전 시간에 배운 내용으로 질문하고 대화하게 했을 때, 학생들은 치열하게 자신의 의견을 주장하는 경우도 있고, 단순히 자신이 배운 내용을 확인하는 경우도 있다. 학생의 질문 중 단 한 개의 질문으로 수업을 시작하는 경우도 있고, 학생들의 질문을 칠판에 붙여 두고 수업 중간중간 자신이 한 질문의 해답을 잘 찾아

가고 있는지 확인하는 수업을 진행하는 경우도 있다.

'왜, 질문 생성 수업 스타일이었는가?', '왜, 학생들의 질문으로 수업을 시작하지 않았는가?'에 대한 답변을 하자면, 난 모든 학생의 질문으로 수업을 시작했다고 본다. 학생이 만든 질문으로 수업을 시작했고, 당연히 나올 법한 질문에 대해서는 교사의 목소리로 질문을 하지 않았을 뿐이지 모든 학생들의 목소리로 질문한 후 수업이 진행되었다고 본다. 굳이 교사가 모둠 판에 있는 그 많은 질문들을 하나하나 확인하면서 교사의 목소리로 다시 질문해야 하는가? 45분이라는 시간 동안 5~6분 정도 전시 학습을 확인하고 수업을 시작하는데, 수업 중에 학생들이 찾아 가기를 바라는 질문에 대해 교사의 목소리로 그 질문 중에 딱 몇 개만 골라서 질문을 하는 것이 옳은 방법이라고 생각하지 않는다. 시간의 문제도 있고, 딱 몇 개만 고르면 선택받지 못한 학생들이 실망하기 때문이기도 하다. 하브루타 정신에는 '다양한 생각을 존중한다'는 내용이 있다. 유대인들은 소수가 모여서 생활을 하면서 다양한 생각이 나왔을 때 어느 의견이라도 무시하지 않는다는 의미이다. 학생이 질문을 만들고 모둠 판에 적어 칠판에 붙여 놓고 학생들이 모두 보게 되면 그 질문으로 수업이 시작된다고 본다. 수업이 끝나기 5분 전에 모둠 판에 적어 놓은 학생의 질문들을 다시 확인하는 작업을 통해서 질문에 대한 해답에 도달했는지도 점검할 수 있다. 수업을 약간 벗어나더라도 독특한 질문에 대해서는 베스트 질문으로 선정해 학생들이 수업 내용에 머물지 않고 더욱 확산된 질문을 하기를 바라는 마음도 있다.

전성수 교수의 책에는 '짝을 지어 질문하고 대화하고 토론하고 논쟁하는 것'이 하브루타의 정의로 나온다. 난 이 정의에 충실하게 수업 곳곳에 하브루타를 진행하려고 노력하였다. 도입 부분, 전개 부분, 정리 부분에서 짝을 지어 서로에게 질문하고 대화하고 토론하도록 수업을 디자인했다. 학생들이 만든 질문으로 학생들이 대화하고 토론하고 논쟁하면서 문제를 스스로 해결해 가는 과정이 물론 하브루타이지만 학생들이 성취 기준에 도달할 수 있는 질문을 가지고 대화하고 토론하면서 문제를 스스로 해결해 가는 과정이 결코 쉬운 것은 아니다.

'교사의 설명이 전혀 없이 학생들만의 대화로 성취 기준에 도달하게 하려면 어떻게 하면 될까?' 이 부분에 고민이 있었다. '학생들의 질문 내용이 성취 기준에 도달할 수 없다면, 활동지에 교사가 만든 질문으로 교사가 대답하는 것이 아니라 학생들끼리 질문하고 대답해 가면서 과학 개념에 답하도록 해 보자.' 이것이 내가 생각한 방법이다. 또한 하브루타를 진행할 때 학생들끼리 탈무드를 읽고 질문을 만들고 대화를 하기도 하지만 랍비가 미리 질문을 주고 생각해 보게도 한다고 한다. 내가 만든 하브루타 수업은 세 가지 모형이 있다. '교사가 만든 질문으로 하브루타하기', '학생이 만든 질문으로 하브루타하기', '찬성-반대 하브루타하기'이다.

'교사의 설명이 언제 주어져야 학생들의 이해를 최대로 지원할 수 있을까?' 이 부분에도 고민이 있었다. 수업의 전개 시작점에서부터 교사의 설명이 지속되는 수업을 우리는 일제식 수업이라고 한다. 학생은 수업 내용에 대한 어떤 의문점도 없이, 스스로 교과서를 찾아보면 알 수 있는 단순한 개념조차 교사의 설명으로 채워지는 수업이 바람직하지 않다고 보았다. 단순한 과학 개념은 학생들 스스로 알아 가게 하고, 학생의 수준에서 어려운 부분은 교사가 채워 주는 방식으로 가든지, 학생들끼리 알아낸 과학적 내용을 더욱 보강할 수 있도록 교사가 질문하고 답변을 유도하는 방식으로 교사는 지원해야 한다고 생각했다. 활동지의 디자인을 교사가 지원하는 방식으로 진행하려고 '전시 학습 확인 → 하브루타(과학 개념 익히기) → 교사의 설명 들으며 문제 해결하기 → 스스로 선택형 문제 해결하기 → 스스로 서술형·논술형 문제 해결하기 → 모둠 질문·대답하기' 방식으로 구성하였다. 또한 활동지 문제의 답을 전혀 알려 주지 않고 수거하여 채점을 해 주는 방식으로 진행하였다. 활동지 중에 '[선생님 설명 듣고 적기]'가 있는데, 이 문제조차도 '답이 이것이다' 하고 알려 주지 않고 교사의 설명을 듣고 짝과 답에 대한 토론을 해서 정답을 적을 수 있도록 지원하는 것일 뿐이었다.

아직도 미숙한 부분을 개선하려고 요즘 나는 미국 시카고대학의 연구원에게 배운 공동탐구토론Shared Inquiry Discussion을 학생들과 함께 진행해 보고 있다. 하브루타와 더불어 교사와 학생들의 탐구가 제대로 일어나는 토론의 장이 만들어지도록 꾸준히 노력하고 있다. 더불어 이혁규 교수의 '질문에 대한 네 가지 분류'는 너무나 대단하고 고마운 연구 내용이라고 본다. 앞으로 학생의 질문을 그 네 가지 기준으로 빠르게 판단하고 대처하는 능력을 길러야겠다. 학생의 질문에 더욱 깊은 관심을 갖고 함께 소통하고 협력하고 배려하는 수업이 될 수 있도록 더 노력해야겠다.

질문할 수 있는 용기, 대답할 수 있는 용기

2010년 G20 서울 정상회담에서의 일이다. 미국 대통령 버락 오마바가 폐막 연설 중에 개최국에 감사를 표하면서 한국 기자들에게 질문할 기회를 주었다. 그런데 한 명의 한국 기자도 일어나서 질문하지 않았다. 버락 오바마가 계속 요청하는 데도 마찬가지였다. 결국 마이크를 잡은 것은 중국 기자였다. 유튜브로 이 장면을 보면서도 나는 잘 믿기지 않았다. 어떤 억압 기제가 존재하였기에 그 똑똑한 기자들 중에 한 명도 질문할 용기를 갖지 못했을까?

사실 이런 에피소드는 한국의 교실에서는 일상적으로 일어난다. 학생들은 좀처럼 질문을 하지 않는다. 정답 위주의 수업에 익숙해져 있기 때문이다. 그런데 질문이 없는 교실의 '거울 이미지Mirror Image'는 대답이 없는 교실이다. 교사가 질문을 해도 학생들은 잘 대답하지 않는다. 어디 학생만 그런가? 교사 연수에서 교사들에게 질문을 하면 어색한 침묵이 오래 계속되는 경우가 많다. 이런 침묵이나 주저함 뒤에는 틀리면 어쩌나 하는 두려움이 내재되어 있다. 다양하고 창의적인 의견을 허용하지 않는 교육을 오래 받다 보니 학생이나 교사나 질문뿐 아니라 대답하는 데도 서툴다.

최근 질문이 있는 수업이 강조되는 것은 이런 우리 교육에 대한 정당한 성찰이다. 앞에서 소개한 하브루타 교육이 그런 흐름에 적지 않은 기여를 하였다. 전성수·양동일이 쓴《질문하는 공부법, 하브루타》에는 "하브루타는 아이가 틀린 답을 이야기해도 답을 알려 주지 않고 더 깊이 있게 생각해서 스스로 답을 생각해 내도록 유도한다. 유대인 학교 교실은 항상 시끄럽다. 쉬는 시간에 시끄러운 것은 당연하고 수업 시간 역시 매우 소란스럽다. 수업 시간 내내 학생들은 질문하고 선생님은 그 질문에 답변을 하는 것이 아니라 또 다른 질문으로 답한다"[21]라는 표현이 나온다. 하브루타식 교실 수업에서 학생들은 동료와 짝을 지어서 대화하고 논쟁하고 토론을 하며 교사는 그 과정을 돕는 역할을 한다. 이런 교실 상호 작용에서 중요한 것은 정답을 얻는 것이 아니라 사고의 과정 자체를 즐기는 것이다.

질문에 관하여 참고할 만한 책을 몇 권 추천하면 다음과 같다. 번역서로는 제이 맥타이와 그랜트 위긴스가 공저한《핵심 질문: 학생에게 이해의 문 열어주기》, 로버트 마르자노와 줄리아 심스가 공저한《학생 탐구 중심 수업과 질문 연속체》를 소개하고 싶다. 국내 서적으로는 김현섭의《질문이 살아있는 수업》, 전병규의《질문이 살아나는 학습대화》, 황주환의《왜 학교는 질문을 가르치지 않는가》등이다. 특히, 황주환의 책은 수업에서 질문을 다루는 문제를 넘어서 우리 교육에 대해 근본적인 질문을 던지고 성찰과 실천을 모색하는 데 도움을 줄 것이다. 일독을 권한다.

4

영국의 유럽 연합(EU) 탈퇴 문제에 대해 토론하는 초등학교 6학년 학생들

- 학생들은 어디까지 성장할 수 있는가

2016년 10월에 서울 염경초 6학년 1반 학생들은 브렉시트 Brexit를 주제로 토론을 하였다. 초등학생들이 이런 어려운 주제로 토론하는 것이 놀랍지 않은가? 좋은 수업을 통해서 놀랍게 성장하는 학생들을 볼 때마다 수업 비평가로서 짜릿한 쾌감을 느낀다. 교사들이라면 누구나 이런 성장의 기획자이자 연출자가 되고 싶을 것이다.

10여 년 만에 정용주 교사의 교실을 다시 방문했다. 당시 수업은 천성산 도롱뇽을 주제로 한 토론 수업이었다.[22] 노무현 대통령 시절 사회적 이슈였으니 시간이 많이 흘렀다. 그동안에 정 교사의 교실은 어떻게 변했을까? 호기심 어린 눈으로 수업을 관찰하였다. 세월의 흐름만큼 정 교사의 수업도 진화해 있었다. 지난번 천성산 도롱뇽 수업이 중편 소설이라면 브렉시트Brexit, 영국의 유럽 연합EU 탈퇴를 소재로 한 이번 토론 수업은 장편 소설이었다.[23] 무려 100분 동안 수업이 진행되었다. 정 교사가 토론의 주제와 토론 시 유의점에 대해서 설명한 시간을 제외하고 학생들이 토론에 온전히 사용한 시간만도 80분에 달한다. 게다가 이 토론 수업은 교육과정 재구성을 통해 여러 달 동안 진행되는 긴 프로젝트의 한 부분이었다.

이 수업의 초반부에서 내가 받은 느낌은 천성산 도롱뇽 수업을 관찰할 때의 느낌과 유사했다. 학생들이 주어진 주제를 충분히 이해하지 못하고 토론을 진행한다는 느낌 말이다. 그러나 토론의 후반부로 갈수록 양상이 달라졌다. 학생들은 점차 토론에 몰입했다. 작성한 대본을 넘어서서 맥락에 맞는 주장을 하는 빈도가 늘어났다. 자기편을 지지하고 상대편에게 야유를 보내는 등 토론의 열기도 달아올랐다. 사실 이런 토론 후반부의 모습 또한 천성산 도롱뇽 수업의 후반부와 유사한 면모를 띠고 있었다. 그러나 토론 주제, 토론의 방식, 스케일에는 흥미 있는 차이들이 보였다. 첫째, 토론 주제의 차이다. 10여 년 전에 관찰했던 천성산 도롱뇽 문제는 국내에서 발생한 사회적 이슈였다. 이에 비해 브렉시트 문제는 아이들의 피부에 직접 다가오기 어려운 먼 곳에서 발생한 문제이다. 학생들이 흥미를 느끼고 참여하기가 쉽지 않은 주제인 것이다. 뿐만 아니라 영국과 유럽 연합, 지구촌의 다양한 양상을 총체적으로 이해해야 도전할 수 있는 난해한 주제이다. 대학생이 이 주제로 토론을 해도 쉽지 않을 것이다. 초등학교 6학년이 브렉시트를 주제로 80분 넘게 찬반 토론을 진행했다고 하면 안 믿을 사람이 적지 않을 것이다. 그런데 초딩들(!)이 이렇게 어려운 주제를 나름 훌륭하게 소화한다. 비법이 무엇일까? 둘째, 천성산 도룡뇽 수업은 배심원 토론이었다. 배심원 토론의 경우 학급 구성원의 다수가 토론에 직접 참여하지 않는 다소 소극적인 역할을 맡는다. 이에 비해 이번 영국 의회식 토론은 학급 구성원 모두가 토론자로 참여하는 것이 형식상의 큰 차이였다. 가능하면 모든 학생을 토론 과정에 참여시키고자 하는 정 교사의 수업 구상이 돋보였다. 마지막으로 수업 구상의 스케일이 더 커졌다. 정용주 교사는 거의 모든 교과의 성취 기준을 분석한 후 교육과정을 재구성하여 네 개의 주제를 중심으로 프로젝트 형식으로 연간 수업 운영을 하고 있었다. 환경을 주제로 한 지속 가능한 프로젝트, 문화·예술 프로젝트, 역사 프로젝트, 세계 시민 프로젝트가 그것이다. 따라서 이 수업을 정확히 비평하려면 토론 수업을 더 큰 프로젝트의 한 부분으로 놓고 논의할 필요가 있다.

이런 광대한 스케일의 수업을 비평하는 일은 수업 비평가에게 도전적일 수밖에 없다. 이 수업의 의미를 제대로 독자에게 전달하기 위해서는 최소한 한두 달 이상의 교수-학습 경험을 모두 다루어야 한다. 다소 고민을 하다가 나는 이 까다로운 과업을 유보하기로 했다. 이 수업의 면모를 모두 드러내기 위해서 교육과정 문해력, 답사 활동, 프로젝트 학습, 주제 중심 교과 통합 등 여러 난해한 교육적 이슈들을 모두 다룰 수는 없는 노릇이기 때문이다. 대신에 나는 토의·토론 수업이라는 주제를 중심으로 한정적으로 이 수업을 다룰 것이다. 토의·토론 수업의 관점에서 교사와 학생이 이 토론을 어떻게 준비하였는지, 오늘의 토론이 어떻게 진행되었는지, 토론 이후 학생들은 이 토론 참여 경험을 어떻게 평가하고 있는지를 살펴보고자 한다.

그런데 수업 비평문을 구상하면서 나의 머릿속에 즉자적으로 "촉매적 타당도"라는 용어가 떠올랐다. 촉매적 타당도는 실행 연구의 타당성을 확보하기 위한 개념 중 하나이다.[24] 실행 연구는 실천에 종사하는 사람들의 일상적 실천을 개선하기 위한 연구이다. 교사가 자신의 수업 실천을 개선하기 위해서 수행하는 연구도 실행 연구 장르에 속한다. 이런 실행 연구의 질을 판단하는 기준 중에 하나가 촉매적 타당도이다. 예컨대, 잘 수행된 실행 연구를 읽으면 자신도 그와 같은 실천을 해 보겠다는 감응이나 열망이 독자에게도 일어난다. 이런 감응이나 열망은 새로운 실천이 전파되고 확산되는 동력을 만들어 낸다. 이렇게 새로운 실천을 촉진하는 힘을 지니고 있는 실행 연구의 경우 촉매적 타당도가 높다고 말한다. 왜 촉매적 타당도라는 용어가 떠올랐을까? 정용주 교사의 수업에 대한 비평문을 읽을 현장 교사들이 보일 법한 반응에 대한 상상 때문이다. '이 수업 정말 괜찮고 대단한 수업이야. 그렇지만 특별한 교사나 하는 수업이고 나는 못하겠어'와 같은 반응 말이다. 현장 교사들이 이 수업을 탁월한 능력을 가진 교사의 특별한 수업으로 간주할 가능성이 높아 보였기 때문이다. 나는 가능하면 이런 사태가 일어나지 않기를 희망한다. 수업 비평문의 매우 중요한 기능은 새로운 수업 실천을 촉진하고 자극하는 것이다. 나는 이 글이 훌륭한 수업에 대한 해석적 지평을 제공하는 것을 넘어서 자신의 교실에서 토의·토론 수업을 일상화하려는 교사들에게 좋은 자극제가 되기를 희망한다. 이를 위해서 이 수업을 가능하게 한 수업 준비 과정에 대해서도 많은 지면을 할애하려고 한다.

이 비평문이 주목하고자 하는 또 다른 중요한 초점은 학생들이 이 수업에 대해서 무엇을 배우고 느꼈는지를 드러내는 것이다. 학생들의 학습 경험에 주목하는 이유는 브렉시트라는 수업 주제 때문이다. 앞에서도 언급했듯이 브렉시트는 초등학교 6학년 학생들이 소화하기에는 상당히 난해한 주제이다. 그런데 학생들은 이 어려운 주제를 비교적 잘 소화해 냈다. "비교적 잘"이라는 표현은 완벽한 토론은 아니었음을 의미한다. 80분의 토론 내용을 꼼꼼히 들여다보니 이 주제로 토론하는 것이 상당히 버겁게 보이는 장면도 자주 보였다. 브렉시트는 역시 초등학교 6학년에게는 좀 과한 주제가 아니었을까? 그런데 판단을 내리기 전에 나는 학생들 스스로가 무엇을 배웠다고 생각하고 어떻게 느꼈는지가 궁금하였다. 그래서 2017년 2월, 졸업을 며칠 앞둔 이 교실을 방문했다. 학생들과 토론 수업 동영상의 일부를 함께 보고 무슨 느낌이 들고 어떤 생각이 드는지를 물었다. 학생들의 학습 경험을 묻는 설문지도 돌리고 몇몇 학생들과 수업 경험에 대한 인터뷰도 진행하였다.

이렇게 학생들의 학습 경험에 대해서 주목하는 또 하나의 이유는 수업 비평에 대한 다소 온당하지 못한 비판에 대응하려는 것이다. 수업 비평이 교사의 수업 행동에는 주목하면서 학생들의 학습 양상은 다루지 못하거나 소홀히 한다는 비판 말이다. 나는 이런 주장에 동의하지 않는다. 물론 많은 비평문이 교사의 수업 행동이나 의도를 중심에 두고 비평하는 경향을 띠고 있기는 하다. 그러나 이런 경향성이 수업 비평이 학생들의 학습 경험을 원칙적으로 다룰 수 없는 장르임을 의미하지는 않는다. 수업의 주된 실천자이자 발화자가 교사이다 보니 학생의 학습 경험을 포착하는 것이 상대적으로 어려울 뿐이다. 본 비평문에서는 설문과 인터뷰 등을 바탕으로 기존 비평문들이 소홀히 했던 학습자의 경험을 좀 더 부각시켜서 다룰 것이다. 학생들의 학습 경험에 대한 이해는 브렉시트라는 도전적인 주제가 초등학생 토론으로 적합한지에 대한 우리의 판단에도 도움을 줄 것이다.

영국 의회식 토론 수업의 구조

현재까지 출간된 토의·토론 수업에 대한 실용서로는 정문성의 《토의·토론 수업방법 84》를 추천할 만하다. 교사는 다양한 토의·토론 수업 방법을 인지하고 학습 주제나 학습자의 수준에 맞는 적절한 방법을 선택적으로 활용해야 한다. 정용주 교사가 브렉시트라는 주제와 관련하여 선택한 토론 방법은 영국 의회식 토론 방법이다. 정용주 교사에게 이 토론 방법을 선택한 이유와 그 장단점에 대해서 물었다.

영국 의회식 토론은 총리에 대한 의원들의 질의PMQ, Prime Minister's Questions로 유명한데, 총리와 야당 당수가 치열하게 논쟁을 하고, 여·야 의원들은 야유와 유머, 동조 등의 방법을 활용합니다. 이러한 영국 의회식 토론 모형이 좋은 점은 토론에 야유와 유머, 찬성 등의 비논리적 방식이 허용되어 자칫 논리적인 영역으로만 축소될 토론을 활성화시킨다는 것입니다. 그리고 보호 시간 이외에 의사 진행 발언을 발언 도중에 하면서 좀 더 생동감 있는 토론을 할 수 있다는 것이 특징입니다.

이 토론의 단점은 수상과 야당 당수를 중심으로 하게 되어 나머지 학생들을 어떻게 참여시킬 것인가 하는 문제가 발생한다는 것입니다. 사실 토론 수업에서 고민이 되는 것은 학생들의 참여입니다. 재판 수업처럼 1년을 기획하는 경우, 매월 재판부와 배심원의 역할을 교체하면서 다양한 역할에서 발언하는 기회를 가질 수 있습니다. 이 모형의 경우에도 참여자들 모두가 적극성을 가지고 참여하도록 하고 싶은 생각과 이른바 자기 논리를 가지고 토론을 하는 친구들을 중심으로 해서 토론을 진행하는 방법을 놓고 고민했습니다.[25]

정 교사의 답변에서 알 수 있듯이 이 토론 방법의 인상적 특징은 야유와 유머, 동조 등의 전략이 다양하게 활용된다는 점이다. 토론이 옳고 그름에 대한 논리적 주장으로 축소되는 것을 막기 위해서라는 설명이다. 실제로 토론 진행 과정을 살펴보니 학생들은 자주 자기 편에 동조하는 목소리를 내기도 하고 상대편의 주장에 대해서 야유를 보내기도 하였는데, 이런 반응은 일종의 추임새 기능을 하고 있었다. 즉 학생들의 정서적 반응도 촉발하고 토론에도 더 집중하게 만들었다.

한편 가능하면 많은 학생들을 참여시키는 문제는 모든 토론 수업이 해결해야 할 난제이다. 토론이 요구하는 배경지식, 논리적 사유, 순발력과 재치 등을 갖추고 있는 몇몇 학생들이 토론 과정을 독점하거나 주도할 위험성이 매우 높기 때문이다. 그런 학생들이 토론을 주도하면 겉보기에는 수업이 잘 진행되는 것처럼 보인다. 그러나 실제로 많은 학생들이 토론 과정에서 소외를 경험한다. 이런 상황이 발생한다면 성공한 토론 수업이라고 보기 어렵다. 교육 토론은 이기고 지는 것이 목적이 아니라 토론 참여 경험을 통해 모든 학생들이 성장하는 데 목적을 두기 때문이다. 정용주 교사도 이 점을 누구보다 잘 알고 있는 듯하다. 그래서 토론 구조부터 모든 학생이 참여할 수 있도록 설계되어 있다. 10개의 세부 토론 주제를 정해서 의장과 부의장을 제외한 학급 구성원 모두가 한 번씩 중앙 연단에 나가서 발언할 수 있는 기회를 제공하고 있다. 이렇게 수업을 구조화하기 위해서는 상당한 준비와 공력이 필요하다. 게다가 학생들 상호 간에 경청하고 협력하는 자세가 잘 갖춰져 있어야 한다. 정 교사의 반은 그런 협력의 문화가 잘 형성되어 있는 셈이다. 아래 표는 브렉시트 찬반 토론의 전체 구조를 보여 준다.

브렉시트 찬반 토론의 전체 구조

■ 토론 순서
1. 국회 의장의 토론 주제에 대한 설명 – 2분
2. 여당 측 국무총리 연설 – 결의안에 대한 모두 연설 – 2분(보호 시간)
3. 야당 측 대표 연설 – 반대 의견에 대한 모두 연설 – 2분(보호 시간)
4. 여당 측 대표의 반박 연설 – 2분
5. 야당 측 부대표의 반박 연설 – 2분
6. 결의안에 대한 세부 토론 – 30분

토론 주제	토론자	
결의안 1 : EU의 성격과 미래	국방부 장관 :	국방위 의원 :
결의안 2 : 통합, 분담금 문제	미래부 장관 :	미래위 의원 :
결의안 3 : 난민 인권, 할당	복지부 장관 :	복지위 의원 :
결의안 4 : 테러, 폭력 문제	안전부 장관 :	안전위 의원 :
결의안 5 : 영국 경제의 영향	산업부 장관 :	산업위 의원 :
결의안 6 : 고립주의	외교부 장관 :	외교위 의원 :
결의안 7 : 영국 내 분리 독립	행정부 장관 :	행정위 의원 :
결의안 8 : 전쟁 책임	평화부 장관 :	평화위 의원 :
결의안 9 : 남북통일 비용	통일부 장관 :	통일위 의원 :
결의안 10 : 아시아 연합 결성	법무부 장관 :	법무위 의원 :

7. 여당 측 마무리 연설 2분(보호 시간)
8. 야당 측 마무리 연설 2분(보호 시간)
9. 잠시 휴정 – 결의안에 대한 양당의 조정 및 수정 결의안 제출 – 5분
10. 회의 소집과 결의안 채택 – 본 의회는 10개조의 결의안을 채택한다

학생들이 토론해야 할 세부 결의안 내용

토론을 위한 교실 좌석 배치부터 살펴보자. 의장과 부의장은 교실 전면에 나란히 앉아 있다. 교실 중앙에는 여야 대표가 나와서 세부 결의안에 대해 찬반 토론을 할 수 있는 연단이 마련되어 있다. 이 연단에서 각각의 역할을 맡은 여당 대표와 야당 대표 학생이 번갈아 나와서 찬반 토론을 벌인다. 나머지 학생들은 연단을 중심으로 빙 둘러 앉아 있다. 발언권을 얻어 자유 토론을 벌이기도 하고 야유와 유머로 토론의 분위기를 돋우기도 한다.

이제 학생들이 토론을 시작하여 결의안이 제안되기까지의 수업 장면을 잠시 들여다보자. 먼저, 의장을 맡은 학생이 "본 정기회에서는 영국의 유럽 연합 탈퇴와 아시아 평화 연합 결의안을 상정하여 시작하겠습니다"라고 오늘의 토론 주제를 설명하며 개회를 선언한다. 이어서 부의장을 맡은 학생이 부연 설명하고 다시 의장이 10개 결의안의 내용을 구체적으로 부의^{附議}한다.

의장 현재 유럽 연합이 난민과 테러로 인해서 흔들리고 있습니다. 대표적인 것이 영국이 유럽 연합에서 탈퇴하려고 하는 것입니다. 이미 영국의 대처 수상은 유럽 연합이 국가 간 경제 교류를 기본으로 하는 경제공동체보다 더 나아가 서로의 나라에 대한 정치적 간섭은 해서는 안 된다고 주장한 바 있습니다. 본 의회는 이러한 영국의 브렉시트가 현실화됨으로써 전 세계적으로 고립주의가 확산될 가능성이 있고 이는 평화를 위협한다고 보고 여당 측에서 제출한 다음과 같은 결의안을 상정하여 토론을 하여 통과시키려고 합니다. 본 의회가 통과시키려고 하는 결의안은 다음과 같습니다.

토론 수업을 위해 중앙 연단을 중심으로 학생들이 빙 둘러 앉게 교실 좌석을 배치했다.　　ⓒ 최승훈

첫 번째, 본 의회는 유럽 연합이 경제공동체로 축소되는 것에 반대하며 유럽 연합이 내세운 자유롭고 다양성이 보장되고 서로 통합하는 공동체가 실패하지 않았다고 믿는다.

두 번째, 본 의회는 영국 정부가 유럽 연합의 일원으로서 경제 수준에 맞는 부담금을 내야 한다고 믿는다.

세 번째, 본 의회는 난민들의 권리를 제한하는 것에 반대하며 유럽 연합의 난민 할당을 지지한다.

네 번째, 본 의회는 테러와 폭력에 반대하며 평화를 사랑하지만 난민 때문에 테러와 폭력이 일어났다는 것에는 반대한다.

다섯 번째, 본 의회는 영국이 유럽 연합을 탈퇴하여 경제에 좋지 못한 영향을 끼치고 세계 경제를 어렵게 하는 것에 반대한다.

여섯 번째, 본 의회는 영국의 유럽 연합 탈퇴에 관하여 고립주의는 모두에게 이롭지 못하다고 생각하여 반대한다.

일곱 번째, 본 의회는 영국이 유럽 연합을 탈퇴하여 영국 내부에서 분리 독립을 하려는 움직임이 일어나 평화가 깨지는 것을 반대한다.

여덟 번째, 본 의회는 난민이 발생하게 된 시리아 내전에 대해 영국의 책임도 있음을 인정한다.

아홉 번째, 본 의회는 남북통일을 위해 한국이 더 많은 책임을 지고 경제적인 책임을 다해야 한다고 믿는다.

열 번째, 본 의회는 대한민국 안중근의 동양평화론을 기본 정신으로 하여 유럽 연합보다 좀 더 진전된 개방, 다양성 통합, 협력의 정신이 구현되는 아시아 평화 연합 결성에 한국 정부가 주도적으로 참여하는 것을 지지한다.

10개 결의안 내용을 소개한 후 의장은 "본 의회에서는 이 결의안을 상정하여 토론과 질의응답을 진행한 후 결의안을 채택하도록 하겠습니다. 우선 이 결의안에 대한 양당의 모두 발언을 들어 보도록 하겠습니다. 우선 여당 측 국무총리께서 결의안에 대한 찬성 연설을 해 주시기 바랍니다"라고 말한다. 이어지는 여당 측 국무총리와 야당 대표의 모두 발언은 다음과 같다.

여당 측 국무총리 유럽 연합은 현재 28개 회원국의 연합체이며 평화와 번영을 위해 여러 나라들이 장기간 노력해 온 공동 결과물입니다. 유럽 연합은 회원국들 간의 공동 정책 영역을 경제 영역에 한정하지 않고 정치, 사회, 안보에 이르기까지 실현하고자 하는 공동체입니다. 우리나라도 유럽 연합과 교류를 활발히 하고 있습니다. 하지만 브렉시트는 고립을 의미합니다. 세계 5위 경제 대국 영국이 유럽 연합에서 탈퇴하면 유럽 연합이나 이탈하는 영국이나 아무도 가 보지 않은 불안한 길을 가는 것입니다. 그러면 왜 한국 정부는 영국의 유럽 연합 탈퇴에 반대하는 걸까요? 무엇보다 영국이 유럽 연합에서 탈퇴하면 연합의 안정성이 깨지고 난민 유입과 테러로 몸살을 앓고 있는 유럽에 브렉시트가 그리스, 오스트리아 등의 나라에 도미노 효과를 일으켜 다른 나라에도 이러한 움직임이 확산될 수 있습니다. 이미 이들 국가에서는 배타적 국수주의를 내세운 극우파 정당들이 세력을 넓혀 가고 있습니다. 평화를 위해서는 유럽 연합은 지켜져야 합니다. 안보를 위해 서로 국경을 통제하는 것은 사실 매우 위험한 반대의 결과를 가져올 수 있습니다. 마지막으로 이 불확실성의 시대에서 한국은 어디로 가야 하는지 정치, 외교, 안보, 경제까지 하나하나 꼼꼼히 살펴보고 대비해야 합니다. 그래서 우리 정부는 브렉시트에 반대합니다.

의장 다음은 야당 측에서 모두 발언을 해 주시기 바랍니다.

야당 측 대표 국무총리는 유럽 연합의 장점만 이야기하고 있습니다. 그러나 주권을 가진 개별 국가를 하나의 국가로 융합하는 문제는 쉽지 않아 보입니다. 공동 정부를 지향하는 유럽 연합은 상품, 노동, 서비스 등이 자유롭게 이동하는 단일 시장 설립을 목표로 하는 법을 제정하였고, 이 법을 회원국들에게 강제하고 있습니다. 이것이 영국 정부가 산업 정책, 이민 정책, 재정 정책 등을 자율적으로 시행할 수 없었던 배경이 되었습니다. 여기에 더해 영국이 한 해 부담금으로 낸 돈이 22조 원인데 혜택은 거의 없습니다. 또한 일자리가 줄어들고 있는데 시리아 내전으로 유럽 내에 이민자는 급증하고 있고 이들이 유럽에 와서 테러나 폭력을 일으킬 가능성이 있어 국민들이 불안해하고 있습니다. 영국 정부가 무슨 자선 단체입니까? 자기 나라 국민을 안전하게 만들고 보호하는 정책을 만들 수 없는 국가가 무슨 국가입니까? 이러한 이유로 브렉시트에 찬성합니다.

의장 네, 잘 들었습니다. 다음으로 여당 측의 반박 의견을 듣겠습니다.

여당 측 대표　지금 야당 측에서는 뭔가 부정적인 이야기만 하고 계시고 어떤 것은 내용이 과장되었고 어떤 것은 전혀 사실이 아닌 것을 말하고 있습니다. 예를 들어 볼까요. 난민을 우리가 얼마나 많이 봐 왔습니까. 늘 우리는 난민 할당을 수용할 수 없다고 거부했고 재협상을 하였습니다. 분담금도 마찬가지입니다. 어느 나라가 돈만 냅니까? 지원금을 받기도 합니다. 내는 돈에 비해 돌려받는 돈이 적다고 말해야지 하나도 돌려받지 못했다는 것은 거짓입니다. 더구나 받아들인 난민들이 테러를 일으킨다고요? 혹시 테러를 일으킨 사람들의 국적을 알아보셨나요? 벨기에, 프랑스가 국적인 사람들이 다입니다. 그러니 테러를 일으킨 사람들은 유럽 사람입니다. 난민이 아니에요. 정확한 사실에 근거해서 이야기해 주시기 바랍니다.

야당 측 부대표　아니, 영국이 유럽 연합에 잔류한다면 얻는 이익보다 불이익이 많다고 생각하고 그렇기 때문에 브렉시트에 찬성한다고 하는데 더 말할 것이 무엇이 있겠습니까? 영국은 독일 다음으로 분담금을 많이 내는데 독일만큼의 혜택은 받지 못하며 국민들의 테러에 대한 불안 지수는 높아지고 있습니다. 영국은 전 세계가 아는 섬나라입니다. 그렇기 때문에 영국은 맨날 유럽에서 소외되어 선진국이어도 항상 유럽의 2등 국가가 되어 혜택을 덜 받았습니다. 이렇게 안 좋은 점이 많은데 왜 유럽 연합에 남아 있어야 하는 거죠? 부부도 같이 살다가 싫으면 이혼할 수 있다고 배웠습니다. 그렇기 때문에 저희는 브렉시트에 찬성합니다.

부의장　이어서 여당은 야당에, 야당은 여당에 질문을 던지고 반박을 하는 식으로 진행됩니다.

어떤가? 학생들의 토론 수준이 놀랍지 않은가? 물론 학생들이 이 내용을 모두 외워서 발언하는 것은 아니다. 학생들은 사전에 각각의 결의안과 관련된 내용을 학습하고 상대방에게 해야 할 질문을 만들었다. 그리고 질문에 대해서 답변할 자료도 만들었다. 그 시나리오를 읽으면서 발표를 하고 있는 것이다. 그래서 수업 장면을 들여다보면 초반부에는 학생들이 내용을 줄줄 읽는 느낌이 들어서 생동감이 다소 떨어진다. 그러나 이 토론을 준비하면서 정용주 교사는 시나리오를 암기하는 것까지 학생들에게 요구하지는 않았다. 수업 도입부에 정 교사가 한 말이다.

자, 너희들이 공부한 것을 토대로 해서, 각자 자기 질문을 정리하고 예상 답변을 생각하는 시간을 가졌을 텐데, 선생님이 써 보라고 한 것은 토론은 안 보고 대사 외우듯이 연기하는 것이 아니거든. 필요하면 자기가 써 온 걸 읽어도 돼. 영국 메이어 전 총리도 그렇게 하고 다 그렇게 써 가서 읽거든.

이후에는 10가지 세부 결의안에 대한 찬반 토론이 계속해서 진행되었다. 지면 관계상 그 내용을 다 소개하는 것은 불가능하다. 그래서 토론이 아주 잘 진행된 세부 결의안 내용에 대한 토론 장면 하나만 제시하고자 한다. 그리고 미숙한 토론 장면도 짧게 언급하겠다.

의장 다음으로 결의안 내용은 "본 의회에서는 영국이 유럽 연합을 탈퇴하여 경제에 좋지 않은 영향을 끼치고 세계 경제를 어렵게 했다"는 내용을 다룰 것입니다. 이에 대해 논의해 주시길 바랍니다. 이번 결의안은 여당 측이 먼저 질문하겠습니다.

(야당 측, 여당 측에서 각각 한 명씩 단상으로 나온다.)

여당 측 산업부 장관(이하 여당) 영국은 (생산품들의) 46%를 유럽 연합 시장에 수출합니다. 그리고 세계적인 은행들의 본사가 런던에 있고, 그 은행들에서 많은 영국인들이 일하고 있습니다. 영국이 유럽 연합 회원국이라서 국경을 자유롭게 넘나들 수 있어 영국인들은 여름휴가를 유럽으로 가고, 영국으로 돌아올 때도 자유롭게 옵니다. 그런데 유럽 연합을 탈퇴하면 은행 본사는 프랑스나 독일로 옮겨질 것이고, 많은 사람들이 일자리를 잃을 것이며, 유럽으로 여행을 갈 때도 더 많은 돈이 들 것입니다. 이러한 현상이 일어날 게 뻔한데도 탈퇴에 찬성하십니까?

　야당 측 산업위 의원(이하 야당)　예, 찬성합니다. 장관님께서는 많은 사람들이 일자리를 잃을 것이라고 하셨습니다. 그렇다면 난민들이 가져간 일자리는 어떡하실 겁니까? 그 일자리만큼 영국 국민들이 일자리를 잃은 것 아닙니까?

　여당　(다시 가다듬고) 영국 경제는 은행이 중심입니다. 은행에 외국의 투자자들이 자유롭게 투자하고, 돈을 빌려주기도 하면서 돈을 버는 것입니다. 그런데 이제까지 파운드화를 고집해서 장점도 있지만 단점도 많았습니다. 그런데 (유럽 연합을) 완전히 탈퇴하면 파운드화의 가치가 떨어져 외국에서 영국으로 여행을 오는 사람은 좋겠지만 영국의 산업 자체가 크게 위축될 것이라고 보는데 어떻게 생각하시나요?

　야당　영국에는 영연방이라는 미국과 함께하는 공동체가 있습니다. 이들과 교류한다면 문제가 없을 것이라고 생각합니다.

　여당　탈퇴를 하게 되면 영국은 유럽의 각 나라들과 별도로 경제 협정을 맺어야 합니다. 국경을 통과할 때에도 여러 가지 절차 같은 것들이 생겨납니다. 우리나라가 일본이나 중국으로 여행을 갈 때 출입국 시 검사를 하고 비자 등 많은 절차가 있었지만, 그러한 절차가 생략되면서 더 많은 여행객이 한국에 오고 교류가 활발해진 것과 같은 것입니다. 그런데 이렇게 되면 가령 영국인들이 유럽 국가로 갈 때 많은 비용이 들어 영국

결의안의 내용을 두고 여야로 나뉜 학생들이 찬반 토론을 벌이고 있다.　　　© 최승훈

인들에게 더 큰 손해가 옵니다. 이에 대해 어떻게 생각하십니까?

　야당　장관님께서 '더 많은 여행객들이 한국에 온 결과 교류가 활발해진 것과 같은 것'이라고 말씀하셨습니다. 하지만 예를 들어 우리나라에 돈 많은 중국인이 들어와 건물을 세우고 그 이익을 챙겨 갔습니다. 이렇게 된다면 우리나라가 더 손해를 보는 것 아닙니까? 그와 같은 이치입니다.

　부의장　다음으로 야당 측이 여당 측에 질문해 주시길 바랍니다.

　야당　장관님께 질문하겠습니다. 영국은 유럽 연합에서 탈퇴하더라도 미국을 포함한 53개 나라가 모인 영연방이라는 독특한 공동체가 있습니다. 이들을 합치면 거의 지구의 반을 차지합니다. 인구만 해도 10억이 넘습니다. 이들 각 나라와 경제적인 교류를 하면 유럽 연합을 탈퇴하더라도 문제가 없다고 생각하는데, 장관님의 의견은 어떻습니까?

　여당　영연방이라는 공동체에서 교류를 하면 좋을 수도 있지만 유럽 연합에 속해 이웃 나라에 팔면 (운송비, 국가 호감도 등을 고려해 봤을 때)

더 이익이라고 생각합니다. 또 세금과 거리를 고려해 봤을 때도 (이웃 나라에 파는 것이) 더 효율적이라고 생각합니다.

　야당　영국이 유럽 연합에서 탈퇴하면 난민들을 할당받지 않고 국경을 닫을 수 있습니다. 그렇게 되면 이들에게 제공되는 복지 비용을 영국 국민들을 위해 쓸 수 있습니다. 우리나라에서 이주 노동자를 금지하면 우리나라 사람들을 위한 더 좋은 일자리가 늘어나는 것과 같은 이치입니다. 그런데 왜 반대하시나요?

이상이 영국의 유럽 연합 탈퇴가 영국 경제와 세계 경제에 미치는 영향에 대한 학생들의 찬반 토론 내용이다. 놀랍지 않은가? 학생들의 주장과 주장의 근거, 그리고 여당과 야당의 질문과 반박의 조응이 완벽에 가깝다. 이런 토론이 가능하려면 유럽 연합의 성격, 영국 경제의 특징, 영연방의 경제적 협력 관계, 난민 문제에 대한 지식이 있어야 한다. 그리고 상대방의 말을 이해하고 이에 대해 적절한 논리적 반박을 할 수 있어야 한다. 대학생 수준의 토론이라고 해도 과찬이 아닌 셈이다.

물론, 앞에서 잠깐 언급했듯이 나머지 9개 토론 주제가 이렇게 완벽에 가깝도록 진행되지는 않았다. 시나리오를 읽는 것을 넘어서서 상대방의 말을 적절히 파악하고 논박하는 식의 토론이 잘 진행되지 않는 부분도 많았다. 짧은 사례를 하나 인용하겠다. 첫 번째 결의안 내용과 관련된 토론 내용이다.

　야당 측 국방위 의원(이하 야당)　장관에게 먼저 묻겠습니다. 국가가 결정해야 하는 난민자나 협정 조약 같은 것을 유럽 연합이 가져가 버렸는데도 영국이 주권 국가인가요?

여당 측 국방부 장관(이하 여당) 유럽 연합은 왜 만든 것입니까? 서로 돕자고 만든 것입니다. 예를 들어 한 나라는 어렵고 다른 한 나라는 잘삽니다. 그 두 나라에 똑같은 수의 난민을 들어오게 한다는 것은 공정이 아니라고 생각합니다. 서로 돕고 살아야 하지 않을까요?

여당 알겠습니다. 두 번째로 유럽 연합의 목적은 하나의 국가가 되는 것인데, 그러면 영국은 없어지게 될 텐데 어떻게 생각하십니까?

여당 하나의 국가처럼 서로 돕자고 만든 것이 유럽 연합 아닙니까? 그리고 유럽 연합이 영국을 없앨 수 있다고 생각하셨다면 애초에 왜 가입하셨나요?

이 토론의 상호 작용을 보면 야당 측 의원과 여당 측 장관의 주장이 서로 잘 호응된다는 느낌이 들지 않는다. 각자가 시나리오에 적혀 있는 원고를 읽고 있는 듯한 느낌이 든다. 이렇게 토론 상황에서 요구되는 순발력과 즉흥적인 대응이 잘 드러나지 않고 주어진 시나리오를 읽는 식의 토론 상황은 80분 수업 전체 중에서 적지 않게 관찰된다. 토론 주제가 난해하고 우수한 학생들만이 아니라 모든 학생들이 공평하게 토론에 참여하는 상황을 감안한다면 이런 토론 장면은 오히려 자연스럽다고 보아야 할 것이다.

찬반 토론 수업을 준비하는 학습 과정

미숙함이 때로 묻어나기도 하지만 전체적으로 볼 때 이 학급의 토론 수업은 믿기 어려울 정도로 높은 수준이다. 교사와 학생들은 어떻게 이런 수업이 가능하게 만들었을까? 정용주 교사와 학생들의 토론 준비 과정을 시간 역순으로 기술해 보고자 한다.

토론 시나리오의 준비

독자들은 이 수업에서 토론 시나리오가 매우 중요한 역할을 하고 있음을 짐작했을 것이다. 학생들은 즉흥 토론을 하고 있는 것이 아니라 준비된 시나리오에 기반하여 토론을 진행하고 있다. 그렇다면 시나리오를 준비하는 과정 자체가 본질적으로 중요한 사전 학습 과정이라고 할 수 있다. 그런데 시나리오는 누가 작성했을까? 교사가 작성했을까? 아니면 공동 작업의 산물인가? 학생들이 가지고 있는 시나리오 인쇄물을 보고 그 비밀을 알 수 있었다. 아래 제시한 자료가 교사가 학생들에게 배부한 초기 시나리오의 일부이다. 정용주 교사가 시나리오의 전체 얼개를 구성하고 세부 내용을 학생들이 채우는 형식이다. 각각의 결의문에 대해서 학생들은 질문 세 가지를 만들어야 한다. 그리고 각각의 질문에 대한 예상 답변을 만들어야 한다. 이렇게 질문과 예상 답변이 만들어지면 같은 모둠 구성원들끼리 내용을 공유하고 상대편에게 어떤 질문을 할지를 협의한다. 위에서 인용한 학생들의 발언 내용은 이런 과정을 통해서 작성된 것이다.

마. 결의안 5에 대한 토론

의장 다음으로 "결의안 5. 본 의회는 영국이 유럽 연합을 탈퇴하여 경제에 좋지 못한 영향을 끼치고 세계 경제를 어렵게 하는 것에 반대한다." 이에 대해 논의해 주시기 바랍니다. 이번 결의안은 여당 측이 먼저 질문하겠습니다.

- 여당 측 질문

질문 1

질문 만들기

질문 2

<table>
<tr><td>질문 만들기</td></tr>
<tr><td></td></tr>
<tr><td></td></tr>
</table>

질문 3

<table>
<tr><td>질문 만들기</td></tr>
<tr><td></td></tr>
<tr><td></td></tr>
</table>

- 야당 측 질문

부의장 다음으로 야당 측이 여당 측에 질문해 주시기 바랍니다.

질문 1

<table>
<tr><td>질문 만들기</td></tr>
<tr><td></td></tr>
<tr><td></td></tr>
</table>

질문 2

<table>
<tr><td>질문 만들기</td></tr>
<tr><td></td></tr>
<tr><td></td></tr>
</table>

질문 3

<table>
<tr><td>질문 만들기</td></tr>
<tr><td></td></tr>
<tr><td></td></tr>
</table>

〈사설 속으로〉 활동을 통한 내용 이해하기

토론 수업이 성공적으로 이루어지려면 학생들은 토론 내용에 대한 풍부한 배경 지식을 가지고 있어야 한다. 학생들은 위의 시나리오를 채우기 위해서 질문을 만들고 그 근거를 작성하는 과정에서 다양한 정보를 찾아야 한다. 정보의 진위를 따져 보고 근거의 논리성을 확인하는 것도 필수적이다. 정용주 교사의 수업에서는 이런 토론을 위한 사전 준비 활동이 밀도 있게 진행되었다. 그 대표적인 것이 〈사설 속으로〉라는 활동이었다.

정 교사는 도덕, 국어, 사회 수업을 통합하여 '세계 시민'이라는 대주제를 설정하고 지구촌 문제, 환경, 불평등, 분쟁과 평화 등을 소주제로 하여 〈사설 속으로〉 활동을 진행하였다. 학

〈사설 속으로〉 수업을 위한 사설 자료(①, ②)

생들이 함께 분석한 사설을 예시해 보면, "트럼프의 미국 우선주의(2016.08.02.)", "브렉시트 후폭풍(2016.07.05.)", "이슬람국가(IS) 파리 테러(2014.12.01.)", "아베 담화(2015.08.25.)", "오바마의 히로시마 방문(2016.05.24.)" 등이다.

예를 들어, 트럼프의 미국 우선주의라는 사설을 활용하여 미국 중심 안보 체제, 더 나아가 유럽에서 난민 문제가 쟁점으로 부상하고 있는 현실을 다룬다. 이슬람국가(IS) 파리 테러 사설에서는 파리 테러에 대한 〈한겨레〉의 소수자 통합 논조와 〈중앙일보〉의 국내 무슬림의 소통과 통합이라는 논조를 분석하면서 세계 시민 프로젝트와 관련하여 각 교과 영역에서 다양한 토론을 진행하였다.

〈사설 속으로〉 학습지의 구조는 동일한 주제에 대해서 〈한겨레〉와 〈중앙일보〉의 사설을 읽고 내용을 요약한 후에 해당 사건에 대한 학생들의 생각을 적도록 되어 있다. 이런 사전 활동을 통해서 토론 주제에 대한 정보와 관점을 학습하게 된다. 정용주 교사는 이런 〈사설 속으로〉 수업을 진행하는 목적이 논술 훈련이나 글쓰기 훈련을 넘어서는 시민교육을 위한 것이라고 했다. 종국적으로 토론의 결과도 시민적 소양 함양과 시민적 참여로 연결된다.

〈사설 속으로〉 학습지

〈사설 속으로〉 활동을 통해서 특정한 사건이나 사회 현상에 대한 지식과 관점을 얻은 후에 학생들은 질문을 생성한다. 이런 질문들은 궁금함의 표현이기도 하지만 다른 차원에서 보면 토론에서 상대 진영과 주고받아야 할 쟁점을 생성하는 과정이기도 하다. 학생들은 오른쪽 사진과 같이 〈사설 속으로〉 활동을 통해서 탐구한 자료

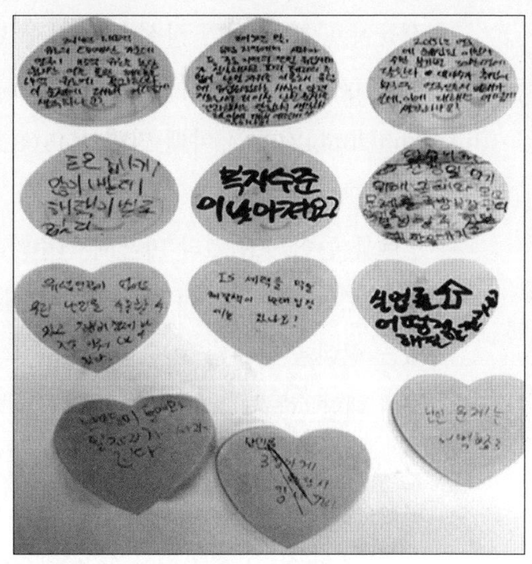

〈사설 속으로〉 수업 후 학생들이 생성한 질문

들을 바탕으로 다양한 질문을 모둠 판에 붙인다.

이런 과정을 반복함으로써 토론 주제와 자신이 맡은 역할에 맞는 적절한 질문을 발견해 간다. 그리고 그런 질문에 대한 답을 여러 자료에서 찾고 교사에게 조언도 받아서 시나리오의 빈칸에 적는다. 이렇게 해서 대본의 내용이 완성되면 같은 팀 학생들과 내용을 공유하고 다른 팀의 질문에 대한 대응 방안을 함께 짜면 토론 준비가 완성되는 셈이다.

교육과정의 재구조화와 학생 활동의 구안

〈사설 속으로〉를 통해서 하나의 사회적 이슈들을 공부하는 것과 그것을 브렉시트와 연계된 보다 큰 맥락으로 통합해 내는 것은 별개의 문제이다. 브렉시트는 큰 이슈지만 학생들과 직접 관련성이 없다.

수업 주제를 학생들의 현재적 관심과 연결시키면서 학급 학생 대부분이 참여할 수 있는 세부 질문으로 만들어 가는 과정은 교사의 몫일 수밖에 없다. 이 과정에 대해 정용주 교사는 다음과 같이 언급하고 있다.

〈사설 속으로〉에서 학습한 브렉시트와 관련된 문제를 정리했지만, 가장 중요한 문제 즉 학습자의 이익 상관성 문제가 해결되지 않았습니다. 보이텔스바흐 합의, 좀 더 나아가 우리나라의 〈5월 교육의 원칙〉에서 제시하는 해당 주제와 나와의 관련성을 갖는 것이 쉽지 않았습니다.[26] 브렉시트 찬성, 반대를 좀 더 세부적인 질문으로 해체하면서, 나의 문제에 연결시키는 것이 필요했습니다. 그래서 〈사설 속으로〉에서 제시되는 내용을 중심으로 결의안을 세분화하고, 다음으로 각자 공부한 자료, 교사가 제시한 자료를 토대로 학생들이 여당, 야당으로 나누어 자유롭게 생산한 질문에 교사의 질문을 더해 토론을 진행했습니다. 이러한 것을 토대로 질문은 각자가 적어서 하는 것으로 했습니다.

정용주 교사의 설명을 통해서 10가지 세부 질문이 만들어지는 과정을 짐작할 수 있다. 정 교사도 브렉시트 찬반 문제가 학생들의 관심사나 경험과 직접 연결되지 않는 것에 고심했다. 그래서 우리의 문제로 끌어오기 위해서 한반도에 사는 나의 입장에서 생각해 보도록 했다. 이러한 배경에서 남북통일이나 동양평화론 등의 세부 주제가 브렉시트와 함께 삽입되었다. 학생들도 브렉시트 문제를 토론하다가도 자주 우리나라의 현실을 섞어서 이야기하고 주장을 한다.

이런 긴 준비 기간을 요하는 토론이 전개되기 위해서는 교육과정이 재구성될 필요가 있다. 정용주 교사는 여러 교과를 분석하여 '세

주제 : 함께 해결해야 할 지구촌 문제 - 환경, 불평등, 분쟁과 평화

교과서 관련 내용

사회	도덕
1. 우리나라의 민주 정치 - 국민을 대표하는 기관 - 국회가 하는 일 3. 함께 해결하는 지구촌 문제 - 지구촌이 해결해야 할 문제 - 유엔이 하는 일	3. 갈등을 대화로 풀어 가는 생활 - 문제 해결을 위한 판단과 절차, 중재, 규칙 6. 공정한 생활 - 자유, 정의, 평등한 삶을 위한 노력 8. 모두가 사랑받는 평화로운 세상 - 평화와 인류애의 중요성과 사례
국어 2. 자료를 활용한 발표 - 자료를 파악하기, 해석하고 활용하기 3. 적절한 근거 - 주장에 대한 근거의 적절성 파악하기 4. 타당한 주장 - 연설과 주장의 타당성 파악하기 6. 연설하기 - 설득을 위한 말하기에서 필요한 것들 9. 생각과 논리 - 주장과 근거의 연결 관계 파악하기	**활용한 〈사설 속으로〉 내용** 트럼프의 미국 우선주의 - 2016.08.02. 브렉시트 후폭풍 - 2016.07.05. 오바마의 히로시마 방문 - 2016.05.24. 이슬람국가(IS) 파리 테러 - 2014.12.01.

사전 활동

도덕
3. 갈등을 대화로 풀어 가는 생활
- IS와 파리 테러

사회
3. 함께 해결하는 지구촌 문제
- 유엔난민보고서

국어
3. 적절한 근거
- 트럼프의 미국 우선주의

→ 브렉시트에 대한 의회식 토론

〈사설 속으로〉 활용 수업

후속 활동

유엔 총회 - 난민 수용 결의안 채택

국어 :
4. 타당한 주장
6. 감동이 있는 연설

도덕 :
8. 모두가 사랑받는 평화로운 세상

사회 :
3. 함께 해결하는 지구촌 문제

정용주 교사는 사회·도덕·국어 교과서를 재구성해 세계 시민 프로젝트와 브렉시트라는 주제를 함께 다룰 수 있는 융합적 교육과정을 구성했다.

계 시민' 프로젝트와 '브렉시트'라는 주제를 다룰 수 있는 융합적인 교육과정을 구성한다.

정용주 교사는 교육과정 재구성의 원칙으로 총체적 참여 학습과 교차성의 원칙 등을 상정하고 있다. 총체적 참여 학습은 학생들이 (세계) 시민으로서 무엇을 언제 어떻게 결정하는 과정에 참여하는가가 교육과정 재구성의 원칙이 된다는 것이다. 교차성의 원칙이란 서로 다른 주제의 프로젝트가 교과의 단원을 반복하면서 교차하도록 설계한다는 것이다. 예컨대, 면담하기, 자료 활용하기, 뉴스 분석하기, 관점 정하기 등이 여러 프로젝트를 통해서 반복적으로 경험되도록 하는 방식이다. 그리고 프로젝트는 사전 활동, 본 활동, 사후 활동의 형식으로 구성된다.

브렉시트 토론 수업에 대한 학생들의 생각

이 교실의 실제 토론 장면과 토론을 진행하기까지의 학습 경험에 대해서 설명하였다. 여기까지 읽은 독자들은 이 토론의 전모를 어느 정도 이해하게 되었을 것이다. 그러나 난해한 주제를 아이들에게 강요한 전시성 토론이 아니었을까 하고 일말의 의구심을 가지고 있는 독자들도 있을 것이다. 이 토론 수업 경험에 대한 학습자의 생각을 드러내는 것은 독자의 의구심 해소뿐 아니라 이 수업을 이해하는 데서도 본질적으로 중요하다. 때로는 대학생처럼 때로는 '초딩'처럼 미숙하게 진행된 이 수업에 대해서 학생들은 어떻게 생각하고 평가하고 있을까? 학생들의 생각을 드러내기 위해서 세 가지 방식으로 자료 수집을 해 보았다. 첫째, 학생들에게 토론 수업 동영상의 일부를 보여 주고 자연스럽게 떠오르는 생각을 기술하도록 하였다. 둘째, 동영상을 시청한 후에 수업의 준비 과정, 각자 맡은 역할, 자기 팀과 상대 팀에 대한 평가, 토론에서 배운 점, 흥미도, 계속 토론하고 싶은 욕구 등을 묻는 설문 조사를 하였다. 셋째, 몇몇 학생과 브렉시트 토론 학습 경험에 대한 인터뷰를 진행하였다.

수업 동영상을 보면서 떠올린 생각들

원래 'think-aloud' 기법은 머리에 떠오르는 생각을 소리 내어 말하는 것으로 상담이나 인지적 행동 수정 등에 활용되는 기법이다. 나는 이 기법을 약간 변형하여 학생들이 수업 동영상을 보고 떠오르는 생각을 자연스럽게 적어 보도록 요구했다. 함께 본 수업 동영상은 전체 80분 중 약 25분 정도이다. 수업 동영상을 함께 본 이유는 경험을 회상할 수 있는 인출 단서를 제공하기 위함이다. 머릿속에 떠오르는 생각을 적도록 한 것은 수업 경험에 대한 학생들의 판단, 느낌, 평가 등을 외현화外現化하려는 것이다. 이를 통해 학생들이 토론 수업을 어떻게 기억하고 있고 이를 어떻게 사후 성찰하는지를 파악해 보고자 했다. 학생들은 동영상을 보면서 떠오르는 생각을 시간순으로 적었다. 그중에 세 사례를 인용해 보겠다.

토론이나 발표 같은 것을 할 때는 자료를 이용하면 확실히 믿음이 가고 설득력이 있는 것 같다. / 듣는 사람의 눈을 바라보며 큰 소리로 이야기하니 듣기 편하다. / 잊고 있었던 시리아 난민 문제가 떠올랐다. / 내가 하고자 하는 말을 정확히 표현하는 것이 중요하다. / 적절한 야유가 필요한 것 같다. / 너무 반박만 한 것 같은 느낌이 든다. / 상대방이 말하고 있을 때 갑자기 말을 끊는 것은 좋지 않아 보인다. / 의장이 잘한 것 같다. / 그땐 미처 몰랐는데 애들이 생각보다 잘한 것 같다. / 애

들의 다른 모습을 다시 보니 새로웠다. / 다시 그때로 돌아가면 더 잘할
수 있을까?

　중간중간 토론이 길어지면서 지루했을 때 가끔 재미있는 얘기가 나왔
고 말을 더 잘 들리게 했으면 더 좋았을 것 같다. / 브렉시트라는 주제
는 우리나라와 멀리 떨어져 있는 나라의 얘기인데 토론하다 보니 잘 와
닿고 유럽만의 문제가 아니라고 생각되었다. / 토론하면서 발언하는 말
들이 꽤 타당하다. / 브렉시트에 대해서 토론하면서 트럼프의 미국 우
선주의, 고립주의가 떠올랐다. / 너무 감정적으로 토론하는 것은 좋지
않은 것 같다. / 말을 잘 안 하는 사람도 활발하게 했으면 더 좋았을 것
같다. / 복지부 장관과 (야당) 부대표의 토론이 정말 강력했다. / 진짜
장관, 총리, 의원이 저 주제로 토론하면 어떻게 할까 궁금하다.

　생각보다 토론이 잘 흘러갔던 것 같다. / 일반 토론과 야유와 환호,
비판이 들어가서 조금 더 재미있었다. / 우리 반 학생들이 생각보다 잘
한다. / 친구들과 딱딱하게 토론만 하는 게 아니라 좀 부드러운 느낌
의 토론이어서 더 재미있었다. / 토론을 준비하면서 (방어) 답변 준비하
는 게 힘들었다. / 질문 하나하나에 침착하게 대답하는 친구들을 보면
서 우리가 자랑스러워졌다. / 자기편을 도와주는 게 대단한 것 같다. 자
신의 것만도 힘들었을 텐데 전체적으로도 많이 공부한 것이 티가 난다.
/ 공격과 반박이 서로 잘 이어졌다. / 자신이 하고 싶은 말을 다 하는
게 멋지다. / 의장, 부의장이 말을 끊는 것도 필요하다. / 대답을 거부해
도 된다는 것이 편했던 것 같다. / 시간이 더 있었다면 말을 좀 덜 더듬
을 수도 있었을 거다. / 토론을 통해 브렉시트에 대해 더 많이 알 수 있
었다. / 저 질문을 만들 때 너무 힘들었다(답변 포함). / 주제에서 벗어난

이야기를 자제하는 것은 중요하다. / 의회식 토론도 꽤 재미있었다.

학생들이 동영상을 보면서 떠올린 생각을 보면 '전체 토론에 대한 평가', '특정한 학생들의 역할 수행에 대한 판단', '토론 준비 과정에 대한 회상', '근거나 주장의 타당성에 대한 평가', '토론에서 개선해야 할 점', '자신이 배운 내용에 대한 진술' 등이다. 인용 사례를 보면 학생들은 이 토론에 대해서 대체로 긍정적으로 평가하고 있다. 자신이나 동료들의 토론 참여 방식이나 태도에 대해서도 대체로 호의적이다. 무엇을 개선해야 할지에 대해서도 언급하고 있다. 종합적으로 판단할 때 학생들은 이 토론을 통해서 많은 것을 배웠으며 그 경험을 긍정적으로 기억하고 있었다.

설문지에 드러난 학생들의 생각

설문지를 통해서도 학생들의 생각을 확인해 보았다. 전체 11개 문항을 물었는데 그중 토론 수업의 흥미도, 토론 수업을 계속하고 싶은지 여부, 토론 수업에서 배운 점 등 3가지 항목만 여기서 다루겠다. 먼저, "이 토론이 흥미 있었는지"를 묻는 문항에 대해서 "매우 그렇다"가 7명, "그렇다"가 7명, "보통이다"가 4명, "그렇지 않다"가 1명이었다. "다음에도 이 토론을 계속하고 싶은지"를 묻는 문항에 대해서는 "매우 그렇다"가 3명, "그렇다"가 8명, "보통이다"가 6명, "그렇지 않다"가 2명이었다. 매우 난해하고 어려운 주제를 다룬 수업이었던 점을 감안하면 나쁘지 않은 반응이다. 다만 흥미도에 비해서 토론 수업의 계속 여부를 묻는 질문에 부정적인 반응이 좀 더 많이 나온 것은 주목할 점이다. 아마도 몇몇 학생들에게는 이 토론을 준비하고 진행하는 과정이 다소 힘들었지 않았을까? 모든 학생에게 긍정적인 배움의 기회를 제공하는 것은 언제나 난제라는 생각이 든다.

졸업을 며칠 앞둔 다소 풀어진 교실 분위기 탓인지 주관식 항목에 대한 학생들의 답변은 대부분 매우 간단하였다. "이 토론을 통해서 무엇을 배웠는지를 자세히 적어 주세요"라는 문항에 학생들은 대부분 "브렉시트를 하면 무슨 이익이 있고 무슨 손해가 있는지 알게 되었다"처럼 짤막하게만 기술하였다. "이 토론을 통해서 브렉시트에 대해서 배웠다. 그리고 이런 주제에 어떻게 다가가는지도 배웠고, 어떻게 질문할지, 대답할지도 배웠다." "의회식 토론법과 브렉시트의 원인, 아시아공동체를 위한 어떤 노력이 필요한지 알 수 있었다." "브렉시트의 좋은 점과 나쁜 점, 또한 후폭풍과 다른 사람들의 입장을 배웠습니다." 이 정도가 다소 긴 진술이었다. 이런 짧은 답변만으로는 학생들이 무엇을 배웠는지를 파악하는 데는 한계가 있었다. 학생들의 생생한 목소리는 인터뷰를 통해서 좀 더 명료하게 확인할 수 있었다.

인터뷰에서 만난 학생들

설문지 작성이 끝나고 교실 뒤쪽에서 다섯 명의 학생들과 30분가량 인터뷰를 진행하였다. 인터뷰에 응한 학생들은 모두 발랄하고 영민했다. 자신의 토론에 대해서 흥미와 자부심도 지니고 있었다. 인터뷰 내용 중 일부를 소개한다.

연구자 그동안 독도, 송전탑, 엄석대, 브렉시트, 이렇게 4차례 토론을 진행했는데 어떤 주제가 제일 재미있었어요?

민영 저 같은 경우는 독도 문제가 제일 재미있었어요.

태후 저는 브렉시트요. 다른 주제에서는 진중했는데, 브렉시트에서만 웃긴 장면들이 많이 나왔어요.

연구자 설문 조사에서 '토론 수업을 계속하고 싶으냐?'는 문항도 있었는데 (학생들을 가리키며) 어때요, 이런 토론 수업을 계속하는 것에 대해서?

민영 아무래도 토론을 하면서 찬반 의견도 나누어 보고, 의회식 토론을 하면 좀 더 생각의 폭이 넓어지니까 잘 배우고 습득할 수 있어서 더 좋은 것 같아요.

규연 자기 의견을 스스럼없이 표현할 수 있으니까 이런 수업이 재미있는 것 같아요.

이율 일반적으로 다른 선생님에게는 이런 걸 안 배우잖아요. 경험 못해 본 걸 해 봐서 좋은 것 같아요.

연구자 이건 친구들에 대한 평가일 수도 있는데 친구들 중에 못 따라오는 경우도 있나요?

(전체 학생) 네.

태후 용어가 뭔지 모르는 친구들이 있으면 그 아이를 도와줘요.

연구자 토론 수업을 하면 협력이 많이 일어나는 것 같아요, 경쟁이 많이 일어나는 것 같아요?

민영 팀이 두 개로 나뉘는데 팀 안에서는 협력이 많이 이루어지고, 상대 팀과는 경쟁이 이루어져서 둘 다 평등하게 잘 일어나는 것 같아요.

연구자 싸우거나 그런 경험은 없었어요?

서연 의견이 안 맞아서 그런 일들은 가끔 있는데…….

연구자 준비할 때?

서연 네, 준비할 때. 같은 생각을 갖고 있지 않은 애들이 가끔 그렇기도 한데, 그래도 애들끼리 도우면서 준비 잘하거든요.

연구자 박수 치거나 야유하는 게 가끔 토론의 분위기를 흐트러뜨리던데, 이거에 대해서는 어떻게 생각하세요?

이율 그것도 전략이라고 볼 수 있는 게 상대편이 이야기를 했을 때 그게 좀 이상하다 싶으면 (야유)하는 게 좀 더 저희 팀 분위기가 좋아질 수 있고, 상대편 흐름을 깰 수도 있는 전략이죠.

민영 야유를 하면 말한 의견에 반대한다는 뜻이 있고, 박수를 치면 말한 의견에 찬성한다는 뜻도 있어서 (야유나 박수가) 약간의 의견을 내보이는 기능도 있어요.

연구자 수업 시간엔 결론을 내지 않고 끝났는데 이후에 결의안을 채택했나요? 아니면 결론을 안 내고 넘어갔나요?

태후 저희의 목적은 결론을 내는 게 아니라 토론을 통해 생각의 폭을 넓히는 게 목표였기 때문에 결론을 내지는 않았어요.

연구자 토론 수업을 하면 평소보다 공부를 더 많이 하게 되나요?

서연 아무래도 평소 하는 것보다는 신경을 써서 더 찾아보고 해야 되는 것 같아요.

연구자 중학교 가서도 이런 식으로 수업했으면 좋겠어요?

(전체 학생) 네.

태후 정해진 것보다는 제가 따로 의견을 내서 하는 게 재밌어서 중학교에서도 이렇게 했으면 좋겠어요.

서연 아무래도 애들끼리 (문제에 대해) 어떻게 생각하는지도 알게 되고, 자기가 말하고 싶은 걸 말할 수 있는 능력도 더 길러지고, 글 쓰는 능력도 더 좋아지니까 이런 수업들은 꼭 필요하다고 생각해서 토론을 하는 게 되게 좋은 시간이었다고 생각해요.

연구자 이런 표현이 있잖아요. "토론 수업은 ○○이다." 여러분에게 토론 수업은 뭐였나요?

서연 저에게 토론 수업은 '평소에는 없던 시간' 같아요. 제가 옛날에는 되게 소극적이어서 말도 많이 못 하고 했는데 국어 시간에 가끔 토론 수업을 했었어요. 토론 시간에는 제가 주장하고 싶은 것을 말할 수 있잖아요. 제가 표현하고 싶은 것들도 자유롭게 표현해도 되고, 주장하고 싶은 것도 주장할 수 있어서 (평소에 말이 없어도) 말을 많이 할 수 있고, 말을 잘 전달할 수 있어서 되게 좋은 시간이었어요. 그래서 저는 토론 수업이 평소에는 없던 시간이어서 저는 더 의미 있고 재미있었던 것 같아요.

민영　저에게 토론 시간은 '확장'이에요. 저는 원래 생각하는 걸 좋아했는데 토론을 하면서 제가 할 수 있는 생각의 폭과 깊이가 '확장'되고, 더 많이 생각할 수 있는 그런 시간이어서 정말 유익해요. 머릿속이 더 확장된 느낌? 더 많이 생각할 수 있다는 느낌을 받아서 좋았던 것 같아요.

규연　저는 토론 수업이 '자기 주도 학습'이라고 생각해요. 왜냐하면 문제를 만들 때 선생님이 기본 틀만 잡아 주시고, 자기가 알아서 문제를 만들어야 하고 상대편 것까지 예상을 해서 답변을 준비해야 하니까요. 그걸 준비하면서 혼자서도 이만큼 공부할 수 있다는 걸 깨닫게 되었어요.

이율　토론 수업이 대개 찬반으로 나뉘잖아요? 그래서 '작은 사회'랄까? 사회 나가면 의견이 다들 다르잖아요, 어느 쪽이 많든 적든 간에. 의회도 그렇고, 회사에서 회의도 그렇고……. 다른 의견을 서로 주고받고 하면서 미래에 커서 사회생활 할 때 해야 할 것을 먼저 해 보는 수업이라고 할 수 있을 것 같아요.

태후　토론 수업은 저에게 '미래'예요. 왜냐하면 미래에는 사람들과 이야기를 나누고 해야 할 일이 많으니까 토론 수업 같은 걸 안 하면 사람들이 소극적으로 되기 때문에 토론을 통해 미래를 더 잘 준비할 수 있게 되는 것 같아요.

연구자　혹시 내가 개인적으로 토론 주제를 정한다면 해 보고 싶은 토론 주제가 있어요?

(아이들 모두 잠시 고심한다.)

이율 기본 소득?

연구자 기본 소득에 대해서?

이율 네, 취업난이 있잖아요. 사람이 돈을 안 벌면 어떻게 먹고살아야 할까. 먹고살아야 되니까 그런 것에 대해서 토론해도 좋을 것 같아요.

연구자 생활에 관한 주제일 수도 있고, 학급에 관한 주제일 수도 있고, 꼭 사회적인 이슈가 아니어도 좋아요. 선생님들이 토론 주제를 정하지 않고 여러분들이 정한다면 어떤 토론 주제를 하고 싶어요?

규연 자유학기제에 대해서 하고 싶어요. 제가 듣기로는 자유학기제에서는 중간고사, 기말고사를 안 보고 수행 평가로 다 평가를 해서 힘들어하는 학생들이 많다고 알고 있어요. 그래도 자유학기제는 자기 특성을 찾아가는 학기니까 수행 평가도 수업 시간에 자연스럽게 했으면 좋겠다고 생각했어요.

서연 저희 오빠가 고등학교를 들어가는데 학비랑 식비랑 만만치가 않아요. 그런데 사회적 배려 대상이 있잖아요. 그런 게 아니어도 앞으로 성장할 인재들인데 공부를 하면서 돈을 내야 하는 게 조금 어이가 없었다고 해야 되나? 고등학교인데 돈을 내는 게 저한테는 좀 충격이었어요. 그래서 고등학교도 무상 교육이 필요하다고 생각해요.

태후 저는 군대에 대해서 이야기하고 싶어요. 왜냐하면 사람에게는 누구나 선택할 권리가 있다고 하는데 군대는 그게 없잖아요. 무조건, 강제로 가야 되기 때문에 징병제에 대해 토론했으면 좋겠어요.

학생들의 인터뷰 내용이 매우 인상적이다. 학생들은 토론 수업을 '평소에 없는 시간', '확장', '자기 주도 학습', '작은 사회', '미래'라고 말한다. 멋진 은유이다. 그리고 학생들이 토론해 보고 싶은 내용도 '기본 소득', '자유학기제', '고등학교 무상 교육', '징병제' 등 만만치 않은 주제이다. 학생들과의 대화를 통해서 이 교실의 학생들이 서로 돕고 협력하면서 함께 성장하는 학습 문화를 지니고 있음도 엿볼 수 있었다. 종합적으로 볼 때 이 반 학생들은 21세기에 필요한 역량을 습득하면서 민주적인 시민으로 잘 자라나고 있는 것으로 판단된다.

교사의 실천적 지식의 가치에 대해서

앞에서 나는 이 비평문이 중점을 두고자 하는 두 가지 측면에 대해서 언급했다. 학생들의 학습 경험을 드러내는 문제가 하나이다. 학생들의 학습 경험을 통해서는 대다수의 학생들이 이 토론 수업의 경험을 긍정적인 학습과 성장의 경험으로 기억하고 있음을 확인할 수 있었다. 이 비평문의 다른 한 측면은 수준 높은 토론 학습이 가능한 준비 절차를 추적해 보는 것이었다. 두 번째 측면은 토론 수업을 시도하고 싶은 교사들이 좌절하지 않고 나아갈 수 있는 비계를 설정해 주고 싶은 욕망 때문이었다.

이 두 번째 측면은 정용주 교사의 사유와 실천 속에 녹아 있는 실천적 지식을 드러내는 작업이다. 실천적 지식에 대한 최근 수십 년 동안의 강조는 보편적인 이론이나 원리를 찾는 것 못지않게 구체적인 교사의 실천 행위 속에 녹아 있는 지혜를 발견하고 이를 언어화하는 것의 중요성을 부각시켰다. 이 관점에서 정 교사의 토론 수업에 녹아 있는 주목해야 할 실천적 지식, 지혜 혹은 원리를 잠정적으로 표현해 보면 다음과 같다. '사회적 이슈에 대한 토론을 위해서는 교육과정 재구성이 필요하다', '서로 다른 관점을 가진 신문 사설을 분석하는 것은 쟁점에 대한 이해를 높여 준다', '질문 만들기 활동은 토론 쟁점을 이해하는 데 도움을 준다', '토론이 원활하게 진행되기 위해서는 구조화된 사전 시나리오를 제작할 필요가 있다', '적절한 칭찬이나 야유는 정서적 반응도 유발하고 토론에 대한 흥미도 증가시킨다', '모든 학생이 참여할 수 있도록 역할 배분에 신경을 써야 한다' 등이 일차적으로 도출할 수 있는 이 유형의 토론과 관련된 실천적 지식이다. 또 하나 중요하게 고려해야 할 원리는 '토론이 성공적으로 진행되기 위해서는 학습자의 이해, 관심과 밀접한 관련을 맺어야 한다'는 것이다. 이 점에서 브렉시트라는 주제는 몇몇 학생들에게는 상당히 부담스러운 주제였음도 부인하기 어렵다. 토론 주제를 잘 정하는 문제는 토론 수업의 성공을 좌우하는 결정적인 변수이다. 그 점에서 토론 수업을 처음 시도하는 교사들은 좀 가볍고 쉬운 주제에서부터 출발할 것을 권한다. 가벼운 주제에서 시작해서 토론의 내공이 쌓이면 어느 순간 학생들은 어렵고 난해한 주제에 즐겁게 도전할 만큼 성장해 갈 것이다. 정용주 교사의 교실에서 발견할 수 있는 실천적 지식 혹은 지혜들이 그런 여정을 나아가고자 하는 교사와 학생들이 참조할 수 있는 좋은 여행 안내서이자 지침이다.

나는 어디까지
성장시킬 수 있을까

정용주(서울 염경초)

이 수업은 그동안 관심을 갖고 고민해 오던 프로젝트 기반 수업과 민주시민교육이라는 맥락에서 진행되었다. 6학년을 대상으로 프로젝트 기반 수업과 민주시민교육을 결합시키기 위해 우선적으로 진행한 작업은 교과교육과정을 주제 중심으로 재구성하는 것이었다. 크게 세계 시민, 민주 시민, 역사, 생태 프로젝트를 설정하고, 백워드 디자인으로 교육과정을 설계하였다.

여기서 중요한 것은 프로젝트를 유연하게 설계하여, 상호 교차하도록 한 것이다. 브렉시트는 이러한 방향에서 민주 시민 프로젝트와 세계 시민 프로젝트가 결합하며 만들어진 프로젝트였다.

프로젝트와 프로젝트가 결합하면서 새로운 프로젝트가 만들어지

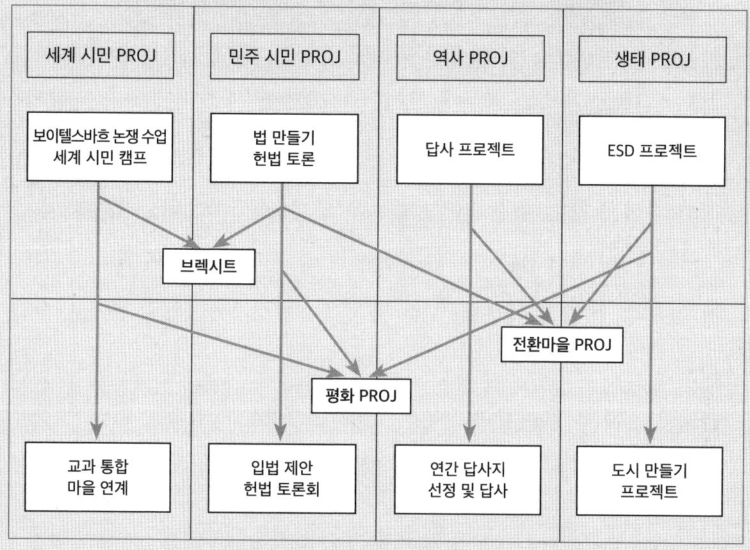

는 유연한 구조가 되기 위해서는 성취 기준을 분석하여 하나의 플랫폼을 만드는 것이 중요하다고 생각했다. 그래서 각 교과에서 토론, 논쟁, 탐구와 관련된 성취 기준을 분석하여 주 1~2회 토론, 논쟁을 할 수 있는 시간을 확보하였다. 예를 들면 다음과 같은 식으로 성취 기준을 분석할 수 있다.

[6학년 국어 01-02] 의견을 제시하고 함께 조정하며 토의한다.

[6학년 국어 01-03] 절차와 규칙을 지키고 근거를 제시하며 토론한다.

[6학년 국어 01-04] 자료를 정리하여 말할 내용을 체계적으로 구성한다.

[6학년 국어 01-05] 매체 자료를 활용하여 내용을 효과적으로 발표

한다.

[6학년 사회 05-04] 민주적 의사 결정 원리(다수결, 대화와 타협, 소수 의견 존중 등)의 의미와 필요성을 이해하고, 이를 실제 생활 속에서 실천하는 자세를 지닌다.

[6학년 도덕 02-02] 다양한 갈등을 평화적으로 해결하는 것의 중요성과 방법을 알고, 평화적으로 갈등을 해결하려는 의지를 기른다.

[6학년 도덕 03-04] 세계화 시대에 인류가 겪고 있는 문제와 그 원인을 토론을 통해 알아보고, 이를 해결하고자 하는 의지를 가지고 실천한다.

[6학년 사회 08-03] 지구촌의 평화와 발전을 위협하는 다양한 갈등 사례를 조사하고 그 해결 방안을 탐색한다.

이러한 식으로 성취 기준을 분석하여 결합하면서 플랫폼을 만든 후, 나는 이 플랫폼을 6학년 교육과정의 맥락에서 만민공동회라고 칭하고, 이 안에서 자치 법정, 헌법 토론, 법 만들기 등 프로젝트와 관련된 활동을 진행하였다.

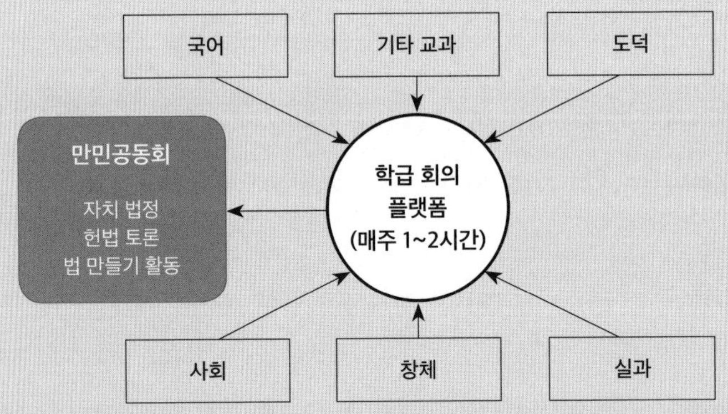

예를 들어 평화, 공존, 민주주의, 다문화, 세계 시민, 역사와 인권 등의 주제를 연결시키면서, '안중근의 동양평화론 프로젝트', '전쟁과 여성인권 프로젝트', '브렉시트 프로젝트' 등을 진행하였다.

브렉시트 수업에 대한 구상은 6학년 사회과 '지구촌 문제의 해결'이라는 주제를 공부하면서 학생들과 함께 설계한 프로젝트였다. 형식적으로 세계가 하나의 초연결 사회가 되고 있지만, 세상은 깊이 단절되어 가는 퇴행의 문제를 민주주의와 연결시키고 싶다는 개인적 고민의 결과물이다.

파리에서의 끔찍한 테러, 난민의 유입이 세계적인 이슈가 되면서, 유엔은 사상 초유의 난민 관련 총회를 개최했고, 안전과 안보라는 논리로 보호주의가 강화되는 현실에서 퇴행하는 민주주의, 또는 민주주의의 거대한 후퇴를 다루어 보고 싶었다. 브렉시트의 문제를 어떻게 우리의 문제로 와닿게 할 수 있을까에 대한 고민도 필요했다. 자연스레 민주주의와 인권이라는 주제와 연결시켜, 의회에서 이 주제로 토론을 하는 방식을 선택했다. 이 과정에서 영국 의회식 토론 모델로 고민을 해 보기로 했다. 우리의 문제로 생각하여 토론하기 위해 안중근의 동양평화론과 아시아 평화공동체, 탈북자와 평화와 공존의 남북 관계라는 주제와 브렉시트를 함께 고민하면서, 이주 노동자에 대해 새롭게 바라볼 수 있는 토론도 진행했다.

학생들이 좀 더 적극적으로 프로젝트를 진행할 수 있도록 영국 의회식 토론에 대한 이해, 이슬람 국가와 파리 테러, 트럼프의 미국 우선주의와 같은 주제들을 고민하고 토론했다.

브렉시트 수업에서 나 자신에게 던진 질문은 '나는 어디까지 성장시킬 수 있는가?'였다. 연계적 전문가, 교육과정에 대한 이해력을 향상시키는 것이 전문가로서 교사가 가져야 할 태도이지만, 학생과 관계하는 교사로서 던져야 할 질문은 학생의 성장에 맞춰져야 한다고 생각했다. 이 질문을 견지하면서 나는 최고의 디베이트^{Debate} 팀을 만드는 것이 아니라, 의회식 토론의 형식으로 다양한 주제에 대해서 역할을 바꿔 가며 토론하면서, 학생들이 서로를 성장시키는 경험을 하도록 노력했다.

브렉시트 프로젝트를 끝마치며 가장 보람을 느낀 것은 '우리'라는 정서적 공감대를 가지고 학습에서 서로 연대하는 사회적 가치가 중요하다고 생각하는 학생들을 보게 된 것이다.

교사의 지속적 성장이 가능하려면

브렉시트 토론 수업을 보면 학생들의 성장이 놀랍다. 이런 성장은 뛰어난 교사가 없이는 불가능한 일이다. 10년 전의 수업과 비교해 보면 정용주 교사도 계속 성장하고 있는 것 같다. 수업 실천가로서 우리 모두는 계속 성장해 가고 있는가? 이와 관련하여 내가 동료 연구자들과 함께 2017년 전국시도교육감협의회의 위탁을 받아서 수행했던 〈한국의 수업 혁신, 현황과 전망〉에는 교사의 성장과 관련하여 참고할 만한 자료들이 있다.[27] 연구의 한 부분으로 전국 교원을 대상으로 교사의 수업 능력 및 교사 효능감에 대한 설문 조사를 하였다. 전국 교원 약 4,700명이 이 설문 조사에 참여하였다. 수업설계역량, 수업실행역량, 수업성찰역량, 수업소통역량, 교사 효능감에 대해서 설문 조사를 한 결과를 살펴보자. 5점 척도에서 수업설계역량(3.92), 수업실행역량(3.9)은 상대적으로 높은 평균값을 보였고 수업성찰역량(3.68)과 수업소통역량(3.60)은 상대적으로 낮은 평균값을 보였다.

이 연구 결과는 내가 평소에 가지고 있던 생각을 확인해 주는 결과였다. 비유컨대 교사들은 수업을 어떻게 진행할지 고민도 하고 수업 장면에서 학생들에게 그것을 잘 전달하기 위해서 고민도 한다. 그러나 수업이 끝난 후에 그에 대해 성찰하거나 동료들과 함께 소통하는 일은 상대적으로 잘 하지 않는다. 교사의 수업 전문성이 높아지려면 수업 설계, 실행, 성찰, 소통 역량이 균형 있게 성장해 가야 할 것이다.

한편 교사 효능감은 3.77의 평균값을 보였다. 흥미로운 점은 교직 경력에 따른 교사 효능감의 평균값 변화이다. 참고로 교사 효능감을 구성하는 문항은 '나는 수업 실천가로서 계속 성장하고 있다고 느낀다', '나는 수업에 대해 자신이 있으며 교사로서 자긍심과 전문성을 느낀다', '나는 수업 시간에 만족감과 행복감을 느낀다' 이 세 가지였다. 교직 경력에 따라 살펴보니 1~5년 차 교사는 3.70, 6~10년 차 교사는 3.81, 11~15년 차 교사는 3.85, 16~20년 차 교사는 3.83, 21~25년 차 교사는 3.72, 26년 차 이상 교사는 3.76으로 11~15년 차 교사가 교사 효능감 평균값이 가장 높게 나왔다. 교사 효능감의 변화를 보니 대체적으로 역포물선 모양을 보여 주고 있다. 이런 경향은 다소의 차이가 있지만 수업설계역량, 수업실행역량, 수업성찰역량, 수업소통역량에서도 동일하게 나타났다.

바람직한 교사의 성장 곡선은 역포물선 모양은 아니다. 교직 경력이 증가할수록 교사의 역량과 효능감도 증가하는 성장 곡선은 어떤 모양일까? 최소한 일차 방정식은 되어야 하지 않을까? 기하급수적으로 증가하는 곡선이면 더 말할 나위가 없다. 모든 교사들이 정년을 맞이하는 날까지 아름다운 성장의 곡선을 계속 그려 가는 축복된 교직 인생을 살 수 있으면 정말 좋겠다.

설문 조사 결과 중 눈여겨볼 대목은 혁신학교에 근무하거나 교사 학습공동체에 속하여 활동하고 있는 교사들의 수업 역량이나 교사 효능감 평균값이 통계적으로 유의미하게 높다는 점이다. 교사의 지속적인 성장이 가능하기 위해서는 혼자만의 노력이 아니라 교사공동체 형성과 학교 문화의 변화가 수반되어야 함을 다시 확인할 수 있다. 함께하기는 힘이 세다.

5

추상적인 도덕적 지식을 어떻게 학생들에게 경험 가능하게 할까

- 경험적 실험을 통해 '존 롤스의 절차적 정의'를 배우는 윤리 수업

라는 어려운 주제를 경험적 실험을 통해서 학생들이 체험 가능하도록 수업 설계를 한 점이 돋보인다. 추상적인 내용 지식을 학생들이 체험 가능하도록 한다면 우리 고등학교 수업도 좀 더 흥미로워지지 않을까?

이 수업은 경기도토론교육연구회에서 활동하는 임은경 교사가 2015년 10월에 경기 오산 세교고등학교 1학년 학생들을 대상으로 한 〈생활과 윤리〉 수업이다. 존 롤스의 '무지의 베일'이라는 어려운 주제를 경험적 실험을 통해서 학생들이 체험 가능하도록 수업 설계를 한 점이 돋보인다. 추상적인 내용 지식을 학생들이 체험 가능하도록 한다면 우리 고등학교 수업도 좀 더 흥미로워지지 않을까?

　한국은 정의에 목마른 나라일까? 하버드대학의 마이클 샌델 교수가 쓴 《정의란 무엇인가》가 한국에서만 200만 부 이상 판매되었다고 한다. 쉽지 않은 철학 책이 이 정도나 팔렸다니 믿기지 않는다. 우리보다 인구가 6배가량 많은 미국에서 마이클 샌델의 책이 10만 부 정도 팔렸다고 하니 한국에서 그의 인기를 실감하지 않을 수 없다. 그런데 더 재미있는 사실은 200만 부 이상 팔린 그의 책을 실제로 끝까지 다 읽은 사람은 1%도 되지 않을 거라는 우스갯소리가 떠돈다는 것이다. 사실 나도 그 책을 사 놓고 다 읽지 않은 사람 중에 하나이니 그냥 근거 없는 이야기는 아닐 것이다. 어쩌면 사람들은 마이클 샌델의 책을 읽기 위해서 산 게 아니라 정의에 대한 갈망을 표출하기 위해 소비 상품으로 선택하고 있는지도 모른다.

　마이클 샌델은 정의론의 대가로 유명하지만 독특한 수업 방법으로도 유명하다. 하버드대학에서 그의 강의는 언제나 초만원이라고 한다. 그래서 EBS에서는 하버드에서 진행된 샌델의 강의를 녹화하여 방송하기도 하였다. 그가 강의하는 모습을 보면, 도덕적 딜레마 상황을 제시하고 학생들에게 도덕적 판단을 하게 한 후에 그 판단의 근거를 묻는 형식으로 논의를 진행해 간다. 이를 통해서 일상의 도덕적 문제 해결에 작용하는 여러 가지 도덕적 원칙에 대해서 학생들이 깊게 숙고할 수 있는 기회를 제공한다. 내가 EBS를 통해 본 샌델의 수업은 공리주의에 대해서 다룬 내용이었는데 그의 넘치는 카리스마를 느낄 수 있었다. 이 수업에서 샌델은 '최대 다수의 최대 행복'이라는 일반인들도 널리 알고 있는 제러미 벤담의 공리주의를 설명하면서 실제적인 도덕적 딜레마를 끌어들인다. 이 딜레마는 1884년 여름에 실제로 있었던 일이다. 선장 토머스 더들리를 포함한 네 명의 선원이 항해 중 폭풍을 만나서 육지에서 1,600km 떨어진 남대서양을 표류하면서 생긴 일이다. 구명보트에 의지한 채 마실 물도 없이 달랑 순무 통조림 두 캔만으로 연명해야 한 이들은 8일 만에 먹을 것이 바닥난다. 일행 중 가장 어린 열일곱 살 승무원 파커는 바닷물을 마시고 병이 나서 누워서 지낸다. 고통스런 나날을 보내던 중 19일째 되던 날, 선장 더들리는 제비뽑기를 해서 다른 사람을 위해 희생할 사람을 정하자는 제안을 한다. 그러나 선원 브룩스가 거부하는 바람에 실행에 옮기지는 못한다. 다음 날도 배가 보이지 않자 선장 더들리는 브룩스에게 고개를 돌리라고 말하고는 선원 스티븐슨에게 파커를 죽이도록 명령한다. 나흘간 세 남자는 파커의 살과 피로 연명했다. 24일째 되던 날 이들은 구조되어 재판을 받게 된다.

샌델은 이런 실제 상황을 수업에 끌어들여서 학생들에게 그 재판의 배심원이라면 어떻게 판단할지를 묻는다. 원형 강의실을 가득 메운 학생들은 자기 나름의 판단 근거를 가지고 질문에 답하고 서로의 견해를 논박한다. 샌델은 학생들의 견해를 정리하면서 이를 벤담의 공리주의와 연관 지어 다양한 문제를 검토해 간다. 이 사건은 '다수를 위해서 한 사람을 희생하는 것이 옳은가?' 하는 문제를 다루고 있어 공리주의의 가능성과 한계를 검토하는 데 좋은 사례이기 때문이다. 하버드대학 최고의 인기 강의답게 샌델의 강의실은 토론과 논쟁의 열기로 뜨거웠다. 이런 그의 강의를 보고 있노라면 어렵게 느껴지는 윤리 사상과 이론들이 결코 공리공론이 아니라는 것을 절감할 수 있다. 마이클 샌델의 수업은 어떤 수업이 좋은 수업인지에 대한 우리의 상상과 가능성을 풍부하게 자극한다.

　도덕적 판단을 내려야 하는 일상의 수많은 상황에서 어떻게 행동하는 것이 더 도덕적인지를 판단하는 것은 결코 쉬운 일이 아니다. 도덕, 윤리, 정의에 대한 일상적 혹은 학문적 논쟁이 인류 역사 이래 종결되지 않고 계속되는 것도 그 때문이다. 그 점에서 도덕과 윤리 사상은 우리의 일상적 삶의 의사 결정과 가장 깊게 관련을 맺고 있는 학문적 담론이다. 그런데 한국의 교실 수업에서 이런 윤리 사상들은 우리가 일상에서 접하는 도덕적 판단을 좀 더 신중하고 사려 깊게 내리는 데 관련을 맺지 못하고 암기해야 할 탈맥락적 지식에 머무는 경우가 많다. 그 점에서 윤리 수업에서 새로운 시도를 하고 있는 임은경 교사의 수업은 많은 가능성과 논쟁거리를 제공해 준다. 임 교사의 수업 속에서 정의 문제가 어떻게 다루어지는지 살펴보자.

임은경 교사의 도덕 수업과의 만남

　임은경 교사의 수업과 만나게 된 계기는 2016년 여름쯤이다. 나는 교육부에서 주관하는 사회와 도덕 분야 수업 컨설턴트를 대상으로 1박 2일 동안 진행되는 연수 프로그램의 일부를 맡게 되었다. 당시 교육부 담당자와 의논을 하면서 나는 컨설턴트 연수가 이론 강의에 그치지 않고 실제적인 실습을 하는 연수가 되기를 희망했다. 그래서 수업 동영상을 관찰하며 실제 컨설팅 실습을 하는 방식으로 연수를 진행하고자 했다. 이를 위해서 적합한 수업 동영상을 찾아야 했는데 마침 임은경 교사의 수업을 만나게 되었다. 임 교사는 경기도토론교육연구회에서 열심히 활동하고 있는 교사였다. 수업 동영상 속 임 교사는 박진감 있고 적극적으로 수업을 이끌어 가 매우 인 상적이었다. 더구나 수업 설계 아이디어도 독특해 임 교사의 수업을 비평해 보고 싶다는 생각이 들었다. 요즘은 초등학교 수업뿐 아니라 중·고등학교 수업에서도 강의식 수업 대신 학생들이 참여하는 활동형 수업을 하는 교사들이 늘어나고 있다. 그러나 활동형 수업을 관찰해 보면 내용과 활동이 유기적으로 결합되는 경우가 드물다. 내용에 대한 깊은 이해와 분석을 통해 활동이 구안되는 것이 아니라 어떤 내용과도 무난히 결합될 수 있는 일반적인 활동 형태가 많이 활용되기 때문이다. 예컨대, 협동학습에서 많이 활용하는 '둘 남고 둘 가기'나 '직소우Jigsaw 수업' 등이 그런 예이다. 이처럼 어떤 교과 내용과도 결합될 수 있는 활동들이 많이 사용된다. 강의식 수업에서 이런 활동형 수업으로의 전환도 그 자체로서 환영할 만한 일이다. 그러나 강의식 수업에서 활동형 수업으로 형식을 바꾸는 데만 신경을 쓰느라 무엇을 활동에 담아낼지에 대해서는 신경을 덜 쓰는 경우가 많다. 예컨대, 마이클 샌델의 예를 들자면, 1884년 더들리의 사례를 공리주의와 연결 지어 논쟁하는 수업 설계는 내용에 대한 깊은 이해가 있어야 가능하다. 뛰어난 교사라면 이런 차원의 내용과 활동이 유기적으로 결합된 수업을 설계할 수 있는 전문성을 갖추어야 한다.

내용과 유기적으로 결합된 활동 구안과 관련하여 임은경 교사의 수업은 많은 가능성과 함께 풍부한 논의거리도 제공해 준다. 임 교사의 수업에 대한 본격적인 이야기로 넘어가기 전에 수업 컨설턴트를 위한 실습에서 이 수업을 어떻게 활용했는지를 잠깐 언급하겠다. 나는 임은경 교사로부터 수업 지도안, 학생 활동지, 수업 동영상을 제공받았고 해당 교육과정과 교과서도 받아서 살펴보았다. 그리고 연수에 참여한 컨설턴트들에게 해당 교육과정과 교과서를 배포한 후에 어떻게 수업을 설계할지에 대한 자기 생각을 나누도록 하였다. 컨설턴트들은 모둠별로 수업 설계의 아이디어를 공유하는 시간을 가졌다. 모둠별 아이디어를 공유한 후에는 어떤 아이디어가 더 나은지에 대한 이야기도 나누었다. 그러고 나서 임은경 교사가 컨설턴트들을 대상으로 자신의 수업을 재현하도록 하였다. 컨설턴트들이 고등학생의 입장이 되어서 수업을 경험하게 한 것이다. 컨설턴트들은 이 수업 참여 경험을 통해서 자신들이 생각한 수업 아이디어와 임은경 교사의 수업 아이디어가 다르다는 것을 실제 수업을 통해 체험하였다. 이렇게 학생 체험을 하고 나자 컨설턴트들은 이구동성으로 임 교사의 수업 아이디어가 참신하다는 반응을 보였다. 그런데 연수 프로그램은 여기서 끝나지 않았다. 컨설턴트들은 임은경 교사의 수업 동영상을 시청하면서 실제 고등학생들은 이 수업에 대해서 어떻게 반응했는지를 살펴보았다. 이를 바탕으로 최종적으로 수업의 장단점과 개선해야 할 점에 대해서 논의하는 기회를 가졌다. 진행된 연수 프로그램의 절차를 일반화하여 표현하면 〈자료를 바탕으로 수업 설계하고 공유하기〉 → 〈학생 입장이 되어 수업을 체험해 보기〉 → 〈수업 동영상을 통해 실제 수업 관찰하기〉 → 〈수업 설계와 실행에 대한 분석 및 개선 방향 논의하기〉의 순으로 진행되었다. 이런 절차를 통해서 자신의 수업 아이디어와 비교하면서 현장 교사의 수업 설계와 실행 과정을 체험하게 되면 컨설턴트들의 수업 전문성(수업 컨설팅 전문성)을 효과적으로 신장할 수 있다고 나는 생각한다. 물론, 이런 연수에서 한 발 더 나아가서 해당 수업을 전사도 하고 분석하고 해석도 하여 수업 비평문까지 작성할 수 있으면 금상첨화다. 공력을 들인 만큼 수업을 잘 이해할 수 있고 수업 개선 아이디어도 더 적절하게 도출할 수 있기 때문이다. 수업 비평은 가장 깊게 수업을 이해하는 방안이다.

임은경 교사가 다루는 도덕 수업 주제

우선 오늘 수업에 해당하는 교육과정 내용부터 살펴보자. 2009 개정 교육과정의 〈생활과 윤리〉 과목에는 '사회 윤리와 직업 윤리' 영역이 있다. 이 영역의 《(내) 사회 정의와 정의로운 사회》의 주제는 "사회 제도가 추구해야 할 가장 기본적인 덕목으로서 사회 정의의 중요성을 이해하고, 사회 정의와 관련된 윤리적 문제들을 바람직하고 합리적으로 해결할 수 있는 능력과 태도를 기른다. 이를 위해 사회 정의의 의미와 종류, 사회 정의와 관련된 윤리적 문제들을 조사·분석하고, 정의로운 사회를 실현할 수 있는 방안에 대하여 탐구"하는 데 목적이 있다. 이 주제에서 다루는 내용은 ① 사회 정의의 의미, ② 분배적 정의와 공정한 분배, ③ 법적 정의와 공정한 처벌, ④ 사형 제도의 윤리적 쟁점이다. 오늘 수업은 이 중 첫 번째와 두 번째 항목과 관련이 있다.

다음으로 교과서 내용을 살펴보자. 임 교사가 사용하고 있는 교과서는 미래엔 출판사에서 발행한 것이다. 교과서의 〈1. 사회 정의의 의미와 중요성〉에서는 두 페이지에 걸쳐서 '사회 정의의 의미와 종류'와 '사회 정의 실현의 중요성'을 다루고 있다. 여기서 '사회 정의의 종류'로는 '분배적 정의', '절차적 정의', '교정적 정의' 세 가지가 제시된다. 그리고 교과서 하단에 '자료 읽기'의 형태로 '존 롤스의 절차적 정의'가 간단하게 소개되고 있다. 〈2. 분배적 정의와 공정한 분배〉에서는 세 페이지에 걸쳐서 '분배적 정의의 의미와 필요성'과 '공정한 분배의 기준'을 다루고 있다. '공정한 분배의 기준'으로는 '절대적 평등', '필요',

'능력', '업적', '노동'이 소개되고 있다.

임 교사는 교육과정과 교과서를 분석한 후에 자신의 수업을 설계하였을 것이다. 교과서와 임 교사의 수업을 비교해 보면, 임 교사는 교과서에 제시된 내용을 대체로 수업에서 다 다루고 있다. 그러나 임 교사는 교과서에서 다루어지고 있는 내용 요소들을 동일한 순서와 동일한 비중으로 다루고 있지는 않다. 이 수업 전체를 관통하는 중심 주제인 '롤스의 절차적 정의'는 교과서 한 페이지의 하단에 '자료 읽기'의 형태로 짤막하게 제시되어 있다.

그런데 임 교사는 그 내용을 1시간 수업 분량으로 확대하여 다룬다. 사실 1시간에 그치지 않는다. 수업 설계안을 보면 전체 4시간 — 1차시 '사회 윤리의 중요성 파악하기', 2차시 '사회 정의의 의미와 중요성 파악하기', 3차시 '분배적 정의에서의 절차적 정의의 중요성 알기', 4차시 '존 롤스 정의론을 이해하기' — 중에 2시간 분량을 롤스의 절차적 정의를 다루는 데 할애하고 있다. 왜 임 교사는 교과서에 잠깐 언급되고 있는 롤스의 절차적 정의를 이렇게 확대하여 다루고 있는가? 우선 원론적으로 말하자면 교사는 교과서의 진도를 따라서 수업할 필요가 없다. 교과서는 교육과정에 대한 하나의 해석에 불과하며 교사는 교육과정에 비추어 교과서를 능동적으로 재구성해서 가르칠 수 있다. 지금은 이런 교사의 교육과정 문해력 혹은 교육과정 재구성 능력이 매우 중시되는 시대이다. 그렇다면 교과서 하단의 1/4 정도의 지면을 차지하고 있는 롤스의 절차적 정의를 수업의 주요 주제로 확대하여 다루는 임 교사의 교육과정 재구성에 대해서 어떻게 평가해야 할까? 이 문제에 대한 판단은 잠깐 유보하고 일단 롤스의 절차적 정의를 가르친다는 임 교사의 수업 설계 아이디어를 그대로 받아들인 상태에서 실제 수업을 살펴보자.

단원명	사회 정의의 의미와 중요성	소단원	분배적 정의와 공정한 분배	차시	3
수업 목표	분배적 정의에서 합리적 의사소통(절차적 정의)이 중요한 이유를 말할 수 있다.				

학습 단계	교수-학습 활동		자료 및 유의점
	교사	학생	
도입 (5분)	정의를 위한 공정한 분배에 관한 문제 상황을 제시하는 동영상을 상영한다.	문제 상황의 조건을 적어 가며 동영상을 시청한다.	
전개 (40분)	• 모둠별 활동 (10분) '돌아가신 어머니 빚 6,000만 원을 어떻게 나눠서 갚아야 할까'의 협의를 통해 6,000만 원을 배분하게 한다. (모둠별 학습지 이용) • 모둠별 발표 (8분) 나눈 빚의 몫과 그 이유를 발표하게 한다. • 가족 역할 추첨 후 활동 (10분) - 모둠별 종이 박스에서 자기의 역할이 적힌 이름표를 무작위로 뽑게 한다. - 선택한 이름표의 사람이 되어 감정 이입을 하여 주어진 상황을 재해석하도록 한다. - 동시에 자신의 이름표를 공개하며 다시 생각하는 액수를 새로운 모둠별 학습지에 적게 한 뒤 함께 변화를 살펴보게 한다. • 개인별 발표 (12분) 영희, 철수, 영수, 남희에 해당하는 사람들을 호출하여 일어서게 한 뒤 채무 금액의 변화 유무를 전체 학급원이 확인하도록 한다.	- 학생들은 각 가족 개별 구성원의 채무 액수와 그 금액을 변상해야 하는 합리적 이유를 학습지에 적어야 한다. - 학생들은 자신의 이름표를 사전에 보지 않도록 유의해야 하며 무작위로 선택한 이름표를 다른 모둠원들이 볼 수 없도록 해야 한다. - 자신이 4명의 가족 중 누가 됐는지 확인하게 한 뒤 개별 학습지를 주어 현재 자신이 느끼는 합리적인 채무의 몫이 얼마인지 생각하게 한다. - 4명의 가족 중 자신이 선택한 이름표의 사람이 되었을 때, 채무 금액이 변하지 않았을 때의 이유와 변했을 때의 이유를 발표한다.	정답이 없으므로 주도권이 강한 학생이 대화를 독점하지 않는지 교사는 상시적으로 관찰해야 한다.
정리 (10분)	- 각 모둠별 분배 방식에서 공통점을 찾게 한다. - 왜 남희를 가장 먼저 배려했는지 생각하게 한다. - 학생들 앞에서 스카프를 쓰고 무지의 베일의 의미를 설명한다. - 자신이 누구였는지 알게 된 이후에도 이전에 합의된 분배대로 이행해야 하는지 묻는다.	- 모둠별에서 공통적으로 '남희'를 가장 배려했던 것을 확인하고 그 답을 찾는다. - 무지의 베일이 사회적 상황을 모르게 되는 상태임을 깨닫는다. - 그런 상태에서 사회적 약자인 남희를 배려하게 된다는 것을 깨닫는다. - 공정한 합의의 절차가 왜 분배의 정의에서 중요한지 이해한다.	통찰의 과정: 되도록 개념 설명보다 '아하! 그렇구나' 깨닫도록 유도
차시 예고	- 존 롤스의 정의의 원칙을 이론적으로 정리하여 설명할 것을 예고한다.		

임은경 교사의 생활과 윤리 수업 설계안

임은경 교사는 지난 시간 주제인 '사회 윤리의 필요성'을 확인하는 것으로 수업을 시작했다. 그리고 정의에는 절차적 정의, 교정적 정의, 분배적 정의가 있음을 설명한다. 그중 오늘 다룰 주제는 분배적 정의이다. 오늘 수업의 학습 목표는 '분배적 정의에서 합리적 의사소통(절차적 정의)이 중요한 이유를 말할 수 있다'이다. 우선 임 교사는 첫 번째 파워포인트를 활용하여 몫을 나누는 기준에는 필요, 업적, 능력, 노동 등이 있음을 다음과 같이 설명한다.

분배적 정의의 문제가 뭐냐면, '도대체 어떠한 기준으로 나누어 줄 것인가? 무엇을 기준으로 해서 사람들에게 공정하게 나누어 줄 것이냐'예요. 그런 기준에는 필요, 능력, 업적, 노동 등이 있어요. 필요의 절박함을 고려해서, 흔히 말하는 공산주의적 분배, 우리가 애를 낳으면 똑같이 기저귀 한 통씩 주는 것이 필요에 따른 분배인 거예요. 그런데 애가 있다고 기저귀를 주면 사람들이 더 얻기 위해서 무언가를 안 한다는 거죠. 예를 들어 애가 병이 들어서 설사를 해요. 그러면 기저귀가 (원래) 한 통 드는 게 열 통 들 수도 있어요. 그러니까 이 필요를 제대로 충족시키는 것도 불가하고, 필요를 예측하기도 힘들고, 똑같이 주면 사람들이 일을 하지 않아 경제적 효율성이 떨어집니다. 두 번째는 능력에 의한 분배예요. 잘난 놈한테 더 주자는 거예요. 하지만 그것도 온전히 그의 몫으로 보기 어렵다는 문제가 있어요. 지금은 이걸 자세히 설명하지 않고 넘어가도록 하고요. 세 번째는 업적에 따른 분배예요. 어떤 사람이 열심히 해서 성적이 많이 올랐어요. 그럼 그에 해당하는 진보상을 주잖아요. 업적에 따라 보상을 주는 걸 업적에 따른 분배라고 해요. 네 번째는 노동에 따른 분배인데, 이것은 일한 시간 만큼 분배를 하는 거예요. 이러한 분배의 조건이 있는데 오늘 이것들을 다루지 않아요. 여기에 나와 있지 않은 다른 분배의 조건을 이야기할 겁니다. 자, 지금부터 3분짜리 동영상을 볼 거예요.

도입 부분의 설명에 이어서 임은경 교사가 학생들에게 보여 준 동영상은 EBS 다큐프라임 〈법과 정의〉의 일부를 편집한 내용이다. 이 다큐멘터리에는 어머니가 돌아가시고 남겨 놓은 빚 6,000만 원을 형편이 다른 네 자녀들이 분배해서 갚아야 하는 문제 상황이 나온다. 임 교사는 네 자녀의 상황과 〈법과 정의〉에서 네 자녀들이 보인 반응을 요약하여 학생들에게 파워포인트로 제시한다. 이어서 학생들에게 모둠 활동지를 나누어 준 후에 "여러분들이 이 문제 상황 속에 있다면 어떤 결정을 할지를 의논해서 정해 보라"고 한다. 학생들에게 10분 동안 모둠별로 토의할 기회를 제공하고 학생들은 열정적으로 논의를 이어 간다. 학생들의 논의가 일정 정도 마무리되자 임 교사는 한 학생을 지명하여 모둠에서 토론된 내용을 발표하도록 한다.

저희는 첫째가 2,500만 원을 부담해야 한다고 정했는데, 그 이유는 소득이 네 명의 남매 중 가장 많고, 부양하는 가족이 없기 때문에 가장 많이 부담해야 한다고 정했고요. 또 장녀는 남매 중 가장 나이가 많은 사람으로서, 가장 많은 책임을 져야 하는 의무가 있다고 생각했습니다. 그리고 장남인 둘째 김철수 씨는 1,000만 원을 부담해야 한다고 봤습니다. 왜냐하면 비록 장남이기는 하지만 아내도 일을 하지 않고 있고, 아이도 두 명이기 때문에 장녀나 차남보다는 비교적 적게 부담을 해야 한다고 생각했기 때문입니다. (……) 마지막으로 막내는 500만 원을 갚아야 한다고 생각했습니다. 왜냐하면 막내는 출가외인이고, 형제 중 가장 소득이 적기 때문에 가장 적게 부담해야 한다고 생각했기 때문입

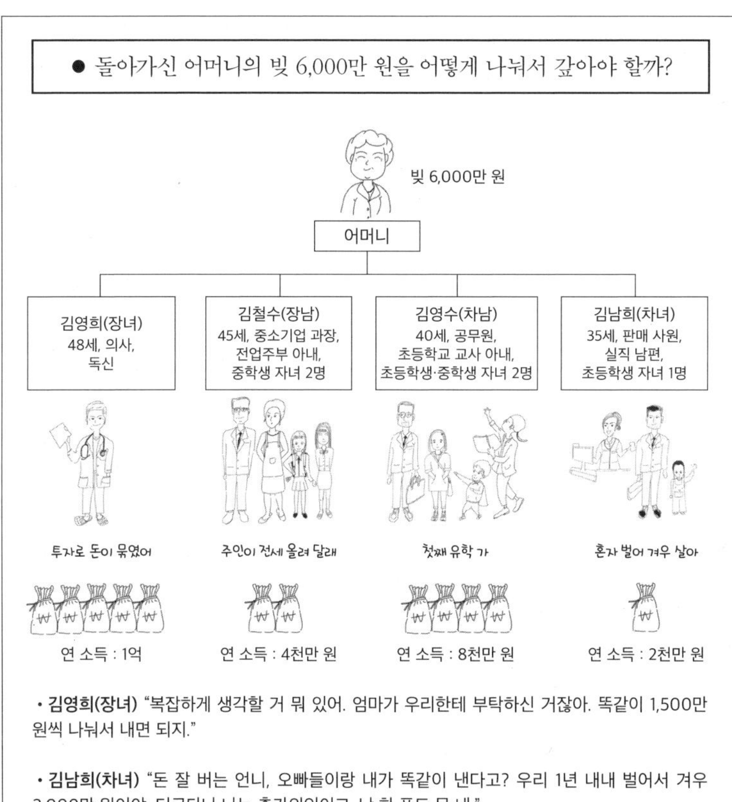

EBS 다큐프라임 〈법과 정의〉 2부 내용을 요약한 파워포인트 내용

니다. 저희는 또한 형제들이 갚아야 하는 액수가 가구 소득의 1/4이 되도록 (분담 금액을) 정했습니다.

이 모둠의 발표 내용을 보면 독신인 장녀 김영희가 2,500만 원으로 가장 많은 돈을 내는 것으로 되어 있다. 부양가족도 없고 돈도 가장 많이 번다는 것이 이유였다. 학생들은 다른 형제자매들에 대해서도 나름의 기준을 들어서 액수를 정하게 된 근거를 말하였다. 결론적으로 말하면 이 모둠은 소득의 25%를 비례적으로 내는 것이 공정하다고 보았다.

이에 대해서 임은경 교사는 박수로 격려를 한 후에 가구 소득의 1/4로 결정한 모둠이 얼마나 되는지를 묻는다. 절반가량의 모둠이 1/4을 기준선으로 정했다고 손을 들었다. 임 교사는 이것을 확인한 후에 이번에는 모둠별로 학생 개개인에게 명찰 목걸이를 나누어 준다. 그리고 모둠별 종이 박스에서 네 자녀들 중에 한 사람의 신상 정보가 적힌 쪽지를 무작위로 뽑도록 한다. 쪽지에는 연봉, 직업, 가족 구성 등의 신상 정보가 적혀 있다. 학생들은 그 내용을 바탕으로 네 자녀들 중에 누구인지를 추론하여 자신의 명찰에 해당하는 자녀의 이름을 적는다. 이때 옆에 있는 친구에게는 자신이 누구인지를 보여 주지 말라고 당부한다. 이제 학생들은 명찰에 적힌 사람의 입장이 되어 자신이 그 입장이라면 얼마를 분담할지 생각한 후에 그 액수를 정한다. 다음은 임 교사가 이 활동에 대해서 학생들에게 알려 주는 내용이다.

자기가 뽑은 명찰의 사람이 되어 보는 거예요. (명찰을 보면) 이름은 없지만 (쪽지) 내용을 보면 자기가 자녀들 중 누구인지 알 수 있어요. 그 사람의 이름을 찾아서 쓰고, 연봉, 가족, 합의한 액수, 즉 여러분이 처음에 정한 액수를 쓰고…… 딱 뽑았는데 장녀, 의사야. 참 좋아! 그런데 내가 부담해야 하는 액수가? (장녀의 입장에서) 여러분이 생각하는 공정한 액수를 써 보세요. 그 액수는 바뀔 수도 있고, 바뀌지 않을 수도 있습니다. 여러분이 생각하는 공정한 액수를 쓰시고, 바뀌었다면 그 이유를, 바뀌지 않았어도 그 이유를 쓰세요. 여러분 옆 사람에게 보여 주면 안 돼요. 여러분이 각자 쓰는 겁니다. 5분 드릴게요.

학생들이 작성해야 하는 개별 활동지의 양식은 다음과 같다. 학생들은 이 활동지의 양식에 따라 모둠에서 처음 합의했던 금액을 적고 이어서 자신이 누구인지를 알게 된 이후에 적당하다고 생각하는 금액을 적는다. 그리고 처음 금액과 두 번째 금액을 비교해서 바뀌거나 바뀌지 않은 이유를 적는다. 마지막에는 나중에 생각이 바뀐 것과 관계없이 처음 합의한 금액을 지켜야 하는지에 대한 자신의 견해를 적었다.

주어진 5분의 시간이 경과하고 나서 교사는 개별 활동지를 다 작성한 학생들은 명찰을 꺼내서 목에 걸고 자신이 누구인지를 친구들에게 밝히도록 한다. 그리고 모둠 활동지에 모둠 구성원이 처음에 합의한 액수와 나중에 합의한 액수를 각자 적고 액수가 바뀌었으면 그 이유가 무엇인지를 적도록 하였다.

이 모둠 활동을 하는 데 3분의 시간이 주어졌다. 학생들이 모둠 활동을 하는 동안에 임 교사는 모둠을 돌아다니면서 "영희 씨는 2차에서 1,500만 원으로 확 줄었네요", "(액수가) 그대로면 그대로인 이유를 쓰면 됩니다"라고 말하면서 학생들의 활동을 격려하였다. 그리고 액수가 바뀐 이유는 너무 자세하게 쓰지 말고 간단히 개요만 작성하도록 지시하였다.

모둠 활동이 모두 마무리되자 임 교사는 장녀인 '김영희'를 맡은 학생들에게 손을 들게 한 후 "영희 씨들 중에서 처음에 합의한 액수 그대로인 사람을 제외하곤 나머지는 손을 내려 주세요" 하고 말하고는 한 학생을 지명해서 처음에 얼마였는데 그대로 유지하기로 했는

<table>
<tr><td>당신은 누구입니까?
(선택한 카드)</td><td></td></tr>
<tr><td>처음에 합의한 빚의 몫은
얼마였습니까?</td><td></td></tr>
<tr><td>당신이 누구인지 알게 된 후,
적당하다고 생각되는
빚의 몫은 얼마입니까?</td><td></td></tr>
<tr><td>금액이 바뀌었습니까?
바뀌지 않았습니까?
그 이유를 써 보세요.</td><td></td></tr>
<tr><td>당신이 생각한 빚의 몫이
바뀌었다면 처음에 합의한
금액을 지켜야 할까요?</td><td></td></tr>
</table>

● 내가 누구인지 알게 된 후 합의한 내용을 받아들이는가?

형제들 이름	직업과 연 소득	처음에 합의한 액수	나중에 합의한 액수	액수가 바뀌었다면 그 이유는?
김영희 장녀 48세	의사 1억 원			
김철수 장남 45세	중소기업 과장 4천만 원			
김영수 차남 40세	공무원 8천만 원 (아내 수입 포함)			
김남희 차녀 35세	계약직 판매 사원 2천만 원			

개별 활동지 양식(위)과 모둠별 활동지 양식(아래)

지 물었다. 그 학생은 원래 4,000만 원이었는데 누구인지가 정해진 후에도 그 금액이 변하지 않았으며, 그렇게 생각한 이유는 "첫째니까요"라고 말했다. 교사가 다른 학생을 지명하자, 그 학생은 "원래 합의했던 (소득의) 1/4 기준이 옳다고 생각하기 때문입니다"라고 말했다. 이에 대해서 임 교사는 "합의했던 기준이 옳다고 생각했기 때문에 비록 내가 장녀일지라도 정당하다고 생각하니까 합의한 것이에요. 지금 한 이야기가 중요해요. 새겨들으세요"라고 답하였다. 임 교사가 "새겨들으세요"라고 말한 이유는 아마도 "합의했던 기준이 옳다고 생각했기 때문"이라는 학생의 말이 교사가 강조하려는 오늘의 주제와 관련이 있다고 판단했기 때문으로 보인다. 계속해서 임 교사는 '영희'를 뽑은 학생 중에서 액수가 바뀐 학생들에게 바뀐 액수와 이유를 물었다. 다음은 임 교사와 학생들 간의 대화의 내용이다.

교사 얼마에서 얼마로 바뀌었어요?

학생 1 3,000만 원에서 2,000만 원으로요.

교사 왜요?

학생 1 독신이지만 카페 때문에 돈도 묶여 있고 현금이 1/3 가까이 빠지는 건데…….

교사 매우 불쌍하게 느껴져요. 그렇죠? 아무리 독신이고 의사 연봉이 높다고 할지라도 여러 가지 사정상 현금을 융통할 수 없기 때문에 3,000만 원은 너무 무리라는 거죠. (다른 학생을 가리키며) 영희 씨 이야기해 보세요.

학생 2 지금 독신이라고 해서 앞으로도 독신이라는 보장도 없고, 의사가 되기 위해서 피나는 노력도 했고…… 그래서 2,500만 원으로 내렸어요. 2,500만 원을 내는 것도 형제들을 위한 것이니 적당한 것 같습니다.

임은경 교사가 장녀인 '영희'의 의견을 듣기 위해 해당하는 학생들에게 손을 들어 보라고 말하고 있다.

교사 1/N인 1,500만 원이 적당하다고 생각했지만, 모든 것을 감안해서 2,500만 원까지는 내겠다는 것이죠? 근데 중요한 것은 이거예요. 아까 회의할 때에는 왜 3,500만 원이라고 했어요?

학생 2 내가 아니니까요.

교사 이게 중요해요. 이번엔 철수 씨 손 들어 보세요. 여기에서 액수가 그대로인 사람?

대화 내용을 보면 학생 1과 학생 2 모두 내는 금액이 줄었다. 자신이 누구인지를 알고 나서는 좀 더 이기적으로 반응한 셈이다. 임 교사는 학생 2가 3,500만 원에서 2,500만 원으로 내린 것과 관련하여 그 이유를 학생 2에게 물었다. 학생 2가 "내가 아니니까요"라고 말하자, 교사는 "이게 중요해요"라고 화답한다. 임 교사가 그렇게 말한 이유는 자신이 누구인지 모르는 상황에서는 좀 더 객관적이고 공정하게 반응한다는 오늘의 학습 주제에 부합하는 태도이기 때문으로 보인다. 임 교사는 이런 식으로 장녀 영희의 입장이 된 학생들의 설명을 다 들었다.

이어서 임 교사는 둘째인 철수의 입장을 맡은 학생들을 지명해서 마찬가지로 분담할 액수를 그대로 유지한 경우와 입장을 바꾼 경우로 나누어서 발표하도록 했다. 철수의 입장을 맡은 학생들과 교사가 주고받은 대화는 다음과 같다.

학생 3 1,000만 원으로 합의했는데 그대로예요. 그 이유는 소득의 1/4로 나누어 지불하자고 했잖아요. 그렇게 하자고 모든 가족들이 정했으니까, 그대로 해야 된다고 생각했어요.

교사 철수 씨인데 금액이 바뀐 사람? 아주 많이 바뀐 사람이 손을 들어 주었으면 좋겠어요.

학생 4 1,000만 원에서 600만 원으로 줄였어요. 중소기업 직원이 공무원에 비해서 안정적인 직장도 아니고 연봉 중 1/4은 너무 가혹해요.

교사 이런 표현이 중요해요. "가혹해요", "부담스러워요" 이런 표현이 중요합니다. 왜냐하면 정의는 이러한 감정과 매우 관련이 있기 때문입니다. 실제로 "가혹해요", "억울해요", "세상이 불공평해요" 이런 생각이 들어야 해요. (한 학생을 가리키며) 많이 바뀌었지요?

학생 5 1,000만 원에서 500만 원으로요.

교사 왜요?

학생 5 오른 전세금을 내지 못하면 집에서 쫓겨나야 되니까요. 당장 생활이 힘들어지기 때문에 줄였어요.

교사 나중에 좋은 가장이 되실 거예요. 셋째 이름이 뭐였죠? 아, 영수 씨 손 들어 주세요!

철수의 입장이 된 학생들의 경우에도 최초의 합의가 바뀌지 않은 학생과 그렇지 않은 학생으로 나누어졌다. 학생 4와 학생 5의 경우에는 금액이 줄어들었다. 이유는 '안정적인 직장이 아니'거나 '오르는 전세금' 때문이라고 한다. 이 경우도 누구인지 알게 되고 나서 더 깊게 감정 이입을 하게 된 경우로 볼 수 있다.

임 교사는 셋째 영수를 맡은 학생과 넷째 남희를 맡은 학생을 번갈아 지명하면서 유사한 대화를 이어 갔다. 그런데 수업이 종반부를 향해 갈 즈음에 수업 영상이 끝이 났다. 수업을 촬영하는 중에 메모리가 부족해 촬영이 안 된 것이다. 아쉽지만 이 수업의 마지막 부분은 확인할 길이 없다. 수업 지도안과 임 교사의 기억을 바탕으로 수업의 마지막 부분을 재현해 보면 대략 다음과 같다.

임 교사는 각 모둠별로 분배 방식의 공통점을 찾도록 하였다. 이에 대해서 학생들이 어떤 반응을 보였는지는 정확히 알 수 없다. 그러나 전개 단계의 활동을 고려할 때 남희가 가장 적은 비용을 부담했다는 것은 자명해 보인다. 이를 바탕으로 임 교사는 왜 가족들이 남희를 가장 배려했는지를 생각해 보도록 하였다. 여기서 교사가 기대하는 바는 이해관계가 직접 관여되지 않은 객관적인 상황에서는 사람들이 약자를 배려하는 의사 결정을 한다는 점을 학생들이 추론해 내도록 하는 것이다.

이런 학생의 응답을 바탕으로 드디어 임 교사는 유명한 자유주의 정의론자 존 롤스의 '무지의 베일'이라는 개념을 도입한다. 무지의 베일은 사실 설명하기에 쉽지 않은 개념이다. 교사는 실제 천을 가져다가 한 학생에게 쓰게 하는 퍼포먼스를 통해서 무지의 베일을 학생들이 훨씬 잘 이해할 수 있게 접근한다. 탁월한 수업 아이디어이다. 마지막으로 교사는 자신이 누구인지를 알게 된 상황에서 이전에 합의

된 분배 원칙을 이행해야 하는지에 대해서 학생들에게 질문한다. 자신이 누구인지를 몰랐을 경우에 좀 더 공정한 분배가 가능했다는 점을 상기시키면서 올바른 절차에 따른 합의의 중요성을 학생들에게 인식시키기 위해서였다. 그리고 오늘 이 활동의 배경이 되는 존 롤스의 이론을 다음 시간에 다시 다룰 것이라고 예고하면서 수업을 마무리하였다.

임 교사의 창의적 수업 설계 아이디어

일반적으로 우리나라 고등학교 수업은 교과서의 내용을 여러 가지 참고 자료와 함께 교사가 학습지로 제작하여 설명하는 방식이 주를 이룬다. 이렇게 내용을 잘 정리된 설명의 형태로 전달할 경우 학습자들이 내용적 지식을 잘 습득할지는 모르지만 삶의 현실과 유리된, 탈맥락화된 지식에 머물게 되고 학생의 사고를 촉발하지도 못한다. 이런 수업 상황에서는 학생들이 도덕적 선택이나 딜레마 상황에 놓여서 직접 의사 결정을 해 보는 경험을 할 수 있는 기회는 거의 없다. 이에 비해 이 수업은 다르다. 임 교사는 돌아가신 어머니가 남겨 놓은 빚을 배분하는 문제로 갈등하는 형제자매들의 사례를 가지고 논의할 수 있는 기회를 제공한다. 이를 토대로 몫을 나누는 데 관여하는 여러 가지 기준과 원칙에 대해서 학생들이 실제로 고민해 볼 수 있도록 하고 있다. 구체적인 사례를 소재로 하여 무엇이 정의로운 배분의 원칙인지 스스로 고민하고 나름의 타당한 기준들을 정의의 원칙에 비추어 따져 보는 것은 분명 강의식 수업보다 탁월한 수업이다.

그러면 임 교사의 이 탁월한 수업 설계 아이디어는 어디에서 온 것일까? 앞에서도 잠깐 언급했지만 임 교사가 도입한 사례는 EBS 다큐프라임 〈법과 정의〉 2부에 나오는 내용이다. 이 다큐멘터리는 빚 상속의 사례를 도입부에 소개한 후에 아리스토텔레스로부터 시작하여 분배적 정의의 문제에 대한 여러 철학적 입장을 다루고 있다. 여기서 핵심적으로 소개되는 두 가지 입장은 제러미 벤담의 공리주의와 존 롤스의 자유주의적 입장이다. 다큐멘터리는 우선 공리주의를 소개한 후에 '최대 다수의 최대 행복'이라는 공리주의의 입장이 다수를 위해서 소수의 희생을 강요할 수 있다는 문제점을 지적한다. 이어서 이에 대해 비판적 입장을 취한 현대 정의론 철학의 대가 존 롤스의 생각을 소개한다.

앞에서도 잠깐 언급했지만 존 롤스는 정의로운 배분을 위해서는 모두가 동의할 수 있는 공정한 절차가 필요하다고 보았다. 이를 위해서 하나의 사유 실험으로 사람들이 자신이 어떤 사회적 지위에 있을지를 전혀 모르는 무지한 상태를 상정한다. 자신의 계층과 성별, 인종과 민족, 정치적 견해나 종교적 신념 등에 대해서 전혀 모르는 상태로 모인 사람들이 무지의 장막 뒤에서 미래의 자신들이 살아갈 사회의 기본 원칙을 정한다면 어떤 원칙에 도달할까? 존 롤스는 만약 이성적이면서 자기 이익을 챙기려는 사람들이 이런 상황에 놓인다면 두 가지 정의의 원칙이 도출될 것으로 보았다. 첫째는 언론의 자유와 종교의 자유와 같은 기본 자유를 모든 사람에게 평등하게 제공한다는 원칙이다. 다른 하나는 사회적, 경제적 평등과 관련된 원칙이다. 소득과 부를 똑같이 분배해야 한다고 주장하지는 않지만, 사회적·경제적 불평등을 인정한다면 그 이익이 사회 구성원 가운데 가장 어려운 사람들에게 돌아가야 한다고 주장할 것이라는 것이다.

〈법과 정의〉는 이런 존 롤스의 무지의 베일 실험을 어머니가 남겨 둔 빚을 배분해야 하는 형제자매들의 상황에 대입시켜서 유사 실험을 한다. 이 유사 실험은 실험에 참여하는 사람들에게 자신이 네 자녀 중에서 실제로 누구인지를 모르는 상황과 누구인지를 아는 상황에서 선택을 하는 경우로 나누어서 양자를 비교하는 방식으로 진행된다. 〈법과 정의〉는 내용을 살펴보니 전자의 경우에 사람들은 가장 형편이 어려운 막내 남희를 배려하는 식으로 의사 결정을 하였다. 그리고 자신이 누구인지가 분명하게 정해진 상황에서는 남희를 배려하지 않고 자신에게 좀 더 유리하도록 의사 결정을 할 것이라고 대부분의 참여자들이 반응했다. 모든 사람들이 이 다큐멘터리처럼 반응한다면 존 롤스가 무지의 베일이라는 가상의 상황을 가정하고 도출한 윤리적 원칙의 현실적 타당성도 매우 높을 것이다. 그리고 사람들이 자신의 이해관계를 알 수 없는 무지의 상태에서 공정한 절차에 따라서 합의를 하면 정의에 대한 많은 문제가 해결될 수 있을 것이라는 희망을 갖게 한다.

임 교사의 아이디어는 이 EBS 다큐멘터리에서 온 것이다. 탁월한 교사는 수업 아이디어를 스스로 구안하기도 하지만 일상에서 접하는 여러 현상으로부터 수업의 아이디어를 빌려 오는 데도 능하다. 예컨대, 창의적인 교사들은 일견 수업과는 아무런 관련이 없을 듯이 보이는 예능 프로그램에서도 수업 아이디어를 착안해 낸다. 이 점에서 잘 제작된 다큐멘터리를 찾아서 학생들에게 보여 주는 차원을 넘어서 다큐멘터리 속 사례를 학생들이 직접 경험하면서 정의의 문제에 대해서 탐구해 보도록 설계한 것은 임 교사의 높은 교육적 감수성을 보여 준다고 하겠다. 임 교사의 이런 수업 설계는 경험 학습에 기반한 경험적 연습Experiential Exercise에 가까운 수업 구상이다. 경험적 연습이란 교사가 가르쳐야 할 개념이나 내용을 말로 설명하는 것이 아니라 활동으로 변환하여 학습자들이 체험 가능하도록 연습해 보는 것을 말한다. 아주 간단한 예를 들어 보자면 지리 수업에서 인구 밀도가 높은 나라와 낮은 나라를 교사가 말로 설명하기보다는 교실에 공간을 만들어 놓고 학생들이 인구 밀도가 높은 상황과 낮은 상황을 직접 체험해 보게 하는 방식이다. 이처럼 학습해야 할 내용을 체험적인 현실로 바꾸어 놓으면 학습자들은 더 실감 나게 학습에 참여할 수 있게 된다. 임 교사의 수업도 무지의 베일이라는 존 롤스의 사고 실험 상황을 어머니의 빚을 배분해야 하는 네 자녀의 사례를 통해서 학생들이 체험할 수 있는 현실로 만들어 놓았다는 점에서 일종의 경험적 연습이라고 할 수 있다.

이런 식의 수업 설계가 수업을 관찰하고 나면 사소해 보일지도 모른다. 그러나 앞에서 언급했던 연수에 참여한 컨설턴트 중에 아무도 수업 관찰 이전에 이런 경험적 연습에 기반한 수업 설계 아이디어를 생각해 내지 못했다. 이런 유형의 수업 설계 아이디어가 쉽게 구안하기 어려운 창의적인 것임을 말해 주는 셈이다. 한국 교사들은 내용을 잘 설명하는 데 익숙한 반면 그것을 학생들이 경험 가능한 활동으로 구안하는 데는 여전히 서툰 편이다. 이 점에서 임 교사의 수업 아이디어는 탁월하다.

실제 교실에서 발생한 학생들의 선택에 대하여

이제 교실 수업의 구체적인 상황을 들여다보자. EBS 다큐멘터리의 실험대로라면, 그리고 그것에 기반한 임 교사의 의도대로라면 학생들은 존 롤스가 말한 정의의 원칙에 도달할 수 있어야 한다. 구체적으로 내가 누구인지를 모르는 상황에서는 네 자녀 중에서 가장 형편이 어려운 남희를 더 배려하는 방식으로 배분이 이루어져야 함을 말한다. 자신이 (자녀들 중) 누구인지를 알게 된 상황에서는 자신의 이익에 더 충실한 방식으로 선택을 하는 모습이 나타날 것이다. 이런 결과가 실제로 나와야 임 교사가 의도한 대로 존 롤스의 무지의 베일을 경험하는 실험이 성공한 것이 된다.

학생들이 실제로 어떤 선택을 하였는지 살펴보자. 무지의 베일을 쓴 것으로 가정된 첫 10분의 토의 결과를 발표한 어느 모둠의 결론이다. 이 모둠은 첫째 2,500만 원, 둘째 1,000만 원, 셋째, 2,000만 원, 넷째 500만 원으로 어머니가 남긴 빚을 배분하였다. 배분 결과를 보면 남희에게 가장 적게 배분한 것은 사실이다. 그러나 이 금액은 네 자녀가 자신의 소득에서 1/4씩 분담하기로 했기 때문에 나온 수치이다. 만약 배분의 원칙이 이러하다면 남희의 형편을 정말 배려한 것이라고 말할 수 있을까? 이런 배분의 원칙은 무지의 베일을 쓴 상태에서는 "사회경제적 불평등을 용인할 때에 최소 수혜자에게 최대 이익이 되도록 한다"는 원칙이 도출된다는 존 롤스의 결론과는 거리가 있어 보인다.

무지의 베일이라고 가정한 상황극에서 학생들이 내린 결론 즉, 남희가 500만 원을 내는 것은 엄밀한 의미에서 보면 최소 수혜자에게 최대 이익이 되도록 한 결정은 아니다. 더 문제가 되는 것은 자신이 누구인지를 알게 된 상황에서도 처음에 합의했던 금액을 바꾸지 않은 모둠이 많다는 점이다. 만약 원래 의도한 대로 실험 결과가 나오려면 최초의 합의와 달리 나중 합의에 각자의 이기적 입장이 더 많이 반영되어야 한다. 그러나 그렇지 않은 모둠이 적지 않은 것이다. 두 번째 합의에서 확인해야 할 중요한 사항은 남희가 분담해야 할 금액이 어떻게 바뀌는가 하는 점이다. 불행히도 이 부분 수업 장면이 촬영이 되지 않아서 남희가 분담해야 할 액수의 변화를 정확히 확인할 길이 없었다. 다만 앞부분의 학생들 간 의사소통 상황으로 추론하건대 처음에 결정한 내용을 바꾸지 않은 모둠도 꽤 있었다. 그러므로 두 번째 선택에서 남희에게 불리하게 분배에 대한 결정을 바꾼 모둠이 꼭 많았다고 보기는 어렵다.

왜 이런 결과가 나왔을까? 우선, 임 교사가 차용한 EBS의 실험 자체가 존 롤스의 무지의 베일 실험을 정확히 재현한 것은 아니다. 상이점을 두 가지만 언급해 보겠다. 첫째는 존 롤스의 계약 상황은 유산을 배분하는 것과 같은 현실적 문제에 대한 계약이 아니라 사회 운영과 관련된 원초적인 원칙을 정하는 계약 상황이라는 점에서 양자의 위상 자체가 다르다. 둘째, 의사 결정에 참여하는 사람들이 한순간 자기 자신에 대한 기억을 온전히 잃어버리고 사회적 선택에 꼭 필요한 기본 정보만을 갖는 상태로 돌아갈 수 있는가 하는 문제이다. 이 때문에 임 교사의 교실 실험은 존 롤스의 무지의 베일에 대한 엄밀한 경험적 연습이라고 보기 어렵다. 현실의 누구도 존 롤스가 상정하고 있는 무지의 베일로 온전히 걸어 들어갈 수 없다. EBS 실험 상황의 첫 번째 예는 자신이 누구인지를 모르기 때문에 중립적인 위치에서 판단을 내릴 것이라고 가정한 상황이다. 얼마간은 그렇다. 그러나 이 상황이 무지의 베일이 가정하고 있는 문화적 진공 상태를 의미하지는 않는다. 판단을 내리는 사람들은 이미 한국이라는 사회·문화·역사적인 배경의 세례를 받은 존재들이다. 따라서 이들의 선택에는 '장남이나 장녀가 좀 더 많은 희생을 해야 한다'거나 '자녀 교육비가 많이 드는 상황을 고려해야 한다'거나 혹은 '전세금이 계속 오르는 사정을 감안해야 한다' 등의 한국 사회의 현실적인 지식이 관여한다. 이런 점 때문에 내가 자녀 중 누구인지 모르는 상황과 누구인지를 알게 된 상황의 차이에도 불구하고 학생들이 확연하게 대비되는 결론에 도달하지 않은 것이 아닐까?

그렇다면 학생들의 견해는 임 교사의 의도를 완전히 빗나간 것일까? 그렇지는 않다. 임 교사는 수업의 마지막에 학생들이 토론 내용에서 공통점을 찾도록 하였는데 거의 모든 모둠이 남희를 배려한 것으로 기억하고 있었다. 소득의 1/4로 분배한 것도 넓은 의미에서 남희를 배려한 것이라면 이런 해석은 크게 무리가 되지 않는다. 그리고 학생들의 모둠 활동 결과에 대한 이런 해석에 터하여 임 교사는 존 롤스의 무지의 베일과 거기서부터 도출되는 도덕의 원칙을 성공적으로 설명하였다. 더욱이 무지의 베일을 실감 나게 설명하기 위해서 가시적인 천을 사용하여 한 학생에게 씌우는 퍼포먼스까지 하였으니, 학생들에게는 존 롤스의 무지의 베일이 매우 성공적으로 각인되었을 것이다.

사실 이렇게 학생들의 반응이 다양한 것은 의외의 결과는 아닐 수도 있다. 원초적인 상황에 놓였다고 하더라도 사람들이 정말 존 롤스가 이야기한 원칙을 선택할지는 윤리학자들 간에도 논쟁이 되는 문제이다. 이 문제를 지적하는 마이클 샌델의 글을 인용해 보겠다.

원초적 위치에 놓인 사람들이 차등 원칙을 선택하겠는가, 이런 의문을 제기하는 사람도 있을 것이다. 무지의 장막 뒤에서 사람들이 도박을 하지 않으리라고, 자신이 높은 지위에 놓일지도 모른다는 희망으로 대단히 불평등한 사회를 선택하지 않으리라고 어떻게 확신할 수 있는가? 더러는 자기가 왕이 될지 모른다는 희망을 품고, 땅 한 조각 없는 노예가 될 수도 있는 위험을 감수하면서까지 봉건 사회를 선택하는 사람도 있을 것이다.[28]

학생들이 보인 반응도 존 롤스가 상정하고 있는 결론보다 훨씬 다양한 셈이다. 그 이유 중 일부는 앞의 인용문처럼 위험을 감수하고 도박을 즐기는 성향의 사람이 있기 때문이다. 또 다른 이유는 앞에서도 언급했듯이 EBS의 실험 상황이 존 롤스가 상정하고 있는 무지의 베일과 정확히 일치하지 않기 때문이기도 하다. 그래서 자신이 누구인지를 알게 된 이후에도 부담하는 액수가 변하지 않는 학생들도 적지 않다. 이렇게 의견이 다양하기는 하지만 인용된 수업 대화에서 보듯이 부담할 금액을 바꾼 학생들의 경우는 자신에게 좀 더 유리한 방식으로 금액을 조정하였다.

그런데 이런 학생들의 다양한 반응을 가지고 교사는 무지의 베일을 엄밀하게 설명할 수 있을까? 가능한 방법 중에 하나는 교사가 예상했던 결론을 제외한 다른 결론들을 일부러 무시하는 것이다. 실제임 교사는 이런 방식을 취하고 있다. 결과적으로 이런 교사의 선택은 학생들이 보인 수많은 반응 중에 교사의 의도에 맞는 정보만을 의도적으로 부각시킨 듯한 느낌이 든다. 비유로 설명하자면 전파가 잘 전달되지 않아서 잡음이 많이 나는 곳에서 라디오 방송국의 실제 방송 내용을 청취하려고 애쓰는 느낌이라고 할까? 그래서 아쉬움이 다소 남는다. 교사는 수업을 설계할 때 학생들이 교사가 예상한 대로 반응을 보이지 않는 상황까지 염두에 둘 필요가 있다. 쉽게 말하면 '플랜 B'가 준비되어 있어야 한다. 임 교사가 학생들의 반응을 큰 줄기로 묶어서 존 롤스의 이론을 증명하는 방향으로 종합하는 대신에 각 모둠에서 논쟁하면서 나온 다양한 반응에 좀 더 열린 시각을 가지고 그 이유를 따져 보고 논쟁하게 했더라면 어떠했을까?

도덕적 판단 및 의사 결정 능력을 길러 주려면

이쯤에서 임 교사의 수업이 교과서를 그대로 재현하고 있지 않다는 사실로 돌아가 보자. 임 교사는 교과서의 내용을 동일한 순서와 비중으로 다루고 있지 않다. 교과서에 짤막하게 제시된 '롤스의 절차적 정의'를 거의 2시간 분량으로 확대해서 다루고 있다. 그 이유가 무엇인지를 임 교사에게 물어보았더니 "롤스의 절차적 정의가 현대 윤리 이론에서 중요할 뿐 아니라 대학수학능력시험에서도 중요하게 다루어지기 때문"이라고 답했다. 임 교사와 대화한 내용을 떠올리다가 며칠 전 고등학교 3학년 학생들을 가르치는 대학 동창과 전화한 내용이 기억이 났다. EBS 문제 풀이를 하고 있는데 학생들 태반이 듣지 않아서 여간 스트레스가 아니라는 것이다. 내가 EBS 교재 집어치우고 학생들이 흥미 있어 할 내용을 다루어 보라고 했더니 세상 물정 모르는 소리 하지 말란다. 대학 보내는 것이 목적인데 학부모들이 가만히 있겠냐는 것이다. 비극적인 이야기이지만 이 이야기를 나누는 우리가 EBS 문제 풀이식 수업이 비교육적임을 모를 리가 없다. 그럼에도 불구하고 EBS 문제 풀이식 수업을 해야 하는 현실이 엄연히 존재하는 것이다. 이 대목에서 인간은 자유롭고 독립적인 존재라기보다는 특정한 공동체에 속하며 공동체와 전통이 요구하는 도덕적(?) 요구를 받아들여야 하는 존재라는 점을 강조하는 매킨타이어나 샌델과 같은 공동체주의자들의 주장과 마주하게 된다. EBS 문제 풀이식 수업을 놓고 고민하는 도덕적 갈등 상황은 미국이나 영국의 교사라면 마주하지 않았을 교육 상황인 셈이다. 우리가 현실적으로 직면하는 도덕적 선택은 역사적·문화적 중립 지대에서 발생하지 않는다. 샌델은 유명한 윤리학자 매킨타이어를 인용하여 이 점을 강조한다.

우리는 누구나 특정한 사회적 정체성을 지닌 사람으로서 자신을 둘러싼 환경을 이해한다. 나는 누군가의 아들이거나 딸, 또는 사촌이거나 삼촌이다. 나는 이 도시나 저 도시의 시민이며, 이 조합 아니면 저 조합의 회원이다. 나는 이 친족, 저 부족, 이 나라에 속한다. 따라서 내게 이로운 것은 그러한 역할과 관련된 사람들에게도 이로워야 한다. 이처럼 나는 내 가족, 내 부족, 내 나라의 과거에서 다양한 빚, 유산, 적절한 기대와 의무를 물려받는다. 이는 내 삶에서 기정사실이며 도덕의 출발점이다. 또한 내 삶에 도덕적 특수성을 부여하는 것이기도 하다.[29]

내 동기가 EBS 문제 풀이식 수업을 해야 하고 임 교사가 대학수학능력시험을 고려하면서 교과서를 재구성해야 하는 이유도 이런 우리 삶의 도덕적 특수성과 관련되어 있다. EBS 문제를 한 문제라도 더 풀어 주어서 더 많은 학생을 대학에 보내는 것이 우리 사회에서는 도덕적으로 간주된다! 현실의 우리는 누구도 이런 역사적 맥락으로부터 온전히 벗어나서 존 롤스의 무지의 베일 속으로 걸어 들어갈 수 없다.

다시 임 교사의 선택으로 돌아가 보자. 임 교사는 롤스의 절차적 정의를 자세히 다루는 이유 중 하나가 대학수학능력시험 때문이라고 말했다. 그러나 임 교사의 도덕 수업은 그런 수단적 목적에만 한정되지 않는다. 임 교사는 경험적 연습이라는 요소를 가미한 새로운 수업 설계를 통해서 더 나은 도덕 수업을 위해 노력하고 있다. 이런 임 교사의 노력으로 인해서 학생들은 "사회 제도가 추구해야 할 가장 기본적인 덕목으로서 사회 정의의 중요성을 이해하고, 사회 정의와 관련된 윤리적 문제들을 바람직하고 합리적으로 해결할 수 있는 능력과 태도를 기른다. 이를 위해 사회 정의의 의미와 종류, 사회 정의와 관련된 윤리적 문제들을 조사·분석하고, 정의로운 사회를 실현할 수 있는 방안에 대하여 탐구한다"라는 교육과정의 취지에 보다 가까운 수업을 경험하는 행운을 누린다.

그러나 이런 참신한 시도에도 불구하고 임 교사의 수업 또한 지식 전달 위주의 수업이라는 한국 교육계의 오랜 관행으로부터 온전히 자유롭지 못하다. 위의 교육과정을 보면 윤리적 지식과 문제를 조사하고 분석하고 탐구하는 이유는 윤리적 문제를 바람직하고 합리적으로 해결할 수 있는 능력과 태도를 기르기 위해서이다. 여기서 '지식과 탐구'와 '능력과 태도'는 서로 대립되는 개념이 아니다. '능력과 태도'를 기르는 데 '지식과 탐구'는 필수 불가결한 요소이다. 다만, 지식과 탐구는 그 자체가 목적이 아니라 능력과 태도를 기르기 위한 수단으로 간주되는 듯하다. 이를 오늘의 수업 주제로 옮겨 보면 존 롤스의 절차적 정의를 제대로 이해하는 것이 수업의 궁극적인 목적은 아닌 셈이다. 그의 이론을 앎으로써 우리가 일상에서 직면하는 윤리적 선택의 문제와 사회적 불평등에 대한 보다 나은 해결책을 찾을 수 있는 능력과 태도를 기르는 것이 수업이 지향해야 할 바이다.

그러려면 존 롤스의 사유의 결과를 이해하고 암기하는 것을 넘어서서 그가 이런 논리를 전개한 문제의식을 추체험하는 것이 필요하지 않을까? 존 롤스는 분배 문제가 역사적, 사회적 우연에 의해서 해결되는 상황은 바람직하지 않다고 보았다. 그의 입장에서 보면 미래엔 교과서에 나오는 '공정한 분배의 기준'인 '절대적 평등', '필요', '능력', '업적', '노동' 중 어느 것도 이런 도덕적 임의성을 완전히 배제할 수 있는 좋은 방안이 아니다. 예를 들어 보자. 노력한 만큼 배분하는 것은 얼핏 보기에는 대단히 공정해 보인다. 그러나 노력하고 도전하려는 의지조차도 타고난 능력과 기술, 그리고 선택 가능한 대안들의 영향을 받는다. 노력하려는 의지조차도 본인이 스스로 선택할 수 없는 사회적 우연성의 영향을 받을 수밖에 없다. 기존의 공정한 배분의 기준에 대한 이런 식의 치밀한 비판적 검토를 토대로 존 롤스는 자유롭고 평등한 개인이 무지의 베일 속에서 공정하게 합의하는 절차를 통해서 새로운 기준을 만들어 보려고 시도한 것이다. 이런 존 롤스의 문제의식을 온전히 추체험하려면 절대적 평등, 필요, 능력, 업적, 노동이라는 교과서에 제시된 분배적 정의의 기준을 존 롤스의 절차적 정의와 아무런 연관성 없이 다루는 것은 바람직하지 않아 보인다. 수업도 존 롤스의 사고 과정을 따라서 절대적 평등, 필요, 능력, 업적, 노동 등이 왜 공정한 배분의 기준으로 부적합한가를 검토하는 작업을 통해서 절차적 정의의 필요성으로 나아가는 방식을 대체로 따르고 있다. 임 교사가 설정한 '분배적 정의에서 합리적 의사소통(절차적 정의)이 중요한 이유를 말할 수 있다'라는 수업 목표도 암묵적으로는 이런 사유의 흐름을 가정하고 있는 셈이다. 그러나 이 수업만 놓고 보면 임 교사의 수업은 존 롤스의 문제의식을 통해 공정한 배분에 대한 학습자의 사고 능력과 태도를 함양하는 것보다는 존 롤스의 절차적 정의라는 내용 자체를 이해시키는 데 좀 더 경도되어 있다. 이런 임 교사의 수업 운영 방식에는 지식 전달을 중시하는 한국의 수업 관행이 얼마간은 녹아 있을 수밖에 없다. 다만 지식을 다루는 방식이 수준 높고 고차원적이라는 점에서는 분명한 차이가 있다.

도덕적 지식을 탐구하면서 동시에 도덕적 판단 능력과 태도를 기를 수 있는 좋은 수업으로는 마이클 샌델의 수업이 하나의 전형이다. 앞의 예에서 언급했듯이 마이클 샌델의 수업은 공리주의 자체를 가르치는 것을 목적으로 하지 않는다. 다양한 도덕적 선택 상황에 대해서 함께 토론하고 논쟁하는 경험을 통해서 시민들이 더 나은 도덕적 삶에 대해서 고민하고 참여하도록 하는 데 강의의 목적이 있다. 우리의 도덕 수업도 그런 방향으로 나아가야 하지 않을까? 물론 필자나 임 교사는 마이클 샌델과 같이 도덕 이론에 대한 해박한 식견을 지니고 있지 못하다. 필자나 임 교사가 대하는 학생들도 하버드대학의 학생들처럼 학습 동기가 충만한 수재들도 아니다. 그러나 우리 교실의 학생들 또한 민주공화국의 공적인 시민으로서 더 좋은 삶을 고민하며 다양한 도덕적 사회적 이슈에 대해서 더 나은 판단을 할 수 있는 존재들로 자라나야 한다. 이를 위해서 우리의 도덕 수업 또한 대학수학능력시험 성적을 올리는 것 이상을 지향해야 한다. 임 교사의 수업은 열악한 한국 교육의 생태계 속에서 그런 도덕 수업의 이상을 향해서 나아가는 의미 있고 훌륭한 시도이다. 동시에 함께 숙고하고 해결해야 할 교육적 논쟁거리도 여전히 남겨 두고 있는 수업이다.

수업을 되돌아보고 성찰하는 것의 중요성에 대해서

임 교사의 수업에 대한 비평을 마무리하면서 수업을 기록하고 사후 성찰하는 것의 중요성에 대해서 다시 언급하고자 한다. 임 교사의 수업 중에 마지막 10분 남짓을 촬영하지 못했다는 점이 특별히 이런 언급을 더하는 동기를 제공하였다. 성찰적 실천가Reflective Practitioner로서 교사는 자신의 수업 실천을 수업 중에도 성찰해야 할 뿐 아니라 수업 실천이 끝나고 난 후에도 성찰해야 한다. 수업 중 성찰이 즉시적이고 임기응변적인 성격을 띠고 있는 데 반하여 수업 후의 성찰은 자료에 터한 심사숙고된 성찰의 성격을 띤다. 그리고 그런 성찰이 성공하기 위해서는 수업 중에 발생하는 상황에 대한 여러 가지 자료를 꼼꼼히 모으는 노력이 필요하다. 학생의 개별 활동이나 모둠 활동 결과물을 수집하고 수업 동영상도 촬영해서 다시 시청해야만 이런 숙고된 성찰이 가능하다. 물론, 이런 작업은 엄청난 노력이 수반되어야 가능한 일이다. 그리고 모든 수업에 대해서 이런 식으로 자료를 모아서 성찰하는 일은 사실 불가능에 가깝다. 그러나 수업을 연구할 목적이라면 수업 실행에서 발생하는 자료를 모아서 다시 돌아보는 일은 없어서는 안 되는 절차이다. 예컨대 우리가 임 교사의 수업 활동에 대한 학생들의 반응에 대한 자료들을 계속해서 모으고 분석할 수 있다면 이 주제와 관련된 우리나라 고등학생들의 사고와 그 배후에 작용하는 도덕적 원칙들을 좀 더 객관적이고 정확하게 이해할 수 있을 것이다. 당연히 우리나라 고등학생들의 반응은 한국의 문화적 토양에서 연유한 반응이라는 점에서 미국이나 일본의 고등학생들의 반응과 다를 가능성이 높다. 그리고 이런 학습자의 반응에 대한 체계적인 축적을 통해서 새로운 수업 설계, 나아가 우리의 문화적 맥락을 고려하는 수업 실천이 가능해질 것이다. 나도 잘 실천하지 못하는 일로 임 교사와 교사 독자들에게 부담을 지우는 것 같아서 죄송한 마음이 든다. 그러나 우리의 수업 실천이 지금보다 나아지기 위해서 꼼꼼한 자료 수집과 사후 수업 성찰은 회피할 수 없는 수업 연구의 중요한 부분임을 새삼 강조하지 않을 수 없다. 훌륭한 수업을 실천해 준 임은경 교사에게 감사드리며 글을 닫는다.

'정의 실험' 수업
: 생각의 흐름을 그리기

임은경(경기 동탄 중앙고)

"선생님, 혹시 최근에 연구 수업 한 적 있으세요?"

늦더위가 한창인 2016년 가을 퇴근길에 경기도토론교육연구회의 동료 교사로부터 전화를 받았다.

"올해는 아니구요, 작년에 했어요."

"그럼, 수업 녹화도 했겠네요?"

"네. 학교에서 연구 수업은 다 하죠. 아마 연구부에서 가지고 있을 걸요?"

교육부에서 실시하는 교사들 대상 연수가 있는데, '2015 개정 교육과정에서 새롭게 등장하는 〈통합 사회〉와 관련하여 수업을 어떻게 할지'를 보여 주었으면 한다는 것이었다. 그때의 통화 내용을 곱씹어 보건대 전달하고자 하는 내용보다 내가 듣고자 하는 대로 해석을 했던 게 아닌가 싶다. 나는 〈통합 사회〉라는 교과의 '정의' 단원과 내가 했던 활동 수업이 일맥상통하리라 굳게 믿었다. 이러한 단순한 이해로 인해 흔쾌히 수업 공개를 받아들인 것이다.

그러나 나중에 알게 된 내 수업 공개의 전말은 이러했다. 2015 개정 교육과정에 새롭게 등장하는 〈통합 사회〉를 위해 선별적으로 '각 시·도의 장학사와 수석 교사 대상의 연수'가 진행 중이었다. 이 연수 커리큘럼에 이혁규 교수의 수업 비평 실습이 있었던 것이다. 장학사와 수석 교사들이 일선 교사들의 수업을 효과적으로 컨설팅할 수 있는 역량을 함양하기 위함이었다. 수업 공개의 본래 목적이 내가 짐작했던 '2018년 도입되는 〈통합 사회〉의 내용을 어떻게 가르칠 것인가'가 아니라 '수업 비평이 무엇이며 어떻게 컨설팅할 것인가'였던 것이다.

이 글을 읽는 교사들에게 묻고 싶다. "150명의 시·도 장학사와 수석 교사 앞에서 이혁규 교수로부터 수업 비평을 받겠습니까?"라고. 당시에 전화를 주었던 경기도토론교육연구회 교사가 이렇게 물었다면 나는 이혁규 교수를 만나지 않았을 것이다. 고맙게도 그분은 에둘러 표현하셨고(상당히 쟁쟁한 교사들이 수업 공개 제안을 거절했다는 후일담이 있다. ^^;) 나는 듣고 싶은 대로 들었으며 마침내 이혁규 교수의 수업 비평을 오롯이 독대하는 영광을 누리게 되었다.

여기까지의 사연은 나를 굉장히 억울한 사람으로 만든다. 그러나 나는 억울함을 하소연하려는 게 아니다. 내 수업을 비평받는 기회가 우연히 행운처럼 왔음을 말하고자 하는 것이다.

'정의 수업'을 말하기에 앞서 토론교육에 뛰어든 개인사를 말하고 싶다. 나는 남편의 영국 주재 발령으로 인해 2008년 가을 한국을 떠나 2014년 가을에 돌아왔다. 대기업 주재원의 혜택을 받아 소위 말하는 세계의 부유층이 보내는 영국 사립 학교에 아들과 딸을 보낼 수 있었다. 그곳에서 직업병처럼 아이들의 교육과정을 관찰했다. 각 나라마다 교육의 장단점이 있겠지만 나를 감동시킨 것은 역사 수업이었다. 역사교육이라 하면 모름지기 선사 시대부터 거슬러 올라가야 하거늘 영국은 바로 지금 당장과 직결되는 근현대사부터 가르쳤다. 또는 한 가지 주제를 놓고 여러 가지를 바라보게 했다. 예를 들면 바이킹 시대에 '왜 그들은 영국을 침범했는지, 왜 사는 모습이 그러했는지, 어떻게 영국에 영향을 주었는지' 등. 한 학기 동안 한 시대를 놓고 끊임없이 이야기를 하고 또 이와 관련된 상상을 하게 하였다. 그리고 왜 그렇게 생각했는지 다시 말하게 했다. 그것이 놀라웠다. 무서웠다. 윤리 교사라서 '생각하는 과정을 생각할 줄 아는 인간'의 우수함과 소중함을 절실히 느끼고 있었기 때문이다. 그래서 복직하면 막연하게 그러한 교육을 해 보리라 꿈꿨다. 한국에 돌아온 지 반년 만에 무턱대고 경기도토론교육연구회의 연구위원이 된 것도 그런 맥락에서였다.

'정의 수업' 이야기로 넘어가자. 2015년 연구 수업을 스스로 하겠다고 했을 때 미리 '정의 수업'을 머리에 두었던 것은 아니다. 〈생활과 윤리〉를 통틀어 칸트, 공리주의, 요나스, 니부어, 싱어, 롤스의 윤리 이론은 가장 핵심적 내용에 해당한다. 마침 '정의' 단원을 다뤄야 했고 학생들에게 어떻게 효과적으로 '정의'를 말할 수 있을지 고민했다. 영국으로 가기 전 윤리 교과에 〈생활과 윤리〉는 존재하지 않았으며, 〈윤리와 사상〉 교과에서도 존 롤스의 정의론을 전혀 다루지 않았다. 마이클 샌델의 《정의란 무엇인가》라는 책은 샀으나 그가 존 롤스를 잇는 사람인 줄도 몰랐다. 세계는 바야흐로 '정의'를 갈망하고 있었지만 나조차도 그것을 '어떻게 말하는지' 몰랐다. 나는 정의를 '말해야' 했고 '가르쳐야' 했다. 그리고 학생들이 '수능 점수를 획득'할 수 있게 도 해야 했다. 먼저 EBS 수능 특강을 인터넷으로 들었다. 분배에 관한 것을 집중적으로 다루는데 대충 무슨 말인지 알겠다. '이성적으로 납득이 되도록 정의를 설명하는군…….' '존 롤스 대단히 영민한 사람인데?' '근데 윤리학을 전공한 사람으로서 무엇을 말하는지 알겠으나 이를 처음 접하는 사람에게 어떻게 이해하게 하지?' 그의 이론을 깊게 이해하기 위해 《정의론》을 펼쳤다. 어렵다!! 결국 끝까지 읽지 못하고 책을 덮었다. 마이클 샌델 교수의 정의론 강의를 보았다. 쉬운 이론을 참 재미있게 이끌었다. 내공이 있는 사람이다. 그러나 학교 수업에서는 저 깊이로 다룰 수 없잖아!! 정의에 관한 교양 프로그램을 보자. 마침 대중의 요청을 반영한 EBS 다큐프라임에 〈법과 정의〉 편이 있다. 사람들에게 실험을 하네? 저거 재밌는데! 이것이 2015년 '정의 수업'이 탄생된 일련의 흐름이다.

'정의'는 일단 개념상 분배와 법과 관련하여 언급된다. 그래서 첫시간에 '정의로운 분배'를 위한 기준을 가르친다. 사회 구성원이 가질 몫을 나누는 기준으로 필요, 업적, 능력, 노동 등의 기준이 있다. 이는 정의 수업 첫 시간에 충분히 다룬다. 각 기준의 장점과 단점을 파악하게 한다. 특히 능력과 업적으로 인한 몫이 당연히 개인의 몫이라고 여기는 자유민주주의 사회의 생각을 곱씹어 보게 한다. 예를 들면 이런 식으로 말이다.

애들아, 100m 세계 기록 보유자가 누구지? 맞아, 자메이카의 우사인 볼트지. 그건 우사인 볼트의 능력인 거지? 그러니까 그가 국가의 영웅 대접을 받는 것이 당연해. 근데 말이야 우사인 볼트가 19세기 남북전쟁 이전에 미국 애리조나주에 태어났으면 어떻게 됐을까? 빠른 발로 도 망갔다가 잡혀서 채찍에 맞거나 총에 맞아 죽었겠지? 김연아 선수는 어 때? 천부적인 감각과 엄청난 노력으로 피겨스케이팅의 여왕이 되었지? 그런데 만약에 우리나라가 김연아 선수의 재능을 뒷받침할 만한 재력 이 없었다면? 아니면 김연아 선수가 일제 강점기에 태어났다면? 어떻게 됐을까?

우리가 당연시했던 능력과 업적조차 행운의 일종이라면 과연 공정 한 분배의 기준은 존재할 수 있을까? 여기에서 존 롤스의 정의론이 출발한다. 몫을 나누는 기준보다 몫을 나누는 기준을 정하는 과정에 주의를 기울이는 것이다. 다음 시간을 위하여 이러한 질문을 던진다.

바게트가 있어. 우리가 만든 거야. 길이가 1m나 돼. 이걸 나눠 보자. 편하게 1/N 하는 거야. 공평할까? 근데 빵 만드는 재료를 댄 사람한테 도? 빵 만드는 레시피를 알고 있던 사람도? 그저 반죽하는 데 힘만 쓴 사람도? 오븐을 사 온 사람도? 각자의 공이 크다고 주장하고 있어. 그 렇다면 어떻게 해야 할까? 어떤 사람이 이렇게 얘기했대. "아 귀찮아. 우 리 속 편하게 주사위를 던져서 큰 숫자가 나온 사람 순으로 자신의 몫 의 크기를 먼저 정하자." 이 말에 모든 사람이 동의했어. 그리고 모두 주사위를 던지기 시작했지. 가장 적은 숫자가 나온 나는 먼저 몫을 떼 어 간 사람들 때문에 하나도 받을 수 없게 되었지. 나는 어떻게 해야 할 까? 받아들여야 할까? 다시 거부해야 할까? 왜? 여기에 대해서 우리 다 음 시간에 생각해 보자.

정의 수업의 두 번째 시간의 시작은 첫 시간의 분배의 기준을 잠시 복습하고 EBS 다큐멘터리의 영상을 보여 준다. 어머니가 돌아가시고 남겨 놓은 빚 6,000만 원을 형편이 다른 네 자녀들이 분배해서 갚아야 하는 문제 상황이다. 거부할 수 없는 갈등 상황을 극대화하려 했는지 EBS 다큐멘터리는 빚의 분배로 상황극을 연출했다. 따라서 혼동되지 않게 납세나 국방의 의무처럼 분배의 몫에는 고통의 몫도 포함되어 있음을 설명해야 한다. 이 갈등 상황에 협의 이외의 다른 해결책이 끼어들지 못하도록 빚의 상속을 포기하는 한정 상속이나 은행 대출 따위는 고려하지 말라고 일러 주었다. 나는 정의 수업에서 토의·토론 과정을 부수적으로 사용하고자 했다. 수업 중에 학생들의 사고 과정을 어떻게 그려 낼 것인가에 집중하고자 했다. 생각을 만들어 내는 것보다 어떻게 변화되어 가는지 그 흐름을 그리는 것을 의미한다. 내가 원하는 수업의 과정은 각자의 생각의 흐름이며 이를 반추하는 과정이다.

앞서 이혁규 교수의 비평문에서처럼 수업의 과정은 매우 단순하다. 수업 지도안으로도 매우 단순하게 표현된다. 수업의 마지막 10분 안에 학생들이 합의를 어떻게 이뤘는지, 왜 생각이 바뀌었는지, 바뀌었다면 왜 그랬는지, 바뀌지 않았다면 왜 그런지의 과정을 영희, 철수, 영수, 남희의 순서대로 발표하고 타인의 의견을 듣게 한다.

사실 연구 수업을 계획할 때 어느 특정 학급을 생각하고 '정의 실험'을 짜지는 않았다. 분배의 기준을 정하는 데 앞서서 '절차의 중요성'을 강조하는 롤스를 이해시키고 싶었고, 그 절차를 합의하는 과정을 스스로 통찰하게끔 만들고 싶었다. 연구 수업 반인 1학년 2반이 최초로 존 롤스의 '정의론'을 나가는 반이었다. 성실하지만 얌전했으며 창의적 의견보다는 상식적 의견이 많았다. 학생들의 자기표현은 관찰하는 교사들 앞에서 자유롭지 못한 데다 이처럼 규범 준수에

강한 학급에서는 다양한 의견이 나오지 않는다. 나로서는 여러 반에서 나온 흥미로운 의견이 수업 비평에 반영될 수 없어 아쉽다. 그리고 수업이 완성되어 가는 마지막 10분이 촬영되지 않아 더더욱 안타깝다. 이 부분을 이혁규 교수에게 어떻게 설명해야 할지 난감했다. 그래서 '정의 실험'을 장학사와 수석 교사들과 함께 하고자 했다. 학생으로서 참가하지 않으면 '자신의 생각'이 어떻게 변화하는지 체험할 수 없다고 판단했기 때문이다.

이 '정의 실험'은 재미있다. 개인이 모두 수업의 주체가 되어서 각자의 생각을 돌아보게 한다. 그리고 다른 사람의 생각과 비교하게 한다. 그럼에도 여러 반응 중에서 단 한 번의 예외도 없었던 것은 형편이 어려운 남희가 제일 적게 빚을 갚도록 분배한다는 것이었다.

존 롤스는 우리가 '사회적 약자를 배려'해야 하는 이유를 '무지의 베일'을 쓴 이성적 이기주의자라면 사회적 약자가 될 위험을 회피하기 위해 이에 합의를 할 것이기 때문이라고 말한다.

전 시간에 던졌던 질문을 생각해 보자.

바게트가 있어. 우리가 만든 거야. 길이가 1m나 돼. 이걸 나눠 보자. (……) "우리 속 편하게 주사위를 던져서 큰 숫자가 나온 사람 순으로 자신의 몫의 크기를 먼저 정하자." 이 말에 모든 사람이 동의했어. (……) 가장 적은 숫자가 나온 나는 먼저 몫을 떼어 간 사람들 때문에 하나도 받을 수 없게 되었지. 나는 어떻게 해야 할까?

아주 작은 가족 단위 국가라면 고민할 필요도 없이 이를 받아들여야 한다. 합의했기 때문이다. 그러나 오늘날처럼 변화무쌍하고 관계가 복잡한 시대에는 '분배의 기준을 정하는 절차의 공정성'을 확보하기 힘들다. 그래서 롤스는 이를 위해 '무지의 베일'을 설정했으리라. 나는 공정한 합의 과정을 상정하려는 존 롤스의 노력이 무지의 베일에 녹아 있다고 본다. 아쉽게도 인간이 완벽하게 무지의 베일 상태에서 분배의 기준에 합의하기는 불가능하다. 그러나 나는 완벽하지 않은 무지의 베일 상황에서도 '사회적 약자를 배려하는 데 합의하는 이성적 인간의 자연스러움'이 더 의미 있다고 본다. 내 정의 실험에 참여하는 사람들은 (학생, 교사 모두 포함해서) 자신이 '사회적 약자가 될 위험'을 피하기 위해서 '정의 원칙'에 합의하지 않는 것으로 보았다. 대부분 그것이 '당연'하다고 생각했다. '약자를 보호하라'는 사회적 규범의 습득과는 다르다. 성선설을 주장하는 맹자와 도덕적 직관을 강조하는 칸트처럼 인간 본성에 자연스레 녹아 있는 것에 더 가까운 것 같다. 그래서 학생들도 수업을 통해 자신을 돌아봤으면 좋겠다. '나는 사회적 약자를 배려하는 데 합의할 수 있는 사람'임을 자각했으면 좋겠다. 분배의 기준을 정하는 데 있어 합의가 얼마나 어려운지, 이것이 얼마나 귀중한 것인지 깨닫고 이에 참여하려는 의지를 가지면 좋겠다. 내가 바라는 수업 목표는 이것이다. "태도."

2017년 3월 어느 날 이혁규 교수로부터 전화를 받았다. "제 수업을요?" 하, 영광이긴 한데 거참 부담스럽다. 치밀하신 이혁규 교수에게서 어떤 비평문이 나올까. 결론은 비판보다 오히려 칭찬 일색이다. 첫 실험 수업이라 결론을 억지로 이끄는 부분도 있고 모둠 활동 내내 학생들을 돌아보지 못하는 빈틈도 많았는데 잔가지 치듯이 그런 것은 언급도 없고 수업이 창의적이라고 말해 주었다. 신난다. 재미난다.

경험적 연습, 복잡한 사회 현상 체험하기

경험적 연습Experiential Exercise이라는 말은 그다지 많이 알려져 있는 말은 아니다. 내가 이 단어를 처음 접한 것은 2007년 미국에서 연구년으로 머물 때이다. 당시 나를 초청한 미국 교수에게 좋은 초·중등학교 사회 교과서를 추천해 달라고 했더니 《Social Studies Alive》라는 책을 권했다. 이 책을 살펴보았더니 모든 수업이 활동형 수업으로 구성되어 있었다. 활동의 아이디어나 수준이 놀랍다는 생각이 들었다. 그런데 활동 아이디어를 구성하는 핵심 원리 중 하나로 경험적 연습이라는 말이 소개되어 있었다. 경험적 연습이란 교사가 가르쳐야 할 개념이나 내용을 말로 설명하는 것이 아니라 활동으로 변환하여 학습자들이 체험 가능하도록 연습해 보는 것이다.

내가 미국 교과서와 수업에서 본 사례 중 하나는 역사 수업에서 매카시즘을 설명하는 활동이다.[30] 매카시즘은 1950년대 미국에서 일어난 반공사상反共思想을 말한다. 1950년 2월 미국 공화당 상원의원 조셉 매카시가 "국무성 안에 205명의 공산주의자가 있다"는 발언을 한 후 몇 년 동안 정계, 학계, 방송계, 언론계에 이르기까지 수많은 사람들이 공산주의자로 몰려서 어려움을 당했다. 사상이 다른 사람들에 대한 이런 근거 없는 공격은 한동안 사회를 공포 분위기로 몰아넣었다. 매카시즘의 광기는 국제 관계에서의 긴장 완화와 더불어 점차 수그러들었고 매카시는 1954년 12월 상원 국내치안분과위원장직에서 해임되었다. 그 후 매카시즘이라는 말은 반공주의 성향이 강한 집단에서 정치적 반대자나 집단을 공산주의자로 매도하려는 태도를 일반적으로 지칭하는 말로 쓰이고 있다.

이 매카시즘 시대의 상황을 학생들에게 체험시키기 위해서 어떤 활동을 구안했을까? 아주 간단한 게임이 도입 활동으로 학생들에게 소개된다. 반 구성원들이 20명 정도라고 가정하자. 학생들에게 종이를 한 장씩 나누어 준다. 대부분의 학생들에게는 흰 종이를 나누어 주고 소수의 학생들에게는 빨간 점이 찍힌 종이를 나누어 준다. 자신이 무슨 종이를 받았는지는 비밀이다. 그리고 직접 묻는 것을 제외하고 다양한 방법을 써서 빨간 점이 찍힌 종이를 받았을 것으로 추측되는 학생을 찾아 배제하고 가장 큰 집단을 형성하는 모둠이 이기는 게임을 진행한다. 이때 빨간 점이 찍힌 종이를 받은 학생들에게는 시치미를 떼고 숨어드는 임무가 부여된다. 일정 정도의 시간이 경과한 후 게임을 종료하고 가장 큰 집단을 형성한 모둠에게 상을 준다. 그리고 어떤 방법으로 빨간 점이 찍힌 종이를 가진 학생을 색출했는지 이야기를 나눈다. 빨간 점이 찍힌 학생들에게는 자신을 숨기기 위해서 어떤 전략을 택했는지 말하게 한다. 그 후에 자신들이 게임에서 경험한 바를 아무런 근거 없이 사람들을 공산주의자로 몰아갔던 매카시즘 시대의 경험과 연결하여 그 유사성을 이야기하고 교훈을 나누는 식으로 수업이 진행된다.

이처럼 경험적 연습은 복잡한 사회 현상을 학생들이 유사하게 체험할 수 있도록 만들려는 노력이다. 경험적 연습과 유사한 개념으로는 시뮬레이션을 들 수 있을 것 같다. 요점은 학생들이 복잡한 사회 현상(자연 현상)을 스스로 체험하면서 사고를 전개할 수 있도록 수업을 설계하면 좋겠다는 것이다.

임은경 교사의 수업은 이것을 가능하게 하는 훌륭한 수업 설계 사례이다. 임 교사의 글에서 짐작할 수 있듯이 이런 수업 설계 아이디어는 그냥 떠오르지 않는다. 탐구하고 고민해야 얻을 수 있다.

임은경 교사는 내 비평에 대해 "비판보다 오히려 칭찬 일색이다"라고 언급했다. 사실, 칭찬 일색은 아니다. 비평이 제 기능을 하려면 칭찬만 할 수는 없지 않은가? 그럼에도 임은경 교사는 나의 여러 지적들을 열린 마음으로 수용해 주었다. 감사할 따름이다. 나는 수업 비평문을 쓸 때 장점은 장점대로 약점은 약점대로 객관적으로 기술하되 따뜻한 마음으로 비평하고자 노력한다. 수업 공유 교사 또한 비평의 결과를 따뜻하게 읽어 준다면 우리는 상처받지 않고 서로 배울 수 있다. 임 교사를 비롯한 이 책의 모든 수업 공유 교사들을 통해서 나는 그런 호혜적이고 아름다운 가능성을 확인한다. 한 가지 부연하자면 나는 수업 공유 교사의 고유한 약점이나 잘못은 비평문에 담지 않아야 한다고 생각한다. 예컨대, 사투리를 많이 사용하는 문제가 교사 개인의 약점이라면 학생들의 반응을 잘 해석하지 못하는 문제는 많은 한국 교사들의 공통된 약점이다. 전자가 컨설팅이나 장학의 몫이라면 후자는 수업 비평의 관심사다. 수업 비평은 공적 담론을 생산하고 소통하는 장르이다. 수업 비평을 시도하려는 사람들은 이 점을 유념하면 좋겠다.

6

2017년 한국, 고등학교 3학년 교실 수업은 어떤 모습일까

- 교사는 제도의 요구를 넘어설 수 있는가

고등학교 3학년 교실은 여전히 EBS 문제 풀이식 수업에서 크게 벗어나지 못하고 있다. 한국 교실 수업의 혁신은 고등학교 3학년 수업이 변해야 최종적으로 완성될 것이다. 문제 풀이식 수업이 제도적으로 강요되는 상황 속에서 학생들과 의미 있게 만나기 위해서 고뇌하는 김수현 교사의 수업을 들여다보고 제도적 조건의 한계를 넘어서는 작은 실천들을 함께 고민해 보자.

고등학교 3학년 수업을 비평해 보고 싶다는 생각을 가끔씩 했었다. EBS 문제 풀이식 수업이 일상적으로 행해지는데 무슨 비평할 거리가 있냐고 반문할지도 모른다. 그러나 비평의 출발은 현실에서 무슨 일이 벌어지고 있는지를 세밀하게 들여다보는 것이다. 들여다볼 필요조차도 없다고 생각하는 고등학교 3학년 수업의 속살을 좀 더 자세히 들여다보고 싶은 욕망이 있었다. 하지만 기회는 쉽게 찾아오지 않았다. 수업을 공개하려는 교사를 찾기가 쉽지 않았기 때문이다.

고등학교 3학년 수업 비평을 해 보고 싶다는 생각이 다시 든 것은 앞의 글에서 잠시 언급했던 오랜만에 걸려 온 대학 동창의 전화 때문이다. 외고, 자사고 등 특목고로 인해서 서울 시내 인문계 고등학교의 수업 상황이 말이 아니란다. 자신이 근무하는 지역은 사회경제적으로 열악한 곳이라 영향이 더 크다고 했다. 얼마 전에는 EBS 문제를 푸는데 수업을 듣는 학생이 다섯 명 정도밖에 안 되더란다. 소란스러운 분위기를 나무라며 수업 안 들을 사람은 밖으로 나가라고 했더니 여러 명이 일어나서 나가더라고 했다. 이야기를 듣고 나는 학생들이 듣지도 않는 EBS 문제 풀이 그만두고 학생들에게 의미 있는 소재나 주제로 수업을 해 보라고 말했다. 그랬더니 동창의 반응이 세상 물정 모르는 소리 하지 말란다. EBS 문제 안 풀어 주면 학부모나 학생이 가만히 있겠느냐는 것이다. 그래서 나는 한발 뒤로 물러났다. EBS 문제를 풀어 주더라도 교사가 전부 설명하지 말고 '거꾸로교실'을 하든 '협동학습'을 하든 학생들이 참여하는 형식으로 해 보라고 권했다. 한 시간 가까이 이야기를 주고받았으나 합의에 도달하지는 못했다. 전화를 끊고 나니 친구의 실존적 고민과 아픔이 강하게 전달되어 왔다.

이 전화를 계기로 고등학교 3학년에서 변화를 추구하는 새로운 수업을 찾아봐야겠다는 생각을 했다. 그즈음 프로젝트 수행 때문에 서울시교육청 장학관과 이야기를 주고받던 중에 〈경향신문〉에 실린 이기정 교사의 글을 소개받았다. '학교의 안과 밖'이라는 표제하에 연재되고 있는 시리즈로 "학종에 대한 미련"이란 글이었다. 다소 길지만 주요 내용을 인용해 보겠다.

학생부종합전형(학종)은 얼마나 오래갈 수 있을까? 지금 모습으로선 오래 못 갈 것만 같다. 약점이 너무 많다. 그래도 사라진다면 미련이 클 것 같다. 왜? (……) 지난해 나는 고3 수업을 했다. 여전히 문제 풀이에서 벗어날 수 없었지만 그렇다고 그것만 할 수는 없었다. 문제 풀이 수업만으로는 학생부의 교과세부능력 특기사항을 풍부하게 만들 수 없기 때문이다. 학종을 위한 새로운 수업을 해야만 했다. 대단한 수업을 했던 것은 아니다. 나 자신이 교과서 해설과 문제 풀이 위주의 수업에 찌든 사람이라 대단히 창의적인 수업을 할 능력이 없었다. 학생들에게 책을 읽게 한 후 감상을 발표하게 하는 단순한 수업에 불과했다. 모든 게 어설펐다.

어설픈 것치곤 만족스러웠다. 무엇보다 아이들의 참여도가 생각보다 높았다. 살짝 섭섭한 마음마저 들었다. '아 이놈들이 나의 설명보다 친구들의 발표를 훨씬 더 재미있게 듣는구나!' 학생부에 기록하기 위해 나도 경청했다. 무엇보다 학생 한 명 한 명의 생각과 개성을 잘 알게 되어 좋았다. 나 혼자 일방적으로 진행하는 수업에서는 할 수 없는 경험이었다. 세상에 고3 교실에서 이런 수업을 할 수 있다니! 묘한 흥분을 느꼈다. 그동안 선각자적으로 수업의 변화를 꾀한 교사들이 왜 학종의 열렬한 지지자가 되었는지 절실하게 이해됐다.

내친김에 여름 방학 보충 수업에서도 새로운 수업을 시도했다. 고3 보충 수업임에도 불구하고 문제 풀이에서 완전히 벗어난 수업을 시도했다. 그 사실을 미리 학생들에게 분명히 알렸다. 그런데도 학생들이 제법 신청을 했다. 무엇 때문이었을까? 우리 학교의 특수성도 작용했겠지만 아무래도 학종이 만들어 낸 분위기의 영향이 컸다고 생각한다. 그 수업은 내가 해 본 시詩 수업 중 제일 재미난 수업이었다. 무엇보다 내 평생 수업 준비에 그렇게 많은 시간과 정성을 기울인 적이 없었다. 억지로 그런 게 아니라 하다 보니까 재미있어서 그렇게 됐다. 지금도 생각만 하면 흐뭇한 수업 중의 일화가 있다. 한 학생이 이대흠 시인의 〈아름다운 위반〉을 낭송하고 감상을 말하다가 그만 울컥해서 눈물을 흘린 일이다. 예전 수업에서는 상상도 못 할 일이었다.[31]

글을 읽고 반가운 마음이 들었다. 고등학교 3학년 수업도 변화의 가능성이 있지 않은가? 수소문해서 이기정 교사에게 전화해 수업 공개를 요청했다. 아쉽게도 연구년 중이란다. 학종이라는 새로운 제도의 도입으로 싹트고 있는 고등학교 3학년 수업의 변화상을 이기정 교사를 통해 관찰할 기회를 놓친 것이다.

평범하고 일상적인 수업의 관찰을 요청하다

첫 접촉에는 실패했지만 고등학교 3학년 수업을 비평하겠다는 의지는 더 강해졌다. 그래서 교육공동체 벗을 통해 수업을 공개할 교사를 수소문했다. 처음에는 변화된 수업 관찰을 요청하고 싶었다. 그러다가 마음을 고쳐먹었다. 그동안 내가 쓴 대부분의 수업 비평문은 새로운 시도를 하는 논쟁적 수업을 대상으로 했다. 교사의 사유와 고민을 통해 동일한 교육과정이나 교과서를 놀랍도록 재해석하여 새로운 실천을 모색하는 수업들 말이다. 비평문을 읽는 독자들이 자극을 받고 새로운 실천에 동참하기를 바랐기 때문이다. 그러나 이런 종류의 비평문은 의도하지 않은 역기능도 지니고 있다. 자칫하면 수업의 변화를 교사 개인의 전문성과 창의적 실천, 혹은 초인적 의지의 결과로 환원시킬 위험성이 있기 때문이다. 예컨대, 고등학교 3학년 교실에서도 매우 창의적인 수업을 하는 교사가 있을 수 있다. 그런 수업을 발굴하여 소개하는 것은 수업 비평의 중요한 기능이다. 그런데 수업 비평의 또 다른 중요한 소임은 주어진 제도적 조건 속에서 평균적인 교사들이 빚어내는 일상적인 수업을 기술하고 그 의미를 드러내는 것이다. 일상 문화 비평으로서 수업 비평의 차원 말이다.

위에서 인용한 이기정 교사의 글로 다시 돌아가 보자. 글의 문맥을 보건대 새로운 수업의 비중이 1년 전체 수업에서 아주 많은 비중을 차지하지 않는다. 현재의 제도하에서 많은 고등학교 3학년 수업이 여전히 EBS 문제 풀이의 영향력 아래 놓여 있다. 이런 일상의 수업을 들여다보고 그것이 어떤 제도적 맥락과 연관되어 실천되고 있는지, 제도적 상황이 강요하는 문제 풀이식 수업 상황에서 개별 교사가 학생들과 의미 있게 만나기 위해서 어떤 몸부림을 하고 있는지를 살펴보고 싶었다. 그래서 평범하고 일상적인 고등학교 3학년 수업을 관찰할 수 있기를 요청하였다. 그래서 만나게 된 분이 경기도 광명 광휘고등학교 윤리 담당 김수현 교사이다. 김 교사의 수업은 얼마나 평범하고 일상적인 수업일까? 그 판단은 이 비평문의 수업 기술 부분을 읽는 독자의 몫으로 남겨 둔다.

EBS 수능 교재가 교과서를 대신하게 된 배경[32]

수업을 살펴보기 전에 왜 EBS 수능 교재가 고등학교 3학년 교실을 지배하게 되었는지부터 간단히 살펴보고자 한다. EBS가 EBS 수능 방송을 시작한 것은 2004년 4월부터이다. EBS 수능 방송을 시작한 목적은 공교육을 내실화하고 지역·계층 간 학습 격차를 해소하여 사교육비를 경감하기 위해서이다. 그런데 EBS 수능 방송의 영향력이 막강해진 계기는 이명박 정부가 2011년에 대학수학능력시험(이하 수능)과 EBS 수능 강의를 70% 연계하여 출제하는 방안을 내놓고 나서다. 이로 인해서 EBS 수능 방송과의 연계 문항의 수가 전체 수능 문항의 30% 수준에서 70% 수준으로 올라갔다. 이 정책 시행을 합리화하기 위해서 내건 목적은 사교육비 경감과 공교육 정상화였다.

그런데 이 정책 시행 첫해인 2011학년도 수능 시험의 연계 효과는 수험생이 체감할 수 있는 정도가 아니었다는 비난이 일었다. 교육부는 "교과서와 EBS 교재에서 중요하게 다루고 있는 개념과 원리를 지나치게 변형하지 않고 출제하여 수험생들이 연계를 실제 체감할 수 있도록 노력하겠다"고 발표한다. 구체적으로 실제 체감 정도를 높이기 위해서 EBS 교재에서 중요하게 다루는 내용이나 개념 활용 유형의 비중을 늘리고, 지문·그림·자료·표 등을 활용하여 문항을 변형하는 경우에도 단순히 동일한 자료 등을 사용하는 데 그치지 않고 그 문항에서 다루고 있는 핵심 개념 또는 원리를 그대로 적용하는 방식

을 도입한다는 원칙도 발표하였다.[33]

이러한 EBS-수능 연계 정책의 효과를 검토한 연구들을 살펴보면, 사교육비 경감 효과는 그다지 크지 않다. 반면에 교과서 대신에 수능 시험과 직결되는 EBS 문제집만을 맹목적으로 가르치고 배우는 등 공교육 정상화에는 역효과를 내고 있다. 한 예로, 김태우·안선회(2015)의 연구에 의하면 EBS 교재가 공교육에 미치는 영향은 매우 부정적이다. 교육 내용 측면에서는 연계 정책으로 EBS 교재가 사실상 교과서로 인식되고, EBS 교재가 교육과정과 교육 내용을 실질적으로 결정하고 있는 매우 심각한 상황이다. 교수 방법 측면에서는 지식 중심의 강의식 교수 방법과 EBS 교재를 활용한 강의, 또는 변형 강의가 성행하는 등 많은 부정적인 영향이 초래되었다. 학습 방법 측면에서는 EBS 교재의 지문을 이해 없는 상태에서 외우는 변형된 암기식 학습을 유발하였다. 평가 측면에서는 EBS 교재의 학교 시험 반영으로 인하여 논리적 사고력, 비판적 사고력, 창의적 사고력 측정에 긍정적인 영향을 주지 못하여 참된 학업 성취도 신장을 제대로 측정하지 못하는 것으로 평가되었다.[34]

EBS 문제 풀이를 하는 고등학교 3학년 교실의 일상을 실제로 살펴보면서 이런 연구 결과의 의미도 함께 생각해 보자.

김수현 교사의 윤리 수업 풍경

연구 수업처럼 교장, 교감 선생님께서 다른 선생님들을 오시게 하겠다는 거야. 그래서 '그런 거 아니다. 우리 아이들의 고3 문화를 보는 거니까 신경 쓰지 마시라'고 말씀드렸어요. (수업도) 그냥 평소처럼 할 거예요. 이번 시간은 우리 계속 고민했던 부분이잖아요? 시험 범위가

많고 어려워서. 교과서 펴 볼까? 몇 쪽이냐면 교과서 269쪽, EBS(교재)
는 여러 쪽이라서 이따 뭐 할지 화면으로 보여 줄게요.

김 교사는 수업 공개의 의미를 설명하는 것으로 시작했다. 오늘 다
루는 내용은 EBS 〈윤리와 사상〉 교재의 104~135쪽이다. 시험 범위
이기도 하다. 30쪽 분량에 서양 근·현대 윤리 사상이 망라되어 있다.
그런데 김 교사는 여느 고등학교 3학년 교실처럼 교사가 문제 하나
하나를 풀이해 주고 학생이 받아 적는 식으로 수업을 전개하지 않
는다. 대신에 모둠별로 협력해서 암기를 하는 형식으로 수업의 첫 부
분을 시작한다. 일종의 릴레이 암기 게임이다. 암기해야 할 내용은 교
과서 269쪽의 일부를 지워서 만든 인쇄물의 빈칸 속 내용이다. 참고
로 교과서 269쪽은 부록으로 서양 근·현대 윤리 사상이 요약 정리되
어 있다.

지금 모둠별로 보면 잘하는 친구가 한두 명 정도 있잖아? 오늘 문제
푸는 데 중요한 단어를 암기해야 하잖아요. 여러분(잘하는 학생들)은 책
을 펴고 친구들에게 암기를 막 시켜. 여기는 교범이하고 혜지가 막 시
키면 되겠네. 어쨌든, 269쪽을 열심히 외워. 우리 해 봤지? 1분 쓰기. 내
가 유인물에 구멍(핵심 단어를 지운 빈칸)을 막 뚫어 놨거든? 1분 안에
(핵심 단어를) 막 써 넣는 거야. 무지하게 외워야 돼. 알겠지? 지금부터
10분 동안 미친 암기를 하도록 해. 미친 암기. 빨리! 시작!

학생들이 암기하는 동안 김 교사는 교실 여기저기 인쇄물을 붙
인다. 그 후 모둠별로 순회하며 학생들의 학습을 지원한다. 10분의
시간이 지나자, 교사는 1분 동안 나와서 빈칸을 채울 주자의 순서를

각 모둠 내에서 정하도록 한다. 학생들은 서로 의논하여 주자를 정한다. 준비를 마치자, 김 교사는 탁상용 수업 종을 "땡!" 하고 치면서 "이거 도장 따기야 도장 따기.[35] 1분 시간 줄 거야. 준비됐어? 첫 번째 주자 나가!"라는 말로 게임 시작을 알린다. 학생들은 1번 주자부터 릴레이 방식으로 한 명씩 나가서 1분 동안 벽에 붙은 교과서 269쪽을 확대 복사한 인쇄물의 빈칸을 채우기 시작한다.

1분 되기 전에 들어가면 반칙이야. 1분 동안 계속 써야 돼. 종 칠 때까지! 아는 것 최대한 써. 아는 것이 없어도 써! (1분이 흐르자 "땡" 하고 종을 울린다.) 2주자 나와. 최대한 써~. 종 칠 때까지만 하는 거야. 반칙하지 마. 도장 따기란 말이야. 3주자 슬슬 준비하고 (……) ("땡" 종을 울린다.) 4주자 들어와. 말하지 마! 이제 마지막 주자 준비하세요. (……) 마지막 주자는 마무리해.

김 교사는 1분 단위로 종을 치면서 학생들이 순번대로 빈칸을 채우도록 지시한다. 암기 게임이 진행되는 동안 교사는 1분을 다 채우지 않고 들어가는 학생에게 반칙이라고 경고를 보내기도 하고, "커닝하지 마세요"라는 말로 주의를 주기도 하는 등 공정하게 게임이 진행되도록 감독한다. 마지막 주자에게는 앞의 친구들이 적은 내용이 맞는지를 종합적으로 검토하게 한다. 이렇게 첫 번째 활동인 릴레이 암기 게임이 끝나자, 김 교사는 EBS 문제집으로 옮겨 간다. 그리고 모의고사와 수능에 빈번하게 나오는 문제를 체크해 준다.

104쪽 개념 체크 2번, 105쪽 1번 (……) 144쪽 2번, 145쪽 3번, 한 30문제 정도 돼요. 진도는 다 나간 건데 단어를 안 외웠지? 외워~.

릴레이 암기 게임의 주자로 나선 학생들이 교과서를 확대 복사한 인쇄물의 빈칸을 채우고 있다.

ⓒ 최승훈

교사의 지시에 따라 학생들은 암기 2라운드에 돌입한다. 그동안 김 교사는 1분 암기 게임의 모둠별 인쇄물을 채점한다. 채점이 끝나자, 교사는 다시 순회 지도를 하며 학생들의 학습을 살핀다.

교사 몇 개 외웠어?

학생 1 연역법, 귀납법 등등이요.

교사 이번에 이거 외워야 너희 기말고사 칠 수 있어. 그래야 모의고사도 치고 하지. 연역법이 뭐야?

학생 1 자명한 원리로부터 논리적인 추론을 끌어내는 것이요.

교사 자명하다는 것이 예를 들면 어떤 것이 있어?

학생 1 사람은 죽는다는 명제요.

교사 그렇지. 그럼 자명은 무슨 뜻이야? 명백하다는 뜻이지.

귀납법이 뭐야?

학생 2 연역법의 반대요.

교사 그러니까 그게 뭐냐고?

학생 2 개별적인 사실들에서 원리를 추론하는 것입니다.

교사 그렇지. 잘하고 있어.

15분 정도의 시간이 흘렀다. 학생들이 개념 체크 문제를 충분히 암기했다고 판단하자, 김 교사는 또 다른 암기 라운드로 넘어간다. 이번에는 일종의 스피드 퀴즈 형식이다.

너희 모둠 안에서도 순서가 있는 거야. 저번에 할 때 순서를 안 정하니까 영인이 혼자서 다 맞혔잖아. 그러면 안 되잖아. 빨리빨리 진행할 거야. 1분 시간 더 줄게. 빨리 외워. 사탕 하나씩 막 나가는 거 알지? 고급 사탕이랑 초콜릿 얻어 왔어, 고급 초콜릿. (잠시 쉬었다가) 모둠에서 정해진 애가 못 맞히면 그 모둠의 다른 친구가 맞히면 돼. 시작해도 되나요?

먼저 모둠의 1번 주자가 답을 해야 한다. 만약 답을 맞히지 못하면 해당 모둠의 다른 학생들이 답할 수 있다. 모둠 내에서도 답을 못 하면 다른 모둠에서 빨리 말해서 포인트를 얻는 식이다. 릴레이 암기 게임처럼 도장 따기와 같은 수행 평가 점수는 부여하지 않는다. 대신에 답을 맞히는 학생에게 초콜릿을 던져 주어 보상한다. 교사는 한글 문서로 작성한 문제를 칠판 앞 화면에 띄우고 예행연습을 한 번 한 후에 본 게임에 들어간다.

듀이에 따르면 도덕이나 윤리도 시대나 상황에 따라 변화하고 (   )하기 때문에
고정적이고 절대적인 가치는 존재하지 않는다.

교사 시작! 1주자가 먼저 해야죠. (학생이 "성장"이라고 답하자) 정답! 잘
한다. (사탕 건네줌) 여기(다른 모둠) 첫 번째 주자 누구야? 다음 문제.

제임스는 지식의 (   ) 가치라는 표현을 사용하였는데 이 말은 결국 지식의
(   )을 의미한다.

교사 (학생이 "평등", "유용성"이라고 말하자) 정답! 이렇게 하는 거야. 알
았지? 옆에서 시원치 않으면 바로 치고 들어와. 알았지?

(   )는 지금 여기에 있는 구체적인 개인을 의미하며 본질과 대비되는 개념이다.

교사 (학생이 "현존재"라고 말하자) 정답, 현존재. 지금이 현재니까 현존
재. 여기(다른 모둠) 한다. 1주자 누구야?

이런 식으로 문제 화면이 나가고 학생이 정답을 맞히면 다음 화면
으로 넘어간다. 때로는 빠르게, 때로는 느슨하게 질문과 응답이 오
간다. 학생들이 답을 말할 때마다 소위 고급 초콜릿이 허공을 날아
간다. 이렇게 질문과 대답과 초콜릿이 하나의 묶음으로 이어지는 랠
리가 약 15분 동안 계속되었다. 다음은 이 시간 동안 김 교사가 학생
들에게 질문한 내용들 중 일부이다.

• 베이컨은 관찰과 경험을 중시하는 (　　)을 새로운 학문 방법으로 제시하였다.
• 사회적 차원의 이익을 부각시키는 계기를 제공한 흄의 사상은 (　　) 윤리의 모티브가 되었다.
• 데카르트는 철학의 제1원리를 찾기 위해 (　　) 방법을 사용하였다. 데카르트가 철학의 제1원리로 삼은 명제는 (　　)이다.
• 스피노자는 신을 (　　)과 동일시했다.
• 홉스의 사회 계약론은 근대 (　　) 사상과 시민 국가 형성에 이론적 토대를 제공하였다.
• 공리주의는 (　　)을 쾌락으로 또는 고통의 부재로 보았다.
• 칸트는 무제한적으로 선한 것은 오직 (　　)뿐이라고 하였다. 칸트는 도덕 법칙이 절대적인 (　　)형식으로 나타난다고 보았다.
• 롤스는 칸트 사상의 단점인 도덕적 의무 간의 상충 문제를 해결하고자 (　　) 의무 개념을 제시하였다.
• 키에르케고르에 따르면 참된 실존에 이르는 과정은 심미적 단계, 윤리적 단계, (　　) 단계이다.
• 사르트르는 인간의 본질을 정해 줄 (　　)이 존재하지 않는다고 주장하였다.
• 야스퍼스는 죽음, 고통, 투쟁 등 인간이 어떠한 수단을 동원해도 피하거나 변화시킬 수 없는 상황을 (　　)라고 불렀다.
• 하이데거의 사상에서 (　　)는 지금 여기에 있는 현실적인 인간 존재를 가리키는 말이다.
• 현대 덕 윤리는 고대 사상가인 (　　)로부터 큰 영향을 받았다.
• 길리건은 남성 중심 윤리를 (　　) 윤리로, 여성 중심 윤리를 (　　) 윤리로 불렀다.
• 정의 윤리가 인간의 자율성과 편리를 강조한다면 배려 윤리는 (　　)과 책임을 강조한다.
• 나딩스에 따르면 윤리적 배려는 (　　) 배려에 기초한다.

문제의 목록을 보면 오늘 수업 내용이 얼마나 넓은 범위를 포괄하고 있는지를 짐작할 수 있다. 앞부분에서 언급했듯이 오늘의 문제 풀이는 서양 근·현대 윤리 사상을 거의 모두 다루고 있다. 이 방대한 내용의 핵심을 추려서 괄호 넣기를 하는 방식으로 김 교사는 필수적인 내용을 학생들이 암기하도록 수업을 이끌어 간다. 그 과정에서 학생들과 나눈 발화들 중 김 교사가 한 말들의 일부를 소개하면 다음과 같다.

"목적? 정답! 수영이 잘하네. 저쪽 3번 주자 누구야?"

"선의지, 도덕 법칙이지. 도덕 법칙 또는 정언 명령. 앗! 도덕 법칙 앞 (지문)에 나왔네. 주최 측의 실수로 여기 (초콜릿) 하나 드리겠습니다. 다음."

"수단? 땡! 모둠의 다른 친구들? 목적? 땡! 의무! 정답입니다. 복화술 하지 마! 다음."

"사르트르는 신이 존재하지 않는다고 했어요. 무신론. 그래서 무신론 적 실존주의자라고 불러요. 그런데 키에르케고르는 나중에 절대자를 믿으라고 그랬지? 신이 있다고 생각하는 거니까, 유신론이지? 그럼 무 슨 실존주의자야? 유신론적 실존주의자라고 불러요. 다음."

"뭐죠? 네가 좋아하는 상황이야. 한계 상황? 정답입니다. '야한 상황' 이라고 외워. 야스퍼스의 한계 상황."

"응, 죽음이죠? 그래서 EBS에서 보면 〈생활과 윤리〉에서 하이데거가 죽음을 긍정적으로 보잖아. 주체성을 회복할 수 있고 자기의 삶을 하루 라도 똑바로 볼 수 있고 그렇다고 했지. 하이데거가 뭘 해 보라고 했냐 면 자기가 며칠 뒤에 죽는다고 생각하고 버킷리스트를 작성해 보라고 하잖아. 근데 요즘 유행이잖아."

"뭐야? 품성. 이야~, 너무 잘하는데!"

"누구야? 아리스토텔레스. 현대 덕 윤리학자 누구야? (학생들 "매킨타 이어!") 이야, 막 바로 나와. 모르는 게 없어."

사르트르와 하이데거의 설명 사례에서 보듯이 김 교사는 때로 부 연 설명도 하면서 박진감 있게 진도를 나간다. 대화 진행의 전체적 느낌은 빠르고 경쾌한 편이다. 자주 웃는 것도 김 교사의 특징 중 하나이다. 그리고 정답을 말하는 학생에게 때로 격한 칭찬도 주저하지 않는다. 단답형 문제를 맞히는 암기 게임식 수업에 대한 자괴감 같은 것은 거의 느껴지지 않는 분위기이다. 김 교사는 적어도 이 수업 시간에서는 윤리 사상의 핵심 내용을 하나라도 더 암기하는 것이 학생들의 복지와 행복에 기여하는 일이라는 확신이 있는 듯하다. 김 교사의 이런 정서적인 태도에 감염된 듯이 학생들도 고등학교 3학년 교실답지 않게 꽤나 열심히 참여한다.

암기 학습이 마무리될 즈음에 교사는 교범이에게 어려운 문제를 내겠다며 근대 철학자 여섯 명의 이름을 대게 한다. 공부를 잘하는 것으로 추정되는 학생이다. "데카르트, 흄, 홉스, 베이컨, 스피노자, 칸트"라고 막힘없이 말한다. 김 교사는 "너무 잘해" 하고 칭찬을 한 후에 이어서 다른 학생에게 실용주의 철학자 세 명을 말하도록 질문한다. 이번에도 막힘없이 답이 나온다. 다시 교사는 다른 학생 한 명에게 쉬운 문제를 내겠다고 하면서 연역법과 귀납법이 무엇인지를 말하도록 한다. 이 학생 또한 쉽게 답을 맞힌다. 계속되는 암기 학습의 효과일까?

이제 수업은 마지막 라운드로 넘어간다. 김 교사는 다시 EBS 교재를 펴고 대표 문제를 풀겠다고 한다. 난이도가 어려워서 학생들이 잘 이해하지 못하거나 시험에 자주 나오기 때문에 강조해야 한다고 판단한 문제들이다. 흄과 칸트를 비교하는 문제 2개, 실용주의 문제 1개, 실존주의 문제 1개 등 총 4개 문제를 선택했다. 이번에는 게임 형식이 아니다. 전형적인 문제 풀이식 설명이다. EBS 강사가 하듯이 김 교사는 문제 하나하나의 취지를 언급하고 답지 하나하나가 왜 맞고 틀렸는지에 대한 자세한 설명을 이어 간다. 흄과 칸트를 비교하는 문제를 설명하는 장면을 기술해 보겠다.

EBS 펴 봐. 대표 문제를 풀어 보도록 하겠습니다. 근대에서는 어려운 문제가 흄이에요. 흄하고 칸트하고 비교하는 게 제일 어려운데, 대표 문제를 한번 풀어 볼게요. (……) 124쪽의 5번 펴 봐. 풀기 시작. 2분 준다. 갑, 을, 병 비교하는 문제고요. 머리를 모아서 같이 풀어 봐. 얼른 풀어 봐!

05 다음을 주장한 서양 사상가가 제시할 수 있는 도덕적 행위의 사례로 가장 적절한 것은?

세계 안에서나 세계 밖 어디에서도 무제한적으로 선하다고 생각할 수 있는 것은 오직 선의지뿐이다. 선의지는 그것이 실현하거나 성취한 것 때문에, 또는 이미 주어진 어떤 목적을 달성하는 데 쓸모가 있기 때문에 선한 것이 아니라, 오로지 그 자체로 선한 것이다.

① 갑은 이타적인 성품에 따라 어려운 이웃을 자연스럽게 도와준다.
② 을은 노인이 무거운 짐을 들고 가는 것을 보고 동정심이 생겨 그의 짐을 들어준다.
③ 병은 소외 계층을 돕는 일이 습관이 되어 이제는 거의 무의식적으로 봉사 활동을 한다.
④ 정은 피곤해서 쉬고 싶었으나 약속을 준수해야 한다는 의무감에서 약속 장소로 틸러간다.
⑤ 무는 정직의 원칙을 따르는 것이 장기적으로 이익을 초래하기 때문에 정직한 상거래를 한다.

〈EBS 수능특강 고등 사회탐구영역 윤리와 사상〉 교재의 문제

다 풀었어요? 검사하니 제대로 해. 체크해, 빨리. 우리 지수만큼만 하면 얼마나 좋을까. 애들아, 한다. 124쪽 5번 폅니다. 지수가 씩씩하게 읽어 봐. (학생이 문제를 읽은 후) 선의지 누구야? 칸트. 한 줄만 더 읽어 볼게. 맨 마지막 문장 중요하지 않니? '그 자체로 선한 것'이다. 칸트와 관련된 것 고르면 되겠지? ①, ②, ③, ④, ⑤ 중에서 도덕적 행위를 골라야

겠지? 그럼 칸트 한번 정리하고 갈까요? 칸트는 어떤 행위가 선하다고 그랬지? 첫 번째, 도덕 법칙을 따르는 것, 인간 존엄성, 보편적 실천 의지의 명령을 따르고, 선의지의 명령을 따르고 결과를 생각해, 안 해? 생각하지 않지? 답은 몇 번, ④번이 되겠지. ①번은 왜 틀려? 이타적인 성품이 아니지? ②번 왜 틀려? 동정심은 흄과 관련된 거지. ③번 무의식이 아니고 실천 이성에 따르는 거지. ⑤번 왜 틀려? 이익을 취하면이라고 하니까 공리주의. 그래서 답은 ④번. 다음.

김 교사는 이런 식으로 네 문항을 설명한다. 하나하나 꼼꼼하게 설명한다. 이렇게 문제 풀이를 하자 이윽고 마칠 시간이다. 김 교사는 수업 초반부에 릴레이 암기 게임에서 각 모둠이 작성한 학습지의 채점 결과를 알려 주는 것으로 연차시 수업의 여정을 마무리한다.

채점한 것 보니까, 2모둠이 다 맞았더라고요. 그래서 도장을 찍어 주도록 하겠습니다. 수고했습니다. 쉬세요. 그리고 오늘 배운 것 있지? EBS 도장판 펴. 윤리 부장이 찍어 주게. 여기(2모둠)는 한 개씩 추가로 주고.

김 교사의 수업은 어떤 제도적 조건하에 놓여 있는가?

김 교사의 수업은 일단 암기와 문제 풀이 중심의 수업이다. 제도가 바뀌지 않으면 수업도 바뀌지 않을 것이라는 통념과 관련하여 고등학교 3학년에서 〈윤리와 사상〉을 가르치는 김 교사가 어떤 제도적 조건하에서 수업을 진행하고 있는지부터 살펴보자. 제도라는 말은 상당히 복잡한 함의를 지니고 있는 말이다. 이 글에서는 "법이나 관습에 의하여 세워진 모든 사회적 규약의 체계"라는 국어사전의 정의 수준에서 논의를 전개하고자 한다. 법이나 관습에 의해서 강제되는 어떤 제약이 김 교사가 직면하고 있는 제도적 조건이다. 여기에는 수학능력시험 출제 방식을 포함한 대학 입시 제도, 국가 교육과정과 검인정 제도에 기반한 교과서, EBS-수능 연계 정책 및 EBS 문제집, 좋은 대학 합격이 지상 과제인 고등학교 3학년 수업 문화, 관습화된 교사, 학생, 학부모의 기대 체계 및 사회 분위기 등이 포함된다. 이 중 일부는 법규나 규칙과 같은 명시적인 형태이다. 다른 일부는 관행과 관습과 같은 암묵적인 형태로 제도적 영향력을 발휘한다.

앞에서 언급한 EBS-수능 연계 정책은 김 교사의 수업을 구속하는 제도적 조건이다. 이기정 교사의 사례에서 언급했듯이 학생부종합전형의 비중이 커지면서 새로운 수업의 가능성이 다소나마 열리고 있는 것도 고등학교 3학년 수업이 처한 제도적 조건이다. 좀 더 넓게 보면 수시와 정시, 학생부 전형과 수능 최저 기준, 내신 성적 등의 여러 요소를 함께 고려해야 하는 현행 입시 제도가 고등학교 3학년 교실 수업 방식을 규율한다. 오늘 수업과 직접 연관된 것으로 범위를 좁히면 〈윤리와 사상〉이라는 특정 교과목과 관련된 국가 교육과정의 편제와 시간 배당, 성취 기준, 국가 교육과정을 충실하게 반영해야 하는 교과서가 존재한다.

나는 비평문을 쓰기 위해서 〈윤리와 사상〉 교과서의 해당 부분을 유심히 살펴보았다. 오늘 수업은 교과서 159~194쪽에 해당하는 내용이다. 교과서 내용을 일별해 보면, 경험주의와 이성주의, 결과론적 윤리와 공리주의, 의무론적 윤리와 칸트주의, 실용주의 윤리와 실존주의 윤리, 현대의 덕 윤리와 배려 윤리 등이다. 이 많은 윤리 사상이 교과서 35쪽 분량에 빼곡히 담겨 있다. 하나의 윤리 사상은 평균

3~4쪽 분량이다. 예를 들어, 실존주의 윤리는 교과서 3쪽 분량으로
다루어진다. 3쪽 분량에 소개되는 학자는 키에르케고르, 야스퍼스,
하이데거, 사르트르이다. '신 앞에 선 단독자', '한계 상황', '현존재', '실
존이 본질에 앞선다' 등 각 사상가들을 대표하는 개념이나 생각이 함
께 소개된다. 물론, 내용은 매우 축약적이다. 예를 들어, '현존재' 개념
과 함께 하이데거를 소개하는 교과서 내용은 7줄짜리 한 문단이다.

하이데거는 인간을 '지금 여기에 구체적으로 있는 인간' 즉, 현존재라
고 규정하였다. 그리고 인간은 '지금'이라는 시간과 '여기'라는 장소에
한정되어 있기 때문에 근본적으로 불안과 염려를 갖고 있을 수밖에 없
는 존재라고 보았다. 하지만 하이데거는 인간이 유한한 삶을 인식하고
죽음에 대한 위기감을 느끼기 때문에 진정한 자신을 발견할 수 있다고
하였다. 즉, 죽음을 미리 마음속으로 체험함으로써 지금의 순간에 진정
중요한 것이 무엇인지를 깨달을 수 있다는 것이다. 그는 이를 통해 본래
적 자기를 회복할 것을 강조하였다.[36]

매우 압축적인 교과서 서술은 다른 부분에서도 유사하게 나타
난다. '결과론적 윤리와 공리주의'를 설명하는 내용은 교과서 6쪽 분
량이다. 여기에 '결과론적 윤리의 특성', '벤담과 밀의 고전적 공리주
의', '현대 공리주의와 그 의의'라는 소주제가 각각 2쪽 분량으로 다
루어진다. 김 교사를 포함한 수많은 윤리 교사들은 이렇게 축약된
교과서 내용을 한정된 시간에 가르쳐야 하는 거의 불가능에 가까운
미션을 수행해야 한다. 물론, 내용을 모두 다 가르치지 않고 선택해
서 가르친다면 미션은 좀 더 현실적이 될 수 있다. 그러나 교사들은
흔히 '진도 나가기'로 표현되는 한국적 수업 관행 속에 놓여 있다. 표

준화된 국가 교육과정, 표준화된 교과서, 표준화된 시험과 맞물리면서 교사는 교과서의 내용을 빼놓지 않고 다 다루어야 한다.

이런 제도적 조건은 한국 고등학교 3학년 교사들이 교육적으로 좋은 실천을 행하는 것을 거의 불가능하게 만든다. 참고로 좋은 수업을 연구해 온 미국의 짐멜만Steven Zemelman과 동료들이 제시한 지양해야 할 수업 실천의 목록을 살펴보자. 고등학교 3학년 수업은 여기에 열거된 항목들에 거의 예외 없이 해당한다. 교사들이라고 이것을 모를 리 없으리라. 교사들은 때로 자신의 의지와는 무관하게 이런 수업을 해야 한다.

- 전체 학생을 대상으로 한 교사 주도적 교실 수업(예: 강의)
- 앉아서 정보를 듣고 수용하고 흡수하는 등 학생들이 수동적으로 참여하는 수업
- 교사가 학생들에게 일방적으로 정보를 전달하는 것
- 교실에서 침묵을 보상하고 격려하는 것
- 워크시트, 복사물, 워크북의 빈칸 채우기 등 앉아서 필기하는 데 소비하는 시간
- 교과서나 기초 도서를 읽는 데 학생들이 소비하는 시간
- 모든 주제 영역에서 많은 내용을 교사가 수박 겉핥기식으로 다루는 것
- 사실들과 잡다한 내용을 단순 암기하는 것
- 학교에서 경쟁과 성적을 강조하는 것
- 능력별 집단으로 학생들을 분류하거나 명명하는 것
- 문제 학생들만을 따로 뽑아 특별 프로그램을 부과하는 것
- 표준화된 검사를 사용하고 의존하는 것[37]

제도가 바뀌어야만 수업도 바뀔까?

다시 제도가 바뀌어야만 수업도 바뀔 수 있다는 익숙한 통념을 떠올려 보자. 이 주장이 내포하는 비관과 냉소를 얼마간이라도 극복하기 위해서 구조와 행위의 관계에 대한 오랜 사회학적 논쟁을 끌어들여 보겠다. 흔히 사회 구조를 강조하는 입장은 거대한 구조가 인간의 행위와 선택, 의지를 구속한다고 본다. 반면에 행위자를 강조하는 입장은 구조의 문제를 등한시한 채 인간의 의지와 선택을 통해서 사회 현상이나 변화를 설명하려고 한다. 그러나 실제 사회 현상은 구조와 행위 어느 한쪽에 의해서 일방적으로 결정되지 않는다. 양자는 상호 밀접하게 연결되어 있다. 쉽게 말하면 구조는 사람들의 행위를 강제하지만 구조 또한 사람들의 행위를 통해서 재생산되고 유지된다. 이렇게 구조와 개인의 행위를 연결 지어서 설명하는 이론 중에 제도적 개인주의라는 입장이 있다. 영국의 사회학자 기든스가 대표적으로 이런 이론적 견해를 피력하였다.

기든스의 견해를 중심으로 최대한 쉽게 소개해 보겠다. 구조는 인간의 행동을 강압하는 중요한 변수이다. 그러나 구조는 인간의 행동을 완전히 결정하지 않고 그들에게 선택할 여지를 남겨 준다. 즉, 구조는 사람들에게 선택 가능한 대안의 범위를 제공해 준다. 사람들은 이 선택 가능한 대안의 범위 내에서 무엇인가를 선택한다. 이때 어떤 선택의 범위가 존재하고 그중에서 무엇을 선택할지는 사람들의 능력과 인식에 의존한다. 여기서 능력이란 사람들이 다르게 행동할 수 있는 가능성을 말한다. 그리고 인식은 사람들이 사회 관행이나 제도에 대해서 명시적 혹은 묵시적으로 알고 있는 바를 말한다. 일상생활에서 사람들은 구조의 담지자로서 별다른 반성이나 성찰 없이 행동하는 것처럼 보인다.

그러나 실제로는 끊임없는 관망과 성찰을 통해서 의도적 행동을 한다. 이런 사람들의 행동을 통해서 다시 구조는 지속적으로 조직되고 재조직되면서 유지되고 변형된다. 이를 건물에 비유하여 상상해 보면 사회 구조라는 건물은 그 건물을 이루고 있는 벽돌들에 의해서 매 순간순간 계속해서 재건설되고 있는 건물이다.[38] 우리가 이렇게 구조와 개인의 관계를 인식하면 구조가 인간을 온전히 결정하거나 구조로부터 완전히 자유로운 개인의 의도성만으로 사회 현상을 설명하는 것을 벗어날 수 있다. 이제 구조는 깨뜨릴 수 없는 굳어진 실체가 아니다. 대신에 시간과 공간에 따라 바뀌어 가는 진행적인 성격을 띤다. 한 시점에서 보면 구조는 고정되어 있는 것처럼 보인다. 그러나 구조가 제공하는 선택의 범위 내에서 다르게 행동할 수 있는 사람들의 계속적인 선택을 통해서 구조는 변화되어 간다. 따라서 사회 이론은 구조와 더불어 구조를 변형시켜 가는 인간들의 선택 과정을 필연적으로 연구해야 한다.

김 교사는 어떤 선택을 하고 있는가?

구조 내에서 개개인의 선택은 개인의 인식을 매개로 한다는 점에서 어느 정도 주관적인 요소를 띤다. 김 교사는 현재의 제도하에서 무엇이 교사가 선택 가능한 범위라고 인식하고 있을까? 김 교사와의 인터뷰를 통해서 확인한 바로는 EBS 교재를 사용하는 문제 풀이를 하지 않는다거나 정상적인 진도를 나가는 것 등을 선택 가능한 교사의 행동으로 판단하고 있지는 않았다. 토의·토론이나 프로젝트 수업을 시도할 때도 있지만 이런 수업도 현재의 입시 제도에서는 학생들을 괴롭히는 요소가 되고 있다고 인식하고 있었다.[39] 그런 점에서 김 교사의 오늘 수업은 제도에 속박되어 있는 고등학교 3학년 교사들의 평균적인 선택에서 크게 벗어나 있지 않다. 그러나 세밀히 들여다보면 의미 있는 차이도 발견된다. 무엇보다도 김 교사의 교실이 상당히 활기차다는 점이 인상적이다. 교사와 학생을 극도로 소외시킬 가능성이 높은 문제 풀이식 수업을 진행함에도 불구하고 교사와 학생의 관계는 매우 좋아 보인다. 비결이 무엇일까? 김 교사는 어떤 전략을 사용하여 학생들이 재미없어하는 문제 풀이식 수업을 비교적 잘 참여하게 이끌어 가고 있을까?

눈에 띄는 것은 학생들이 모둠으로 함께 협력도 하고 경쟁도 한다는 점이다. 릴레이 암기 게임이나 스피드 퀴즈 등과 같은 학습 상황이 그렇다. 문제를 맞히는 학생들에게 고급(?) 초콜릿을 던져 주는 모습도 신기해 보인다.[40] 이런 요소들은 평균적인 고등학교 3학년 교실 수업에서는 관찰하기 어려운 장면들이다. 누군가는 이런 장면에 대해서 대단히 비판적인 입장을 취할 수도 있다. 학습에 대한 내재적 동기를 강조하는 사람들은 문제 풀이에 초콜릿을 동원하는 상 주기 방식에 대해서 학생들의 학습 동기를 근본적으로 훼손한다고 비난할 것이다. 타당한 지적이다. 그러나 한국의 고등학교 3학년들이 어떤 조건에 있는지를 다시 생각해 보라. 이들의 학습 의욕을 자극하기 위해서 무엇이라도 해야 하지 않겠는가? 학생들이 처한 맥락에 맞는 특수한 처방이 필요하다. 일반적인 동기 이론에 맞지 않고 임시방편이나 응급조치의 성격을 띠는 것이라 하더라도 말이다. 아마 고등학교 3학년 학생들도 초콜릿을 던져 주는 김 교사의 전략이 유치하다고 생각할지도 모른다. 그러나 학생들은 김 교사가 자신들에게 초콜릿을 던져 주면서 고군분투하는 마음의 한 자락을 간파하고 있으리

김수현 교사가 퀴즈 정답을 맞힌 학생에게 초콜릿을 던져 주고 있다.　　　ⓒ 최승훈

라. 이런 김 교사의 동기에 대한 이해가 이 학급의 학생들 거의 모두가 수업에 함께 참여하게 만드는 동력으로 작용하지 않았을까?

　김 교사의 선택은 내가 이 비평문의 도입부에서 대학 동창에게 권했던 'EBS 문제를 풀어 주더라도 교사가 전부 설명하지 말고 거꾸로교실을 하든 협동학습을 하든 학생들이 참여하는 형식'의 한 변이형이라는 생각을 문득 해 본다. 오로지 친구를 이기기 위해서 경쟁하는 나 홀로 공부의 담벼락을 넘어서 우정과 협력의 가느다란 끈이라도 이어 보려는 김 교사의 의식적 혹은 무의식적 욕망이 이런 독특한 수업의 양태를 만들어 낸 것이리라.

　이 수업에 대한 학생들의 주관적인 평가가 어떨지 궁금해서 김수현 교사에게 학생들의 의견을 인터뷰해 달라고 했다. 교사가 대놓고묻는 것에 학생들이 부정적으로 답하긴 어려웠을 것이다. 그러나 이교실의 민주적이고 소통적인 분위기를 고려하면 학생들이 빈말을 하

고 있는 것처럼 보이지는 않는다. 〈생활과 윤리〉 수업에 대한 학생들
의 반응 중 몇 개를 인용해 보겠다.

사탐 과목 중에서 지루하지 않은 수업인 것 같아요. 재밌어요. ○○ 같은 경우는 단순 암기 같은데 윤사는 암기도 하고 철학자들의 일화나 상식도 쌓고 해서 수업을 들을 때마다 재밌어요. 강의식으로 할 때도 이야기를 하면서 하니까 재밌고……. 선생님은 외워야 하는 것을 효율적으로 쉽게 알려 주세요.

— 남학생, 성적 상

선생님이 수업할 때 이야기해 주신 게 나중에 혼자 공부할 때 생각이 잘 나요. 그래서 선생님이 수업 시간에 한 이야기, 농담 그런 것들을 다 교과서에 적어 놨어요. 인생 이야기도 있고.

— 여학생, 성적 중

다른 수업은 자느라 집중도 잘 안 했는데 윤사는 굉장히 이해하려고 노력했어요. 한 번도 안 잤고요. 들어 보니까 철학이 의외로 재밌고, 철학자들이 하는 말이 처음 들어 보는 말인데 공감돼요. 작년에 선생님과 관계(담임)가 있으니까 잘 들어야 할 것 같았는데, 들어 보니까 과목도 재밌어서 기분이 좋았어요.

— 남학생, 성적 하

그냥 재밌는데. 다른 건 딱딱하고 영감이 오는 게 없는데 윤리는 약간 인생의 참된 뭐랄까, 나중에 문득 생각나요. 무릎을 딱 치면서 공감 같은 게 느껴져요. (……) 3학년 돼서는 모둠 활동을 하는 수업이 하나도

없어서 윤리 시간 모둠 활동은 활력소 같은 느낌. 부담감도 덜하고 숨 통이 트이고 수능에 대한 압박만 느껴지는 게 아니라 친구들하고 이야 기도 할 수 있고 편안해요. (……) 샘이 친구 같아요. 샘이 돌아다니면서 "왜 안 해? 너도 해! 쉽지?" 이렇게 말하는 거. 다른 샘들은 "그냥 해라" 이렇게 하고 지나가는데 샘은 제스처랑 말투도 또래랑 비슷하고요.

— 여학생, 성적 상

평범한 사람들이 만들어 내는 변화의 가능성에 대하여

이 비평문을 쓸 즈음에 장훈 감독의 영화 〈택시운전사〉를 보았다. 영화 속 택시 운전사 김만섭(송강호)이나 서울 차량 번호판을 보고 도 검문을 통과시켜 준 박 중사(엄태구)를 보면서 구조와 행위의 관계 를 다시 떠올리게 된다. 1980년 광주와 같은 폭압적 상황도 모든 가 능성을 제거하고 단 하나의 선택만을 대안으로 남겨 놓지는 않는다. 행위자는 이 경우에도 어느 정도 선택의 폭을 갖는 셈이다. 물론 선 택의 폭은 어느 정도 객관적이다. 객관적이라는 말은 구조가 상상적 가공물이 아님을 말한다. 따라서 구조적 강압의 역치閾値에 도전하는 선택은 매우 위험하다. 영화 속의 행위자처럼 죽을 각오를 해야 한다. 그래서 나를 포함한 대부분의 평범한 사람들은 역치에 육박하거나 역치를 넘는 도전을 좀처럼 하지 못한다. 그러면 역치에 한참 미치지 못하는 소극적인 저항이나 도전이 전혀 의미가 없는 것일까? 예컨대, 한강이 쓴 소설 《소년이 온다》의 끝부분에는 다음과 같은 이야기가 적혀 있다.

특별히 잔인한 군인들이 있었던 것처럼, 특별히 소극적인 군인들이 있었다.

피 흘리는 사람을 업어다 병원 앞에 내려놓고 황급히 달아난 공수부대원이 있었다. 집단 발포 명령이 떨어졌을 때, 사람을 맞히지 않기 위해 총신을 올려 쏜 병사들이 있었다. 도청 앞의 시신들 앞에서 대열을 정비해 군가를 합창할 때, 끝까지 입을 다물고 있어 외신 카메라에 포착된 병사가 있었다.

어딘가 흡사한 태도가 도청에 남은 시민군들에게도 있었다. 대부분의 사람들이 총을 받기만 했을 뿐 쏘지 못했다. 패배할 것을 알면서 왜 남았느냐는 질문에, 살아남은 증언자들은 모두 비슷하게 대답했다. 모르겠습니다. 그냥 그래야 할 것 같았습니다.[41]

발포 명령에 정면으로 항의하지 못하고 공중을 향해서 총을 쏘는 방식으로 소극적으로 저항하거나 피를 흘리고 쓰려져 있는 시민을 몰래 병원 앞에 두고 가는 행위가 거대한 역사의 흐름에 무슨 영향을 미칠까? 그래서 역사가 바뀌었나? 이렇게 냉소할 수도 있다. 그렇다. 역치에 한참 못 미치는 이 작은 선택들이 역사의 물줄기를 당장에 바꾸지는 못했다. 그러나 거대한 역사에서 잠시 눈을 돌려 미시사에 주목한다면 어떨까? 적어도 이 작은 저항들이 총에 맞아 죽었을지도 모르는 한 사람의 생명은 살려 내지 않았는가! 그리고 이런 미시사를 만든 수줍은 힘들이 모여 오늘 우리가 〈임을 향한 행진곡〉을 제창할 수 있는 시대에 살 수 있게 한 것은 아닐까? 김 교사의 실천도 현 제도가 지닌 모순의 역치에 최대한 도전하는 선택은 당연히 아니다. 그렇지만 김 교사의 교실에서 나는 김만섭의 선택 혹은 박 중사의 선택을 떠올린다.

만약 독자들 중에서 나의 이런 상상이 비약으로 느껴진다면 영화를 본 지 얼마 되지 않아서라고 양해해 달라. 2017년 극장에서 재현된 1980년 5월의 광주는 너무 먼 과거로 느껴진다. 그만큼 우리 민주주의가 진전되었기 때문이다. 언제쯤이면 문제 풀이가 지배하는 고등학교 3학년 교실도 낡은 시대의 기록 영화가 될 수 있을까? 그러기 위해서는 추격자를 막아선 택시들의 행렬처럼 새로운 미시사를 쓸 수많은 공모자들이 필요하다. 공모자들을 규합하여 비루한 현실을 한 발이라도 넘어설 수 있는 작은 실천에 대해서 이야기하자. 그 출발은 교실이다. 자세히 보지 않으면 여느 문제 풀이식 수업과 별다를 바 없는 고등학교 3학년 수업을 비평에 회부한 것이야말로 김 교사의 매우 의미 있는 선택이며 결단이다. 김 교사처럼 자신의 교실 실천을 공적 담론에 개방하는 용기 있는 시도가 간단없이 이어질 필요가 있다. 그래야만 모든 좋은 교육적 실천을 무화시키는 블랙홀 같은 고등학교 3학년 교실을 변화시키는 방법에 대한 정치精緻한 논의들이 시작될 수 있다. 이런 수업 공유와 꼼꼼한 수업 들여다보기를 시작으로 행위자들의 도전을 확장해 가는 작은 실천들을 끊임없이 실행해 보자. 이것은 제도 내에서 우리 선택의 지경을 확장해 내는 일이다. 한편 우리를 구속하는 제도를 밖으로부터 공략하는 실천 또한 기획해 보자. 학벌이 더 이상 인생의 멍에가 되지 않는 좀 더 공정하고 인간다운 사회 말이다. 종국에 현재의 고등학교 3학년 교실 모습이 기록 영화가 될 미래를 그리면서……

모순 덩어리 고3 교실에서
수업이란

김수현(경기 광명 광휘고)

갑작스런 고3 수업 공개 요청에 안 하고 싶었다. 교내·외 수업 공개를 비교적 여러 번 했는데 그때는 수업을 '잘'한다고 추천해 주는 것만으로 기고만장했으나 교직 경력이 10년이 넘어가니 뭔가 내공을 보여 줘야 할 것 같아 그랬다. 또 아무리 고3 수업을 공개하는 교사를 찾기 어렵다 한들, 내가 고3 수업을 획기적으로 개선한 것도 아니고, 새로운 수업 아이디어를 소개하는 것도 아니기 때문이다. 고작 고3 학생들을 데리고 EBS 수능 특강 문제 풀이를 하다 스피드 퀴즈를 맞힐 때마다 사탕과 초콜릿을 던져 주는 모습으로 괜히 체신만 깎이는 것 같아서 안 하고 싶었다.

《오늘의 교육》 기자들과 고3 수업 공개의 취지가 뭔지 한참 동안

이야기하고 나서야 마음을 정할 수 있었다. 물론 한때 수업실기대회에서 입상했던 적도 있고, 그 입상으로 수업을 잘한다는 것이 얼마나 교사로서의 삶을 다양하게 만들 수 있는지 충분히 느끼고 즐긴 나다. 그러나 수업 컨설턴트로 활동할 때 교사들의 단 한 시간의 수업을 보면서 마음에 들지 않는 수업 장면을 포착해 내곤 수업 전체가 '잘못됐다'고 느꼈던 기억을 떠올리면 두렵다. 수업은 일상인데 한 시간의 수업을 보고 그 교사를 재단해 버리고 실망했던 내 부족함이 지금도 부끄럽다.

몇 년 전부터 나에게 어떤 연구회(모임) 소속이냐고 묻는 분들이 있는데, 없다고 대답할 때마다 반응은 거의 '경악'이다. 수업 공개도 꽤 했고, 교육 비평서에 글이 실리기도 했으며《오늘의 교육》편집위원도 하는 사람이, 수업이나 학교 정책에 대해 수많은 교사들이 얼마나 다양한 연구를 하는데 거기에 참여하지 않느냐는 질책은 거의 죄책감까지 들게 할 정도였다. 지인들은 나를 집단 지성의 힘을 모르는 반지성인 보듯 하며 가끔은 본인 소속 연구회에 끼워 주려 했는데, 매번 공손히 사양했다. 내가 잘나서 그런 것이 아니다. 수업을 비롯한 정책들을 연구하는 연구회도 흥망성쇠가 있는 것 같은데, 그 속도를 따라가기 버겁고, 여기저기 기웃거리길 좋아해서 진성 회원이 되기 어려워 그랬다. 어쨌든 이런 연구회를 기반으로 한 다양한 수업 모형들이 수업 비평 지면을 통해 여럿 소개됐다. 하지만 나는 그런 수업 혁신가는 아니다. 나와 학생들은 평소 하던 수업에 뒷문만 열었을 뿐이다.

이번 수업은 고3 〈윤리와 사상〉 교과에서 '서양 근대부터 현대 철학'을 정리하는 대단원 마무리 수업이다. 방대한 분량을 복습하되 주요 용어를 암기해 문제 풀이를 신속하게 할 수 있게 돕는 것이 수업 구성의 핵심이다. 꾸역꾸역 수업을 마치고 "다른 수업에 비해서 윤리 수업을 더 잘 듣는(혹은 더 잘 참여하는) 편이다"라는 이혁규 교수의 질문을 학생들에게 전했다. 학생들 중 하나가 "우리 수업 공개 때 개판이지 않았나? (웃음) 다른 선생님들보다 샘이 되게 재밌게 가르쳐 주고 말씀하실 때 귀에 쏙쏙 들어와요. 생활이랑 관련된 예를 이야기해 준다던지 그래서 재밌어요. 다른 과목은 생활에 관련된 이야기를 해 주진 않고 오로지 수업만 진행해요"라고 신나게 말하자 학생들이 동조하는 바람에 머쓱해졌다. 또 다른 학생은 "전형적인 선생님 말투는 아닌데, 웃겨요. 뭐라고 해야 하나, '프리free한 프리드먼Milton Friedman = 신자유주의'처럼 선생님이 가르쳐 주는 암기 방식은 피식하면서 웃게 돼요. 말이 되는데 또 안 되는 것 같기도 하고"라고 말하기도 했다. 내 귀는 듣고 싶은 대로 들려서인지 '개판'보다 '재밌다'만 들린다. 그런데 어쩐지 죄다 알맹이 빠진 예능처럼 보인다. 다른 학생들이 와글와글 참견하기 시작했다. "저는 잘 안 듣지만 거의 한 명도 안 자지 않아요? 당연하죠. 태도가 활발해요." 수능에서 〈윤리와 사상〉을 선택하지 않은 이 학생의 반응도 놀라웠다. '학생들이 태도가 활발하고 아무도 안 자는 수업.' 수업 관련 연수 때 배운 수업 모형에 어느 하나 해당되지 않고, 협동학습의 원리나 기본적인 운영 규칙조차 지키지 않는데, 교육청 포함 모두가 목 놓아 외치는 '단 한 명의 아이도 배움을 포기하지 않고, 소외되지 않는다'는 이상적인 수업 모델을 나도 모르게 실천하고 있었단 말인가!

학생들이 또 이야기했다. "과목이 재밌잖아요. 원래 전 이 과목을 좋아해요. 소크라테스, 플라톤 등 철학자들의 관계나 얽힌 사건을 선생님이 이야기해 주실 때 재밌었어요. 선생님도 재미있고 쿨하잖아요." 학생들은 인터뷰어인 내가 눈앞에 있다고 칭찬 일색을 늘어놓는 것 같았고 얘기를 들을수록 왠지 영 찜찜했다. 결국 나의 수업 혁신은 스토리텔러로서 교사 개인의 탤런트가 중요한 요소였다. 대부분의 여성 인강 강사들처럼 미모(?)를 칭찬받지 못한 것이 못내 아쉬웠지만……. 이로써 하나는 확실히 증명된 셈이다. 단 한 명의 아이도 배움을 포기하지 않고 소외되지 않으려면 공교육에 예능을 도입해야 한다는 것. 앞으로 공교육 교사의 라이벌은 인강 강사가 아니라 예능인이 될 거라는 모 종편 강연 프로그램 강사의 말이 떠오른다. 나는 본디 재밌는 사람이다. 수업의 공간에서도 그렇다. 이런 점에서 시대에 감사한다. 수업을 잘하고 싶고 새롭게 하고 싶고 매년 발전하고 싶어 안달이 난 시절이 있었다. 각종 연수를 들으며 교실에서 실천하고 또 실천했다. 학생들에게 묻지도 따지지도 않고. 그러나 지금은 그렇지 않다. 교사에게, 학생에게 수업이 일상이듯 집밥처럼 어느 날은 대충 덥혀 먹고, 어느 날은 비벼도 먹으며 일상을 고요히 보낸다. 아, 가끔은 특식을 차리기도 한다. 너무 많은 수업 모형이 떠돌아서 강의식 수업만 하는 수업은 뒷북치는 사람이 된 것 같은 요즘이다. 혁신 교육의 시대에 《오늘의 교육》 말고는 어디 하나 몸담고 있지 않지만, 또 솜씨 좋게 버무린 혁신적인 수업을 보여 주진 못했지만 내 장점을 살린 수업을 하고 있다.

  끝으로 수업 비평문으로 돌아가 마무리하려 한다. 이혁규 교수는 EBS 교재 문제 풀이를 하는 내게서 택시 운전사 김만섭이나 서울 차량 번호판을 보고도 검문을 통과시켜 준 박 중사를 떠올렸다고 했다. 이 대목을 읽고 내면을 들킨 것 같아 얼굴이 화끈거렸다. 나는 아마 독일 기자는 못 될 것이다. 다른 택시 운전사 황태술이나 대학가요제에 나가고 싶어 대학생이 된 구재식, 5월의 광주였다면 정말 그들처럼 했을 것 같기 때문이다. 비장한 신념 이전에 인간의 도리면에서 자기가 할 수 있는 일을 했던 그들이다. 입시에 매몰된 교사가 되긴 싫지만 소시민으로서, 평범한 교사로서 입시 시스템을 전면적으로 거부하지 못하고 있다. 내 교직 생애사를 거슬러 올라가 보면 더욱 확연해진다. 학생들에게 야자를 강제로 시킬 순 없다고 부장에게는 단호히 말하고 학생들에게 선택권을 줬지만 솔직히 우리 반 아이들이 수능 시험에서 대박 났으면 한다. 가정 문제로 홀로 서지 못할 수 있는 아이라는 걸 알지만 바보 같은 긍정을 믿고 서정성이 빛나도록 자기소개서를 고치게 한다. 수시(학생부종합전형)가 수업 중 다양한 활동을 기록하게 함으로써 고3 교실 정상화를 시킨다는 이도 있지만 선다형 평가와 함께 내신 등급이 산출되어 학생들은 너무 힘들다. 서울대 지역 균형 전형조차 수능 최저 등급을 반영하는데 수능 시험 대비를 안 할 수도 없다. 그렇다고 학종을 포기하고 정시로 하자니 특목고, 자사고, 선발 집단 고교가 존재하는 한 내 직장이자 소시민의 자녀들이 다니는 일반고의 완패가 불 보듯 뻔하다. 그야말로 고3 교실은 모순 덩어리다.

　이 수업은 '고3 교실에서 무엇이 수업 혁신인가?'라는 질문에 대해 고뇌 끝에 찾은 내 소박한 대답이다. 백 명의 교사에게 백 개의 수업이 있을 것이다. 그중 하나의 모습이니 매서운 눈으로 보진 말았으면. 이혁규 교수가 수업 비평문을 보내며 '수업 비평은 이해이자 오해'라고 했다. 비평문을 읽어 보니 '비평'이라는 말이 무색하게 따뜻한 눈으로 보아 주었다. 이런 오해는 늘 환영이다.

고등학교 교육의 목적을 다시 묻는다

우리나라 〈초·중등교육법〉에 고등학교 교육의 목적이 어떻게 규정되어 있는지를 아는 사람은 많지 않다. 〈초·중등교육법〉에는 "중학교에서 받은 교육의 기초 위에서 중등교육 및 기초적인 전문교육을 하는 것을 목적으로 한다"라고 되어 있다. 참고로 중학교는 "초등학교에서 받은 교육의 기초 위에 중등교육을 하는 것을 목적으로 한다"고 적혀 있다. 이 법조문을 들여다보아도 고등학교 교육의 목적이 구체적으로 무엇을 의미하는지 알기가 어렵다.

사실 사람들은 굳이 법조문을 읽고 그 의미를 따져 볼 필요조차 느끼지 않는다. 고등학교, 특히 인문계 고등학교의 목적은 대학 입시를 준비하는 것이기 때문이다. 정도는 덜하지만 초등학교와 중학교도 좋은 대학을 위한 준비 교육이라고 생각하는 사람들이 적지 않다. 이렇게 초·중등교육이 오로지 좋은 대학을 가기 위한 준비 단계라는 문화적 관념은 언제 생겨났을까? 교육학자 오욱환은 그에 대한 한 가지 해석을 제공한다. 광복 후에 일본인들이 물러난 후 빈자리를 누가 채웠는지에 관한 것이다. 우리는 흔히 일본인이 차지했던 고급 일자리들을 친일파가 승계했다고 생각한다. 그러나 오욱환은 친일파건 뭐건 학벌과 학력 위주로 고급 일자리가 채워졌으며 이를 통해 한국인들은 교육이 출세의 지름길임을 깨닫게 되었다고 해석한다. 더 좋은 학교를 향한 학력 경쟁의 시발점에 대한 일리 있는 교육사적 해석이 아닌가 한다.[42]

고등학교 교육 정상화 논의들이 모두 대학 입시 제도 개선과 연결되어 있는 것은 대학 입시에 종속되어 있는 고등학교 교육의 현실을 잘 드러낸다. 고등학교 교사들이 제자를 위해서 할 수 있는 최고의 교육이자 최대의 봉사는 열심히 지도해서 좋은 대학에 보내는 것이었다. 그러나 최근 이런 문화적 관념에 조금씩 균열이 일어나고 있다. 0교시와 야자 등 수단과 방법을 안 가리고 공부시켜서 좋은 대학에 보냈더니 졸업하고도 취직이 안 되는 일이 빈번해지고 있기 때문이다. 이렇게 좋은 대학-좋은 직장으로 연결되는 전통적인 삶의 루트가 무너지고 있는 것은 우리나라만의 문제는 아니다. 4차 산업 혁명과 같은 사회 변화는 좋은 대학을 졸업하여 좋은 직장에 들어가 평생 행복하게 사는 낡은 삶의 방식을 근본부터 흔들고 있다.

그렇다면 대학을 가기 위한 고등학교 교육이나 고등학교를 가기 위한 중학교 교육과 같은 소위 상급 학교를 위한 '준비 교육'의 관행을 근본부터 재검토해야 하지 않을까? 명문 대학을 많이 보내는 학교가 좋은 고등학교일까? 대학 입시 때문에 지겨운 문제 풀이를 강요하면 할수록 100세가 넘는 인생을 행복하게 항해할 수 있는 시민을 길러 내기는 불가능할 것이다. 평생을 즐겁게 공부할 수 있는 동기와 역량을 지닌 학습자를 길러 내는 학교가 좋은 고등학교이다. 그런 사고가 보편화되어야 고등학교 3학년 교실의 풍경화도 변화할 것이다. "중등교육 및 기초적인 전문교육"이라는 고등학교 교육의 목적을 시대에 맞게 구현해 낼 수 있는 창의적 상상력이 요청된다.

7

사상 최대 수업 프로젝트, 미래 교실에 가장 가까운 수업!

- 가장 현재적인, 가장 미래적인 수업에 대하여

장지혁 교사의 사최수프(사상 최대 수업 프로젝트)는 모든 교과를 직간접적으로 결합하여 현실 문제 해결에 활용하면서 1년 동안 진행된 프로젝트이다. 장지혁 교사의 사최수프에 대한 소개가 빠졌다면 이 책이 좀 허전했을 거라는 생각든다. 사최수프를 통해서 세상과 놀랍게 만나고 있는 아이들을 보면서 교육이 사회를 바꿀 수 있다는 말을 실감해 보자.

장지혁 교사의 교실을 찾은 것은 가을이 한창 무르익던 2017년 10월 중순경이었다. 오송역에서 KTX를 타고 광주로 가는 동안 나는 어떤 수업을 비평할지 결정하지 못한 상태였다. 두 가지 선택이 내 앞에 놓여 있었기 때문이다. '거꾸로교실' vs. '사상 최대 수업 프로젝트(사최수프)'! 장 교사는 두 종류의 수업을 모두 공개하기로 했다. 이 두 수업 방식은 사단법인 미래교실네트워크 소속 교사들의 대표 브랜드이다. 둘 다 KBS 다큐멘터리를 통해 여러 차례 소개된 적이 있다. KTX를 타고 가는 짧은 시간 동안 나는 여러 가지 가능성을 염두에 두고 있었다. 둘 중 하나를 비평하는 것과 둘 다를 비평하는 것! 그런데 두 시간의 수업을 보고 나니 사최수프에 바로 매료되었다. 내 교수 경험에 비추어 보면 이는 예상치 않았던 일이다. 사최수프와 유사한(?) 활동을 나는 이미 오래전부터 실행하고 있었기 때문이다. '사회 참여 체험 학습'이라는 활동이다. 이런 활동을 하게 된 것은 내 전공이 사회과교육이기 때문이다. 사회과의 공식적인 목적은 민주 시민을 기르는 것이다. 사회과 교육과정은 사회 문제 해결과 참여를 강조한다. 그것을 구체적으로 경험할 수 있도록 구안된 교수 방법이 사회 참여 체험 학습이다.

사회교육 관련 학회에서는 이와 관련된 논의도 일찍부터 이루어졌고 논문들도 꽤 나와 있다. 2001년에 전국사회교사모임 소속 교사 중심으로 《아름다운 교육실천 사회참여 체험교육》[43]이라는 책도 발간되었다. 여기에는 매주 수요일마다 열리는 '일본군 성노예 문제 해결을 위한 정기 수요 시위'에 참석하며 연대 활동을 하는 초등학교 6학년 학생들을 포함한 다양한 사회 참여 활동 사례가 소개되어 있다.

나는 이 책의 일부를 교재로 사용해서 학생들에게 학기 초에 사회 참여 체험 학습을 소개하고 학생들이 모둠을 구성해서 한 학기 동안 실제 세상의 문제를 해결하기 위한 활동을 하고 그 결과를 보고서로 내도록 했다. 당시 경험을 떠올려 보면 학생들은 다양한 문제를 다루었다. 교내 식당 문제, 학교 주변의 안전 문제, 불법 쓰레기 투기 문제, 불법 주정차 문제, 공중 화장실 문제, 시외버스의 불규칙한 배차 문제 등. 학생들은 설문 조사도 하고 캠페인도 하고 구청에 민원도 내고 시민단체와 연대도 하는 등 다양한 방식으로 활동하였다. 그리고 결과 보고서를 제출하였다.

이런 활동을 통해서 대학생들이 크게 두 가지를 체험했다고 나는 기억한다. 첫째, 자신들의 문제 제기에 세상이 반응한다는 사실이다. 예를 들어, 학생들이 시청이나 도청에 민원을 내면 형식적으로라도 답변이 왔다. 처음 사회 참여를 하는 학생들은 이런 경험도 새롭다고 했다. 둘째, 학생들이 세상의 복잡함을 실감한 것이다. 하나의 문제를 해결하려고 시도하면 학생들은 다양한 이해 집단을 만나야 했고 복잡한 법규도 살펴보아야 했다. 예컨대, 한 모둠이 학교 근처 횡단보도의 위치가 문제라고 보았다. 그래서 횡단보도의 위치를 옮기는 것이 좋겠다는 민원을 냈다. 나름 타당한 의견이었다. 지방자치단체의 담당자도 긍정적으로 회신하였다. 그러나 일이 진행되려고 하자 횡단보도 근처의 상인들이 반대하고 나섰다. 횡단보도를 옮기면 매상에 영향을 미친다는 것이다. 이를 통해서 학생들은 횡단보도 하나를 옮기는 데도 여러 이해관계가 걸려 있음을 알게 되었다고 했다. 이처럼 사회 문제 해결은 다양한 이해 당사자들의 복잡한 이해를 조정해야 가능한 경우가 대부분이다. 결국 학생들은 횡단보도를 옮기지 못했다.

그러나 사회 참여 체험 학습은 의미 있는 수업이었다고 했다. 문제 해결까지 할 수는 없었지만 세상을 이해할 수 있는 기회가 된 것이다.

그러나 지금은 사회 참여 수업 활동을 하지 않고 있다. 학생들에게 부담이 많이 된다는 것이 첫 번째 이유다. 좀 더 중요한 이유가 있다. 몇 학기를 해 보니 학생들이 설정하는 문제 해결 과제가 비슷비슷하고 발전이 없다는 느낌이 들었다. 학생들은 사소하고 지엽적인 해결 과제에 매달렸다. 사회 구조를 바꾸는 것과 같은 큰 이슈에는 관심이 없거나 도전하지를 못했다. 뿐만 아니라 사회 참여 체험 학습을 한 학생들이 일상에서 더 나은 참여적 시민으로 살아가는 것처럼 보이지도 않았다. 이런 이유 때문에 나는 사회 참여 체험 학습을 중단했다. 대신에 최근에 '프로젝트형 사회 참여'라는 강좌를 새롭게 개설했다. 1학년을 대상으로 한 교양 강좌이다. 이 강좌는 목적 자체가 사회 참여 프로젝트를 수행하는 것이다. 한 학기 내내 사회 개선을 위한 참여 활동을 계획하고 실행하는 것이 이 강좌의 주 내용이다. 현재 이 강좌는 내가 담당하고 있지는 않다. 대신에 지역 사회의 시민 활동가가 담당하여 진행하고 있다.

이처럼 사회 참여 체험 학습을 교수했던 내 경험 때문에 나는 사최수프에 대해서 큰 기대를 하지 않았다. 그런데 장 교사의 교실을 방문하고 나서 생각이 바뀌었다. 내가 과거에 교육대학교 학생들을 대상으로 수행했던 사회 참여 체험 학습보다 훨씬 강력한 프로그램이었기 때문이다. 이제 무엇이 다른지 이야기를 시작해 볼까 한다.

사상 최대 수업 프로젝트 들여다보기

사최수프를 기술하려고 하니 딜레마에 빠졌다. 그동안 나는 한두 시간의 수업을 주로 다루어 왔다. 그런데 사최수프를 다루려면 1년의 수업을 다 소개해야 했다. 그러니 통상적인 수업 기술 방식으로는 담아낼 재간이 없다. 사실 장 교사의 교실을 처음 방문했을 때 그 한 시간의 수업을 기술하는 데도 조금 다른 접근이 필요함을 느꼈다. 다섯 모둠이 다섯 개의 다른 프로젝트를 진행하고 있었기 때문이다. 한 모둠은 다른 문제를 이미 해결하고 새로운 주제에 매달리고 있었다. 다른 한 모둠은 학기 초부터 미세 먼지 해결을 위한 공기청정기를 만드느라 끙끙거리고 있었다. 다음 주에 있을 학생 수련회 프로그램을 진행하기 위해서 막바지 점검을 하는 모둠도 있었다. 새로운 문제 해결 주제를 찾지 못하고 방황하고 있는 모둠도 있었다. 한마디로 다채로운 일이 동시에 전개되고 있었다. 이런 학생들의 모습을 보면서 나는 2~3주 후에 다시 학교를 방문하고 싶었다. 프로젝트의 변화 과정을 확인하고 싶었기 때문이다. 그래서 다시 방문해서 수업을 참관하고 싶다고 학교 측에 요청했다. 수업 비평을 함께 진행하고 있는 교육공동체 벗의 촬영 팀에도 카메라와 녹음기를 더 준비해 달라고 부탁했다. 그러나 두 번째 방문은 성사되지 못했다. 교장 선생님이 여러 사람이 와서 수업을 촬영하면 학생들의 학습에 방해가 될 것 같다고 우려했기 때문이다. 대신에 혼자 방문하는 것은 괜찮다고 했지만 사정이 생겨서 나도 재방문을 못 했다. 대신에 장 교사가 교실 수업 장면을 촬영해서 보내 주었다.

이렇게 해서 수집한 자료를 바탕으로 나는 이 장기 프로젝트를 기술하는 방식을 고민했다. 처음에는 5인 5색의 글쓰기 방식을 구상했다. 다섯 모둠에서 일어난 일을 가상의 학생을 상정하고 그 학생 입장에서 기술하는 문학적 플롯 같은 것이다. 그러나 모둠의 실제 진행을 깊이 알지 못하면 불가능한 시도였다. 그래서 다른 방식을 고민하다가 가상의 학생 몇 명을 상정하여 자신이 경험한 바를 일기 형식으로 기술하고 거기에 교사의 일기를 병치시키는 방식으로 글을 쓰면 어떨까 하는 구상을 했다. 이런 방식이 약 1년 동안 일어난 일의 윤곽을 그런대로 생생하게 전달할 것 같아 보였기 때문이다.

이렇게 생각을 정리하고 12월 방학 직전에 학교를 한 번 더 방문해서 사최수프를 마무리하는 학생들의 최종 발표를 들었다. 학생들을 대상으로 설문 조사도 하고 인터뷰도 진행했다. 자료를 바탕으로 이런저런 고민을 하다가 더 적합한 해결책을 찾았다. 내가 가상의 글을 쓰는 대신에 학생들이 적었던 사최수프 공책 내용 중에서 적절한 것을 뽑고 장 교사가 자신의 블로그에 올린 '수업 복기'의 내용을 요약해서 배치하기로 했다. 이 방식이 이 교실에서 7개월 이상 진행된 사최수프의 전모를 드러내는 더 적절한 방식이라고 보았기 때문이다. 학생들은 실명 대신에 가명을 사용했다. 여기 적힌 글들은 현장성을 살리기 위해서 학생들의 글을 거의 수정 없이 옮긴 것들이 많다. 대신에 연결 고리를 만들기 위해서 내가 가상으로 쓴 이야기도 두 꼭지가 있다. 장 교사의 '수업 복기'도 거의 대부분은 장 교사이 글을 그대로 인용하거나 축약해서 제시하였다. 다만 전체의 흐름을 일부 편집하거나 내가 가상으로 집필한 부분이 있음을 밝혀 둔다. 이제 7개월이 넘는 대장정의 윤곽을 따라가 보자. 이 수업에 대한 더 자세한 내용은 장지혁 교사의 블로그(jangrider.com)를 참고하기 바란다.

──────── 은호의 공책 : 2017년 4월 ○○일 ────────

장 샘이 사최수프를 하겠다고 하셨다. 사최수프가 뭐지? 내가 알고 있는 수프는 라면 수프뿐인데? 친구들끼리 문제를 해결하는 활동을 하는 것이라고 들었다. 1년 동안이나 한단다. 뭔지 잘 모르겠다. 작년에 샘

반 학생들이 짱 재미있었다고 한다. 기대가 된다. 그런데 내가 잘할 수 있을까?[44]

<hr>

서현의 공책 : 2017년 4월 ○○일

2주 동안 별난 숙제를 했다. 2주 동안이나 숙제를! 다른 반 애들이 불쌍하다고 했다. 사실은 하나도 안 어려운 숙제다. 학교를 오가면서 평소에 보지 못했던 것을 관찰해서 포스트잇에 써서 교실 뒤에 붙이는 거다. 이번 주에는 칠판이 꽉 찼다. 나는 화장하는 친구들, 신호등 모습, 매점 문제를 썼다. 포스트잇 숫자가 늘어나는 것만으로 신이 났다. 무언가 대단한 일을 꾸미고 있는 것 같다.[45]

<hr>

장 교사의 수업 복기 : 2017년 5월 ○○일

학생들은 사최수프를 좋아한다. 사최수프를 얼마나 좋아하는지는 작년 학생들이 학년을 마치면서 했던 말로 짐작할 수 있다.

"선생님, 내년에 몇 학년 가르치세요?"

"아직 모르는데, 왜?"

"내년에 5학년 하시면 안 돼요?"

"내가 결정하는 게 아니라……."

"5학년 안 하시면 사최수프를 다른 선생님한테도 알려 주시면 안 돼요?"

"아님 우리가 찾아갈 테니까 사최수프 계속해요."

올해 만나는 5학년 아이들과는 또 어떤 새로운 역사를 만들어 낼 수 있을까? 결과를 생각하면 벌써 가슴이 설렌다. 3, 4월 중에 사최수프

오리엔테이션을 간단하게 하고 '나와 세상을 돌아보는 시간'을 가졌다. 나를 알고 내 주위 세상을 알아보는 것에서부터 아이들이 문제를 찾을 수 있다고 보았기 때문이다. 이와 관련하여 〈나의 인생 타임라인〉, 〈세상은 무엇(교과 마인드맵)〉, 〈내가 잘하는 것〉, 〈관찰 숙제〉 네 가지 활동을 했다. 〈인생 타임라인〉을 통해 나는 어떻게 살아왔는지, 살아오면서 어떤 문제를 겪었는지 알아보고, 〈교과 마인드맵〉을 그려서 마인드맵으로 교과에서 배우는 내용을 비슷한 것끼리 묶어 몇 개의 주제로 분류하였다. 문제를 해결하는 데 각 교과를 통합적으로 활용할 수 있다는 것을 알게 하기 위해서다. 〈내가 잘하는 것〉은 아이들의 특기를 리스트로 만들어 두는 것이다. 실제 문제 해결을 할 때 사용하기 위해 정리를 해 두었다. 〈관찰 숙제〉는 문제를 찾기 2주 전부터 내 주었다. 등교나 하교할 때 평소에 보지 못했던 것을 학급 게시판에 올리는 것이 관찰 숙제이다. 평소에 보지 못했던 것 관찰하기(5일간), 관찰한 것 중에 불편하거나 문제가 될 만한 것 찾기(2~3일간), 다른 사람을 관찰, 조사하여 불편하거나 문제가 될 만한 것 찾기(2~3일간) 순으로 진행했다. 아이들은 관찰도 하고 다른 사람에게 물어도 보면서 불편한 점을 찾아 포스트잇에 써서 붙였다.

오늘은 관찰한 문제 중에서 투표를 했다. 내가 투표한 것은 다음과 같다.

1. 애견: 내가 키운 강아지, 그리고 다른 사람들이 키우는 강아지들만의 공간이 생겼으면 했기 때문이다.

2. 매점: 학생들의 지루함과 배고픔을 채워 줄 공간을 만들고 싶었기

때문이다.

3. 놀이터: 아파트에 세대는 많으나 놀이터가 한 개밖에 없어서 불편했기 때문이다.

4. 도로: 도로가 포장되면 차를 운전하는 사람들이 조금이라도 안전할 수 있을 것 같아서.

나는 투표를 하면서 의견이 많아 친구들마다 생각이 다르다는 것을 느꼈다.

오늘 어떤 문제를 해결할 것인지 스티커를 붙였다. 나는 매점을 골랐다. 그 이유는 학교에 매점이 있으면 밥 먹기 전 배고플 때 사 가면 되기 때문이다. 또 쉼터도 골랐다. 그 이유는 쉼터에 에어컨이나 선풍기가 없으면 너무 덥기 때문이다. 나중에 또 해결할 문제를 찾고 싶다.

〈관찰 숙제〉를 내 주었더니 효과 만점이었다. 관찰을 하지 않고 문제를 찾았던 작년과 비교해 보니 극명하게 차이가 났다. 아이들이 찾은 문제를 정리하는 데만 1시간이 걸렸다. 2주간 내 주었던 〈관찰 숙제〉로 엄청나게 많은 문제를 학생들이 찾아내었다. 역시 사소한 일상을 관찰하는 것이 정말 중요하다. 학생들이 찾아낸 문제를 분류하기 위해서 XY좌표를 그렸다. 칠판에 X축/Y축을 그리고 X축에는 학교 안과 학교 밖, Y축에는 해결 가능과 해결 불가능을 써넣었다. 아이들이 찾은 문제가 적힌 포스트잇을 해당하는 곳에 붙였다. 투표를 통해 초등학생의 화장 문제, 교통사고 문제, 매점 문제, 쉼터 문제, 미세 먼지 문제 등 다섯

학생들이 찾은 문제들이 적힌 포스트잇을 학교 안과 밖(X축), 해결 가능과 불가능(Y축)으로 분류해 칠판에 붙인 모습

가지 문제를 선정했다. 문제별로 모둠을 나누었다. 매점이 가장 인기 있는 문제였는데, 이 문제를 해결하려면 꽤 복잡할 것이라 말리고 싶었다. 그래도 사최수프의 한 사이클을 경험해 보는 것도 의미가 있을 것이라고 생각해서 그대로 두었다. 해결하고 싶은 문제별로 모둠을 나누었는데 다행히 인원이 적절하게 분배되어 각각 4~5명으로 구성이 되었다.

주경의 공책 : 2017년 5월 ○○일

오늘은 교통사고 모둠에 들어가 인터뷰 질문을 만들기 위해 대화를 해 보았다. 우리가 만든 질문지이다.

1. 우리 동네에 사고가 가장 많이 나는 곳은 어디입니까?
2. 그곳에서 사고가 많이 나는 이유는 무엇입니까?
3. 그곳에서 사고가 나지 않으려면 어떻게 해야 한다고 생각합니까?

설문에 참여해 주셔서 감사합니다.

설문 결과 요양 병원 옆길이 좁아서 그쪽에서 사고가 난다는 걸 알 수 있었다. 관찰해 보고 사고가 나는 이유를 알아보아야겠다.

복상의 공책 : 2017년 6월 ○○일

오늘은 5Why를 해 봤고 5Why를 알았고 5Why를 실천해 봐야겠다.

1Why: 왜 공기가 더러운지 알아보니 중국 때문에.

2Why: 왜 중국 때문인지 알아보니 공장, 사막이 많기 때문에.

3Why: 왜 공장이 많은지 알아보니 나라를 발전시켜야 하기 때문에.

4Why: 왜 다른 나라에까지 피해를 주면서 나라를 발전시키는지 알아보니 자기 나라도 피해를 보니 다른 나라도 피해를 보라고 하기 때문에.

5Why: 왜 다른 나라에도 피해를 주는지 알아보니 다른 나라가 잘되는 것을 보기 싫기 때문에.

은호의 공책 : 2017년 6월 ○○일

1Why: 왜 학교 행사가 많이 없을까? 공부 진도를 나가야 해서.

2Why: 공부 진도를 왜 나가야 하나? 좋은 대학에 가기 위해서.

3Why: 좋은 대학에 왜 가야 할까? 좋은 직업을 갖기 위해서.

4Why: 학교 행사와 우리의 삶이 무슨 관계가 있을까?

5Why: 학교 행사 경험을 많이 쌓으면 좋은 직업을 갖기 때문에.

오늘은 5Why를 통해서 문제의 원인을 찾고 이에 대한 최종 결과도 알아보았다. 그래서 정말 힘들었지만 원인과 결과를 통해서 잘 알 수 있어서 좋았다. 다른 문제도 더 알아보아야겠다.

아이들이 찾은 문제를 검증하도록 몇 가지 활동을 하게 했다. 이를 통해서 설정한 문제가 해결해야 할 가치가 있는 문제인지, 누구나 해결하기를 원하는 문제인지 검증할 수 있도록 했다. 이 과정에서 학생들은 문제가 일어나는 장소를 찾아가 관찰도 하고 인터뷰도 했다. 그런데 학생들이 인터뷰를 하거나 조사를 하려면 방법을 알아야 한다. 이런 방법을 알 수 있도록 교육과정과 연결해 준다. 이 부분에서 내가 정한 원칙은 교사가 주도해서는 안 된다는 것이다. 아이들이 교육과정과 교과서를 검토해서 자신들이 해결할 문제와 연결되는 지점을 스스로 찾아야 한다. 이를 통해서 아이들이 학교에서 배우는 것을 본인의 삶과 연결시킬 수 있는 능력을 길러 줄 수 있다. 나는 이것이 사최수프 수업의 핵심이라고 생각한다. 그래서 아이들에게 그 중요성을 설명했다. 문제를 검증하기 위해서 인터뷰를 하려면 교과서를 참고해서 잘 준비해야 한다고, 교과서에는 도움이 될 많은 내용이 들어 있다고. 아이들도 내 설명을 꽤 진지하게 듣고 교과서를 열심히 찾아서 자신들의 문제와 연결 짓고 인터뷰 문항도 만들었다. 그리고 관찰하고 실제 인터뷰를 한 내용을 막대그래프로 나타냈다. 결과를 분석해 보고 실망하는 모둠이 몇 있었다. 본인들은 심각하다고 생각한 문제였는데 인터뷰를 해 본 후에는 남들은 그렇게 생각하지 않는다는 것을 알게 되었기 때문이다. 이런 과정을 통해서 문제에 대한 이해가 깊어지기도 하고 문제를 바꾸기도 한다. 학교 행사를 문제로 선정했던 아이들은 한참을 고민하더니 그대로 진행하겠다고 통보했다. 교통사고 문제를 선정한 모둠은 문제를 다시 잡겠다고 해서 학기 초에 브레인스토밍했던 문제 목록을 주었다. 그러자 한참 의논하더니 놀이터 시설이 낡은 문제를 새로 들고 왔다. 아파트 내에 놀이터 시설들이 있는데 아이들의 심한 장난 때문에 많이 망가

진단다. 이처럼 인터뷰와 관찰을 통해서 문제에 대한 이해가 심화되고 몰입하게 된다.

문제 검증 과정에서 하는 또 다른 활동은 엘리베이터 피치^{Elevator Pitch}이다. 엘리베이터 피치란 어떤 상품, 서비스 혹은 기업과 그 가치에 대한 빠르고 간단한 요약 설명이다. 엘리베이터에서 중요한 사람을 만났을 때 자신의 생각을 요약하여 20초에서 3분이라는 짧은 시간에 전달할 수 있어야 한다는 의미로 지어진 이름이다. 학생들에게 이 방법을 소개하고 선생님들을 대상으로 인터뷰도 하고 복도 피치 — 복도에서 진행하기 때문에 복도 피치라고 함 — 를 해서 문제를 점검해 보라고 했다. 그러나 많은 아이들이 복도 피치에 대해서는 별로 의욕적인 모습을 보이지 않았다. 그냥 찍고 있는 문제 홍보 동영상이나 계속 찍고 싶다고 했다. 그래서 알아서 하라고 했다. 다행히 한 모둠은 복도 피치를 끝까지 수행했다. 기특하게 학교의 모든 선생님들에게 문제를 설명하고 사인을 받아 왔다.

학생들이 문제 검증을 위해서 한 또 다른 활동은 5Why이다. 5Why를 하면 문제 이해의 지평이 넓어진다. '이렇게 하면 해결되겠지?' 하고 가볍게 생각한 문제도 5Why를 통해 근본적인 원인과 그에 따른 다양한 해결 방법들을 파생시킬 수 있다. 초등학생들이 화장을 하는 문제를 선정한 아이들은 '외모에 대한 편견'을 문제의 원인으로 뽑았다. 미세 먼지 문제는 결국 중국 때문이라고 보았다. 학교 행사가 적은 문제는 조금 삼천포로 빠졌다. 그러나 학생들은 학교 행사와 자신들의 삶이 밀접한 관련이 있기 때문에 반드시 해야 한다고 결론을 냈다. 쉼터 모둠은 학교의 놀이 문화가 문제라고 원인을 찾았으나 더 이상 진전시키지 못하고 쪼개졌다.

오늘은 문제 정의 5단계를 해 보았다. 문제를 정의할 때는 꼭 이렇게 해 보아야겠다.

어디: 학교에서

누가: 사람들이

문제 상황: 미세 먼지를

- 하지 않고: 마시지 않고

- 하도록: 미세 먼지를 줄일 수 있도록 하는 방법이 무엇일까?

우리 모둠은 학교 행사를 늘리는 문제를 하고 있다. 그중 하나가 시장을 여는 것이다. 시장 이름을 '예경 축제'라고 정했다. 벼룩시장으로 2인 1조, 3인 1조, 4인 1조 등 팀을 만들어서 물건을 사고파는 것이다. 그래서 아이들의 경제 활동에 대한 이해를 넓히려고 한다. 문제를 해결하는 데는 이해관계자 지도가 필요하다고 선생님이 가르쳐 주셔서 친구들과 지도를 그려 보았다. 힘들었지만 재미있었다. 행사를 진행하려니 협조를 구해야 할 사람이 많다.

문제 정의

어디: 놀이터에서

누가: 학생들이

문제 상황: 놀이터 시설 사용할 때

- 하지 않고: 심한 장난을 치지 않고

- 하도록: 규칙을 지키도록 한다.

'놀이터에서 학생들이 놀이 시설 사용할 때 심한 장난을 치지 않고 규칙을 지키도록 한다.'

오늘은 다섯 가지 질문으로 문제 정의를 해 보았고 유튜브에 올릴 영상을 찍어 보았다. 찍으면서 학생들 장난이 심하다는 것을 느꼈다. 다른 학생들의 장난도 살펴보아야겠다.

학생들은 문제를 해결하기 위해서 〈이해관계자 지도 그리기〉를 한다. 문제 해결을 위해 도움을 받아야 할 사람들을 생각해 보고 그 사람들이 우리와 어떤 관계가 있는지 알아보는 활동이다. 이 활동의 장점은 문제 해결을 위해 필요한 사람들을 미리 생각해 보는 것도 있지만 문제 해결을 위한 시뮬레이션을 미리 그려 볼 수 있다는 것이다. 이해관계자들끼리 관계를 짓다 보면 시뮬레이션이 자연스럽게 이루어진다. 학생들이 〈이해관계자 지도 그리기〉를 하는 과정을 살펴보았더니 이해관계자

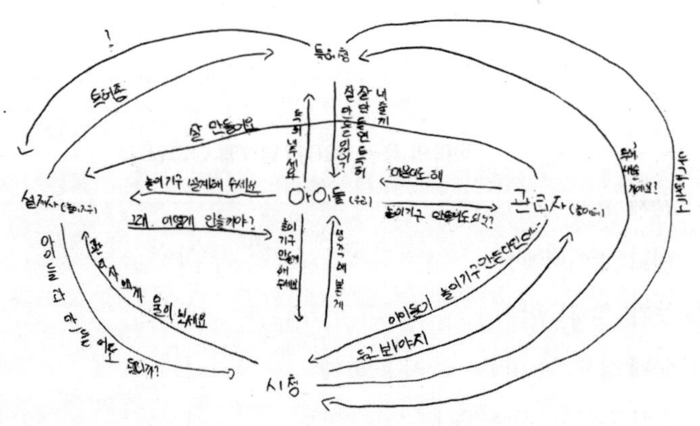

이해관계자 지도

를 제법 잘 찾아내고 어떤 도움을 받아야 할지에 대한 감각도 지니고 있는 것으로 보였다.

학생들이 문제 해결로 본격적으로 옮겨 가기 위해 하는 활동은 〈문제 정의하기〉이다. 문제 정의는 다음 그림과 같이 해결하고 싶은 문제를 다섯 가지 질문에 따라서 한 문장으로 정리하는 방식을 활용하였다.

아이들은 이 양식에 따라서 문제를 정의해서 사최수프 공책에 적었다. 아이들의 공책을 살펴보니 맨 마지막 서술어를 의문문으로 끝냈어야 하는데 그러지 않은 모둠이 보인다. 양식에 맞추어서 문장을 고치도록 지도했다.

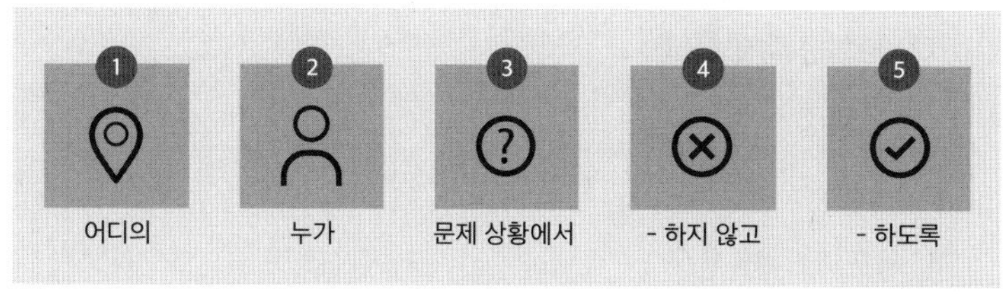

최종적으로 다음과 같이 정리했다

1. 학교에서 사람들이 미세 먼지를 마시지 않도록 하는 방법은 무엇일까?

2. 학교에서 학생들이 화장할 때 외모에 대한 편견을 갖지 않도록 하는 방법이 무엇일까?

3. 놀이터에서 학생들이 놀 때 심한 장난을 치지 않고 규칙을 지키도록 하는 방법이 무엇일까?

4. 학교에서 학생들이 즐길 수 있는 행사는 무엇일까?

1. 제거해야 할 행동

   가. 장난치기

   나. 끼어들기(영상 찍거나 무엇을 하고 있을 때)

   다. 참여 안 하기(영상, 수업, 토의 등)

2. 감소해야 할 행동

   가. 개인 활동(혼자 하는 것)

   나. 소리 지르기

   다. 폭력(욕설, 때리기)

3. 증가해야 할 행동

   가. 협동하기

   나. 집중하기

   다. 토의하기

4. 창조해야 할 행동

   가. 재미있게 하기

   나. 상대방이 힘들 때 도와주기

오늘은 내가 사최수프에 참여하는 활동을 성찰했다. 써 보니까 고쳐야 할 것이 많다. 그리고 3줄 성찰도 했다. 오늘 영우가 자기 자리라고 우겼다. 나는 그것을 보고 '나도 혹시 저랬나?'라는 생각과 '내가 고쳐 줘야지'라는 생각이 들었다. 나도 주의하고 친구에게도 주의를 줘야겠다.

그동안 했던 일을 타임라인으로 그려 보았다. 참 많은 활동을 했다. 처음에는 교통사고 문제를 다루다가 망했다. 다음으로 찾은 문제는 놀

이터 시설 개선이다. 우리가 원하는 것을 얻기 위해 놀이 기구 공부도
했다. 클레이로 놀이 모형도 만들어 보았다.

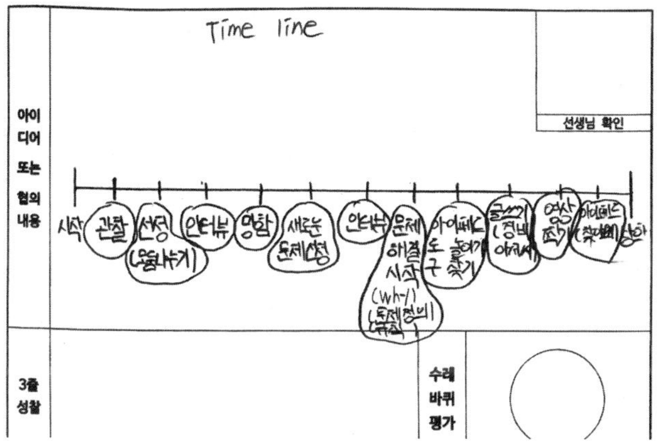

학기 초에 시작한 사최수프가 계속 진행되고 있다. 오랫동안 진행되
는 프로젝트이기 때문에 중간중간 학생들에게 자신들이 어디에 와 있
는지를 점검하도록 한다. 그런 목적으로 하는 활동 중 하나가 〈태도 점
검해 보기〉이다. '제거해야 할 행동/감소해야 할 행동/증가해야 할 행
동/창조해야 할 행동'의 범주로 나누어서 자신의 행동을 점검해 보고
개선해야 할 점을 스스로 찾도록 하는 것이다. 사최수프 공책에 〈3줄
성찰〉도 꾸준히 하도록 했다.

그동안 했던 활동들을 시간 순서대로 정리해 보는 〈타임라인〉 그리기
도 학생들이 무엇을 해 왔고 앞으로 어디로 나아갈 것인가를 확인하는
데 유용하다. 해결해야 할 문제를 학생들이 자유롭게 정하고 모둠 구성
도 유동적이기 때문에 학생들의 타임라인이 다 다르다. 미세 먼지를 해
결하기 위해서 공기청정기를 만드는 모둠처럼 학기 초에 정한 문제를

계속하는 모둠도 있고 문제가 여러 번 바뀐 모둠도 있다. 처음 시작했던 문제가 적절하지 않거나 해결 방안을 찾지 못해서 '망하는' 경우도 있다. 나와 아이들은 이럴 때 '망했다'는 표현을 쓴다. 아이들은 망하는 것을 두려워하지 않는다. 망하는 것이야말로 정말 좋은 공부 경험이라고 나도 아이들도 생각하기 때문이다.

———————   **복상의 공책 : 2017년 9월 ○○일**   ———————

오늘 공기청정기에 대한 동영상을 찾아보았다. 참 많았지만 우리에게 도움을 줄 만한 것은 아무것도 없었다. 하지만 RPM이라는 것을 찾아냈다. 전문 용어로 '아주 빨리 돌아간다'는 뜻이다. 고속 회전을 해야만 공기가 청정해지니까 빨리 찾아 만들어야겠다.

———————   **서현의 공책 : 2017년 10월 ○○일**   ———————

1Why: 학교폭력을 왜 하냐고 물어봤더니 장난으로 한다고 대답하였다.

2Why: 왜 장난으로 하는지 물어봤더니 재미있기 때문이다.

3Why: 왜 재미있냐고 물어봤더니 피해자 입장을 모르기 때문이다.

4Why: 피해자 입장을 왜 모르냐고 물어보니 생각할 이유가 없기 때문이라고 했다.

5Why: 왜 생각할 이유가 없냐고 물어보니 이미 재미 들렸기 때문이다.

우리 모둠은 9월 말에 문제를 새로 바꾸었다. 학교폭력 문제이다. 오늘은 5Why를 했다. 아이디어를 낸 은비, 은희는 대단했다. 그리고 다음에는 진아도 아이디어를 내면 좋겠다.

1. 진행 상황

　가. 과거: 5Why, 타임라인, 공기청정기 만들기

　나. 미래: 공기청정기 완성

2. 할 일: 공기청정기 쿨링팬 비교

3. 역할: 우연 – 비교, 나 – 비교, 병철 – 비교, 시유 – 비교.

　오늘은 시유와 병철이와 함께 미니 쿨링팬이랑 1,400RPM 거북이 쿨링팬을 비교했는데 실패하였다. 하지만 실패는 성공에 한 발짝 다가가는 것이다.

────────── **주경의 공책 : 2017년 11월 ○○일** ──────────

1. 진행 상황

　가. 과거

　　1) 청소도구함 원인

　　2) 사용 방법

　　3) 운동장 쓰레기통 정의 및 5Why

　나. 미래

　　1) 쓰레기통 설치

　　2) 교장 선생님 설득

　　3) 청소도구함 관찰

　　4) 청소도구함 디자인

2. 할 일

　가. 청소도구함 관찰

　나. 청소도구함 디자인

3. 역할 정하기

가. 관찰: 모두 다

나. 디자인: 모두 다

오늘은 청소도구함에 필요한 것을 찾아보았다. 그중에서는 청소도구함
걸이가 있었다. 다른 물건은 더 생각이 나지 않았다. 더 찾아보아야겠다.

<hr>

장 교사의 수업 복기 : 2017년 10월 ○○일

학생들의 사최수프 활동이 다양한 경로로 진행되고 있다. 해결해야
할 문제를 모둠별로 스스로 정하고 중간에 모둠을 바꾸는 경우가 있기
때문에 개별 학생별로 따지면 각자 다른 경험을 한다. 예를 들어 한 학
생은 초등학생 화장 문제, 금연 캠페인 문제, 학교폭력 문제, 학교 주변
이상한 사람 찾기 & 잡기 순으로 문제가 변해 왔다면 다른 학생은 매
점 만들기, 학교 행사 늘리기, 교실을 카페처럼 꾸미기 순으로 진행하
는 식이다. 그중에서 학기 초에 정한 문제를 지금까지 이어 오는 모둠도
있다. 미세 먼지를 해결하기 위해 공기청정기를 만드는 모둠이다.

네 명의 남학생인데 이 친구들은 완전히 공기청정기에 꽂혀 버렸다.
장난꾸러기 남학생들만 모인 모둠이라서 그런지 다른 과정은 대충대
충 하더니 문제 해결 방법인 공기청정기 만드는 일에 온전히 몰입하고
있다. 그 과정에서 아이들은 많은 것을 배우고 있다. 처음에 아이들이
공기청정기를 만드는 재료를 사 달라고 가지고 왔을 때 재료를 사 줄
수 없다고 했다. 아이들이 문제를 발견하고 정의하는 과정을 좀 더 거쳤
으면 했는데 공기청정기를 만드는 데만 관심을 쏟았기 때문이다. 아이
들은 나를 설득하기 위해 실과 교과서를 참고하여 공기청정기의 제작
도를 그려 왔다. 그래도 안 된다고 했다. 이번에는 아이클레이로 공기청
정기 실물을 만들어 가져왔다. 나는 그제야 아이들에게 공기청정기를
만들 재료를 사 주겠다고 했다. 나와 아이들 모두 공기청정기 재료가 오

면 뚝딱 만들 수 있을 줄 알았다. 그러나 실패의 연속이다. 그 실패는 지금도 진행 중이다.

배송 온 공기청정기 재료로 뚝딱 공기청정기를 만들기는 했다. 하지만 팬이 약해 공기를 거의 빨아들이지 못했다. 아이들은 공기청정기가 제 역할을 하지 못하는 것을 보고 좌절했다. 나는 이대로 아이들이 공기청정기 만들기를 접을까 싶었다. 그런데 아이들은 한 달을 고민하더니 중대한 발견을 하게 된다. 약하게 돌던 팬에서 무언가를 발견한 것이다. 그것이 바로 RPM이다. 인터넷 검색 결과 RPM은 1분 동안 팬이 돌아가는 횟수를 뜻했다. 아이들이 가지고 있는 팬은 1,400RPM이었다. 조사를 한 후에 아이들은 10,000RPM짜리 팬을 주문했다. 10,000RPM짜리 팬이 도착하자, 드디어 공기청정기에 연결하고 건전지를 연결해 봤지만, 실패! 팬이 돌지 않는다. AA 건전지 2개만 달아 놨으니 당연한 결과다. 하지만 나는 아이들에게 왜 팬이 돌지 않는지 이야

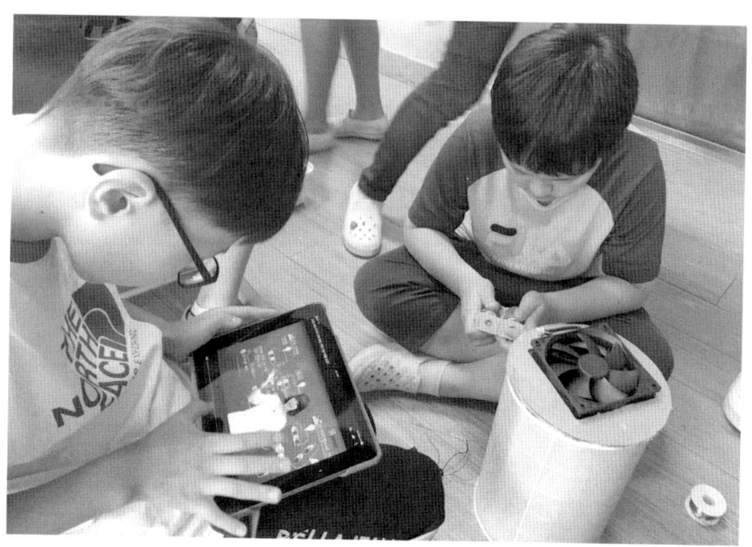

학생들이 인터넷에서 검색한 영상을 보고 문제점을 해결해 가며 공기청정기를 만들고 있다.

기해 주지 않았다. 아이들은 그대로 또 좌절하였다. 나는 아이들이 이렇게 좌절하고 고민하면서 문제를 해결해 가는 모습이 무척 의미 있다고 본다. 공기청정기 재료가 막 도착했을 때 상기된 표정은 이제 온데 간데없다. 사최수프 시간마다 아이들은 고통스러운 고민을 하기 시작했다. 이 프로젝트의 결말이 어떻게 될까? 자못 기대된다. 아이들을 격려하는 마음도 담아서 현재까지 아이들이 진행한 과정을 카드 뉴스로 제작해서 내 블로그에 올려 두었다.

─────── 은희의 공책 : 2017년 12월 ○○일 ───────

우리 모둠에서 '이상한 사람 찾기 & 잡기'라는 문제로 프로젝트를 해서 경찰 아저씨께 이 내용을 알리는 편지를 보냈다.

TO. 경찰분들께

안녕하세요! 저희는 ○○초등학교 5학년 ○반에서 사상 최대 수업 프로젝트를 하는 학생들로 '이상한 사람 찾기 & 잡기'라는 문제를 해결하기 위해 편지를 쓰게 되었습니다. 저희 모둠이 무서웠던 사람을 본 적이 있냐고 인터뷰도 해 보고 설문 조사도 해 보았는데 대부분의 친구들이 본 적이 있다고 하고 따라온 적도 있었다고 했습니다. 그리고 저희뿐만이 아니라 인터넷에서 '무서웠던 적'이라고 치면 사람들이 겪은 실제 상황을 알 수 있습니다.

왜 사람들이 이런 짓을 할까요? 알고 싶어요!

요즘에 해가 빨리 지는데 태권도가 너무 늦게 끝나서 너무 무서워요. 그리고 제 친구들은 이상한 사람을 본 적이 많고 그 사람들이 말을 건 적도 있다고 했습니다. 심지어 저도 친구 두 명이랑 놀이터에서 놀고 있는데 어떤 사람이 저희를 사진 찍고 동영상도 찍어서 누구한테 보내는 것 같았습니다. 또 인터넷에 찾아보니 무서운 사람이나 이상한 사람이 집에 들어가고 현관 앞까지 온 적이 있다고 하였습니다. 왜 사람들이 그럴까요? 재미있을까요? 저희 편지에 있는 의견을 읽으시고 도와주실 마음이 있으시면 한울초등학교 5-○반으로 편지를 보내 주세요. 그럼 답장 기다리겠습니다. (……) 그럼 안녕히 계세요. 되도록 부탁 들어주시길 바랍니다. 편지 읽어 주셔서 감사합니다.

주경의 공책 : 2017년 12월 ○○일

그동안 진행된 사최수프를 발표해야 한다. 그래서 친구들과 함께 PPT도 만들고 발표 대본도 짰다.

안녕하세요. 저는 한울초등학교에서 청소도구함을 주제로 사최수프를 하고 있는 고주경입니다. 먼저 제가 첫 번째로 설명할 것은 망한 사최수프와 성공한 사최수프, 두 번째는 청소도구함, 세 번째는 질문 타임입니다. 그러면 지금부터 순서에 따라서 발표를 시작하도록 하겠습니다.

먼저 저희가 도전한 사최수프 주제는 무엇이 있을까요? 망한 사최수프 주제는 '와우 놀이 지킴이', '노란 발자국', '스타벅스 교실'이 있습니다. 그 다음 성공한 사최수프는 '청소도구함'이 있습니다. 그럼 먼저 와우 놀이 지킴이가 망한 이유를 설명하겠습니다. 와우 놀이 지킴이가 망한 이유는 진도 느림, 이상한 해결 방안이 있습니다. '놀이터 시설을 만들어야 한다'라는 아주 큰 해결 방안이 있어 그것 때문에 진도가 느렸습니다. 그렇다면 노란 발자국은 왜 망했을까요? 그 이유는 나만 생각했던 문제였고 그것 때문에 의견이 분열되었습니다. 마지막으로 스타벅스 교실은 수가 많아 의견이 분열되었고 살 시설이 많아 돈도 부족하였습니다.

그렇다면 청소도구함은 어떻게 성공했을까요? 그 이유는 진도가 빨랐고 의견이 하나로 모아졌으며 협동심도 좋았고 확실한 목적이 있었기 때문입니다. 하지만 무엇보다 중요한 건 모두가 생각하는 문제였다는 데 있습니다. 그러면 지금부터 저의 청소도구함 이야기를 들려드리도록 하겠습니다. 먼저, 우리 반의 청소도구함은 너무 더러웠습니다. 그래서 단순하게 규칙을 만들어 붙여 보았지만 그런 단순한 문제가 아니었습니다. 그래서 생각했습니다. 한번 만들어 보자고. 이렇게 결심한 후 가장 먼저 시작한 건 프로토타입과 제작 구상도였습니다. 프로토타입으로 모형을 만들고 이걸 마친 후에는 재료를 찾아 구입을 했고 그다음 만들기 시작했습니다. 이런 과정을 통해서 만들어진 것이 지금의 청소도구함입니다. 이 청소도구함은 청소 도구를 쉽게 꺼낼 수 있습니다. 이 청소도구함은 옛날 청소도구함과 비교되었습니다. 저의 이야기는 여기까지입니다. 지금부터 질문을 받도록 하겠습니다.

<hr> **장 교사의 수업 복기 : 2017년 12월 ○○일** <hr>

반년 이상을 달려온 긴 사최수프가 끝났다. 4월에 시작해서 12월에 끝났으니 방학을 제외하고 약 7개월간 진행된 수업이었다. 4월까지는 기본 학습 훈련을 하고 거꾸로교실을 운영했다. 기본 학습 훈련으로 스스로 학습할 수 있는 단계, 거꾸로교실로 함께 학습할 수 있는 단계까지 올려놓았다. 아이들끼리 충분히 학습할 수 있는 상태가 되었을 때 사최수프를 시작했다. 함께 학습할 수 있는 단계까지 올라오지 못하면 아이들끼리 진행하는 사최수프를 운영하기 굉장히 어렵기 때문이다. 툭하면 싸우고 삐진다. 확실하게 아이들끼리 학습할 수 있는 상태를 만들어야 한다. 쓰기 부끄럽지만, 우리 반은 확실하게 아이들끼리 학습할 수

있는 상태로 만들었다. 교담(전담) 선생님들이 묻기를, 어떻게 시키지도 않았는데 자기들끼리 싸우지도 않고 공부하는지 궁금해한다.

말이 길어졌지만 어쨌든 아이들이 어느 정도 단계에 올라왔을 때 사최수프를 시작했다. 올해는 세 모둠이 눈에 보이는 결과물을 냈다. 이 외에도 몇 가지 문제가 더 있으나 흐지부지되거나 완전히 실패하거나 어설픈 결과물(?)을 내고 종료되었다. 우선 첫 번째 학교 행사 문제 모둠이다. 학교 행사 문제를 진행한 모둠은 학생들이 학교생활을 지루해하는 이유를 찾다가 학교 행사가 많이 폐지된 것을 알게 되었다. 그래서 모둠 스스로 세 번의 행사를 기획해서 진행하였다. 야영 수련 활동 중에 진행한 피구 리그 대회와 병행해서 한 경품 당첨 행사, 아이들이 직접 영상을 만들고 공모할 수 있는 '한울 영상 공모전'이 그것이다. 행사를 진행하면서 학생들은 직접 기획하고 홍보하고 참여자를 모았다. 행사 진행 규칙도 정해야 했고 채점 기준 등도 스스로 만들었다. 그 과정에서 친구들끼리 자주 다투고 모둠이 완전히 분해될 위기까지 맞았지만 잘 극복하고 한울 영상 공모전까지 성공적으로 마무리했다.

두 번째 모둠은 많은 문제에 도전했지만 대부분 실패하고 마지막에 청소함 개선 문제에 도전해서 드디어 성공했다. 스타벅스 교실 만들기(교실 환경 개선), 교통사고 줄이기, 와우 놀이 지킴이(놀이터 개선하기) 등에 도전했는데 모두 실패했다. 여러 문제에서 실패하고 낙담한 아이들은 새로운 문제를 쉽게 찾지 못했다. 다른 모둠이 활동을 하고 있는데 이 모둠 학생들은 책상에 지루한 표정으로 멍하게 앉아 있기도 했다. 그러나 나는 문제를 제시해 주지 않았다. 이 모둠이 고민해서 모두가 공감하는 문제를 찾을 때까지 기다렸다. 그래서 결국 찾게 된 문제가 청소함이다. 청소함이 골치라는 것은 우리 반 누구나 공감하는 문제였다. 항상 빗자루 정리가 안 돼 너저분하고 문이 잘 닫히지 않아 자주 열려 있었기 때문이다. 아이들은 이 문제를 개선하기 위해서 다시 5Why, 이해관계자 지도, 인터뷰와 관찰 등의 절차를 밟아 문제 해결책을 마련해 갔다. 그 과정에서도 실패와 시행착오가 종종 있었다. 처음에는 모두가 동의하는 청소함 사용 규칙을 만들어 청소함 앞에 붙였다. 효과가 있다가 시간이 지나자 다시 청소함이 더러워지기 시작했다. 아이들은 다른 방법을 찾아야 했다. 그래서 아이들은 새로운 청소도구함을 만들기로 했다. 나무를 구입하고 못과 망치를 빌려서 청소함을 만들었다. 청소함을 만드는 와중에도 계속해서 발명 기법을 적용해서 아이디어를 추가시켰다. 그 결과 걸레와 쓰레받기를 수납할 수 있고 빗자루를 걸 수 있는 청소함을 완성시켰다. 이 청소함이 특이한 점은 청소함 위에 농구 골대 역할을 하는 바구니가 있어 아이들은 쉬는 시간에 이 바구니를 농구 골대 삼아 놀 수 있다는 것이다. 청소함의 인식을 개선할 수 있는 놀이라고 할까? 아무튼 아이들은 청소함이 재미있으면 좋겠다고 해서 이름도 '재미있는 청소함'이다. 이 청소함은 완성한 이후로 교실에서 아이들이 직접 사용하고 있다.

세 번째 공기청정기 모둠이다. 이 모둠은 RPM 개념을 발견한 후에도 우여곡절이 있었다. 직렬과 병렬 개념을 몰라서 공기청정기가 돌아가지 않았기 때문이다. 그래서 아이들은 유튜브를 검색하기 시작했다. EBS에서 만든 과학 영상을 보다 직렬과 병렬에 대해서 알게 된다. 이 아이들은 5학년이고 직렬과 병렬은 6학년에 나오는 내용이다. 유튜브에서 알게 된 직렬과 병렬을 이용하여 아이들은 공기청정기를 다시 조립했다. 무려 9개의 건전지를 직렬로 연결했더니 드디어 팬이 돌았다. 고민을 거듭하다 보면 아이들은 무언가를 발견하게 된다.

그러나 그것이 끝이 아니었다. 또 실패다. 9개의 건전지를 설치할 공간이 공기청정기에 없었기 때문이다. 문제는 바로 V(볼트)이다. 아이들은

V에 대해서 인터넷으로 검색을 해 보고 자신이 가지고 있는 건전지가 1.5V밖에 안 된다는 것을 알았다. 9V 건전지가 있다는 것도 알았다. 9V 건전지를 편의점에서 2개 사 와서 연결하였다. 9개에서 2개로 건전지를 줄였다. 드디어 공기청정기에 건전지를 설치할 수 있게 된 것이다. 아이들은 실패를 통해 여러 가지를 배웠다. RPM, 직렬과 병렬, V뿐만 아니라 협업하는 능력, 의사소통 능력, 창의력, 비판적 사고력도 배웠을 것이다.

사상 최대 수업 프로젝트라는 이름에 대하여

위에서 기술한 내용은 1년 동안 진행된 수업의 일부에 불과하다. 이 긴 프로젝트에 대해서 무슨 이야기부터 시작할까? 사최수프라는 이름부터 다루어 볼까 한다. 사물과 이름과의 관계에 대한 다양한 생각들이 존재한다. 사물과 이름과의 관계가 우연의 산물이라는 생각이 있는가 하면 사물과 이름 간에는 모종의 필연성이 존재한다는 생각도 있다. 전자처럼 대상과 기호와의 관계가 자의적이라고 보는 것은 현대 기호학의 일반적 상식이다. 예를 들어 소를 '소'라고 부르든 '카우cow'라고 부르든 상관이 없다. 사물에 대한 이름은 우연한 결합이며 언어공동체의 관습에 불과하다는 것이다. 이에 비해 사물과 이름 간에는 모종의 필연적인 관계가 있으며 작명을 어떻게 하느냐가 어떤 실질적인 효과를 발생시킨다는 생각도 여전히 존재한다. 사람 이름을 짓거나 사업에 대한 작명을 할 때 점을 보기도 하고 작명소를 찾기도 하는 것은 이런 생각 때문이다.

사최수프란 이름은 어떨까? 사최수프는 그냥 자의적 기호일까 아니면 실재와 끈끈한 관계를 맺고 있을까? 내가 보기에는 허명이 아니다. 활동의 실제를 잘 담아내고 있는 이름이다. 나는 처음에 사

상 최대라는 말이 단순한 수사이거나 과장법이라고 생각했다. 그러
나 진짜 사상 최대에 가깝다! 장 교사가 자신의 블로그에 올려놓은
아래 도표에서 보듯이 사최수프는 모든 교과와 밀접하게 연결되어
있다. 학생들은 주로 창의적 체험 활동 시간을 활용하여 사최수프
활동을 한다. 그런데 사최수프 활동은 교과 시간에 배우는 내용과
유기적인 관련을 맺고 있다. 학생들은 교과 내용을 종합적으로 활용
하여 현실의 문제를 해결하는 프로젝트 활동을 한다. 이렇게 모든 교
과를 직간접적으로 결합하여 문제 해결에 활용하면서 1년 동안 진행
하는 프로젝트는 이전에 존재하지 않았다. 이 점에서 사최수프는 가
히 사상 최대 수업 프로젝트라고 불릴 만하다.

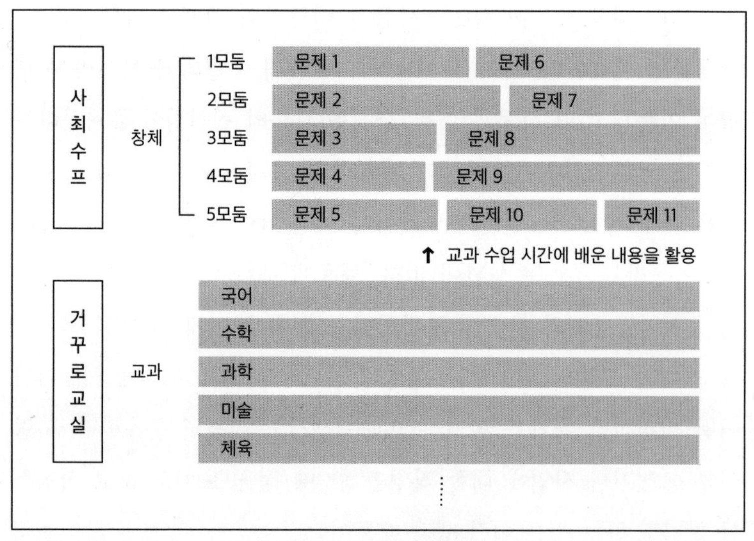

장지혁 교사가 사최수프와 거꾸로교실의 운영 형태를 정리한 도표

프로젝트 수업은 한국에 수십 년 전에 소개되었다. 그러나 여건이

충분히 갖춰지지 않아 그동안 제대로 구현되지 못했다. 이제야 본격적인 주목을 받고 있는 단계이다. 나는 프로젝트 수업의 보편화가 우리의 수업 연구와 실천을 변화시키는 데 매우 중요한 의미를 지닌다고 생각한다. 통상의 강의식 수업은 지식 전달을 주목적으로 하며 전달해야 할 내용 지식을 분절적으로 가르친다. 따라서 수업 연구와 실천은 이렇게 분절된 지식을 작은 단위 시간 안에서 효율적으로 가르치는 방법 중심으로 발전해 왔다. 그 결과 교실 수업에서 삶과 앎의 유기적 연결성이 단절되어 버렸다. 삶과 앎의 연결뿐 아니다. 앎과 앎 사이의 연결 고리도 엄청나게 손상되었다. 학생들은 국어 시간에 배운 내용, 수학 시간에 배운 내용, 과학 시간에 배운 내용 들이 서로 어떻게 연결되는지 알지 못하고 토막 난 지식들을 배운다. 이런 지식의 분리는 학생들의 사고를 저해하고 기존의 불평등한 사회 구조를 재생산하는 기제가 된다. 프로젝트 수업은 앎과 앎의 단절, 삶과 앎의 분리를 극복할 수 있는 매우 유효한 대안이다. 사최수프는 그런 프로젝트 수업의 잠재성을 최대로 확장하고 발현하는 수업 실천이다. 사최수프는 한국 프로젝트 수업 실천의 역사에서 가장 진화한 형태가 아닐까?

좋은 수업은 디테일에 있다!

글을 시작하면서 나는 학생들이 진짜 세상의 문제를 찾아 나서서 해결하는 활동이 사회과에서는 그다지 낯선 것이 아니라고 말했다. 그리고 대학에서 진행하는 내 강의에서도 사회 참여 학습을 여러 학기 진행한 적이 있다고 언급했다. 그런 경험 때문에 장 교사의 교실을 찾았을 때 특별한 기대를 가진 것은 아니었다. 그런데 나의 예상은 완전히 어긋났다. 말 그대로 기대 이상이었다. 그렇다면 내가 실행했던 사회 참여 학습과 무엇이 다를까? 한마디로 디테일에서 차이가 났다. 나는 큰 윤곽만 알려 주고 나머지는 학생들이 진행하도록 했다. 예컨대, 내가 한 것은 민주 사회에서 사회 참여가 지니는 중요성을 설명하고 사회 참여 활동의 각 단계를 안내하는 정도였다. 나머지는 학생들이 좌충우돌하면서 문제를 스스로 해결해야 했다.

그런데 장 교사의 사최수프 활동은 매우 정교한 절차에 따라 진행되었다. 일상에 대한 관찰, 해결해야 할 문제 찾기, 문제의 중요성과 심각성 검증하기, 문제의 원인 찾기, 문제와 관련된 이해관계자 지도 그리기, 문제 정의하기, 문제 해결하기에 이르는 각 단계가 마치 잘 계획된 프로토콜을 따르는 것처럼 보였다. 이런 사최수프의 세부 절차는 장 교사와 미래교실네트워크 소속 교사들의 공동 사고와 실천의 산물이다. 예컨대, 문제 분류 활동, 복도 피치, 5Why, 이해관계자 지도 그리기, 문제 정의하기 등이 모두 공동 작업의 산물이다. 이런 절차들은 실행을 통해서 계속 개선되고 진화해 가고 있다. 장 교사만 놓고 보더라도 2016년과 2017년의 사최수프의 디테일이 다르다. 문제를 발견하는 단계 하나만 살펴보자. 2016년과 달리 2017년에는 2주 동안이나 생활 주변을 관찰하게 하였다. 그 결과 학생들은 더 주의해서 생활 주변을 관찰하고 의미 있는 문제를 찾아내었다. 이렇게 방법적 노하우를 끊임없이 개선시키려는 노력이 사최수프를 매우 완성도 높은 프로그램으로 진화시키고 있었다.

이것이야말로 내가 다른 비평문에서 한 번 언급한 적이 있는 '축적'의 전형적인 예이다. 이런 방법적 지식은 수업 실천에서 매우 중요하다. 한국적 상황에서 진짜 세상을 찾아 나서는 활동을 실행하는 데는 제약이 많다. 지식을 암기하고 이해하는 것만이 공부라는 낡은 생각이 아직도 극복되고 있지 않기 때문이다. 그런 문화적 관성을 넘어서 진짜 세상의 문제를 해결하려고 나서는 데는 용기가 필요하다. 그러나 용기를 내고 새로운 시도를 한다고 바로 좋은 결과가 보장되지 않는다. 방법적 지식이 있어야 한다. 이런 방법적 지식이 한국의 실천 교육학에서는 아직도 많이 부족하다. 그 점에서 사최수프는 정교한 방법적 지식이 수업 실천의 완성도를 어떻게 높이는지를 보여주는 좋은 예이다. 한국의 교육계는 이런 실천의 공동 지식을 만들고 이를 소통 가능한 언어로 표상하는 활동을 더 많이 수행해야 한다.

'좋은 수업은 디테일에 있다'는 의미는 공유된 방법적 지식의 프로토콜을 만들고 함께 실천하는 것에 한정되지 않는다. 어떤 교사가 이런 방법적 지식을 잘 알아서 기계적으로 자신의 교실에 적용한다고 곧바로 성공적 수업 실천이 보장될까? 그렇게 될 가능성은 높지 않다. 좋은 수업에는 또 다른 차원의 디테일이 요구된다. 표준적인 지식이나 절차로 환원될 수 없는 암묵적 지식 — 우리가 그것을 지식이라고 부를 수 있다면 — 의 차원 말이다. 1년 동안 프로젝트를 진행하면서 이 교실의 학생들은 다양한 상황에 직면했다. 왜 이런 일을 하는지 확신이 안 들 때도 있었다. 선생님의 말을 못 알아들을 때도 있었다. 활동이 너무 어렵다고 느낄 때도 있었고 너무 쉽다고 느낄 때도 있었다. 세상과 마주하는 것이 두렵다고 혹은 즐겁다고 느낄 때도 있었다. 무엇을 할지 명료할 때가 있는가 하면 막연할 때도 있었다. 성취감을 경험할 때도, 반복적인 실패로 인해 좌절감을 경험할 때도 있었다. 이런 순간순간마다 교사는 모종의 반응을 했다. 반응하지 않는 경우는 없었다. 무반응도 넓은 의미의 반응이기 때문이다. 전혀 개입하지 않는 상황도 교사의 의도에 의해 기획된 것이라면 일종의 반응이다. '반응하지 않는 반응'이란 말은 '자유를 위한 계획'이란 용어와 마찬가지로 형용 모순이 아니다. 이런 매 상황에서 보이는 교사의 디테일이야말로 수업의 성공을 좌우하는 주요 요인이다. 이 디테일의 차원에서 내가 주목한 것은 장 교사가 학생들의 실패를 대하는 태도이다. 한 모둠이 1년 동안 공기청정기 문제로 씨름하고 끙끙거리는 상황을 장 교사는 지켜보고 기다려 주었다. 또한 적절한 자극을 통해서 계속 도전하도록 추동하였다. 이런 디테일과 맥락을 사상하고 명제화하면 "교사가 학생의 실패에 대해 인내하고 격려해야 한다"는 영혼 없는 상투적 문장이 되고 만다. 방법적 지식 혹은 프로토콜과 같은 디테일의 차원과 달리 교사의 암묵적 실천의 어떤 디테일은 명제화할 수 없거나 해도 별 도움이 되지 않는다. 그러나 후자 없이 좋은 수업 실천이 가능하기는 어렵다. 그런 점에서 장 교사는 두 가지 디테일을 겸비한 교사다.

한 가지 더 첨언할 것은 장 교사가 부지런히 '수업 복기'를 하는 교사라는 점이다. 복기라는 말은 "바둑에서 한 번 두고 난 바둑의 판국을 비평하기 위하여 두었던 대로 다시 처음부터 놓아 봄"이라는 사전적인 의미를 지닌 말이다. 그 점에서 수업 복기는 꼼꼼한 수업 성찰의 일종이다. 장 교사는 자신의 수업 실천을 돌아보고 부지런히 자신의 블로그에 올리고 있다. 사최수프를 비롯해서 장 교사의 수업이 해마다 개선되는 이유는 이런 꼼꼼한 수업 복기 때문으로 보인다. 한국의 많은 교사들이 수업 설계와 실행에 대해서는 관심을 기울이지만 수업이 끝난 후에 이를 꼼꼼하게 돌아보지는 않는다. 수업을 돌아보는 것이 수업 실천에서 지니는 중요성은 아무리 강조해도 지나치지 않다. 장 교사의 블로그를 읽다가 "어차피 아무도 보지 않을 글, 내 마음대로 막 적어야겠다"라고 쓴 구절을 발견하고 약간 안타까운 마음이 들었다. 많은 교사들이 장 교사의 블로그를 참고하고 좋은 자극을 받기를 희망한다.

학생들은 현재와 미래의 시민으로 성장하고 있다

좋은 수업을 판단하는 최종적 준거는 학생들이 무엇을 배우고 어떻게 성장하는가에 있다. 이 교실의 학생들은 무엇을 경험하고 어떻게 성장하고 있는가? 사최수프에 참여한 학생들의 경험을 이해하기 위해서 학생들을 대상으로 설문을 하였다. 이 중 몇 문항에 대한 학생 응답이다. 이 프로젝트에 흥미를 가지고 참여했는지를 물었는데 19명 학생 전원이 '매우 그렇다'고 대답하였다. 내년에도 사최수프를 계속하고 싶은지를 물었더니 역시 전원이 '매우 그렇다'고 응답하였다. 한국 학생들의 학습에 대한 흥미도가 매우 낮은 점을 고려해 볼 때 놀라운 결과이다. 사최수프에 흥미를 느낀 이유를 물었더니 "직접 문제를 찾고 해결할 수 있어서", "친구들과 함께하고 친해질 수 있어서", "선생님 도움 없이 우리끼리 해결할 수 있어서"와 같은 응답이 주로 나왔다. 한 학생은 "우리끼리 모둠을 만들어 다른 사람들이 못 푸는 문제를 해결하며 선생님 도움이 없이 하니 내가 선생님이 된 기분이라 재미있고 좋아서"라고 답하였다. 또 다른 학생은 내년에 사최수프를 또 하고 싶은 이유에 대해서 "우리가 지금 하고 있는 문제 외에도 더 많은 문제가 있을 텐데 그 문제를 해결해 후배들 또는 선생님들이 조금이나마 편하게 생활할 수 있도록 돕고 싶어서"라고 답하였다. "학교에서 한 것 중에서 제일 좋아하는 수업이기 때문이다"라고 적은 학생도 있었다. 학생들은 생활 주변의 문제를 스스로 찾고 친구들과 함께 해결 방안을 찾아 해결하는 데 엄청난 흥미를 느끼고 있는 것이다.

　주목할 점은 이것이 게임이나 놀이와 같은 가벼운 활동을 통해서 느끼는 흥미와 만족감이 아니라는 것이다. 사최수프 활동을 하는 동안에 학생들은 여러 가지 어려움에 직면한다. 학생들은 "문제를 찾는 데 시간이 많이 걸리고", "중간에 의견 갈등이 생겨서 싸움이 일어나기도 하고", "의견을 모을 때 힘들기도 하였고 일을 나눌 때 어떻게 해야 할지 몰라서" 힘들었다고 토로했다. 좋은 아이디어를 떠올리는 것도 힘들지만 그것을 실현하는 과정에서도 실패를 반복하면서 어려움을 겪었다. 학생들은 이런 어려움들을 딛고 공기청정기를 만들고 청소 도구함을 완성하고 수련회의 축제를 기획하여 진행하였다. 그리고 그런 자신들의 성취에 대해서 큰 보람을 느낀다고 했다. 그런 성취감 때문일까? 내가 교실을 방문해서 "자신의 힘으로 세상을 바꿀 수 있다고 생각하는지"를 물었더니 모든 학생들이 망설임 없이 손을 들었다.

　높이 들린 학생들의 손을 보고 나는 속으로 감격했다. 우리 교육이 길러 내는 데 별로 성공하지 못했던 새로운 유형의 사람들이 자라고 있지 않은가? 그동안 우리 교육은 살인적인 교육열에도 불구하고 공공성을 지닌 시민을 길러 내지 못했다. 교육이 입신출세를 위한 사익에 복무해 왔기 때문이다. 그런데 이 작은 교실에서 새로운 시민들이 무럭무럭 자라고 있다니! 함께 협력하여 삶의 문제를 해결해 가는 역량 있는 시민들! 나는 이 아이들이 만들어 갈 아름다운 미래가 손에 잡힐 듯하여 한순간 가슴이 뜨거워졌다.

　학생들과의 인터뷰를 끝내면서 마지막에 '사최수프는 ○○이다'라는 문장을 칠판에 적고 채워 보도록 했다. 학생들이 쓴 단어들은 다음과 같다. 꿈/과정/세계/공부/사람들의 문제/문제 해결/큰 희망/행복/발전/변화/협동/큰 추억/문제 해결 방법/사상 최대 수업 프로젝트/사랑. 학생들은 하나같이 단어를 쓴 이유를 또박또박 힘 있게 발

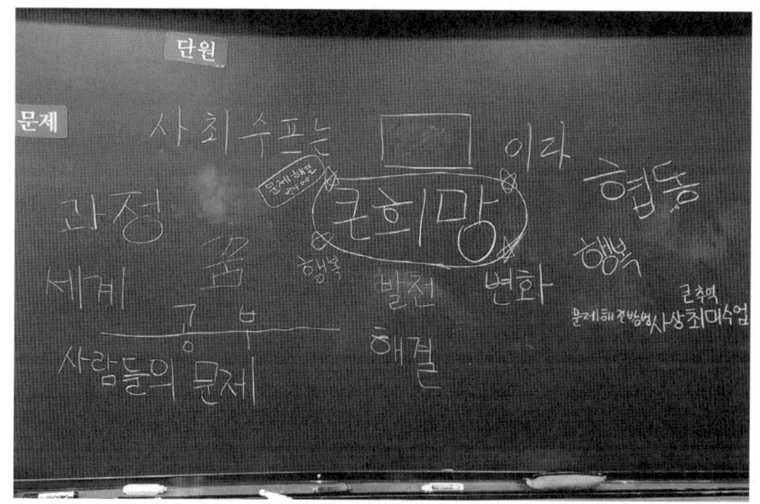

학생들이 '사최수프는 ○○이다'라는 문장에 채워 넣은 단어들

표하였다. 비평문을 쓰면서 이 작고 야무진 시민들의 실명을 하나하나 적어 주고 싶다는 생각이 문득 들었다. 이 교실의 아이들에게 작은 기념이자 추억이 될 것 같아서다. 허락을 맡아서 19명 대견한 학생들의 이름을 여기에 적는다.

김예은, 노현서, 박소연, 박솔비, 신아진, 이은별, 장은빈, 정의진, 채선욱, 한예진, 강복음, 고경주, 김령후, 김인호, 나연우, 성제훈, 오시훈, 이민현, 정병국.

사최수프가 가능한 수업 생태계를 위해서

아이들이 아름답게 성장하는 사최수프 같은 수업 실천 프로그램이 구안되는 데 장지혁 교사가 소속되어 활동하는 미래교실네트워크 교사들의 공동 연구와 실천이 큰 역할을 하였음을 앞에서 이미 언급했다. 고립된 교사 문화를 넘어서서 교사학습공동체를 구축하는 것은 좋은 수업 실천을 위한 기본 조건이다. 교사학습공동체의 중요성이 워낙 강조되고 있기 때문에 더 부연 설명하지는 않겠다.

사최수프와 같은 수업이 어떻게 우리의 일상적 실천이 될 수 있을까? 장 교사의 사례를 통해서 그것이 가능한 문화적 토양과 수업 생태계에 대해서 생각해 보고자 한다. 내 의견을 말하기 전에 먼저 미래교실네트워크에서 강조하고 있는 내용부터 간략히 소개하고자 한다. 미래교실네트워크는 수업 실천 철학으로 '자기조직화하는 학습 환경 SOLE: Self-Organized Learning Environment'을 매우 중시한다. 원래 자기조직화라는 개념은 과학자들이 자연 현상에서 발견해 낸 것으로 어떤 패턴이 그것을 만드는 부분의 세부적인 성격과 거의 혹은 전혀 연관성이 없이 저절로 생겨나는 것을 말한다.[46] 이런 자기조직화라는 개념을 학습 현상을 이해하는 데 활용한 사람은 인도의 교육학자 수가타 미트라Sugata Mitra이다. 그는 유명한 '벽 속의 구멍'이라는 실험을 구안하였다. 교사 수가 부족한 벽지의 학생들을 위해서 벽에 구멍을 뚫어서 인터넷이 연결되어 있는 컴퓨터를 설치해 두는 실험이다. 호기심 많은 학생들이 이 신기한 장치를 보고 몰려들었다. 3개월 후에 놀라운 일이 벌어졌다. 가르쳐 주는 사람이 없음에도 아이들은 호기심과 협동만으로 컴퓨터로 할 수 있는 작업들을 상당히 터득하고 있었다. 이 실험 결과에 기반하여 수가타 미트라는 학습의 창발성을 강조하면서 자기조직화하는 학습 환경의 중요성을 설파한다. 이후 이 실험은 컴퓨터로 연결된 클라우드 환경에서 학생들이 모둠을 통해서 자발적으로 배우는 다양한 학습 프로그램의 개발로 이어진다. 미래교실네트워크는 수가타 미트라의 실험에 근거한 이런 자기조직화하는 학습 환경을 거꾸로교실과 사최수프 활동의 중요한 이론적 기반으로 삼고 있다.

나는 수가타 미트라의 실험이 교사 중심의 근대 교육이 지닌 낡은 관성에 균열을 내고 교육에 대한 새로운 상상력을 제공했다고 본다. 우리 교육은 그동안 학습의 창발성과 자기 주도성을 너무 경시해 왔다. 물론 균형 잡힌 시각을 가지려면 수가타 미트라의 실험이 지닌 한계에 대해서도 생각해 보아야 한다. 학자들은 이 실험에 대한 실증적 후속 연구를 통해서 이 같은 학습의 효과가 장기적으로 지속되지 않는다는 부정적인 결과를 보고하고 있다.[47] 학생이 자발성을 지속해 가기 위해서는 교사의 도움도 중요하며 지식 또한 체계적으로 제공되는 것이 필요하다. 이런 점을 고려해 볼 때 자기조직화하는 학습 환경은 다양할 수 있다. 수가타 미트라가 교사 수가 부족하여 학습을 할 수 없는 인도 벽지의 학생들을 위해 특수한 실험으로 고안한 학습 환경이 표준 모델이 될 필요는 없다. 나는 세계적으로 우수한 교사들을 보유하고 있는 한국 상황에서 자기조직화하는 학습 환경의 의미는 무엇이며 교사의 역할은 어떠해야 하는지에 대한 좀 더 창의적인 사고가 필요하다고 본다.

일부 교사들의 생각과 달리 나는 사최수프의 성공을 위해서는 교사의 존재가 매우 중요하다고 본다. 새로운 수업에 대한 열린 시각과 실천 능력 및 의지를 지닌 교사 말이다. 사최수프가 잘 이루어지는 교실에서는 수업을 처음부터 끝까지 진두지휘하는 교사의 모습을 찾기가 어렵다. 교사는 정답을 제시하지 않는다. 학생들은 스스로 해결해야 할 문제를 찾고 상호 협력을 통해서 창의적인 해결책을 찾아간다. 교사는 학생들이 시행착오를 거치면서 조금씩 전진하는 이 긴 여정을 인내심을 가지고 지켜보고 때로 조력한다. 이런 교실의 모습은 수가타 미트라가 말한 자기조직화하는 학습 환경과 닮은 구석이 있다. 그러나 수업 전반을 자세히 살펴보면 교사는 적지 않은 개입을 한다. 1년 동안 진행되는 대규모 프로젝트에서 교사가 개입하는 양상은 적극적인 개입에서 전혀 개입하지 않는 것처럼 보이는 상황까지 다양하다. 나는 수업을 관찰하면서 다양한 교사의 이미지, 예컨대, 오케스트라 지휘자, 재즈 연주자, 축구 감독 등을 떠올렸다. 장 교사는 학생 하나하나의 배움에 민감한 촉수를 지니고 있었다. 그리고 개인 혹은 모둠이 각자의 주제에 대해서 나름의 속도로 나아가도록 세심하게 배려한다. 이런 모습은 단원 하나하나가 내는 악기 소리를 감별하면서 악단 전체의 하모니를 만들어 가는 오케스트라의 지휘자를 연상시킨다. 예측할 수 없는 현실에 순발력 있게 대응하면서 학생들과 함께 각본 없는 드라마를 만들어 가는 모습에서는 변화무쌍한 선율을 상황에 맞추어 연주해 내는 재즈 연주자가 떠오르기도 한다. 각 모둠이 협력하여 전진과 후퇴를 경험하며 반복적인 도전을 통해서 문제 해결에 다다르도록 이끌어 가는 모습에서는 그라운드 밖의 명감독이 오버랩된다. 내 표현력이 부족해서 더 열거할 수 없지만, 요점은 장 교사의 역할이 다채롭고 풍부하다는 것이다. 사최수프에서 관찰되는 이런 교사의 다양한 모습은 미래 교실에서 교사가 수행해야 할 창발적 역할을 예표한다.

둘째, 사최수프의 성공적 수행을 위해서는 단위 학교의 문화도 매우 중요하다. 아직도 한국의 많은 학교는 학생들이 진짜 문제를 찾아나서는 것을 꺼린다. 비민주적이고 권위적인 학교는 학생들이 학내 문제에 대해서 사최수프를 하는 것을 허용하지 않는다. 학교 바깥의 문제 또한 안전상의 문제 혹은 사회·정치적 이슈라는 이유를 들어서 금지한다. 이런 학교에서 주로 나오는 메시지는 '딴 데 신경 쓰지 말고 공부나 하라'는 말이다. 그런데 공부란 과연 무엇일까? 세상을 진지하게 대면하고 삶을 힘들게 하는 문제들을 해결하는 데 실질적으로 참여하는 것이야말로 이 시대에 필요한 진짜 공부가 아닐까? 지식은 이를 위한 도구일 뿐이다. 이 점에서 전통적인 공부에 대한 날카로운 비판이 대두되고 있는 것은 무척이나 다행스러운 일이다.

학생들이 실제 문제를 찾고 해결하며 이를 위해 여러 교과를 통합적으로 활용하는 학습 환경에 놓이기 위해서는 교사 혼자가 아니라 동료 교사들과의 협력이 필수적이다. 특히 이런 활동에 대한 게이트키퍼 역할을 하는 교장의 이해와 협조는 사최수프의 존속에 결정적인 변수가 되곤 한다. 동료 교사의 이해와 학교장의 적극적인 지원은 장 교사의 사최수프가 꽃필 수 있는 좋은 토양이 되었다. 여러분들의 학교는 이런 토양을 갖추고 있는가? 좀 더 일반화해서 말하자면 협력에도 소극적인 묵인, 적극적인 지지, 공동 작업에의 참여 등 다양한 층위가 있다. 후자로 갈수록 사최수프가 더 잘 수행될 수 있는 환경이다. 그런 문화적 토양을 만들어 가는 것은 교사들이 함께 수행해야 할 중요한 프로젝트이다.

마지막으로 학교를 넘어선 진짜 세계야말로 사최수프의 가장 중요한 환경이다. 순환 논리에 빠지는 오류일지 모르지만 사최수프가 가능하기 위해서는 사최수프가 가능한 사회가 존재해야 한다. 무슨 말인지 생각해 보라. 비민주적이고 권위주의적인 사회는 어른들의 문제 제기조차 허용하지 않는다. 그런 사회에서 사회 문제를 해결하려는 시도는 많은 경우 합리적 논변과 설득, 과학적이고 창의적인 문제 해결보다는 폭력적 방식으로 표출된다. 이런 사회에서는 학생들의 문제 해결 공간은 협소화되거나 봉쇄될 수밖에 없다. 오늘날 초등학교에서도 사최수프와 같은 활동이 가능한 것은 우리 사회가 그만큼 소통적이고 민주적으로 변했음을 증명한다. 여전히 불완전하고 유동적이기는 하지만! 학생들의 문제 제기를 허용하고 사회적 자원을 동원하여 그 해결 과정을 지원하는 문화 풍토를 지닌 사회야말로 은유적 의미에서 최상의 자기조직화하는 학습 환경이다. 우리 사회는 아이들의 도발적 목소리에 귀를 기울일 겸허함을 가지고 있는가? 그들의 시도를 칭찬하고 그들의 실패를 기다리고 격려해 줄 어른스러움이 있는가? 기성세대가 만들어 준 답이 아니라 새로운 세대가 창의적 질문에 기반해서 그들의 길을 스스로 개척해 가도록 권한을 나눌 의지가 있는가? 만약 사최수프와 같은 프로젝트가 우리 교육에서 꽃피지 못한다면 그것은 아이들의 실패나 교사의 실패가 아니라 우리 사회의 실패이다. 사최수프는 우리 사회를 비추는 작은 거울인 셈이다.

삶과 앎이 하나가
되도록 하는 '사최수프'

장지혁(광주 한울초)

교육청에서 새로운 지역 교과서를 집필하기 위한 회의 중이었다. 회의가 길어지자 으레 그렇듯이 다른 생각에 빠져들게 되었다.

군 시절, 전에는 관심이 없었던 교육 관련 책들을 보게 되었는데, 그중에 이혁규 교수가 쓴《수업, 비평의 눈으로 읽다》도 있었다. 읽고 충격을 받았다. 그 당시에 내 수업은 도입, 전개, 정리 단계를 밟아서 질문 몇 개 던지고 끝냈던 터라 더 충격을 받았다. 부끄러웠다. 과거가 반성이 되기도 했고 수업이 새롭게 보이기 시작했기 때문이다. 전역 후, 수업에 빠지기 시작했고 수업을 돌아보는 '수업 복기'도 꾸준히 하고 있다.

교육청 회의 중에 그 책,《수업, 비평의 눈으로 읽다》를 다시 읽어 봐야지 하고 생각을 했다. 정체기가 오면서 수업 복기도 줄어 새로운 전환점이 필요했기 때문이다. 그때 이혁규 교수에게 전화가 왔다. 수업 비평을 해 보면 어떻겠느냐는 제안이었다. 어찌 이런 우연이! 평소라면 고민해 봤겠지만 나는 그 자리에서 바로 수락을 하였다.

막상 수락은 했지만 걱정이었다. 요즘 들어 수업, 정말 자신이 없었다. 공개 수업은 더 그렇다. 2~3년 전에는 그렇지 않았다. 일 주일에 한 번씩 교내 선생님들에게 수업을 봐 달라고 요청을 하고 다녔다. 그런 자신감은 시간이 지날수록 사라지게 되었는데, 그 이유를 따지고 보면 거꾸로교실과 사최수프 때문이다. 거꾸로교실과 사최수프를 남들보다 조금 먼저 한 이유로 여기저기 다니며 이름을 알리게 되었다. 이름이 알려질수록 내 자신감은 사그라들었다. 무언가 더 보여 주어야 한다는 부담감이 있었기 때문이다.

결국, 그날이 왔다. 3교시는 거꾸로교실, 4교시는 사최수프 공개 수업이었다. 거꾸로교실은 1차시 안에 수업이 완결되지만 사최수프는 그렇지 않아 걱정이었다. 사최수프는 선정된 문제에 따라 짧게는 1개월, 길게는 6개월을 끌고 간다. 그 긴 타임라인에서 한 꼭지를 공개하려니 맥락을 이해하기가 어렵겠다라는 생각이 자연스레 들었다. 수업이 잘 끝났는지 어땠는지는 모르겠다. 그래도 사최수프는 수업을 공개해도 마음이 편하다. 나는 돌아다니며 아이들의 진행 상황을 지켜보고 격려하고 필요한 물품을 갖다주는 역할이기 때문이다.

사최수프의 과정은 간단하다. 문제 발견과 해결이다. 조금 더 자세히 들여다보면 문제 발견 단계에서는 여러 가지 활동을 거치게 된다. 문제 발견을 위한 관찰, 5Why, 이해관계자 지도 그리기, 문제 정의, 인터뷰 등의 단계를 거친다. 이후에 이루어지는 문제 해결 단계에서는 정해진 활동이 없다. 아이들이 스스로 계획을 하고 움직인다.

사최수프는 같은 문제를 해결하고 싶은 아이들끼리 한 모둠이 된다. 그래서 한 번에 4~5개의 문제가 동시에 진행이 된다. 문제를 발견하고 검증을 하는 단계에서 많은 문제들이 탈락된다. 탈락되는 이유는 다양하다. 우리만 문제라고 생각해서, 생각해 보니 그렇게 중요한 문제가 아니어서 등. 문제가 탈락되면 그 모둠 아이들은 문제를 다시 찾고 다시 새로운 모둠원들을 만난다.

몇 년 동안 사최수프를 하면서 재미있는 에피소드도 많았다. 어느 날은 한창 사최수프를 하고 있는데 한 모둠이 사라진 것이다. 수업 시간에 갑자기 사라진 모둠을 찾아봤지만 아이들은 어디에도 보이지 않았다. 한참 후에 1층에서 올라오는 아이들을 만났다.

"어디 다녀왔니?"
"교장실에 다녀왔어요."

많이 놀랐다.

"교장실에는 왜?"
"교장 선생님에게 다 허락받고 왔어요."

이 아이들은 교실 책상이 망가진 문제를 선정하고 해결하고 있었다. 본인들이 생각하기에 교장 선생님에게 먼저 이야기를 해야 할 것 같았다고 했다. 아이들은 두려움이 없었다. 일 처리 속도도 나보다 빠르다. 또 그만큼 자발적이었다. 그래도 다음에는 선생님에게 이야기하고 가라고 했다.

또 다른 에피소드는 이번에 소개된 미세 먼지 문제를 해결하기 위해 공기청정기를 만든 모둠에서 생긴 일이다. 이 아이들이 어느 날, 과학실에 있는 현미경을 빌려 달라는 것이다.

"현미경이 왜 필요해?"
"미세 먼지를 채집해 왔는데 관찰할 거예요."

미세 먼지를 채집해 왔다니 궁금증이 일어 물어보았다.

"미세 먼지를 어떻게 채집했는데?"
"여기요."

아이들이 내민 것은 조그만 알루미늄 호일이었다. 어떻게 채집한 것인지 자세히 물어보니 알루미늄 호일을 쫙 펴서 손에 들고 달렸다고 한다. 그리고 그대로 접어서 교실로 가지고 들어온 것이다. 이 아이들의 당당함과 무모함에 웃음이 났지만 과학실에서 현미경을 가져와 빌려주었다. 그 아이들은 현미경을 어떻게 사용하는지 몰랐다. 아이들은 과학 교과서에서 현미경 사용법을 찾아보며 미세 먼지를 관찰하기 시작했는데, 곧 본인들이 잘못 관찰하고 있다는 것을 알게 되었다.

"야, 여기 밑에서 빛이 올라와야 미세 먼지가 보일 것 같은데?"
"알루미늄 호일 때문에 빛이 막혀서 아무것도 안 보인다. 그냥 검정색밖에 안 보여."
"미세 먼지는 나중에 보자. 선생님, 현미경 다 썼어요."

그렇게 아이들은 광학현미경에 대해서 배웠다. 가르쳐 주지 않아도 알아서 찾아 배운다. 이것이 사최수프의 핵심 중 하나라고 생각한다. 문제를 발견하고 해결하면서 필요한 것들을 찾아 배운다. 이미 배운 것이면 활용을 하고 아직 안 배웠으면 수단과 방법을 가리지 않고 배운다. 이 아이들은 공기청정기를 만들기 위해 유튜브를 검색하거나 교과서에서 찾아 직렬과 병렬, V(볼트), RPM에 대해서 배웠다.

이러한 사최수프로 아이들의 역량이 신장되었다. 협업 능력, 의사 소통 능력, 비판적 사고력, 창의력, 인지적 공감 능력이 바로 그 역량 이다. 협업을 모르던 아이가 다른 친구들과 모둠 활동을 하게 되었고 꾸지람만 듣던 아이가 창의력이 있는 아이로 변했다. 또한, 교과 수 업에서 배웠던 내용을 삶과 연결할 수 있게 되었다. 사최수프를 하면 서 배우는 모든 것을 삶과 연결시킬 수 있는 능력을 길러 주게 된 것 이다.

나는 학창 시절 수업에 대한 추억이 없다. 기억은 있지만 추억은 없다. 많은 시간 동안 수업을 받았지만 수업에 관한 추억은 없다. 추 억이 없는 경험에서 나는 무엇을 배웠을까? 나는 무엇을 했을까?

나는 내 학창 시절의 삶을 유예하고 미래를 준비했던 것이다. 현재 의 시간을 희생하고 미래를 위해 공부를 한 것이다. 그런데, 우리 반 아이들에게 지금의 시간을 인내하고 미래를 위한 공부를 하자고 하 는 것이 과연 옳을까?

학교는 현재의 삶을 유예하고 미래를 준비하는 곳이 아니라고 생 각한다. 학교는 아이들이 현재의 삶을 살아가는 곳이다. 즉, 학습은 미래의 삶을 준비하는 것이 아니라 현재의 삶을 살아가는 것, 그 자 체가 되어야 한다. 그래서 삶과 앎이 하나가 되도록 하는 사최수프를 계속하고 있다.

학생 중심 수업, 오래된 꿈[48]

프로젝트 수업 방법은 한국에 언제 소개되었을까? 1990년대? 1980년대? 1970년대? 교사들에게 질문을 하면 그 이전으로 소급되지는 않는다. 그런데 놀랍게도 프로젝트 수업이 우리나라에 소개된 것은 오천석의 새교육운동 때이다. 해방 이후 바로 소개된 것이다. 프로젝트 수업을 포함한 학생 중심 수업은 일제의 식민지 교육을 극복하기 위해서 오천석이 주도했던 새교육운동의 실천 전략이었다. 1946년 10월에 전국에서 모인 700여 명 교사와 사범대 학생 등을 대상으로 새교육 방법에 의한 공개 수업이 있었는데 그 모습을 한 일간지는 다음과 같이 보도하고 있다.

이날의 연구회에서는 일반 학과와 운동 경기가 공개되었는데, 가장 특색 있는 점은 선생의 강의가 거의 없는 것이었다. 선생은 교단에서 직접 교수를 하지 않고, 아동들이 스스로 연구한 결과를 자기네끼리 토론하게 되면, 그 진행 방법을 필요한 범위 안에서 지도하여 주었다. 아동들은 각자의 토론에 있어서 때로는 맹렬한 논쟁을 거듭하였다. (……) 이날의 교수 방법은 대체로 보아 좋은 성과를 거두었으며, 따라서 장차

남한의 각 국민(초등)학교에서 채택할 것이라고 본다.[49]

1946년의 공개 수업을 묘사한 기사를 보면서 학생 중심 수업이 얼마나 오랜 꿈인지를 알 수 있었다. 그러나 너무 일찍 날아온 제비가 봄을 알리지 못하고 얼어 죽는 것처럼 해방 이후 시도되었던 새교육운동은 우리 교육에 큰 영향을 미치지 못하고 쇠퇴한다.

학생 중심 수업이 다시 전면에 부각된 것은 열린교육운동을 통해서이다. 열린교육운동은 1986년 서울의 영훈초등학교와 운현초등학교를 중심으로 시작된 자생적인 교육 개혁 운동이었다. 열린교육학회에서 채택한 '열린교육 강령'에 의하면 열린교육은 인간교육, 전인교육, 개성교육, 공동체교육, 창의성교육을 지향한다. 그리고 획일성, 기계적 학습, 권위주의, 타율적 통제, 학습 기회의 불평등을 지양한다. 1997~1999년 사이에 중앙 정부가 취할 수 있는 거의 모든 수단을 동원할 정도로 의욕적으로 밀어붙였던 열린교육운동은 관 주도의 운동에 대한 현장의 반발 속에서 좌초되고 만다. 그러나 학습자의 능력, 적성, 흥미 등에 있어서 개인차를 최대한 존중하는 열린교육의 이상은 이후 수업 변화 운동에 계속 남아서 계승되고 있다.

관 주도 운동을 넘어서서 한국의 학교 수업에 실질적인 변화를 만들어 내고 있는 것은 자발적인 교사연구모임들이다. 자발적인 교사연구모임은 교육 민주화 운동과 더불어 1980년대 후반부터 등장하였다. 전국국어교사모임, 전국수학교사모임, 전국역사교사모임 등 대표적인 교과연구모임이 그즈음에 태동하였다. 1990년대~2000년대에 들어서는 한국협동학습연구회, 인디스쿨, 교컴 등 교과를 넘어서서 수업과 교육 실천을 연구하는 전국적 교사 단체들이 출범하였다. 인디스쿨이나 교컴의 경우 1990년대 후반 인터넷 환경을 바탕으로 네트워크화된 분산적 실천공동체로서 큰 영향력을 발휘하고 있다. 배움의공동체연구회, 미래교실네트워크 등 자생적인 교사 모임의 결성은 현재로 이어지고 있다. 이런 자생적인 교사 모임은 현장 연구를 상대적으로 등한시하는 학계를 대신하여 한국의 교육 실천에 실질적인 영향력을 행사하고 있다. 사쾌수프라는 놀라운 수업 실천을 하고 있는 장지혁 교사 또한 미래교실네트워크라는 자발적인 교사 모임의 핵심 멤버이다. 오천석의 오랜 꿈은 자발적인 교사 모임의 후예들에 의해서 새롭게 꽃피고 있는 셈이다.

스타 강사 설민석의 강의를 보며
떠오른 몇 가지 질문들

- 공교육과 사교육의 평화로운 공존은 어떻게 가능할까

독자들은 필자가 왜 사교육 스타 강사인 설민석의 강의를 다루는지 궁금해할지 모르겠다. 오늘날 사교육 스타 강사들은 학생들의 멘토가 될 정도로 강력한 영향력을 발휘하고 있다. 그 점에서 사교육에서 어떤 배움이 일어나는지 좀 꼼꼼히 들여다볼 필요가 있다. 사교육과 공교육이 끊임없이 비교당하는 현실에서 공교육 교사는 무엇을 해야 할까? 양자가 학생들의 성장을 위해 평화롭게 공존하는 교육 생태계는 어떤 모습일까?

내가 아날로그 세대라면 내 아내는 디지털 세대에 더 가깝다. 온라인 서핑도 더 능숙하고 유튜브에서 재미있는 영상도 곧잘 찾아서 보여 준다. 그런 아내를 통해 여러 해 전에 설민석의 강의를 처음 접하게 되었다. 아내는 역사를 참 재미있게 가르치는 강사라는 말을 덧붙였다. 그 후 종종 설민석의 강의를 볼 기회가 생겼고 한국사 최고 인기 강연자라는 것도 알게 되었다. 한국사 관련 베스트셀러 작가이기도 했다. YES24에 소개되어 있는 저자 약력을 보니 화려하다. "그의 한국사 강의는 쉽고 재미있는 강의로 정평이 났다. 그러면서도 역사적 깊이와 교훈을 모두 잡는 강의로 남녀노소 할 것 없이 한국사 최고의 전문가로 인정받고 있다. 한국사 강의를 한 지 20여 년, 이제는 수험생뿐만 아니라 대중을 대상으로 '역사 읽어 주는 남자'를 자처하며 한국사 대중화에 힘쓰고 있다. 서적을 통해서도 한국사 알리기에 최선을 다하고 있다"라고 되어 있다. O tvN 〈어쩌다 어른〉, MBC 〈무한도전〉, KBS 〈오늘 미래를 만나다〉 등에 출연하였고, 대한민국창조신지식인대상 역사교육부문(2014), 대한민국교육산업대상 역사교육부문(2016), 대한민국 퍼스트브랜드대상 특별상(2017)을 수상한 것으로 되어 있다.[50]

사실 사교육 시장에서 명강사로 활약하다가 유명인이 된 사람은 설민석이 처음이 아니다. 《수학의 정석》의 홍성대와 《성문종합영어》의 송성문, 《한샘 국어》의 서한샘 같은 인물들이다.[51] 4,000만 권 이상 팔린 《수학의 정석》을 쓴 홍성대는 학비를 벌기 위해 고교생 과외를 하면서 이름을 날리게 되었다고 했다. 27세에 수학 참고서를 쓰기 시작해서 3년 만인 1966년에 《수학의 정석》을 출간하였다. 《수학의 정석》은 몇십 년 동안 우리나라 수학 참고서 시장에서 부동의 1위 자리를 고수했다. 홍성대는 그 수익으로 전북 전주에 상산고등학교를 설립하여 후학 교육에 매진하고 있다. 1,000만 권 이상이 팔린 《성문종합영어》를 집필한 송성문은 육군 통역 장교와 교사 생활을 하다가 뉴질랜드 국비 유학을 다녀온 후에 영어 교재를 집필한다. 《성문종합영어》(발간 당시는 《정통종합영어》)가 처음 출간된 해는 1967년이었다. 학생들이 공부할 수 있는 변변한 영어 교재가 없어서 집필을 결심했다고 한다. 학원 강사를 하던 송성문은 1976년 성문출판사를 만들었다. 이후 성문 시리즈를 포함한 교재 출판으로 많은 돈을 벌었다. 번 돈으로 문화재를 구입하여 생전에 국립중앙박물관에 100점이 넘는 문화재를 기증하였다. 서한샘도 교사를 하다가 학원 강사로 전직한 경우이다. 1980년대 전두환 정권은 과외 금지 조치를 내린 후에 그 보완책 중 하나로 EBS의 원조 격인 TV 강의를 시작한다. 이때 영입했던 유명 강사 가운데 한 사람이 서한샘이었다. 서한샘은 학원과 출판사를 운영하면서 돈을 벌었고 유명세를 바탕으로 국회의원을 역임하기도 하였다. 한 세대가량 차이가 나지만 사교육 명강사로 출발해서 책도 쓰고 기업도 만들어 활동하고 있다는 점에서 설민석 또한 선배들의 계보를 잇고 있는 셈이다.

공교육 현장의 교실 수업을 비평해 온 사람이 왜 사교육 스타 강사의 강의를 다루는지 궁금해할지 모르겠다. 처음에는 교수법에 대한 관심이었다. 나는 재수를 하지 않았고 국립대 사대생이 의무 발령을 받던 시절에 대학을 졸업했다. 따라서 입시 학원의 명강의(!)를 들어볼 기회가 없었다. 그런데 나와 유사한 연배의 동료들 중에서 종로학원이나 대성학원을 다녔던 경험을 지닌 사람들은 학원에서 귀에 쏙

쏙 들어오는 강의를 많이 접했다고 회고하곤 한다. 과거나 지금이나 입시 교육에 있어서 학교가 학원을 따라가기는 어려운 모양이다. 여하튼 좋은 수업을 찾고 연구하는 수업 비평가의 입장에서 사교육 명강사의 교수법이 궁금했다. 한국사 강의이기 때문에 좋은 역사 수업이 무엇인지도 생각해 보고 싶었다. 다음으로 떠오른 질문은 공교육과 사교육의 관계 문제였다. 방송과 인터넷이 전면화되기 전에는 족집게 내지 일타 강의들은 기껏 몇백 명 정도를 수용할 수 있는 강의실에서 강의했다. 이제는 완전히 다른 상황이다. 온라인으로 유명 강사들의 강의를 어디서나 접할 수 있다. 자연스럽게 학교 교사들의 설 자리가 줄어든다. 이런 환경에서 공교육 교사들은 무엇을 해야 할까? 사교육과 공교육이 끊임없이 비교당하는 현실에서 양자는 어떻게 공존할 수 있을까?

강의를 보면서 격차 사회라는 용어도 떠올랐다. 전 세계가 온라인과 모바일로 연결되는 상황으로 인해서 남과 다른 탁월성이 엄청난 보상을 받을 가능성이 높아졌기 때문이다. 예컨대, 과거에는 설민석처럼 탁월한(!) 강연 능력을 가졌다고 하더라도 사람들이 그것을 알 수 있는 통로가 제한되어 있었다. 그러나 정보 기술의 발달과 세계화로 인해서 오늘날에는 너무나 넓은 통로가 제공되고 있다. 이런 상황은 많은 사람들에게 새로운 기회의 창을 열어 준다. 그러나 약간의 재능 차이가 엄청난 격차를 낳는 사회적 불평등의 문제를 만들어 낸다. 좋은 수업 실천의 궁극적인 목적이 한 개인의 성공이 아니라 모두가 더불어 공존하는 좋은 사회를 잉태해 내는 것이라면 수업 비평에서 이 문제 또한 진지하게 대면하지 않을 수 없다. 그 점에서 이 글은 교육 비평인 동시에 사회 비평이다. 따라서 강의 하나를 꼼꼼히 기술하고 그에 대해서 해석과 평가를 하는 기존의 글쓰기 방식과는 다른 형식을 택하고자 한다. 즉 강의에 대한 자세한 기술은 하지 않을 것이다. 대신에 설민석 강의를 보면서 떠오른 네 가지 질문에 대해서 이야기하는 방식의 옴니버스 형식의 글쓰기를 하려고 한다. 옴니버스 형식이라 함은 각각의 주제를 독립적으로 읽어도 상관없다는 뜻이다.

설민석에게 배울 수 있는 좋은 강의법

어떤 분야나 초보자가 전문성을 쌓아 가는 데 좋은 방법 중 하나는 뛰어난 사람을 모방하는 것이다. 소설가나 시인이 되고 싶은 사람이 유명 작가의 작품을 필사하고 외우는 것이 그런 예에 해당한다. 수업의 전문성을 쌓아 가는 데도 마찬가지이다. 일본 최대의 교사 단체 '교육기술법칙화운동TOSS'의 대표로 오랫동안 수업을 연구해 온 무코야마 요이치는 '프로교사 검은 띠 6조건' 중 하나로 "우수한 교사의 수업을 100회 추시追試"[52]해야 한다고 했다. 추시는 "남이 실험한 결과를 그대로 해 보고 확인한다"는 사전적인 의미를 지니고 있는 말이다. 여기에도 우수한 모델을 반복적으로 모방하는 것의 가치가 잘 드러나 있다. 이 원리를 적용해 본다면 유명 강사로 이름을 날리고 있는 설민석의 강의 또한 추시의 대상임에 틀림없다. 이처럼 설민석의 강의를 보는 나의 첫 번째 관심은 그의 강의에서 무엇을 배울 수 있는가 하는 점이다. 배우고 싶은 마음으로 설민석의 강의 — O tvN 〈어쩌다 어른〉에서 한 강연들, 이투스의 수능 맛보기 강의, 유튜브에 있는 영화 해설 강의 등 — 를 시청하였다. 이를 바탕으로 수험생과 대중을 사로잡은 설민석의 강점을 네 가지로 정리해 보았다.

첫째, 배우 못지않은 연기력이다. 설민석은 〈어쩌다 어른〉의 제1편에서 좋은 강연자의 특징은 발음, 발성, 시선, 제스처가 아니라 청중이 듣고 싶은 이야기를 들려줄 수 있는 능력이라고 언급했다. 그러나 정작 설민석을 다른 강사와 구별해 주는 일차적인 독특성은 그의 풍부한 연기력이다. 장난기가 묻어나는 듯한 다양한 얼굴 표정, 적절한 발성과 목소리의 고저, 가끔씩 동원하는 성대모사, 손과 팔의 풍부한 움직임, 무대를 거닐며 만드는 몸동작 등은 그의 전매특허이다. 알고 보니 그는 연극영화과 출신이었다. 의사소통에서 이런 연기적 요소가 얼마나 중요할까? 이와 관련하여 자주 인용되는 것이 미국 심리학자 앨버트 메라비언의 저서 《Silent Messages》에서 유래한 메라비언 법칙The Law of Mehrabian이다. 대화에서 상대방에 대한 인상이나 호감을 결정하는 데 목소리 톤이 38%, 몸짓은 55%의 영향을 미치는 반면, 언어 즉 말하는 내용은 겨우 7%만 작용한다는 내용이다. 흔히 연설이나 의사소통에서 언어적 요소보다 준언어적 — 호흡, 발성, 발음, 고저장단, 목소리의 강세, 리듬 등 — 요소, 혹은 비언어적 — 시선 처리, 얼굴 표정, 외양, 자세 등 — 요소가 중요하다는 것이다. 메라비언은 이 비율이 일반적인 의사소통이나 스피치 상황에 그대로 적용될 수 없다는 점을 지적하였다.[53] 그럼에도 불구하고 오늘날 효과적인 의사소통에서 비언어적 요소가 중요하다는 것은 하나의 상식이다. 설민석은 언어적 내용 전달만을 주로 하는 대부분의 강의자와 구별되는 강점을 가지고 있다. 그러고 보면 유명한 대중 강연자들은 광대나 연기자의 요소를 얼마간은 지니고 있다.

둘째, 탁월한 스토리텔링 능력이다. 스토리텔링 능력을 쉽게 표현하면 이야기를 재미있게 할 수 있는 능력을 말한다. 스토리텔링은 이야기, 서사, 내러티브 등으로 불리기도 한다. 이런 능력은 어떤 교과를 가르칠 때나 유용하다. 특별히 풍부한 이야기를 내장하고 있는 역사 과목에서는 더더욱 중요한 강의 능력이다. 학생들이 역사 교과서는 재미없어하지만 역사 교양서는 재미있어한다. 그 이유는 전자가 잡다한 내용을 수록하고 있는 반면 후자는 대부분 내러티브 형식을 택하고 있기 때문이다. 내러티브 형식의 책이 주는 재미가 적지 않다면 구수한 입담에 풍부한 연기력을 가진 교사가 역사를 이야기하는 것이 얼마나 강력한 효과를 내겠는가?

사실 스토리텔링 능력은 교육뿐 아니라 인간 삶의 모든 영역에서 활용되는 인간의 원초적인 능력이자 존재 방식이다. 2011년 스토리텔링에 주목하고 〈이야기의 힘〉을 제작 방영했던 EBS 다큐프라임 제작진은 "인간은 이야기와 함께 태어났다", "누구나 태어날 때부터 이야기를 하고 싶어 한다"라고 주장한다.[54] 그리고 재미있는 이야기의 다섯 가지 조건으로 탄탄한 구조, 등장인물의 명확한 설정, 반전이 가져다주는 묘미, 비극을 이용한 공감대 형성, 아이러니의 활용을 들었다.[55] 설민석은 이런 재미있는 이야기의 조건을 잘 활용하는 듯하다. 특히, 강의보다는 강연에서 이런 특징이 더 잘 드러났다. 수능 강의의 경우는 내용을 효과적으로 전달해야 하지만 강연에서는 그런 부담이 없기 때문으로 보인다. 예컨대, 〈어쩌다 어른〉의 2016년 신년 특집 강연에서 설민석은 '초심初心'이라는 키워드로 개인과 국가의 흥망興亡을 관통하는 이야기를 선사한다. 여기에는 초심으로 나라를 일으킨 인물들과 초심을 잃어 나라를 망하게 한 인물들이 비교 혹은 대조되는 가운데 반전, 비극, 아이러니가 적절히 배합되는 재미있는 이야기가 설득력 있게 구사된다. '초심'이라는 키워드는 새해를 맞이해서 새로운 결심을 하곤 하는 청중의 실존적 상황과 잘 호응하면서 이야기의 힘을 배가한다. 설민석은 대중에게 어필하는 탁월한 이

야기꾼이다.[56]

셋째, 효과적인 강의를 위해 컴퓨터 그래픽을 활용한다는 점이다. 처음 인터넷에 올라와 있는 설민석의 강연을 보았을 때 화려하고 세련된 컴퓨터 그래픽에 압도당하는 느낌마저 들었다. 영화를 모티브로 하는 강연들은 특히 더 탁월하였다. 물론 수능 강의도 만만치 않다. 이투스 수능 강의를 살펴보니 용어나 개념을 설명할 때 화면 한쪽에 이를 돕기 위한 영상이 실시간으로 제공되었다. 파워포인트를 쓰는 일반적인 강의와 달리 설민석은 칠판에 판서를 하는 형식으로 강의를 진행한다. 그런데 이런 아날로그적 칠판 위에 보조적으로 등장하는 컴퓨터 그래픽이 생동감을 더한다. 컴퓨터 그래픽은 판서 내용을 강조하는 단순한 기능에서 과거를 생동감 있게 재현하는 고난도 과업까지 수행한다. 실물 모형도 자주 등장한다. 토기를 설명할 때 실물 모양의 빗살무늬 토기를 보여 주며 입체감을 더하는 식이다. 갈판과 갈돌을 설명하면서 칠판에 대략의 형태를 분필로 그리는 동시에 실물 사진이 화면에 나타나고 음향과 함께 그것을 사용하는 모습을 컴퓨터 그래픽으로 보여 주기도 한다. 설민석은 영화나 드라마로 방영된 사극도 자주 활용한다. 사극에는 유명 배우들이 주연이나 조연으로 등장한다. 당연히 학습자의 주의를 집중시키는 데 효과 만점이다. 사실 대부분의 사극은 역사적 사실과 드라마적 허구의 중간 지대에 존재하기 때문에 수업에서 활용할 때는 조심해야 한다. 왜곡된 지식을 생성할 가능성이 있기 때문이다. 그러나 설민석은 이런 위험성을 어느 정도 무릅쓰면서 사극을 통해 청중의 관심과 역사적 상상력을 자극한다. 사극을 보조 자료로 재현이 불가능한 역사의 빈 공간을 메워 주면서 학습자들의 역사적 상상력을 자극하고 당시 상황과 인물들에게 감정 이입을 하게 해 이해를 도모한다.

넷째, 선택과 집중이라는 암기 전략을 활용한다는 점이다. 이 특성은 수능이나 공무원 시험을 대비하는 강의에서 주로 나타난다. 역사는 외워야 할 것이 많아서 공부하기 힘든 과목이다. 반복해서 암기하지 않으면 좋은 성적을 올리기가 어렵다. 설민석도 반복을 통한 복습을 매우 강조한다. 이런 입시 교육의 현실적 요구를 고려해 볼 때 설민석의 수능 강의에서 다양한 암기 기법이 등장할 것으로 기대했었다. 그러나 내가 시청한 강의 중에서는 순수한 의미의 암기법을 활용하는 장면은 별로 발견되지 않았다. 다소 의외였다. 그런데 곰곰이 생각해 보니 강의 전체가 암기를 위해서 최적화되어 있다는 판단이 들었다. 소위 암기법은 많은 내용을 외우기 위해서 동원되는 기억 전략들이다. 그런데 내용을 정선해 버리면 외워야 할 내용 자체가 줄어든다. 설민석은 자신의 수능 강의가 출제 경향을 심층적으로 분석하여 핵심적인 내용만 엄선하여 제공한다고 주장한다. 예를 들어, "고려 시대에 수능에 나오는 왕은 딱 네 명이야. (……) 왕건, 광종, 성종, 공민왕 이렇게 네 명이야"와 같이 말하는 식이다. 이런 축약이야말로 수험생들에게 도움이 되는 사실상의 암기 전략인 셈이다.

이상으로 설민석 강의(강연)의 특징을 연기력, 스토리텔링 능력, 화려한 컴퓨터 그래픽, 선택과 집중을 통한 암기 전략의 네 가지로 정리해 보았다. 우리 역사 수업에 대한 일반적인 비판은 잡다한 역사적 사실을 재미없게 가르친다는 것이다. 그래서 학생들은 역사를 어려워하고 싫어한다. 설민석의 강의는 이런 역사 수업의 고질적인 문제를 해결해 준다. 너무나 많은 역사적 사실들을 무미건조하게 전달하느라고 학생들과 행복한 수업을 하는 데 어려움을 겪는 교사들은 설민석의 강의를 추시할 가치가 있다. 연기력이나 스토리텔링 능력도 공부하고 연습하면 향상될 수 있다. 교과의 내용을 정선하는 능력도 노력하면 가능하다. 화려한 컴퓨터 그래픽은 개별 교사가 감당할 수 없는 별개의 문제이기는 하지만……

이 주제를 마무리하기 전에 하나 더 언급할 점이 있다. 나는 처음에 이 주제의 질문을 "설민석에게 배울 수 있는 좋은 교수법은?"이라고 적었다가 "설민석에게 배울 수 있는 좋은 강의법은?"이라고 고쳐 적었다. 교수법은 강의법보다 훨씬 넓은 개념이기 때문이다. 제목을 강의법이라고 고친 데는 강의식 수업이 좋은지 나쁜지에 대한 논쟁은 일단 접어 두고 좋은 강의법에 대한 교훈을 얻고자 함이었다. 강의법이라는 협소한 지평에서는 설민석의 강의는 좋은 강의라고 평가할 수 있다. 그러나 지평을 교수법 차원으로만 넓혀도 이야기는 다소 달라진다. 오늘날 교수법의 일반적인 경향은 강의식 수업을 넘어서 다양한 수업 방법을 풍부하게 활용할 것을 요구한다. 특히, 학생의 능동적이고 구성주의적인 참여가 보장되는 수업이 좋은 수업이다. 그 점에서 설민석의 강의에서 추시할 수 있는 내용을 수업 일반에 적용하는 데는 명확한 한계가 있다. 이 점은 많은 교사들에게 다행스러운 일이다. EBS나 입시 학원의 명강사를 따라갈 재가이 없는 많은 교사들이 강의식 수업이라는 동일한 방식으로 그들과 경쟁해야 할 필요가 점점 줄어들고 있기 때문이다.

다행스럽다고 표현했지만 한편으로 생각하면 이는 많은 교사들에게 어려운 도전이기도 하다. 지금까지 자신이 배우고 가르쳐 왔던 방식과 다른 새로운 수업 실천 능력이 요구되기 때문이다. 미국의 교육학자 하그리브스Andy Hargreaves가 21세기 지식 사회의 지식 촉매자로서 교사에게 필요한 전문성 요소 중 하나로 "자신이 배우지 않았던 방식으로 가르치는 방법"[57]을 배워야 한다고 언급한 대목은 이런 현실에 정확히 부합한다. 강의식 수업이라는 낡은 교육 방식으로 사교육과 경쟁할 것이 아니라 뛰어난 강의나 강연은 능력 있는(?) 사람들의 도움을 받고 교실 수업에서는 참여·협력·구성주의적 학습이 다양한 형태로 일어나도록 새롭게 수업을 실행할 수 있어야 한다.

수능 필수화라는 수단은 좋은 역사교육을 가능하게 하는가?

우리 고등학교 수업이 대학 입시의 지대한 영향력하에 있음은 삼척동자도 안다. 교사들이 내키지 않지만 교과서를 암기시키고 입시 문제를 반복적으로 풀어 주는 수업을 하는 이유는 대학 입시 때문이다. 많은 교사들이 대학 입시만 아니면 제대로 된 수업을 할 수 있을 것이라고 말한다. 그런데 그런 교사들이 자신이 가르치는 과목이 대학수학능력시험에서 제외되는 것을 싫어하고 반대한다. 자기 과목이 수능에서 빠지면 수업하기가 어렵다는 것이다. 대학 입시 때문에 이상적인 수업을 할 수 없다고 주장하면서 다른 한편으로는 자기 과목이 수능에서 제외되면 수업을 할 수 없다고 주장하는 역설은 왜 발생할까? 교사는 교사대로 입시 대비 수업 외 다른 수업 방식을 실행할 수 있는 능력이 부족하고 학생은 학생대로 대학 입시 외에 다른 동기로 공부하는 데 익숙하지 않기 때문이다. 그래서 어떤 과목이 수능에서 제외되면 수업이 정상화되는 것이 아니라 수업 자체가 안 된다. 수능 필수 과목으로 정해서 한국사교육을 강화하겠다는 발상도 고등학교의 이런 현실을 반영한 정책일 것이다.

한국사 과목이 수능 필수 과목으로 정해지는 정책 과정을 간략히 살펴보자.[58] 역사교육을 강화하는 움직임은 이명박, 박근혜 두 보수주의 정권이 집권하는 동안에 지속적으로 이루어졌다. 그런 시도의 밑바탕에는 학생들의 역사의식을 국가주의적으로 통제 — 한국사 교과서를 국정화하려는 시도 하나만으로도 그 퇴행적 의도가 명료하게 드러난다 — 하겠다는 발상이 도사리고 있었음은 긴 설명이 필요치 않다. 보수주의 정부는 국가 정체성과 우리 역사에 대한 자긍심을 키울 수 있는 역사교육이 필요하다는 기치하에 고등학교 한국사 과목을 필수화하고 신규 교원 임용 시험과 각종 공무원 선발 전형에 한국사 시험을 보도록 하였으며 한국사를 수능 필수 과목으로 지정하였다. 한국사 수능 필수 과목 지정과 관련해서는 국회가 한국사 수능 필수 과목 지정을 위한 관련 법령 개정(안)을 발의하고 한국사 수능 필수 과목 선정을 위한 100만 명 서명이 진행되는 등 사회적 여론 조성 과정이 있었다. 이런 분위기 속에서 교육부는 역사교육 강화 방안을 발표하였고 2017학년도 수능부터는 한국사가 필수 과목이 되었다. 한국사 수능의 출제 방침은 '고등학교 졸업자로서 갖추어야 할 한국사 기본 지식의 이해 정도와 역사적 사고력을 종합적으로 평가'하며 모든 문항을 핵심적이고 중요한 내용 중심으로 쉽게 출제하는 것으로 정해졌다. 교육부는 보도 자료를 통해서 교사 연수를 통해 핵심 내용 중심의 쉬운 출제라는 출제 방향에 맞추어서 다양하고 창의적인 방법의 한국사 수업을 함으로써 학생들이 우리 역사에 대한 기본 소양을 기르는 한편, 별도의 사교육 없이 시험을 준비할 수 있을 것으로 기대된다고 밝혔다.

설민석의 수능 강의를 보면서 핵심적인 내용을 중심으로 정선해서 설명한다는 인상을 받았는데 이는 이런 교육부의 수능 출제 방침과 밀접한 관련이 있다. 교재로 제작된 《설민석 수능 한국사》도 핵심 내용을 정선하고 구조화하여 제시하고 있었다. 설민석의 인터넷 강의가 대학 입시를 효율적으로 준비시키는 사교육의 문법을 철저히 따르고 있는 점에서 이는 당연한 것이기도 하다.

그렇다면 현장 교실 수업은 교육부의 정책으로 인해 어떤 영향을 받을까? 나는 한국사교육을 강화하기 위한 정부의 수능 필수화 정책과 쉬운 수능이라는 출제 방침이 고등학교 교실에서 어떤 수업 방식을 이끌어 낼지 추측해 보았다. 단순화하자면 두 가지 가능성이 있다.

하나는 설민석처럼 철저하게 수능을 대비하는 수업 방식이다. 이런 문제 풀이식 수업은 한국사 기본 지식의 습득과 이해 정도는 높여 줄 수 있을 것이다. 그러나 객관식 수능 문제를 푸는 방식으로 한국사교육, 나아가서 역사교육 일반의 목적이 달성될 수 있을까? 수능 시험이 제시된 자료를 해석해야 풀 수 있는 문제라는 점에서 역사적 자료를 이해하고 분석하고 해석하는 초보적인 능력이 어느 정도는 길러질 수 있다. 수능에 출제된 문제를 해결하기 위해서는 열심히 공부해야 하기 때문에 역사적 지식이나 이해도 늘어날 것이다. 그러나 역사교육이 추구하는 본래적 목적을 달성하기는 어렵다. 참고로 2015 개정 교육과정 한국사 과목의 목표는 '한국사가 세계사의 발전 과정 속에서 형성된 역사의 산물임을 파악하고, 현재 한국인의 삶을 심층적으로 이해하는 것을 목표로 한다. 아울러 한국사의 흐름과 역사적 사실에 대한 깊은 이해를 통해 역사적 사고력을 함양하여 현재를 통찰할 수 있는 능력을 기르도록 한다'라고 적혀 있다. 과거에 무슨 일이 있었는지를 단순히 아는 것을 넘어서서 역사적 사고력, 역사적 탐구력, 역사적 상상력, 역사적 통찰력, 역사적 판단 능력을 제대로 길러야 가능한 목표이다. 그래서 누가 보아도 문제 풀이식 수업으로는 목표 달성이 가능할 것 같지는 않다.

두 번째 가능성은 쉬운 수능과 절대 평가라는 조건을 잘 활용하여 문제 풀이식 수업은 최소화하고 나머지 시간에 역사교육이 추구하는 목적에 맞는 수업을 하는 방식이다. 출제 당국이 쉬운 수능의 원칙을 철저히 고수하고 기출 문제를 핵심 문제를 중심으로 반복적으로 출제한다면 교사의 이런 선택이 전혀 불가능하지는 않다. 문제는 이런 수업이 가능하려면 입시를 위한 공부라는 도구적 동기를 넘어서는 새로운 동기가 필요하다는 것이다. 교사는 교사대로 역사를 역사답게 가르치는 것에 흥미와 보람을 느끼고 학생은 학생대로 역사 학습에 능동적으로 참여하면서 스스로 의미를 구성하고 공유하는 공부를 가치 있게 여긴다면 우리 고등학교 역사 수업의 모습도 달라질 수 있다. 물론 쉬운 길은 아니다. 핵심 내용을 중심으로 교과 내용을 축소한다고 하지만 5,000여 년의 긴 역사를 고려해 볼 때 외우고 이해해야 할 내용은 여전히 적지 않고 문제 풀이식 수업을 정당화하는 습속도 강력하다. 그러나 언제까지 우리 고등학교 수업을 낮은 수준의 객관식 문제 해결 능력을 기르는 수준에 감금해 놓겠는가? 핵심 내용 중심의 쉬운 수능이 열어 놓은 좁은 문을 통해서 교사와 학생들은 새로운 역사 수업을 향해서 한 발을 내딛는 용기가 필요하다.[59]

낡은 관습을 깨뜨리는 용기와 문제의식을 자극하기 위해서 객관식 문제, 그리고 내신 성적조차 존재하지 않는 영국 교육의 모습을 잠시 소개해 보겠다. 학생을 수업에 참여시키기 위해 입시라는 수단에 의존해야 하는 우울한 우리 교육과 사뭇 다른 영국 교육을 비교교육학자 김선이 묘사한 내용이다.

영국에서는 내신 성적이라는 개념이 없다. 중등학교 졸업 자격을 주는 국가시험인 GCSE이나 대학 입학을 위한 A-level은 일정 성적을 획득하면 되는 것이지, 개별 수업 시간에 배우는 내용에 대해 일일이 점수를 매기지 않는다. 그래서 숙제를 안 한다고 해서 내신 성적에 반영되는 것도 아니니 학생 입장에서 본다면 숙제는 해도 그만 안 해도 그만이다. 하지만 동전의 양면으로 생각해 본다면 이렇게 과목마다 점수화시켜서 내신 성적을 매기는 제도가 없기 때문에 학생들은 대학 입시와 무관하게 자신의 흥미와 적성에 따라 과목을 선택할 수도 있다. 또한 자신이 대학에서 전공할 과목과 관련 없는 과목을 공부함으로써 입시 위주의 배움에서 벗어날 수 있는 기회도 생긴다.[60]

우리 고등학교는 언제쯤 대학 입시와 무관하게 흥미와 적성에 따라 과목을 선택하고 내신이나 수능과 무관하게 배우는 즐거움 그 자체로 동기 부여를 받는 학습이 가능할까? 명문 대학을 졸업해야 대우를 받는 학벌주의 사회 구조를 바꾸어야 한다. 그러나 교육 문제의 해결을 사회 구조라는 하나의 블랙홀로 환원하는 것을 나는 좋아하지 않는다. 사회 구조는 스스로 바뀌지 않는다. 불합리한 사회 구조를 바꾸려는 사람들의 구체적인 실천을 통해서 사회 구조는 변화한다. 그렇다면 불평등한 사회 구조를 바꾸겠다는 생각을 하는 사람은 어떻게 길러질까? 문제 풀이식 공부를 넘어서 자유롭게 질문하고 열린 대화를 나누고 비판적으로 사유할 수 있는 경험을 더 많이 해야 그런 사람이 길러질 것이다. 그 점에서 좋은 수업은 낡은 사회 구조를 바꿀 수 있는 장기적이고 궁극적인 전략이다. 최소한 교육자에게는 그런 신념이 있어야 한다.

공교육과 사교육은 어떻게 공존할 수 있을까?

이 글을 쓰는 문제의식 중에 하나는 스타 강사들의 강의를 TV나 인터넷으로 접할 수 있는 상황에서 학교 교사들이 어떻게 생존할 수 있을까 하는 질문이었다. 사교육의 홍수 속에서 공교육은 수세적인 위치에 있다. 교사들은 사교육 강사와 비교당하면서 위축된다. 심리적 위축 문제뿐이 아니다. 학원은 학교교육을 파행적으로 만든다. 학원을 다니는 학생들이 많을수록 정상적인 수업 운영이 어렵다. 배울 내용을 선행해서 배우고 온 학생들은 학교 수업이 재미가 없다. 자연히 수업에 임하는 태도가 이완될 수밖에 없다. 선행 학습을 한 학생과 그렇지 않은 학생들 간에 존재하는 엄청난 수준 차도 문제이다. 교사들은 그 사이에서 누구에 초점을 맞추어서 수업을 해야 할지 딜레마에 빠진다.

사교육의 병폐를 해결하고자 역대 정부는 예외 없이 사교육 억제 정책을 시행해 왔다. 그중에는 학원 교육에 대한 직접적인 규제책도 있었고 입시 제도를 개선하는 방안도 있었고 공교육을 내실화하는 방안도 있었다. 그러나 어떤 방안도 그다지 효과적이지 못하였다. 학벌주의라는 구조적 상황이 존재하는 한 어떤 사교육 억제 정책도 큰 효과를 발휘하기 어렵다. 이렇게 사교육 문제가 좀처럼 해결되지 않는 가운데 공교육과 사교육을 대립적인 관계로 파악하고 사교육을 악으로 보는 프레임 자체를 문제시하고 새로운 방향을 모색하는 논의들도 일어나고 있다.[61] 사교육을 모두 악으로 간주할 것이 아니라 좋은 사교육과 나쁜 사교육을 구분해야 한다는 것이다. 나아가서 공교육뿐 아니라 사교육에도 공공성을 요구해야 한다는 것이다.[62] 이런 논의를 좀 더 확장해 보면 공교육과 사교육의 구분을 넘어서서 교육 생태계 전체를 건전하게 가꾸어야 한다는 생각을 하게 된다. 사실 좋은 교육이라는 잣대를 가지고 보면 공교육과 사교육을 구분할 필요가 없을 정도로 우리 교육은 많은 문제를 지니고 있다. 오죽했으면 교육운동을 하다 해직되어 오랫동안 학원 강사를 하다가 다시 학교로 돌아온 이기정 교사가 학교는 학원보다 더 입시 교육에 경도되어 있다고 자신의 책에서 언급했을까?[63] 공교육 테두리 안에 있다는 것만으로 보호받거나 수호되어야 할 교육인지 따져 물어야 할 교육 실천이 적지 않다. 어떤 고등학교가 입시만을 위해서 우수한 학생들만 특별 대우하고 교육과정을 비정상적으로 운영한다면 그것을 공교육이라고 부를 수 있을까? 다른 한편으로 공교육의 거울 역할을 할 수 있는 사교육도 적잖이 존재할 수 있다. 저렴한 비용에 학습자의 전인적인 성장을 돕는 교육을 제공하는 사교육 기관을 억제할 필요가 있을까? 따라서 좋은 사교육과 나쁜 사교육을 구분하는 사회적 안목이 필요하다. 나쁜 사교육은 수요자의 사적 욕망을 자극하고 교육에 대한 가수요를 만들어서 이윤 극대화만을 추구하는 교육이다. 반면에 좋은 사교육은 인간의 성장이라는 교육의 본질적인 가치를 바탕으로 학교교육을 보완하거나 학교교육이 담당할 수 없는 좋은 교육을 저비용 고품질의 상품으로 공급하는 교육을 말한다.

좋은 사교육의 구체적인 예를 들 수 있을까? 우리나라의 예를 드는 것이 다소 민감한 문제라 미국의 예를 들어 볼까 한다. 칸 아카데미Khan Academy가 대표적인 경우이다. "모든 곳의, 모든 이들을 위한 세계적 수준의 무상 교육"을 제공하려는 이상을 실현하기 위해 활동하는 칸 아카데미는 전형적인 좋은 사교육이다. 설립 주체나 자금의 조달원을 기준으로 보면 칸 아카데미는 분명 사교육에 해당한다. 그러나 공교육보다 더 공공성을 띤 교육 서비스를 제공한다. 칸 아카데미의 설립자 살만 칸의 스토리는 사회 전체적으로 좋은 교육 생태계를 만들어 나가는 흥미 있는 사례를 제공해 준다.[64] 살만 칸도 설민석처럼 명강사(!)이다. 그런데 살만 칸이 걸어간 길은 설민석이 걸어간 길과 달랐다. 이는 개인의 의도나 노력의 차이라기보다는 두 나라가 처한 교육 생태계의 차이 때문이라고 나는 생각한다. 살만 칸의 스토리를 잠시 따라가 보자. 살만 칸이 유명해진 것은 유튜브에 올린 자신의 동영상 때문이다. 살만 칸은 뉴올리언즈에 사는 사촌 동생의 수학 공부를 도와주게 되었다. 먼 거리에 살고 있었기 때문에 처음에는 전화로 과외를 해 주다가 나중에는 동영상을 찍어서 유튜브에 올리게 된다. 처음에는 유튜브에 올릴 생각이 없었으나 친구의 권유로 우연히 유튜브에 자료를 올리게 되었다고 한다. 그런데 시간이 지나면서 사촌 동생을 위해서 올린 유튜브를 점점 더 많은 사람이 보게 되었다. 학생과 교사 가릴 것이 없이 전 세계에서 문의와 피드백이 쏟아졌다. 살만 칸은 예상치 않던 대중의 뜨거운 반응을 목격하고 직장을 그만두고 본격적으로 이 일을 하기로 마음먹게 된다. 그리고 2008년 비영리 법인인 칸 아카데미를 창립하게 된다.

현재 칸 아카데미는 미국을 비롯한 전 세계 학생들에게 무료로 온라인 강의를 제공하는 가장 대표적인 사이트로 성장해 있다. 칸 아카데미는 오늘도 모든 이들에게 최고 수준의 무상 교육을 제공한다는 기치 아래 교육 서비스를 나날이 확대해 가고 있다. 더욱이 칸이 만든 동영상들은 공교육의 교실 수업과 긍정적으로 연결될 가능성이 있다. 이 부분은 칸이 세계적인 지식 공유 사이트인 TED에서 한 강연 중에서 내가 흥미 있게 주목한 부분이다. 칸은 처음에 자신의 동영상이 공교육의 교실 수업에 특별한 영향을 끼칠 것으로 생각하지 않았다. 그런데 예상치 않게 교사들로부터 많은 피드백이 왔다고 한다. 자신의 비디오를 거꾸로교실 수업 형태로 활용한다는 것이다. 즉, 교사가 학생들에게 집에서 자신의 비디오를 보고 오도록 한 후에 학교에서는 그것을 응용하는 다양한 활동을 한다는 것이다. 칸의 동영상을 현장의 교사들이 유용하게 활용한다는 사실은 공교육과 사교육 — 우리식의 개념 구분을 적용한다면 — 이 조화롭게 협력하는 좋은 사례이다.

아직까지 한국에는 칸 아카데미에 필적할 만한 중·고등학생을 위한 공익적 사교육 기관이 존재하지 않는다. 대신에 공영방송인 EBS가 그런 기능을 하고 있다. 그러나 EBS 수능 방송은 공교육을 정상화하기보다는 교실 수업을 더 어렵게 만드는 데 일조하고 있다. EBS 수능 방송이 교실 수업을 보완하기보다는 대체하는 성격을 띠기 때문이다. EBS 수능 방송이 사교육을 줄이는 효과도 크지 않고 학교교육을 왜곡시키는 효과를 보이고 있다는 비판적인 연구들도 다수 존재한다.[65] 이런 상황에서 EBS 수능 방송이 학원으로 진출하려는 사람들의 등용문이 되거나 학원에서 명성을 떨치는 강사들이 얼굴을 알리는 무대가 되기도 했다는 것은 역설적이다.[66]

사실 교실 수업을 정상화하는 데 도움이 되는 것은 EBS 수능 방송보다는 EBS의 수준 높은 다큐멘터리들이다. 특히 EBS 지식채널e의 동영상들은 좋은 주제, 흥미 있는 구성, 짧은 상영 시간으로 인해서 교실 수업에서 아주 많이 활용되고 있다. EBS 지식채널e를 수업에 잘 활용하는 방법을 연구하는 교사 모임이 존재할 정도이다. 사교육을 억제하고 공교육을 정상화하기 위해 만든 EBS 수능 방송은 교실 수업을 위협하는 경쟁재이다. 반면에 EBS가 수능 방송으로만 기억되던 시절에 수능 채널이 아니라 지식 채널임을 강조하기 위해서 김진혁 PD가 새롭게 기획했다는 지식채널e는 시청자의 인기를 끌었을 뿐 아니라 초·중등학교 교실에서도 엄청나게 활용되고 있다. 자못 흥미롭지 않은가? 김진혁 PD가 강연한 내용을 찾아보았더니 "기존 교양 프로그램은 계몽적이었다. 제작자가 메시지를 정확히 걸러 내서, 시청자에게 완성된 요리를 떠먹여 주는 방식이었다. 그에 비해 지식채널e는 그런 과정을 생략하고 사실 전달에 집중한다. 최대한 다양한 식재료들을 찾아 잘 정리해 놓고, 본인이 원하는 대로 요리하도록 하는 것이다. 그러면서 시청자의 개입 여지를 늘려 놓는다"라고 언급한 부분이 있다. 문득 학교나 학원이나 얼마나 많은 지식을 계몽적으로 학생들에게 주입하고 있는지 다시 생각하게 된다. 학교나 학교 바깥이나 계몽과 주입이 아니라 학습자가 스스로 개입할 여지를 풍부하게 허용하는 교육 환경으로 탈바꿈해야 하지 않을까?

살만 칸의 사례나 EBS 지식채널e의 사례는 학교교육이 학교 바깥의 교육적 자원과 어떻게 협력하고 공존할 수 있는지와 관련된 상상력의 단초를 제공하다. 사교육을 억제하고 공교육을 정상화해야 한다는 관성적인 프레임은 학교교육을 지나치게 특권시하는 사고가 아닐까? 이렇게 다시 생각해 보니 스타 강사들과 경쟁해서 학교 교사들이 어떻게 생존할 수 있을까를 물었던 나의 최초의 질문이 낡은 것임을 깨닫게 된다. 이미 1970년대에 이반 일리치는 《학교 없는 사회》를 통해서 독점적 교육 제도인 학교의 실패를 말하고 탈학교 사회를 꿈꾸지 않았던가? 학교교육과 사교육의 구분이 무색하게 양자 무두 좁은 의미의 지식을 학습자에게 주입하는 이 숨 막히는 교육 생태계를 깨뜨리는 전복적 지혜가 필요하다. 낡은 입시 교육을 위해 공교육과 사교육이 비교육적으로 경쟁하는 교육 생태계가 혁파되고 새로운 학교와 다양한 학습 센터들이 공존하며 유기적으로 협력함으로써 학생 개개인의 전인적 성장과 공동체의 공동선을 촉진하는 새로운 교육 생태계가 구축되어야 한다. 그런 교육 생태계에서는 학교 교사가 수업하는 방식도, 학교 바깥과 관계 맺는 방식도 바뀔 수밖에 없다. 그리고 그런 교육 생태계에서 경험하는 사교육은 지금과는 전혀 다른 모습일 것이다.

좋은 수업 실천은 좋은 사회에 대한 상상력과 분리될 수 있을까?

내가 학원에서 역사를 가르치는 사교육 강사라고 가정해 보자. 열심히 노력하면 설민석처럼 강의할 수 있을까? 내가 강의를 못하는 편은 아니다. 그러나 설민석처럼 강의할 자신은 없다. 설민석의 트레이드마크인 뛰어난 연기력을 따라갈 재간이 없기 때문이다. 이 부분은 열심히 노력해도 안 될 것 같다. 연기력은 얼마간 타고난 소질이라고 보기 때문이다. 내가 학원 강사라면 설민석보다 못한 B급 강사로 만족해야 했을 것이다. 그런데 B급 강사로 먹고살 수 있을까? 인터넷이나 모바일 강의가 없던 과거에는 가능했을 것이다. 동네에서 보습 학원을 하거나 중급 규모의 학원에서 가르치면 될 테니까. 그런데 오늘날에는 어렵지 않을까 싶다. 설민석 같은 명강사들이 인터넷 강의를 통해서 대부분의 수요를 흡수하는 상황에서 작은 학원들이 생존하기가 어려운 조건이기 때문이다.

내가 왜 이 이야기를 꺼내는지 의아해할지 모르겠다. 이 작은 예시를 통해서 수업 실천, 나아가서 우리 교육 실천의 사회적 의미를 생각해 보기 위해서이다. 한국 사회에서 교육은 철저히 상대 평가에서 우위를 차지하기 위한 경쟁의 논리로 점철되어 있다. 이런 문화 속에서는 누군가가 잘되는 것은 누군가에게는 불행한 것이다. 이런 교육이 우리 사회를 어떻게 만들었는지를 생각해 보자. 자신의 제자들이 다른 학생들보다 더 좋은 성적을 받아 더 좋은 대학에 들어가고 더 좋은 직장을 얻기를 희망하며 열심히 가르치는 교사가 있다고 가정해 보자. 사실 이런 가정을 할 필요조차 없다. 현실의 많은 교사들이 이런 동기를 가지고 학생 지도에 열과 성을 다하고 있기 때문이다. 특히 상급 학교로 갈수록 더 그렇다. 이런 동기에 터한 교육 실천이 잘못된 것일까? 일단은 잘못된 것이라고 볼 수 없다. 남보다 낫고자 하는 욕망이나 동기, 나아가서 탁월성을 지향하는 것은 인간이 태고부터 추구해 온 가치가 아닌가. 그 점에서 열과 성을 다하여 명문 대학을 한 명이라도 더 보내려는 개별 교사나 단위 학교의 노력은 그 자체로서 비난할 일은 아니다. 그러나 부분의 합이 전체가 아니듯이 개별 교사나 단위 학교에 좋은 것이 곧바로 사회 전체에 유익이 되지는 않는다. 우리 반이나 우리 학교 학생들을 경쟁적 학교교육의 사다리에서 더 높은 곳에 올려놓으려는 노력이 사회 전체로 보면 나쁜 결과를 초래할 수도 있다. 젊은 나이에 고시에 합격해서 소위 영감 소리를 들었던 우리 사회의 수재들이 범한 많은 잘못과 해악을 생각해 보라. 그것은 개개인의 일탈이라기보다는 우리 교육의 실패이다. 그 실패는 부분적으로는 교육자들이 자신의 수업 실천이 사회 전체에 미칠 장기적 효과에 대해 심각하게 고민하지 않았기 때문에 발생한 것이다. 모두가 자신의 제자를 경쟁적으로 열심히 가르치면 사회 전체도 좋아질 것이라는 예정조화(豫定調和)적 낙관론에 기대고 있었던 것 아닐까?

이 예정조화적 낙관론과 관련이 있는 속담이 "개천에서 용 난다"는 말이었다. 이 말에는 우리 교육의 한 시대를 이끌었던 희망과 기대가 응축되어 있다. 모두가 가난했던 시절에 사람들은 개천에서 용이 되기를 꿈꾸었다. 그리고 그것을 실현하는 가장 중요한 수단은 교육이었다. 그러나 개천에서 용이 될 수 있는 존재는 처음부터 한정적일 수밖에 없다. 부모들은 많은 자녀들 중에 될성부른 자녀를 밀어주었다. 교사는 교사대로, 학교는 학교대로, 지역은 지역대로 우리 반, 우리 학교, 우리 지역을 빛낼 만한 재목을 찾아내서 선별적으로 지원했다. 그렇게 키운 용이 다시 돌아와 개천에 있는 많은 형제자매와 이웃과 마을을 돌볼 것이라는 믿음이 어느 정도는 있었기 때문이다. 등용문을 통해서 승천한 용이 개천 전체를 돌볼 것이라는 예정조화적 신앙이 우리 교육의 한 시대를 지탱했다. 그리고 그런 믿음이 전혀 허황된 것은 아니었다. 설령 용이 다시 개천으로 돌아와서 가족과 이웃과 마을을 돌보지 않아도 말이다. 개천에서 용이 날 수 있다는 믿음이 잉태해 낸 사회적 역동성이 지속적인 성장을 가능하게 했고 그 낙수 효과가 사람들의 삶도 어느 정도 개선시켰다.

그러나 이제는 사회적 조건이 완전히 바뀌었다. 개천에서 용이 날 수 있는 기회의 창이 점점 줄어들고 있다. 그 이유를 나는 앞에서 나와 설민석을 비교하면서 암시하였다. 몇십 년 전에는 설민석처럼 뛰어난 강의를 해도 그 강의를 접할 수 있는 통로 자체가 제한되어 있었다. 그러나 오늘날 같은 초네트워크 사회에서는 그런 통로가 엄청나게 확대되었다. 그런데 이런 통로는 많은 사람들에게 기회의 창이기보다는 좌절의 창이다. 과거에는 고만고만한 사람들이 지분을 나누면서 공존할 수 있었으나 오늘날에는 소수가 모든 것을 독점할 가능성이 높아졌기 때문이다. 몇 년 전 KBS 〈개그 콘서트〉의 '나를 슬프게 하는 세상'에서 개그맨 박성광이 술에 취한 채 세상을 향해 내뱉은 "일등만 기억하는 더러운 세상"이 모든 영역에서 현실화될 수 있는 환경으로 세상은 변화하였다. 천주희 등이 쓴《노오력의 배신》이나 스티븐 J. 맥나미와 로버트 K. 밀러 주니어가 쓴《능력주의는 허구다: 21세기에 능력주의는 어떻게 오작동되고 있는가》는 이런 현실을 사회학적으로 잘 조망해 내고 있다. 더 열심히 노력해서 남들보다 뛰어난 능력을 가지면 성공할 수 있다는 믿음은 대부분의 사람에게 좌절을 안기는 희망 고문이 되고 있다.

그런데 '개천에서 용 나는 사회'가 상정하고 있던 메리토크라시

Meritocracy 혹은 능력 지상주의는 그 현실적 실현 가능성과는 별개로 우리 사회에 심각한 부작용을 초래하였다.[67] 가장 큰 부작용은 모든 사람이 평등한 존재로서 서로를 인정하고 존중하는 민주적 시민 문화가 형성될 수 있는 토양을 심각하게 훼손하였다는 점이다. 경쟁에서 이긴 자는 자기가 받는 대우를 당연한 것으로 생각하고 패배자를 차별적으로 대한다. 경쟁에서 패배한 자들 또한 자신의 실패를 사회 구조적인 문제로 생각하지 못하고 개개인의 노력 부족이나 능력의 부족으로 생각하면서 자신이 당하는 차별과 불이익을 당연한 것으로 생각한다. 우리 사회에 만연한 갑질 문화는 이런 능력 지상주의 사회가 낳은 사회 심리적 성향의 결과물이다.

그러나 능력주의를 비판하는 여러 담론들이 증명하듯이 개인의 성공은 능력적 요소보다 비능력적 요소에 의해서 훨씬 많은 영향을 받는다. 설령 개인의 능력적 요소에 영향을 받는다고 해도 여전히 문제는 남는다. 근면 성실과 같은 태도나 재능과 능력들도 상당한 정도로 타고나는 것이기 때문이다. 아니 십분 양보해서 재능이나 능력이 타고나는 것이 아니라 개인의 피나는 노력의 산물이라고 해도 상황은 크게 바뀌지 않을 수도 있다. 사회가 어떤 재능이나 능력을 더 가치 있게 생각하는지는 개인의 노력과 관계없이 결정되기 때문이다. 예컨대, 마이클 샌델은 '미국 연방 대법원장인 존 로버츠의 연봉은 21만 7,400달러인 반면 실제 재판을 보여 주는 텔레비전 프로그램에 출현하는 주디 판사는 2,500만 달러를 버는 것'을 사례로 들면서 주디 판사가 로버츠 대법원장보다 100배나 많은 수입을 버는 것은 텔레비전 스타에게 아낌없이 돈을 쏟아붓는 사회에 살게 된 행운일 뿐이라고 말하였다.[68] 또 다른 예를 들면 의사와 변호사가 청소부나 막노동자와 비교할 수 없이 많은 보상을 받는 한국과 청소부나 막노동자도 대학 교수 못지않은 물질적 안정과 사회적 인정을 누리는 덴마크 중에 어디서 태어나느냐는 개인의 노력과는 전혀 상관없이 결정된다. 마찬 가지로 설민석이 유명한 역사 강사가 된 것은 피나는 개인적 노력의 결과이겠지만 그의 성공은 한국사를 중시하는 사회적 풍토와 객관식 문제 풀이 위주의 대학 입시라는 사회적 조건이 없이는 불가능했을 것이다. 그리고 이런 사회적 환경은 그의 노력과는 무관한 우연일 뿐 이다. 사정이 이러한데도 능력 지상주의를 계속 설파하면서 차별에 찬성하는 인간들을 양산하고 수많은 사람을 결국은 실패자로 만드 는 교육을 계속 지속하는 것이 옳을까?

이제까지의 논의를 개인의 노력이나 능력에 대한 폄하나 기계적 인 평등주의로 오해하지 않기를 바란다. 개개인의 소질이 최고로 발 휘될 수 있도록 지원하는 교육과 함께 그로 인해서 발생하는 다양한 성과의 차이가 차별의 근거로 작용하지 않는 평등한 사회, 적어도 상 대적으로 평등한 사회를 향해 나아가야 한다. 모두가 특별한 존재로 존중받는 동시에 누구도 특별하지 않은 존재로 여기는 교육과 사회 풍토를 만들 때 비로소 우리는 개개인의 노력의 결과가 비인간적인 갑질과 살인적인 불평등으로 귀결되지 않는 새로운 사회를 잉태할 수 있을 것이다. 당신은 당신의 교육 실천을 통해서 어떤 사회를 잉태 하려고 하는가?!

우리는 수업과 교육 실천에 대해서 어떤 질문을 제기하는가?

옴니버스 형식에 맞게 글을 썼는지 모르겠다. 독자들이 순서를 뒤바꾸어서 읽어도 상관없다고 느낀다면 얼마간은 성공한 셈일 것 이다. 글을 닫기 전에 내가 한 질문들을 다시 살펴보았다. 글을 쓰면서 처음에 떠올렸던 질문들이 약간씩 달라졌다. 앞에서도 잠시 언급했듯이 "설민석에게서 배울 수 있는 좋은 교수법은?"이라고 질문했다가 "설민석에게서 배울 수 있는 좋은 강의법은?"이라고 고쳐 물었다. 교수법과 강의법의 함의의 차이가 생각났기 때문이다. "공교육과 사교육은 어떻게 공존할 수 있을까?"라는 질문도 처음에는 "스타 강사들과 경쟁해서 학교 교사들이 어떻게 생존할 수 있을까?"라는 문제의식에서 출발했던 것이다. 그러다가 공교육과 사교육을 넘어서서 공공성에 기반한 새로운 교육 생태계가 만들어져야 한다는 데 생각이 미치면서 질문도 바뀌게 되었다. "수능 필수화라는 수단은 좋은 역사교육을 가능하게 하는가?"라는 질문은 처음에는 설민석의 강의가 좋은 역사교육의 목적에 부합하는지를 따져 보려고 하다가 설민석 강의가 존재하는 제도적 기반으로 생각이 옮겨 가면서 바뀐 질문이다. 그러고 보니 좋은 수업과 좋은 사회에 대한 상상력의 관계를 묻는 질문은 상대적으로 변화하지 않고 끝까지 유지되었다. 이 과정을 돌아보니 질문을 제기하고 답을 찾는 과정은 변증법적인 과정이다. 처음부터 좋은 질문을 던지기는 쉽지 않다. 질문하고 답을 찾는 과정에서 다시 질문을 돌아보고 그것을 수정하게 되는 경우가 많다. 그에 연동해서 답도 변해 간다. 좋은 수업과 교육 실천, 그리고 그에 대한 비평도 이런 질문과 답의 연속적인 과정을 통해서 진전되어 갈 것이다.

전체적으로 볼 때 이 비평문은 설민석 강의에 대한 비평이라기보다는 설민석 강의를 소재로 한 교육 비평 및 사회 비평의 성격이 강하다. 설민석 강의 자체에 대해서도 더 많은 질문들이 존재하며 꼼꼼히 들여다보아야 할 점이 많다. 그런 역할은 나보다 역사교육에 대한 깊은 내공을 가진 다른 역사교육자들이 해 주었으면 한다. 앞에서

도 이야기했지만 설민석을 포함한 사교육 강사에 대해서 관심을 가
져야 할 이유는 그것이 공교육, 나아가서 우리 사회에 미치는 영향이
적지 않기 때문이다. 공교육과 사교육을 넘어서서 좋은 교육 생태계
를 지향한다면 사교육 강사의 강의뿐 아니라 사교육의 실제에 대한
더 깊은 연구가 필요하다. 그리고 그런 연구의 밑바탕에는 더 나은
교육과 사회를 지향하는 속 깊은 질문과 문제의식이 자리해야 할 것
이다. 마지막으로 이미 설민석이 공인의 자리에 있다고 보기 때문에
허락받지 않고 강의를 비평하였음을 밝혀 둔다. 아울러 공익을 위해
서 자신의 성공을 통해 모은 자산을 활용한 몇몇 1세대 선배들의 전
통도 이어 줄 것을 감히 부탁해 본다.

일요일만이라도 사교육으로부터 해방을!

나는 전두환 정권이 과외를 금지했던 시절에 대학을 다녔다. 전두환 정권은 '공직자·기업인 등 사회 지도층의 자녀 과외 금지 조치 및 공직자의 경우 위반 시 공직 추방', '공·사립학교 재직 교수 및 교원의 과외 행위 금지 및 위반자는 교직 추방', '사설 학원의 학생 출입 엄금 및 위반 학원은 인가 취소', ' 비밀 과외 발견 시 당국에 신고하기' 등 강력한 과외 금지 조치를 시행하였다. 그러나 군사 정권의 서슬 퍼런 사교육 금지 조치도 국민들의 사교육 열망을 잠재우지는 못했다. 부유층을 중심으로 기상천외한 방식의 비밀 과외가 성행하였다. 당시 내 친구들 중에도 입주 과외의 형식으로 몰래 과외를 하는 친구들이 제법 있었다. 당국의 감시를 피해서 몰래 하는 아르바이트라고 해서 '몰래바이트'라고 부르기도 하였다.

논란이 계속되던 과외 금지 조치에 대해 2000년 4월 헌법재판소는 "배우고자 하는 아동과 청소년의 인격의 자유로운 발현권, 자녀를 가르치고자 하는 부모의 교육권, 과외 교습을 하고자 하는 개인의 직업 선택의 자유 및 행복추구권을 제한하고 있다"는 이유로 위헌 판결을 내렸다. 그 후 20년 가까운 세월이 흘렀으나 우리 사회는 아직도 사교육 문제로부터 자유롭지 못하다. 유력 정치인이 사교육금지법을 국민 투표에 붙이겠다는 공약을 내걸 정도이다. 정부의 가장 중요한 교육 정책이 사교육 정책이 될 정도로 사교육은 온 국민을 고통스럽게 하는 문제이다. 수많은 처방이 나왔으나 백약이 무효이다. 그런 가운데 무한 경쟁에 내몰린 아동과 청소년들만 병들어 간다. 그래서 '사교육걱정없는세상'과 같은 시민단체에서는 최소한 일요일만이라도 학원이 문을 닫는 것을 법제화하자고 주장한다. 세계에서 최장 시간 동안 비효율적인 공부에 시달리는 우리 청소년들을 생각하면 '학원 휴일 휴무제' 정도만이라도 관철해야 하지 않을까? 학생들은 숨 쉴 시간이 필요하다. 헌법재판소가 언급했던 배우고자 하는 아동과 청소년의 인격의 자유로운 발현권은 과열된 과외 수업에 대한 최소한의 규제 장치 없이는 보장될 수 없다.

사족을 다는 것으로 마무리하려고 한다. 서문에서 필자에게 자녀 셋이 있다고 했다. 이 중 첫째 준학이는 경기도 성남의 이우고등학교를 졸업했다. 이 학교에 입학할 때 학생과 학부모는 사교육을 받지 않겠다는 각서를 쓴다. 준학이는 고등학교 3년 내내 사교육 없이 자율적으로 공부하며 자기 주도적으로 자랐다. 대부분의 부모들은 사교육을 받지 않는 인문계 고등학교가 있다는 사실이 신기할 것이다. 그러나 첫째와 달리 둘째와 셋째는 일반 학교를 다니면서 사교육으로부터 벗어나지 못했다. 이런 차이를 보면서 사교육 문제 해결이 학생, 학부모, 학교 구성원들의 공동 노력과 결단을 필요로 하는 부분임을 뼈저리게 느낀다. 이우학교와 같은 문화 생태계를 갖춘 학교 네트워크가 확산되면 좋겠다. 그리고 대학에서 학생들을 선발할 때 그런 학교의 문화 생태계도 고려해서 학생을 선발하면 우리 교육이 좀 더 정상화되지 않을까?

9

'교육대학교 교수'로서 나는 어떻게 수업을 하고 있는가

- 교사 교육자Teacher Educator로서의 정체성에 대하여

많은 수업 연구는 본질적으로 자기 연구일 수밖에 없다. 이 점을 자각하고 미국의 교육학계에서 자기 연구Self-Study라는 장르를 개척한 것은 부러운 일이다. 이 연구 장르는 교사 양성 대학 교수들의 자기 성찰에서 출발했다. 마찬가지로 나도 내 수업 이야기를 해 보려고 한다. 이 글이 자기 연구를 촉발하고 동료들 간에 공동의 수업 이야기의 생산과 소통으로 이어지기를 소망해 본다.

일반적으로 다른 비평 영역에서는 자기 비평은 금기시되는 행위 중 하나이다. 자기 작품에 대해서 객관적으로 읽어 내기가 어려울 뿐 아니라 미화할 가능성도 있기 때문이다. 그러나 수업 비평 영역에서는 자기 비평이 금기시되지 않을 뿐 아니라 권장되는 경향까지 있다. 이런 차이는 왜 생길까? 비평이 처하고 있는 생태계가 상이하기 때문이다. 일반적인 비평 생태계는 비평이 작품과 대중을 매개하는 역할을 한다. 비평가가 작품을 어떻게 평가하고 소개하느냐에 따라 대중의 작품에 대한 해석과 소비에 영향을 미친다. 여기서 소비는 작품의 판매와 관련된 상업적 메커니즘과 연결된다.

이에 비해서 수업에 대한 비평 활동은 대중의 소비 행위와 접속되지 않는다. 수업 비평 활동은 광범위한 대중을 상대하는 상업적 소비보다는 교사의 수업 성찰을 통한 전문성 신장 기제와 연계된다. 이 중요한 차이가 수업에 대한 자기 비평을 좀 더 적극적으로 사유하도록 만든다. 수업 비평계는 가르치는 활동에 종사하는 교사와 연구자를 모집단으로 하여 존재한다. 수업 비평계의 참여자들은 수업 실천과 수업 감식안을 두 축으로 하여 함께 성장하는 실천공동체의 일원이다. 수업 비평은 이 실천공동체의 전문성 신장 기제 중 하나이다. 이런 배치 내에서 수업 실천가의 자기 비평 또한 수업에 대한 자기 연구와 성찰로서 권장될 수 있다. 내가 자기 수업 비평 — 이 글의 경우 좀 더 정확히 표현하자면 내 수업 이야기 — 을 하려는 것도 이런 자기 연구와 성찰의 필요 때문이다.

자기 비평이나 자기 이야기는 언제나 자기 과시나 미화에 대한 우려에 노출되어 있다. 나의 수업 이야기 또한 그런 위험에서 완전히 벗어나 있지 않다. 이런 위험성에도 불구하고 수업에 대한 자기 비평이나 이야기가 많아질 필요가 분명히 존재한다. 조하리의 창Johari Window[69]에 비추어 보면 자기 수업 비평 내지 자기 수업 이야기는 자신은 알고 있지만 타인은 모르고 있는 자아를 드러낸다. 동시에 자기 비평은 자신의 수업 실천을 객관화하려는 노력이기도 하다. 이런 측면을 좀 더 효율적으로 드러내기 위해서 나는 이 글에서 자아를 명목상 좀 더 객관적인 자아(혁규 I)와 좀 더 주관적인 자아(혁규 II)로 구분하여 양자를 대화시키는 글쓰기 방식을 일부 도입해 보고자 한다.

혁규 I이 묻고 혁규 II가 답하다

혁규 I 시간을 내 주셔서 감사합니다. 그동안 수업 실천과 연구를 어떻게 해 오셨는지 대화를 나누어 볼까 합니다. 중·고등학교에서 10년, 청주교대에서 20년, 합쳐서 30년 넘게 학생들을 가르치고 계시군요?

혁규 II 예, 잘 알고 계시네요. (웃음) 세월이 참 빠르네요. 학기로 따지면 60학기를 넘겼습니다.

혁규 I 대학에서 일반사회교육을 전공하셨네요. 어떻게 그 전공을 택하셨는지요?

혁규 II 제가 대학에 들어갈 때는 1980년대 초반으로 학력고사 점수가 나오고 나서 대학을 지망했던 시절이었어요. 처음 원서를 쓸 때는 1지망에 경영학과를 쓰고, 2지망을 인문대학로 썼어요. 그런데 원서 제출하기 하루 이틀 전에 아버님께서 2지망은 좀 더 안전한 데로 바꾸자고 해서 갑자기 일반사회교육과로 바꾸게 되었습니다.

혁규 I 그래서 사범대를 가게 되었군요. 후회는 없는지요?

혁규 II 예, 우연한 선택이지만 결과적으로 제 적성과 능력에 가장 적합한 전공을 택했다고 봐요. 지금도 아버님께 감사드리고 있습니다.

혁규 I 그동안 가르친 과목들이 되게 다양하네요. 중학교 교사를 할 때는 〈세계사〉, 〈지리〉, 〈일반사회〉를 지도하고, 시간 강사로 〈정치학 개론〉과 〈경제사상사〉를 가르친 경력이 있고, 교육대학교에 부임한 후에는 〈문화인류학〉, 〈다문화교육〉, 〈사회학 개론〉 등의 교양 과목과 〈사회과교육의 이론〉, 〈사회과교육의 실제〉 등을 가르치고 계시네요. 이렇게 다양한 과목을 가르치게 된 배경이 있나요?

혁규 II 가장 큰 까닭은 제 전공이 일반사회교육이기 때문입니다. 일반적으로 많은 전공들이 단일 학문을 배경으로 합니다. 그러나 일반사회교육은 매우 넓은 사회과학 영역을 배경으로 해요. 그러다 보니 여러 과목을 가르칠 수 있는 기회를 얻을 수 있었어요. 사실 우리나라 대학의 전공 구분은 너무 세분화되어 있어서 다양한 과목을 가르치는 것이 제도적으로 거의 불가능하지요. 그런 점에서 여러 과목을 가르칠 수 있었던 것은 큰 행운입니다. 여러 학문 영역을 접할 수 있었으니까요. 이런 교수 경험은 학자로서 연구를 하는 데도 많은 도움이 됐습니다.

혁규 I 수업 연구로 박사 논문을 쓰셨지요? 〈중학교 사회 교실 수업에 대한 일상생활기술적 사례 연구〉라는 제목이네요. 동일한 교과서를 전공 배경이 다른 교사들이 어떻게 다르게 가르치는지를 1년 가까이 참여 관찰한 논문이더군요. 이 주제로 논문을 쓰게 된 이유는 무엇인지요?

혁규 II 당시 중학교 교사를 하면서 박사 과정을 다녔습니다. 박사 논문을 준비하면서 한 소박한 생각은 내가 교사로서 느끼는 고민으로부터 논문 주제를 끌어내 보자는 것이었어요. 그 당시 제 고민 중 하나는 일반사회 전공자로서 익숙하지 않은 세계사와 지리를 함께 가르쳐야 한다는 거였어요. 중학교의 경우 4차 교육과정 이후에 지리, 역사, 일반사회를 '소위' 통합합니다. 그런데 대학의 교사 양성 과정은 분과의 전통을 계속 이어 갔기 때문에 현장 교사들은 사실상 자신이 전공하지 않은 과목을 가르쳐야 했어요. 정확히 말하면 졸업하기 전에 지리 두 과목, 역사 두 과목을 필수 과목으로 이수하고 나갔어요. 그런 정도로는 다른 과목을 가르치기가 쉽지 않았지요. 그래서 저는 이렇게 사회과 교육과정과 교사 양성 과정이 상치相馳되는 상황에서 동일한 사회 교과서를 전공 배경이 다른 교사들이 어떻게 다르게 가르치는지 살펴보고 싶었습니다.

혁규 I　그래서 동료 교사들의 수업을 1년 동안 참여 관찰을 하셨군요. 지금도 수업 공개를 꺼리는 것이 교사들의 일반적인 문화인데 1년 동안의 수업 관찰을 허락한 동료 교사들이 있다는 것이 놀랍네요.

혁규 II　예, 제가 생각해도 그렇습니다. 동료 관계가 나쁘지는 않았나 봅니다. (웃음) 처음에는 네 교사의 수업을 관찰하다가 곧 두 교사를 주된 관찰자로 해서 관찰을 했지요. 사실 수업을 1년 동안 공개하는 일이 어디 보통 일인가요? 인생을 살다 보면 감사해야 할 분께 제대로 감사를 표하지 못하는 결례를 범할 때가 종종 있습니다. 그 당시 수업을 공개해 주신 두 분 선생님께 충분한 감사를 표하지 못하고 세월이 너무 많이 흘러 버렸네요. 정말 감사하다는 말씀을 늦게나마 지면을 통해서 드립니다.

혁규 I　박사 논문을 쓰고 나서 연구 관심이나 주제가 바뀌는 경우가 많은데 계속해서 수업 연구를 하고 계시지요? 수업 연구를 계속 꾸준히 해 오신 동인이나 동력이 무엇인지요?

혁규 II 하하, 꾸준히 계속했다는 말은 어폐語弊가 있네요. 간헐적으로 했다는 말이 더 맞을 것 같아요. 개인적으로 수업 연구를 놓지 않도록 한 경험들이 가끔씩 있었지요. 비유로 하자면 힘이 빠질 때쯤 어떤 계기가 생기는 다단 로켓 같다고 해야 할까요? 예컨대, 논문을 쓴 다음 해에 맞게 된 내 수업의 위기 상황도 그런 것 중의 하나입니다.

혁규 I 다른 글에서도 읽은 적이 있는 것 같습니다. 어떤 위기 상황이었나요?

혁규 II 중학교에서 9년을 근무하다가 고등학교로 옮기게 되었습니다. 중학교 교사로 있는 동안에 줄곧 강의식 수업을 했습니다. 강의식 수업에서 벗어나야 한다는 문제의식도 별로 없었어요. 내용을 체계적으로 정리해서 재미있는 예화나 유머를 곁들여서 수업하면 학생들은 잘 들었어요. 심지어 인기도 있었죠. 그러니 딱히 수업 개선의 필요성을 못 느꼈습니다.

그런데 1996년에 고등학교에 가서 〈공통사회(상)〉 과목을 가르치면서 탈이 났어요. 그 교과서는 내용 중심이 아니었어요. 내용 전달이 아니라 문제 해결과 의사 결정 능력을 기르고자 설계된 교과서였지요. 사회 교과서 역사상 최초로 탐구 과제가 교과서의 상당 분량을 차지했어요. 전달식 수업에 익숙해 있던 저는 이 새로운 교과서에 적응을 못 했지요. 강의식 수업을 하려니 전달할 내용이 없고 학생 활동식 수업을 하려니 학생들이 안 따라오고, 이도 저도 안 되는 딜레마 상황에 빠졌어요. 스트레스가 막심했지요. 그래서 하루는 아프다고 핑계를 대고 학교에 안 간 적도 있답니다. 9년 동안 익힌 강의식 수업의 노하우가 아무 소용이 없더라고요. 내 수업 전문성의 부족을 절감했답니다.

혁규 I 그랬군요. 그래서 그것을 계기로 수업 방식을 바꾸게 되었나요?

혁규 II 아니요. 바로 그렇게 되지는 않았어요. 다음 해에 고등학교를 사직하고 청주교대로 옮기게 되었어요. 예비 교사를 양성하는 대학에 왔지만 역설적이게도 새로운 수업 방법에 대한 압력은 오히려 줄어들었던 것 같아요. 교육대학교에서 가르치는 과목들은 전달해야 할 내용 요소가 많거든요. 자연스럽게 재미있게 설명하는 전달식 수업으로 돌아갔던 것 같아요. 그리고 학생들도 잘 들어 주었어요. 여전히 젊었고 제가 강의 전달력도 나쁘지 않았거든요. (웃음) 그렇게 몇 년을 신나게 가르쳤어요.

혁규 I 그러면 언제 수업 방식을 바꾸게 되었나요?

혁규 II 제 수업 개선에 대한 자극은 실천가로서 내 수업을 바꾸려는 노력보다는 오히려 학자로서 현장의 교실 수업을 연구하면서 생겨났어요. 특히, 수업 비평을 하고 나서 내 수업에 변화가 많이 생겼어요.

혁규 I 수업 비평은 월간《우리교육》에 2005년부터 2008년까지 연재하셨더군요. 함께한 동료 연구자들도 열다섯 분 정도 되고 비평한 수업의 총 수는 35편, 연재물의 일부가《수업, 비평을 만나다》,《수업, 비평의 눈으로 읽다》로 출간되어 약 4만 부가량 판매되었지요? 수업 비평은 수업 현상을 관찰하고 글로 표현함으로써 공유와 소통을 통해 수업을 이해하는 안목을 높이고 실천에도 자극을 주기 위해 행해진 것으로 알고 있습니다. 이런 수업 비평 활동이 본인의 수업 실천에는 어떤 영향을 미쳤나요?

혁규 II 수업 비평을 접하지 않았다면 아직도 헤매고 있었을 거예요. 이렇게 말하니 지금은 엄청 수업을 잘하고 있는 것처럼 오해하시 겠네요. (웃음) 수업 비평이 제 수업에 미친 영향은 첫째, 현장 교사 들의 좋은 수업 실천 자체가 제가 수업을 준비하거나 실행하는 방식 을 반성하게 했다는 것이고요. 둘째, 수업 비평 과정에서 수집한 수 업 사례를 제 강의에 활용할 수 있게 되었다는 점입니다. 이를 통해 서 대학 강의와 현장과의 유기적인 연계성을 강화할 수 있었다는 것 이 큰 수확입니다. 현장 없는 교사 교육을 극복할 수 있는 길이 열린 셈이라고 해야 하나?

혁규 I 대학에서 배운 것이 현장에서 쓸모가 없다는 것은 우리만의 문제가 아니지요. 미국의 교육 양성 과정에서도 이런 문제가 심각하 게 대두되어서 1980년대 말에 현장과 대학을 긴밀하게 연계시켜서 운영하는 전문성신장학교Professional Development School운동[70]이 일어나 기도 했지요.

혁규 II 우리나라의 교사 양성 대학은 그런 변화의 계기가 아직 생 겨나지 않고 있다고 봐요. 조금씩 개선되고 있지만 속도가 너무 느리 지요. 현장과 연계가 부족한 정도가 아니라 현장을 무시하는 분위기 가 존재하는 상황이니까요. 저는 이런 문제를 근본적으로 해결하려 면 교육대학교나 교사 양성 대학교의 교수들이 자신의 정체성을 새 롭게 점검해 보아야 한다고 생각합니다. 한마디로 '교사 교육자'라는 정체성이 필요한 것이지요.

혁규 I '교사 교육자'라? 다소 낯선 단어네요. 동양에서는 교사가 사 범師範이 되어야 한다고 하잖아요. 교사를 가르치는 교육자라면 더 윤 리적이고 모범이 되어야 한다는 의미인가요?

혁규 II 그런 의미가 전혀 없지는 않습니다. 그러나 제가 생각하기 에 교사 교육자는 좀 더 서양적인 의미를 담고 있다고 봐요. 언제인지 정확히 기억나지 않지만 영어권 교육학 서적을 읽다가 'teacher educator'라는 말을 처음 접했어요. 한국에는 '교대 교수'나 '사대 교수'라는 말은 있지만 'teacher educator'라는 용어는 일반적으로 쓰지 않아요. 그래서 저는 'teacher educator'라는 말의 의미를 곰곰이 생각해 보았어요. 예비 교사뿐만 아니라 현장 교사들의 교육과 전문성 신장을 위한 연구와 실천에 종사하는 사람! 이렇게 정의하면 교대나 사대 교수들이 모두 이 범주에 해당해요. 그러나 우리나라의 문제는 교대나 사대 교수들이 소위 '교사를 양성하는 교육자'라는 정체성이 별로 없다는 점이랍니다. 우리나라 교사 양성 대학은 초창기에 순수 학문 전공자들이 다수를 차지하게 되었어요. 그 전통이 지금도 지속되고 있는 셈이지요. 그 결과 우리나라 교사 양성 대학은 현장에 대한 관심이 별로 없습니다. 목적형 교사 양성 대학의 교수이면서 학교 현장이 어떻게 돌아가는지 잘 모르는 상아탑 교수들이 다수랍니다.

혁규 I 말씀을 들으니까 문득 국어 교사였던 이계삼이 "대학에서 배운 교육학 지식과 교과교육론은 교단에서 거의 아무런 쓸모가 없었다. 이것을 나는 교사가 된 첫날에 단박에 깨달았다. 생각해 보니 그것은 교육 현장에 대해 거의 가르쳐 주지 않는 우리나라 교원 양성 기관들의 일반적인 병폐였다"라고 책의 서문에서 언급한 내용이 기억이 나네요.[71] 이런 풍토가 하루빨리 바뀌어야 한다는 데 저도 전적으로 동의합니다. 자, 많은 이야기를 나누었으니 이제 선생님 수업을 보여 주시겠어요? 수업 연구자이자 교사 교육자로서의 정체성을 견지하고 있는 선생님의 수업이 궁금해지네요.

혁규 II 우리 현실을 막 비판해 놓고 제 수업을 공개하려니 부담이 되네요. 그렇지만 있는 그대로 보여드리고자 노력해 보겠습니다. 자,

제 교실로 초대하지요. 제가 가장 많이 가르치는 과목인 〈사회과교육의 실제〉라는 강좌를 중심으로 소개를 해 보겠습니다. 가장 오래 가르쳤고 교과교육학 강의이기 때문에 수업에 대한 제 고민이 가장 많이 반영되어 있는 강좌이기도 합니다.

혁규 II, 자신의 수업을 기술하고 설명하다

〈사회과교육의 실제〉의 위상: 먼저, 제 수업에 대해서 말하기 전에 전체 교육과정 중에서 〈사회과교육의 실제〉가 어떤 위치에 있는지부터 간단히 설명해 보겠습니다. 청주교육대학교의 교육과정은 교양 과정과 교직 과정으로 크게 나뉘어져 있습니다. 교양 과정은 32학점, 교직 과정(전공)은 103학점, 합쳐서 총 135학점을 이수해야 졸업할 수 있습니다.

이 중 〈사회과교육의 실제〉는 교직 과정에 포함되는 과목입니다. 초등학교 교사들은 전 과목을 다 지도하는 것을 아시지요? 많은 과목을 가르쳐야 하므로 각 과목당 2강좌 정두만 이수한답니다. 사회과를 예로 들면, 청주교육대학교 학생들을 〈사회과교육의 기초〉 2학점을 2학년 때, 〈사회과교육의 실제〉 3학점을 3학년 때 수강합니다. 〈사회과교육의 기초〉는 이론과 내용을 다루고, 〈사회과교육의 실제〉는 교수-학습 방법과 평가를 주로 다룬답니다. 초등학생에게 사회 과목을 가르치게 위해서 겨우 2과목만을 이수한다는 점에 놀라셨나요? 적은 게 사실입니다. 다른 교과교육과 관련된 과목들도 들으면서 종합적인 소양과 역량을 기른다고 봐야겠지요.

자, 교과목과 교육과정에 대한 간단한 소개가 끝났으니, 이제 제 수업에 대해서 본격적으로 말할 차례네요. 〈사회과교육의 실제〉를 오랫동안 가르치면서 제 강의 스타일이 어떻게 변했는지부터 언급할게요. 한마디로 말하라면 강의식 수업 비중이 줄어들고 학생들이 참여하고 활동하는 수업의 비중이 늘어났습니다. 이 수업에 대한 제 고민이 무엇이었냐 하면 〈사회과교육의 실제〉가 '실제'답지 못하다는 거였답니다. 그런 고민의 결과를 반영해서 수업을 바꾸어 왔습니다. 그래서 사회과교육의 '실제'를 반영하지 못하던 강의가 '실제'에 점점 가까워지고 있다고 해야 할까요?

  의도하는 학습자상: 보통 강좌를 이해하려면 강좌의 목표부터 살펴보지요. 그러나 저는 그보다 밑바탕에 이 강좌를 통해서 양성하고 싶은 학습자상을 설정했습니다. 이 강좌를 가르치면서 제가 의도하는 학습자상은 세 가지입니다. '참여적이고 능동적인 시민', '더불어 협력하며 성장하는 학습자', '반성적 실천가'가 그것입니다. 이런 학습자상이 그냥 구호로 그치지 않고 제 수업에 실질적으로 구현될 수 있도록 노력하고 있습니다. 각각의 학습자상을 수업 속에 구현하기 위해서 하는 활동을 간략히 소개해 보겠습니다.
  첫째, 참여적이고 능동적인 시민입니다. 다 아시겠지만 사회과의 목적은 민주 시민을 양성하는 것입니다. 참고로 사회과교육의 목적이 항상 민주 시민이었던 것은 아닙니다. 4차 교육과정 이전까지는 국민 양성이었습니다. 민주화되면서 사회과의 목적이 민주 시민 양성으로 변화한 것이지요. 이것은 민주 시민이라는 사회과의 목표가 그냥 주어진 것이 아님을 말해 줍니다. 이 땅의 민주주의를 위해서 노력한 많은 사람들의 땀과 수고를 통해서 교과의 목적이 쟁취된 것이지요. 저는 장차 교실에서 사회과를 가르칠 학생들이 이 사실을 자각했으면 좋겠습니다. 그리고 스스로 민주적인 시민으로 성장했으면 좋

겠습니다.

예비 교사를 민주적으로 양성하기 위해서 제가 하는 사소하지만 의미 있는 활동은 학기 초에 수업 규칙을 함께 정하는 것입니다. 민주주의의 핵심은 자율과 자치입니다. 정치 제도적으로 보면 민주주의는 정치공동체의 구성원이 스스로 규칙을 정하고 그 규칙에 자발적으로 복종하는 것을 핵심으로 합니다. 그것을 체험하는 것이 규칙 만들기입니다. 저는 첫 주 오리엔테이션을 할 때 사회과교육의 목적과 민주 시민의 의미를 간단히 설명한 후에 15주 동안 교수와 학생이 함께 지킬 '수업 규칙'을 정합니다. 그 과정은 이렇습니다. 먼저, 수업이 민주적으로 운영되고 교수와 학생이 함께 성장할 수 있기 위해서 수업 규칙이 필요함을 설명합니다. 설명을 듣고 학생들은 모둠별로 필요한 규칙을 몇 가지 정하여 칠판에 적습니다. 그 후 각 모둠별로 작성한 내용을 상호 비교하여 토의를 통해 필요한 규칙을 선택합니다. 마지막에는 유사한 것을 통합하고 우선순위를 정해서 하나의 문서로 정리합니다. 완성된 규칙은 학생들이 매주 소지하고 다니는 유인물 철의 맨 앞 장에 붙여 놓습니다. 그리고 15주 수업을 하는 동안에 수업 규칙에 따라 수업이 운영되고 있는지를 종종 확인하여 살아 있는 규범이 되도록 노력합니다.

이 글을 읽는 독자들은 교육대학교 3학년 학생들이 정한 수업 규칙 내용이 궁금할 것입니다. 그 내용을 살펴보면 대단한 것은 하나도 없습니다. "수업 시간과 쉬는 시간 철저히 지키기", "20분 이상 쉬는 시간 가지기", "수업에 능동적으로 참여하기" 등과 같은 행동 수칙들이 대부분입니다. 어떤 것은 "우리가 지각하면 초콜릿이나 사탕, 교수님이 지각하면 아이스크림 돌리기"와 같이 장난스럽기까지 합니다. 그래서 지난 학기에는 광주의 한 혁신 중학교 학생들이 학기 초에 만든 '배움에 대한 다짐'을 보여 주면서 너희들이 만든 규칙이 중학생들이 만든 것보다 못하다며 비교해 주기도 했습니다. 그렇지만 수업 규칙의 수준은 그다지 중요하지 않습니다. 함께 만들어 지켜 가고 필요하면 개정하는 민주적 경험이 중요하다고 봅니다.

'수업 대화 나누기'도 수업의 민주적 운영을 위한 중요한 장치입니다. 저는 한 학기의 반 정도가 지난 시점에 학생들과 함께 제 수업에 대한 이야기를 나눕니다. 대화 주제는 '수업의 장점과 개선해야 할 점', '학습자의 태도에서 바람직한 점과 개선해야 할 점'입니다. 방식은 모둠별로 이야기를 나누고 모둠 판에 써서 공유합니다. 이를 통해 교수로서 내 수업과 수업에 참여하는 학생들의 태도를 함께 점검하고 개선할 점을 찾습니다. 학기 중에 '수업 대화 나누기' 시간을 갖게 된 계기는 노르웨이 대학생들을 대상으로 한 박노자 교수의 강의 경험과 경기도 특성화 대안학교인 이우학교의 수업 만들기 시간에서 자극을 받았기 때문입니다. 강의가 끝나고 나서 시행되는 강의 평가가 자신들에게는 전혀 피드백이 되지 않는다는 학생들의 불만도 작용했습니다.

'수업 대화 나누기'를 학기 중에 하는 데는 다소 용기가 필요했습니다. 학생들이 부정적인 이야기만 하면 자존심이 상할 것 같았지요. 그러나 해 보니 나쁘지 않습니다. 독일의 학자 힐베르트 마이어가 좋은 수업에 대한 정의에서 언급한 '학습 동맹Arbeitsbündnis'이란 단어의 의미를 실제로 체험할 수 있는 기회가 되는 것 같아요. 학생들은 강의에 대해서 비판적 문제 제기를 할 수 있습니다. 그러나 일방적인 요구만 할 수는 없습니다. 학생들도 수업에 참여하는 자신들의 태도를 점검합니다. 이를 통해서 좋은 수업을 만드는 책무가 교수자나 학습자 어느 한쪽이 아니라 공동의 책무라는 '학습 동맹'의 정신을 체득할 기회를 얻습니다.

이 두 가지 외에 참여적이고 능동적인 시민 양성과 관련하여 토의·토론 수업이나 사회 참여 체험 학습 등의 주제도 수업 시간에 중요하게 다룹니다. 지면 관계로 자세히 말하지는 않겠습니다.

둘째, '더불어 협력하며 성장하는 학습자'입니다. 우리 교육 환경이 초경쟁적이라는 것은 모두가 알고 있는 사실

한 모둠이 '수업 대화'를 정리한 결과

입니다. 한국 학생들의 협력적 문제 해결 능력이 OECD 국가 중에서 가장 낮다는 것도 많이 알려져 있고요. 이런 한국 교육이 바뀌려면 예비 교사들부터 협력적인 학습 환경에서 공부해야 한다고 생각합니다. 제 수업에서 구체적으로 어떻게 하느냐고요? 질 높은 모둠 활동을 활성화하려고 시도하고 있습니다. 먼저, 학생들이 교실에서 자유롭게 앉을 수 있는 자유를 박탈(!)했습니다. 무슨 말이냐고요? 학생들이 강의실에서 자리를 잡는 모습을 관찰해 보니 친한 학생들끼리만 모여 앉아요. 또, 공부에 열의가 있는 학생들은 앞자리에 앉고, 소극적이거나 열의가 없는 학생들은 뒤쪽에 앉는 경향이 있습니다. 학생들이 좌석을 선택하는 이런 모습을 보면서 개선이 필요함을 느꼈습니다. 협력적 배움이 일어나기 위해서는 좌석 배치가 의도적으로 설계될 필요가 있다고 본 것이지요. 그래서 대학 강의이지만 제비뽑기로 모둠을 구성하고 조별 좌석 배치를 일정 기간 동안 고정해 줌

니다. 그리고 다양한 학생들이 상호 작용을 할 수 있도록 약 5주 단위로 모둠을 다시 구성합니다. 그래야 평소 만나지 않는 동료들을 만날 수 있지요. 그리고 거의 매시간 작은 미니 활동이라도 부여하여 모둠 활동을 경험하도록 합니다. 모둠 활동 형태는 '직소우 수업'이나 '두 명 남고 두 명 가기' 등 구조 중심 협동학습 모형을 자주 활용하지요.

경쟁이 아니라 협력적 배움을 위해서 제가 새롭게 시도하는 또 하나의 장치는 동료 평가입니다. 거창한 것이 아니고 학기 말에 반 전체의 공동 성장을 위해서 기여한 친구의 이름을 두 명 정도 비공개로 적어 내게 하고 평소 점수에 일정 정도 반영하는 것입니다. 이 방식을 구안하게 된 것은 교육대학교 조모임에 대해서 학생들이 가진 불평 때문입니다. 학생들은 대부분의 강의에서 조모임 형태로 과제를 수행합니다. 그런데 이 과정에서 무임승차 문제가 자주 발생합니다. 이처럼 조모임이 잘 구조화되지 않을 경우 협력에 대한 피로감과 냉소주의를 만들어 낼 수 있습니다. 그래서 저는 강의 시간 외에 조모임으로 과제를 수행하는 일을 최소화시켰습니다. 대신에 수업 시간에 구조화된 협력 학습을 많이 합니다. 그리고 학생들의 상호 작용을 관찰하면서 협력이 잘 일어나도록 조력합니다. 그런데 누가 더 협력을 잘하고 함께 성장하기를 즐기는 학습자인지 교실 관찰만으로 파악하기는 쉽지 않습니다. 학생들은 학생들 스스로 잘 알지요. 그래서 일종의 고육지책으로 학기 말에 동료 평가를 해서 성적에 반영합니다. 고육지책이라 함은 협력적인 학생을 골라내서 가점을 주는 것이 넓게 보면 또 경쟁을 조장하는 것이 아닌가 하는 생각 때문입니다. 무슨 인기투표를 하는 느낌이 들기도 하고요. 그러나 이기적으로 학점만 따는 학생이 아니라 공동체의 성장에 함께 기여하는 학생을 격려하는 것이 옳다고 봅니다. 그래서 실험적으로 시행하고 있습니다. 이 방법이 교육적으로 옳은 방법인지에 대해서는 계속 고민할 것입니다. 그러나 시도해 볼 가치는 있습니다.

셋째, 저는 예비 교사들이 '반성적 실천가Reflective Practitioner'로 성장하기를 바랍니다. 반성적 실천가는 1980년대 미국의 교육학자 쉔Donald Schön이 구안한 개념입니다. 그때까지 교육학계에서 이론과 실천의 관계는 과학주의적 접근법에 의해서 지배되고 있었습니다. 이 패러다임하에서는 과학적인 관찰과 실험을 통해서 효과적인 교사의 수업 행동 혹은 교수법에 대한 보편적인 원리가 발견되면 교사는 그것을 몸으로 익혀서 자신의 교실에서 구현하기만 하면 됩니다. 그러나 쉔은 이론과 실천의 관계가 훨씬 복잡하다고 보았습니다. 보편적 원리를 올바로 적용한다고 곧바로 좋은 결과가 나오지 않는 경우가 비일비재합니다. 실천이 매우 맥락 의존적이기 때문입니다. 따라서 이론은 실천 현장에서 재해석되어야 합니다. 결국 좋은 실천가는 다양한 이론적 지식을 알되 이를 현장에 맞게 끊임없이 재해석하여 창의적으로 적용할 수 있는 사람입니다. 쉔은 그 과정에서 실천에 대한 반성이 매우 중요한 역할을 한다고 보았습니다. 쉔 이후에 반성적 실천가 개념은 교사 교육의 한 중요한 모델로 자리 잡았습니다. 저는 반성적 실천가를 제 강의를 통해 길러 내야 할 중요한 교사상으로 상정하고 있습니다. 그래서 강좌의 목표에 반성적 실천가라는 용어를 명기하고 오리엔테이션 시간에 안내합니다. 강좌 전체에 반성적 실천성이 스며들도록 노력하고 있습니다. 예를 들어, 강좌 초반부에 사회과교육의 목표를 살펴보는 시간이 있습니다. 과거에 이 주제를 가르칠 때는 교육과정을 제가 잘 분석해서 설명해 주는 식으로 수업을 진행했습니다. 그러나 최근에는 그렇게 하지 않습니다. 대신에 역대 교육과정 목표를 활동지에 기록하여 나누어 주고 학생들 스스로 사회과 목표 변천의 공통점과 차이점을 발견하게 합니다. 또, 사회과 목표 변천을 한국 사회의 변화와 연관 지어 해석해 보도록 합니다. 이를 통해서 학생들은 '국민 양성'에서 '민주 시민 양성'으로 사회과 목표가 변화한 것이 우리 사회의 민주화를 반영하고 있으며, "개인의 발전은 물론, 국가, 인류의 발전에 기여할 수 있는 민주 시민의 자질"이라는 현행 교육과정의 목표 진술이 세계화와 지역화 현상과 관련 있음을 해독해 냅니다. 기존 교육과정 목표에 대한 분석이 끝나고 나면 학생들이 교사로 활동할 10년 후의 상황을 가정하고 사회과교육의 목표를 새롭게 정의해 보도록 합니다. 이런 활동을 통해 학생들이 사회과 목표를 이해하거나 암기하는 것을 넘어서 창의적이고 비판적으로 재구성해 볼 수 있는 기회를 제공합니다. 반성적 실천가는 교육과정을 무비판적으로 받아들이는 송유관 같은 교사가 아니라고 보기 때문이지요.

15주 교육과정 개요와 실제 수업 사례

이제 15주 수업이 어떻게 진행되는지 간략히 소개하겠습니다. 15주 전체 강좌의 얼개는 대략적으로 〈사회과 목표 이해 - 교육과정 읽기 - 수업 설계 익히기 - 다양한 수업 방법 익히기 - 수업 관찰과 비평 - 모의 수업 시연 - 평가〉의 순으로 이루어집니다. 이 순서는 교사의 수업 실천 사이클을 반영한 것입니다. 15주 수업이 진행되는 동안 가능하면 현장의 실제 수업 사례와 연결 지어서 수업을 운영하려고 노력합니다. 〈사회과교육의 실제〉라는 강좌명에 맞게 이론 강의나 현실에 적용할 수 없는 원리만 교수하지 않기 위해서입니다. 강좌 중반부에 진행하는 '다양한 수업 방법 익히기'의 경우는 특히 현장 관찰이나 수업 비평을 통해 수집한 실제 수업 사례를 많이 활용합니다.

15주 수업을 다 다룰 수 없어서 대표적인 수업 사례 하나만 소개하고자 합니다. 제가 몇 학기 전부터 다루는 '수업 설계'와 '다양한 방법 익히기'의 주제 중 하나는 '거꾸로교실Flipped Classroom'입니다. 거꾸로교실은 현행 사회과 교육과정이나 교사용 지도서에는 아직 등장하지 않은 방법입니다. 그러나 저는 가르쳐야 할 사실과 개념이 많아서 설명식 수업이 되기 쉬운 사회과 수업의 문제를 해결하는 데 거꾸로교실이 유용한 방법이라고 생각합니다. 그래서 이 주제를 몇 년 전부터 꼭 다룹니다. 거꾸로교실을 수업 시간에 다룰 때 가장 하수下手의 방법이 무엇일까요? 거꾸로교실을 설명식으로 다루는 것입니다. 거꾸로교실이 언제 등장하였고, 어떤 특징이 있으며, 초등학교 수업에서 어떻게 활용할 수 있는지를 설명식으로 다루면 학생들은 거꾸로교실을 머리로는 이해합니다. 그러나 자신의 수업에서 실제 활용할 수 있는지 의심하거나 확신을 갖지 못합니다. 그래서 거꾸로교실을 체험할 수 있도록 수업을 디자인했습니다. 먼저, 거꾸로교실을 설명하는 12분짜리 디딤 영상을 만들어서 학생들이 미리 보고 오도록 했습니다. 수업 시간에는 학생들의 디딤 영상 이해 여부를 확인하기 위해서 카훗Kahoot이라는 온라인 퀴즈 프로그램을 활용해서 퀴즈를 냈습니다. 카훗은 2013년 노르웨이과학기술대, 영국의 벤처캐피털 '위아휴먼' 출신의 창업자 세 명이 만든 앱입니다. 모니터로 문제를 띄우면 학생들은 스마트폰 앱을 다운받아서 참여할 수 있습니다. 실시간으로 점수가 나오고 게임의 요소도 가미되어 있어 학생들이 재

미있게 참여합니다. 응답 결과는 엑셀 파일로 자동 정리되어 제공되
므로 개별 피드백을 해 주기도 유용합니다.

교실 앞까지 나와서 카훗 문제를 푸는 학생들

위 사진에서 보듯이 학생들은 책상에서 일어나서 앞으로 나와 문
제를 풀 정도로 흥미 있어 했습니다.

카훗으로 학생들의 내용 이해도를 확인한 후에는 〈거꾸로교실, 간
단하면서도 혁신적인 교육개혁의 아이디어〉라는 제가 쓴 읽기 자료
를 나누어 주고 모둠에서 함께 읽고 서로 설명해 주도록 했습니다.
자료를 직접 설명하는 대신에 학생들이 상호 설명해 주도록 하는 것
은 '학습 효율성 피라미드'의 원리를 반영한 것입니다. 텍스트 내용이
너무 어렵지 않을 경우 이 방법은 일방적 강의보다 훨씬 더 효율적이
며 학생들도 좋아합니다. 이렇게 〈디딤 영상 - 퀴즈 - 자료 읽기〉의
순서로 수업을 진행하고 나서 학생들에게 "거꾸로교실을 초등학교에
서도 활용하는 것에 대해서 어떻게 생각하느냐?"라고 물었습니다. 의
견이 반반 정도로 나뉘었습니다. 거꾸로교실에 부정적인 학생들은

초등학교는 내용량이 많지 않아 거꾸로교실의 필요성이 적다고 했습니다. 숙제 부담의 과중이나 디지털 격차와 같은 우려도 나왔습니다. 동일한 수업을 여러 반에서 가르치는 중등 교사와 달리 초등의 경우 교사의 부담도 만만치 않다는 의견도 있었습니다. 모두 나름 일리가 있는 견해들이었습니다.

그러나 저는 특정한 교과나 필요에 따라서 거꾸로교실이 매우 유용하게 활용될 수 있음을 보여 주고 싶었습니다. 그래서 학생들에게 실제 초등학교에서 이루어지는 거꾸로교실을 한번 체험한 다음에 다시 의견 표시를 해 보자고 제안했습니다. 이제 학생들이 초등학생이 되어서 거꾸로교실을 경험해 볼 차례입니다. 저는 미래교실네트워크의 웹사이트 www.futureclassnet.org에 있는 디딤 영상을 하나 찾아서 학생들에게 보여 주었습니다. 충남의 박성광 교사가 만든 4학년 사회 교과의 〈경제생활에서 사람들이 겪는 선택의 문제 알아보기〉에 대한 5분 30초 분량의 영상입니다. 내용은 '사람들이 생활에 필요한 물건을 만들거나 사거나 파는 것을 경제 활동이라고 하며 경제 활동에서 사람들은 선택의 문제에 직면한다'는 것입니다.

디딤 영상을 함께 시청하고 나서 예비 교사들에게 초등학생들에게 디딤 영상을 보여 준 후 이 수업 주제 관련 활동형 수업을 한다면 어떤 활동을 하는 것이 좋을지 구상해 보도록 하였습니다. 이 과업은 예비 교사들에게 꽤 도전적인 과업입니다.

거꾸로교실을 성공적으로 실행하는 데 중요한 것은 디딤 영상 제작보다는 교실 활동을 잘 구안하고 진행하는 능력이기 때문입니다. 따라서 예비 교사들에게 활동을 구상하게 하는 것은 수업 설계 능력을 훈련하는 중요한 기회를 제공하는 것입니다. 이런 의미를 이해했는지 학생들(예비 교사들)은 각자의 지혜를 모아서 열심히 아이디어를 만들어 냈습니다. 예비 수업 디자이너들의 열기가 후끈 느껴졌습니다. 그리고 각 모둠별로 아이디어를 발표했습니다. 예비 교사들의 발표 내용을 살펴보니 수업 설계 아이디어가 초점에서 벗어나거나 터무니 없는 경우는 없었습니다.

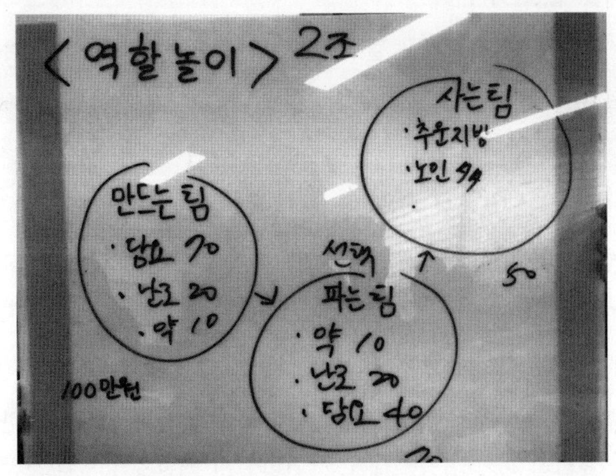

교육대학교 3학년 학생들의 활동 아이디어 예시

위의 그림에서 보듯이 학생들은 대체로 경제적 선택이란 주제와 관련하여 어떤 활동을 해야 하는지 감을 잡고 있었습니다. 그러나 학생들이 낸 아이디어는 수업 시간에 구현할 수 있을 만큼 구체적이지는 못했습니다. 이것이야말로 초보자와 전문가의 중요한 차이입니다. 초보자도 기발한 아이디어를 낼 수 있습니다. 그러나 그것을 현실에서 작동 가능하게 만들려면 수많은 시행착오를 거친 축적된 경험의 뒷받침이 있어야 합니다. 《축적의 길》을 쓴 서울대학교 공과대학의 이정동 교수는 심지어 "극단적으로 말해서 흔하디흔한 것은 아이디어다. 아이디어가 아무리 좋아도 그것을 현실에서 작동 가능하도록 키워 낼 수 있느냐가 문제다. 이 과정을 스케일 업이라고 한다"[72]라고 말합니다. 이 말을 빌리자면 예비 교사의 아이디어는 스케일 업 되지 않은 원석에 가깝습니다.

이 점을 깨닫도록 하기 위해서 나는 예비 교사들에게 우수한 현장 교사의 실제 수업을 경험하도록 합니다. 이를 통해서 자신들의 아이디어와 현장 전문가(!)의 구체적인 실천을 비교할 수 있는 기회를 제공합니다. 그러려면 좋은 수업 실행을 찾아야 합니다. 그래서 미래교실네트워크 웹사이트를 다시 서핑을 했습니다. 그리고 〈경제생활에서 사람들이 겪는 선택의 문제 알아보기〉에 적합한 활동으로 서울 SR초 송유진 교사가 포스팅한 〈비빔밥 만들기〉 활동을 찾아냈습니다.[73] 이 활동은 다음 표에 제시되어 있는 재료들을 각자 선택해서 도화지로 비빔밥을 만드는 활동입니다. 학생들은 먼저 주 고객층을 상정한 후 이들에게 팔 비빔밥을 만들어서 다른 모둠에게 소개합니다. 다른 모둠 학생들은 동료들이 만든 비빔밥을 보고 사고 싶은 품목을 포스트잇에 이유를 함께 써서 붙입니다.

밥	흰쌀밥(200원), 잡곡밥(250원), 콩밥(230원)
나물	콩나물(150원), 당근(100원), 버섯(200원), 고사리(150원), 시금치(140원), 도라지(200원)
고기 or 생선	쇠고기(300원), 돼지고기(250원), 닭고기(200원), 돈까스(300원), 멸치(100원), 고등어(200원), 달걀(200원)
소스	고추장(150원), 간장(50원), 참기름(50원), 깨(30원), 치즈(100원), 케첩(50원)
그릇	돌솥(200원), 도자기(180원), 쇠(150원), 식판(130원), 플라스틱(100원)

저는 이 송 교사의 아이디어가 앞에 예시된 예비 교사들의 아이디어보다 훨씬 잘 다듬어져 있다고 생각합니다. 이정동 교수의 말을

빌리자면 스케일 업이 잘되어 있는 것이지요. 예비 교사들의 아이디어는 물건을 만들고, 사고, 파는 것에 대한 대략적인 스케치를 하고 있습니다. 그러나 아직 교실에서 실행할 만큼 구체화되어 있지는 않습니다. 학습자들이 다양한 경제적 선택 상황을 경험할 수 있도록 정련되어 있지 않은 것이지요. 그에 비해서 송 교사의 아이디어는 비빔밥을 만드는 과정에서 학생들이 여러 재료 가운데서 선택을 해야 할 뿐 아니라 물건을 만들고 상표를 붙이는 과정에서 창의적인 아이디어도 발휘해야 합니다. 발표가 끝나고 난 후 다른 학생들이 포스트잇을 붙이면서 살 물건을 선택도 하도록 잘 구조화되어 있습니다. 한마디로 교실에서 실제로 학생들이 활동하면서 수업의 목표를 달성할 수 있도록 다듬어져 있는 것이지요.

저는 교육대학교 3학년생들이 자신들의 아이디어와 스케일 업이 충분히 된 아이디어를 비교해서 체험하도록 하고 싶었습니다. 그래서 송유진 교사가 포스팅한 활동을 일부 변형 — 송 교사의 아이디어에는 제작과 소비 활동은 명료히 드러나는데 물건을 파는 활동은 잘 드러나지 않아서, 만들어진 비빔밥을 광고해 보는 활동을 더 삽입 — 해서 교대 학생들에게 경험하게 했습니다. 초등학생의 입장에서 말이지요. 학생들은 제시된 재료들 중에서 선택해서 1,250원짜리 비빔밥을 만들어야 합니다. 한 가지 품목은 재료 목록에 없는 것을 창조할 수도 있도록 했습니다. 이런 조건을 주자 학생들은 모둠별로 열심히 의논해서 자신들이 구상한 비빔밥을 디자인했습니다. 도화지에는 비빔밥의 상표명, 재료, 가격, 주된 고객층, 광고 문구 등이 필수 요소로 들어가야 합니다.

그림과 같이 학생들은 비록 짧은 시간이지만 다양한 아이디어를 담아서 비빔밥을 디자인하였습니다. 그리고 이어서 제품 광고를 하였습니다. 각 모둠의 대표 혹은 모둠원 전체가 나와서 홈쇼핑 광고처럼 비빔밥 광고를 실감 나게 하였습니다. 이 대목에서 학생들은 흥이 났습니다. 대학생들은 마치 초등학생처럼 신나게 연기를 하였습니다. 학생들의 연기를 보면서 저는 비빔밥 장사로도 먹고 살 수 있겠다고 격려하면서 웃었답니다. 마지막 활동은 포스트잇에 먹고 싶은 비빔밥을 선택해서

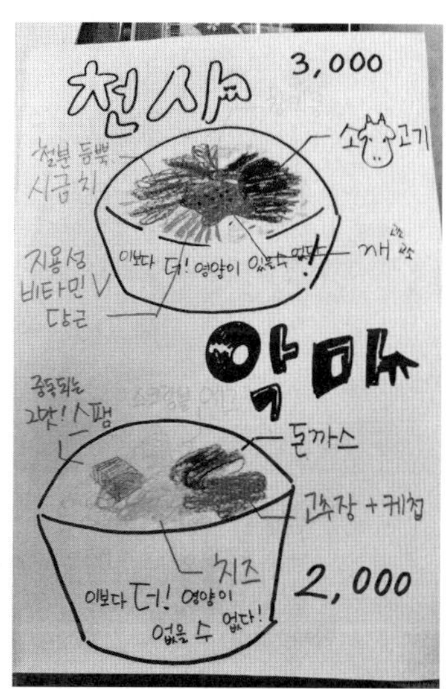

건강을 고려한 '천사 비빔밥'과 오직 가격만을 고려한 '악마 비빔밥'을 디자인한 활동 결과물

붙여 보는 활동입니다. 시간 관계상 이 활동은 하지 못하고 설명으로 대체하였습니다.

이렇게 1시간가량의 미니 활동이 끝나고 나서 다시 학생들에게 물었습니다. "거꾸로교실을 초등학교에서도 활용하는 것에 대해 어떻게 생각하느냐?" 결과가 궁금하지 않으세요? 조금 전과는 달리 거의 모든 학생이 거꾸로교실이 괜찮은 방법이라는 데 동의하는 거 있죠. 문득 설명식 수업을 했다면 이런 변화가 가능했을까 하는 생각이 들었습니다.[74]

매번 성공적인 수업을 하는 것은 아닙니다. 그러나 이 수업 설계에 대해서는 대체로 만족합니다. 무엇보다도 수업 구조가 마음에 듭니다. 이 수업 구조를 액자형 구조라고 명명해 볼 수 있겠습니다.

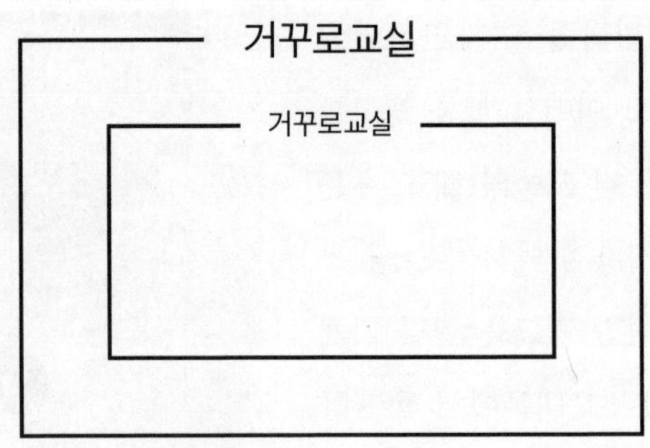

거꾸로교실 안에 또 거꾸로교실이 들어 있는 구조이기 때문입니다. 수업 전체가 거꾸로교실인 형식입니다. 거꾸로교실 강의 속에 초등학교 거꾸로교실이 또 하나 들어 있는 것이죠. 그래서 학생들은 거꾸로교실을 이중적으로 체험할 수 있습니다. 즉, 대학 강의를 거꾸로교실로 체험합니다. 한 걸음 더 나아가서 초등 현장에서 실제 이루어지는 거꾸로교실을 한 번 더 체험합니다. 이를 통해서 거꾸로교실의 현장 적용 가능성까지 탐색해 볼 수 있습니다.

교과교육적으로 의미 있다고 생각되는 지점은 학생들이 비록 짧은 시간이지만 자신들의 수업 설계를 현장의 우수 교사의 실제 수업 설계와 견주어 보는 기회를 갖는다는 점입니다. 이를 통해 예비 교사들은 초보자-전문가 사이의 인지적 수준차, 혹은 품차品差를 느끼고 자극을 받습니다. 현장의 수업 사례와 긴밀하게 연결된 수업을 하지 않으면 이런 자극을 주기가 쉽지 않아 보입니다. 특히 실천적 지혜와 관련하여서는 그렇습니다.

15주 수업을 마무리하면서 학생들이 하는 활동은 '모의 수업 시연'입니다. 학생들은 개별적으로 교육과정 성취 기준을 하나 택하여 수업 설계를 하며 그중 한두 차시 정도는 구체적인 학습지까지 제작해야 합니다. 다시 하나의 활동 모듈을 가지고 9분 수업 시연을 해야 합니다. 모의 수업 시연을 준비하고 진행하는 과정은 한 학기 동안 학습 내용을 종합 정리하는 일종의 프로젝트입니다. 그중 실제 9분 수업 시연은 마이크로 티칭 활동입니다. 9분 수업 시연은 교수 평가와 동료 평가를 합산해서 성적에 반영합니다. 사실 모의 수업 시연은 교육대학교의 다른 수업에서도 많이 하는 활동으로 특별할 것이 없습니다. 다만, 제 경우는 차시 수업 설계보다는 큰 단위인 성취 기준 정도의 수업 설계를 하게 합니다. 수업을 의미 있게 변화시키려면 차시 설계 개념보다 좀 더 큰 단위에서 수업에 대해서 사유할 필요가 있다고 보기 때문입니다.

학생들은 이 외에도 제가 선정해 준 책 중에 한 권을 선택해서 읽고 제 앞에서 일대일로 5분 인터뷰를 해야 합니다. 학생들이 선택해야 하는 책은 사회과교육의 배경이 되는 내용 관련 서적들입니다. 내용 관련 서적을 과제로 읽도록 하는 이유는 수업 시간에 사회과교육의 배경 학문이나 내용 영역을 다룰 시간이 없기 때문입니다.[75] 학생들은 자신의 선호에 따라서 한 권의 책을 학기 동안에 읽고 미리 공지된 인터뷰 평가 루브릭Rubric에 따라서 5분간 발표할 내용을 준비한 후에 인터뷰를 해야 합니다. 인터뷰이기는 하지만 중간에 내가 질문하고 대답하는 과정은 없고 학생들이 5분 동안 준비한 내용을 말하는 식으로 진행합니다. 이 방식은 앞으로 모니터링을 통해서 계속 개선해 가야 할 듯합니다. 학생들에 대한 평가는 중간/기말고사 없이 과제물, 관찰 평가, 수업 시연, 5분 책 인터뷰 등을 합하여 종합적으로 합니다. 중간/기말고사와 같은 지필 평가를 하지 않는 이유는 성취 지향 평가나 과정 중심 평가라는 평가관의 변화를 제 수업에 반영하기 위해서입니다. 수업에서 가장 어려운 것이 평가라고 생각합니다. 아마도 좋은 수업은 좋은 평가로 완성되는 것 같습니다. 저에게 평가 문제는 여전히 넘기 어려운 벽 중 하나입니다.

다시 혁규 I이 묻고 혁규 II가 답하다

혁규 I 수업을 살펴보니, 〈사회과교육의 실제〉가 '실제'에 가깝게 다가가고 있다는 말을 어느 정도 이해할 수 있을 것 같네요. 그런데 수업이 전형적인 대학 수업이 아니라 초·중등학교 수업과 유사하다는 느낌이 들기도 하네요.

혁규 II 그렇게 보이시나요? 듣고 보니 그런 것 같습니다. 아마 현장의 좋은 수업을 관찰하다 보니 영향을 받는 것 같습니다. 의도적으로 제 수업에 도입하는 것도 있고요. 최근에 2015 개정 교육과정 고등학교 통합사회 선도 교사들을 대상으로 한 연수 프로그램의 코디네이터를 하면서 경기도토론교육연구회의 정은식 교사로부터 '소크라틱 세미나'라는 토의법을 배웠어요. 제 수업에 적용해 보니 참 좋더라고요. 이런 식으로 현장의 우수 수업 실천 사례에서 자극을 받다 보니 제 수업도 초등 수업 혹은 중등 수업과 유사해지나 봅니다. 참고로 저는 좋은 수업의 방향을 '객관주의에서 구성주의로', '전달 중심에서 대화 중심으로', '경쟁 중심에서 협력 중심으로', '일제식 수업에서 다양성을 강조하는 수업으로' 이 네 가지로 정리한 적이 있습니다.

혁규 I 과거에 교사 교육 모델은 대학에서 지식을 개발하여 현장에 보급하는 탑다운Top-down 방식이었지요. 그러나 엘바즈Freema Elbaz의 실천적 지식Practical Knowledge, 슐만Madelyn L. Schulman의 내용 교수 지식Pedagogical Content Knowledge, 쇤의 반성적 실천가 등의 영향으로 현재는 현장의 우수한 실천 사례로부터 지혜를 얻으려고 하는 경향이 강해졌지요. 답은 현장에 있다는 말도 많이 하고요. 교수님의 수업에서 나타나는 변화도 그런 경우가 아닌가 합니다. 그런데 현장과 밀접하게 교류하면서 거기서 배운 실천적 지혜를 반영하는 것이 좋은 강좌가 있는가 하면 그렇지 않은 강좌도 있지 않을까요? 예컨대, 교양 강좌나 내용학 강의는 다른 방식으로 수업해야 하지 않을까요?

혁규 II 예, 좋은 지적입니다. 현장을 강조한다고 해서 교육대학교의 모든 강좌가 다 현장 지향적일 필요는 없겠지요. 제 개인적인 경험으로 보더라도 사범대학 재학 시절에 가장 도움이 된 강좌는 손봉호 교수님에게 배운 철학 관련 강좌들이었답니다. 교사 교육과 직접적 연관성이 높지 않은 이런 강좌가 제 학문과 교육 실천에 많은 도움이 된 것을 보면 교육대학교 교육과정도 좁은 의미의 교사 교육에 직접 관련되는 강좌만으로 구성되면 안 되겠지요. 협소한 직업교육에 매몰되면 오히려 좋은 교사를 길러 내지 못할 수도 있습니다. 좋은 교사이기 이전에 좋은 인간, 좋은 시민으로 성장하는 데 필요한 다양한 강좌가 다양한 방식으로 교수되어야 합니다 사족을 하나 달자면 교양이나 내용학을 가르치는 교육자들도 어떤 교수법이 좋은지 계속 고민해야 한다고 봅니다. 아울러 예비 교사들이 장차 종사하게 될 교육 현장에 대해서도 지금보다는 더 많은 관심을 가지고 있어야 하고요.

혁규 I 앞에서 말씀하신 톤보다는 다소 약해지신 것 같네요. 교육대학교가 좁은 직업교육에 매몰되어서는 안 된다는 말에는 동의하지만 직업교육을 제대로 하고 있는가는 심각하게 반성해야 할 점이라고 봅니다. 예컨대, 좋은 시민을 기르는 것과 좋은 교사를 기르는 것이 양자택일의 문제가 아니고 함께 추구되어야 할 과제라는 것이지요. 자, 다시 화제를 좁혀서 돌직구 질문을 하나 하겠습니다. 자기 수업에 대해서 어느 정도 만족하시나요?

혁규 II 하하, 자기 수업에 만족하는 사람이 얼마나 있을까요? 만족은 주관적인 느낌이라서 매 수업마다 달라지는 것 같아요. 질문을 좀 바꾸어서 '어떤 결과가 나와야 좋은 수업이지?'라고 자문해 보겠습니다. 제가 설정한 학습자상이 있으니 그런 학습자상이 구현되었으면 좋은 수업이겠지요. 앞에서 '참여적이고 능동적인 시민', '더불어 협력하며 성장하는 학습자', '반성적 실천가' 세 가지를 언급한 것 기억하시지요? 그런데 이런 학습자상이 구현되었다는 것을 어떻게 평가할 수 있을지가 문제입니다. 교육의 성과를 측정하는 문제는 언제나 과학과 희망 사이에 반쯤 걸쳐 있는 것 같아요. 15주 후에 성적으로 손에 잡히는 것은 과학적 측정망에 포획되는 아주 작은 부분이지요. 그러나 그 지표만으로는 가늠할 수 없는 교육의 심연이 존재합니다. 숫자로 표상되거나 학생들의 주관적인 만족감으로 환원될 수 없는 그 무엇, 그것은 미래에 드러날 학생들의 삶의 자세와 태도 그리고 역량이겠지요. 그것은 측정의 그물 바깥에 존재하는 잠재성의 세계이지요. 제 15주 수업이 학생들의 장래에 어떤 흔적이라도 남기기를 바라는 것은 미래에 희망을 투사하는 일입니다. 교육 실천은 일종의 희망 고문 같기도 하네요.

혁규 I 좋은(?) 대답 감사합니다. 이어지는 질문인데 학생들의 강의 평가 점수는 어떻게 되나요? 학생의 강의 평가가 좋은 수업을 측정하는 지표가 될 수 있는가에 대해 회의적인 시선도 있습니다. 학생들이 깐깐한 수업은 싫어하고 편한 수업만 좋아한다는 것이지요. 그러나 교육이 경험의 계속적인 성장이라는 듀이의 견해나 실존적 경험으로서의 교육과정을 중시하는 교육과정 재개념주의자들의 견해를 고려해 볼 때 학생들의 강의에 대한 주관적 평가는 매우 중요해 보입니다.

혁규 II 이크, 그런 질문은 안 하셔도 되는데……. 사실 젊은 시절에는 수업에 대한 자만감 때문에 학생들의 강의 평가를 들여다보는 것조차 하지 않을 때도 있었습니다. 으레 높은 점수가 나올 것이라고 생각했지요. 물론 착각이더군요. 하하. 학생들의 강의 평가는 매 학기 달랐습니다. 이런 등락이 어느 정도는 설명 가능합니다. 강의 준비에 신경을 쓰면 학생들의 평가 점수도 높아요. 반대로 외부 강의나 연구 등으로 강의에 소홀하면 평가 점수도 낮아집니다. 어떤 학기에는 '이번 학기에 교수가 열정적으로 강의했다고 생각하는가?'라는 항목에 대한 평가가 학교 평균값보다 낮을 때도 있었습니다. 이럴 때는 제 자신을 깊이 반성하게 되지요. 하지만 제 성실성과 학생들의 강의 평가가 완전한 상관성을 갖지는 않아요. 매우 열심히 수업했다고 자부해도 결과가 안 좋을 때가 있습니다. 수업 분위기도 좋고 학생들과의 관계도 매우 좋았는데 강의 평가 결과가 직전 학기보다 더 떨어질 때도 있었어요. 그런 결과를 접할 때는 잠이 안 옵니다. 억울하지요. 분명한 것은 매 학기 학생들이 다르다는 점입니다. 매 학기 신인류를 만난다고 비유할 수 있을까요? 가르치는 일은 영원한 시시포스의 돌굴리기 같아요. 어제의 성공이 오늘의 성공이나 방심을 허용하지 않는다는 점에서……. 그래도 수업 대화 시간이나 수업 규칙 만들기, 다양한 활동형 수업을 활용하는 최근 학기 학생들의 평가는 나쁘지 않답니다. 하하.

혁규 I 마지막 말씀을 보면 수업이 점점 나아지고 있다는 뜻으로 들리네요. 축하합니다. 하하. 그러면 수업을 하면서 여전히 고민하거나 해결이 안 되고 있는 문제는 무엇이 있나요?

혁규 II 수업에서 고민하는 문제라?! (잠시 생각한 후에) 앞에서 잠시 언급한 평가 문제는 영원한 고민거리입니다. 그리고 이름 외우는 것도 항상 어렵네요. 저는 학생들 이름을 잘 못 외웁니다. 사람 이름 외우는 지능 지수는 70 정도 되지 않을까 해요. 모둠 편성을 해서 좌석을 어느 정도 고정하고 좌석 배치표를 수업 시간에 열심히 들여다보면 어느 정도 이름이 외워졌다가 한 주 지난 후에 들어가면 다시 백지상태로 환원됩니다. 그래도 학기 말에는 저 학생이 제가 가르치는 학생이라는 지각은 훨씬 명확해지는 것 같습니다. 이름 외우는 것을 한동안 포기했다가 새로 시도하는 이유는 좋은 수업에 대한 여러 연구들에서 받은 자극 때문입니다. 예컨대, 힐베르트 마이어는 "모든 학생의 계속적인 발전에 기여하는 수업"이 좋은 수업이라고 했지요. 이 내용을 읽으면서 "모든"이라는 형용사가 몹시 부담스럽게 다가왔습니다. 30년이 넘는 교직 생활 동안 저의 학생들에 대한 관심이 주로 공부 잘하는 학생이나 예의 바른 학생에 편중된 것이 아닌가 하는 반성 때문이지요. 사토 마나부의 "누구도 배움에서 소외되지 않는 교실"도 유사한 문제의식이 아닌가 합니다. 일본보다도 더 초경쟁적인 공부에 시달리는 우리 사회에서 왜 "모든 학생"을 배려하고 돌보는 교육에 대한 성찰이 광범위하게 자생적으로 꽃피지 못했는지 부끄러운 생각이 듭니다.

혁규 I 수업 연구자로서 하고 싶은 일이 많은 것으로 알고 있습니다. 외국 수업에 대한 비평을 해서 단행본을 내겠다는 계획은 아직 진척이 안 되고 있지요? 언젠가는 계획하신 일을 이루길 바랍니다. 특별히 자신의 수업을 연구해서 어떤 결과물을 낼 생각은 없는지요?

혁규 II 이 글을 쓰면서 수업 연구자로서 '내 수업을 제대로 연구하고 있었던가?'라는 질문을 던져 보았습니다. 현장의 많은 교사들에게 수업 연구를 열심히 하라고 독려하면서 정작 저는 열심히 못 한 것 같아요. 얼마 전 서고를 정리하다가 2007년에 만든 설문지를 발견했어요. 학교의 공식적인 강의 평가 외에 제 수업을 성찰하기 위해서 만든 자료더군요. 그걸 보면 노력을 전혀 안 한 것은 아닌 것 같아요. 가끔씩 제 강의를 녹음하거나 녹화해 두기도 하고요. 그러나 이러한 노력이 규칙적이거나 체계적이지는 못했고, 제 수업 이야기도 풍부하지 못했던 것 같아요. 그래서 자기 수업 실천을 꼼꼼히 기록해서 단행본으로 내는 사람들이 부럽습니다. 이미 1990년대 초반에 조한혜정 교수는 자신의 교실에서 학생들과 주고받은 내용을 꼼꼼히 기록해서 《탈식민지 시대 지식인의 글 읽기와 삶 읽기》라는 책을 내었지요. 사회학 강의이다 보니 교실 풍경뿐 아니라 우리 사회를 읽어 낼 수 있는 역작이었고 많은 반향도 불러일으켰지요. 조한혜정 교수는 2009년에 다시 《교실이 돌아왔다》로 변화된 교실 풍경을 풀어냈지요. 《윤 선생님과 함께하는 5교시 국사 시간》과 《나의 역사 수업》을 쓴 유종배 교사도 자신의 수업을 꾸준히 성찰한 좋은 선구자입니다. 지금은 자신의 수업 실천을 기록한 책들이 훨씬 많이 나오고 있지요. 이런 분들을 보면 존경스럽습니다. 저도 좀 더 꼼꼼하고 체계적으로 수업에 대한 기록을 모아 제 수업 이야기를 엮어 보고 싶은 소망이 있습니다. 언제쯤 가능할지는 모르겠네요. 하하.

혁규 I 원하시는 바가 꼭 이루어지기를 빌겠습니다. 수업도 보여 주시고 수업에 대한 이야기도 들려주셔서 감사합니다. 다음에 또 더 깊은 이야기를 나눌 기회가 있기를 희망합니다. 다음에 뵙겠습니다.

나의 수업에서 우리의 공동 실천으로

내 수업에 대해서도 설명하고 대화의 형식을 빌어서 나 자신을 소개하기도 했다. 글을 마무리하면서 함께 나누고 싶은 질문은 "혼자만 수업에 대해서 고민하는 것으로 충분한가?" 하는 것이다. 요즘 학교 혁신의 대세는 교사학습공동체이다. 좋은 교육이 이루어지기 위해서는 혼자만의 노력으로는 어림없다. 닫힌 교실을 열고 협력을 새롭게 재구조화해야 한다. 느리지만 초·중등학교는 혁신학교운동의 영향으로 그런 방향으로 변화해 가고 있다. 그런데 정작 미래교사를 양성하는 우리는 잘 협력하고 있는가? 부끄럽지만 나부터가 그렇지 못하다. 내 강의에 대한 고민을 동료 교수들과 진솔하게 대화하는 데 몹시 서툴다. 많은 곳을 돌아다니며 공개 강연도 자주 하지만 정작 내 강의실을 동료 교수들에게 개방하는 데는 인색하다. 이런 나의 모습은 교원 양성 대학교의 평균적인 교수들의 모습에서 크게 벗어나 있지 않다. 고립주의적이고 개인주의적인 교수 문화 — 물론 지나치게 협력을 강조하면 창의성을 손상시킬 수 있다. 대학 문화의 자율성과 다양성은 그 자체로 긍정적이며 존중되어야 한다. 그렇지만 대학 연구자 개개인의 독특한 개성을 충분히 존중하는 가운데 다양한 방식으로 협력을 강화하는 것은 매우 필요한 일이다 — 는 나의 문제인 동시에 우리의 문제이다. 나의 수업 이야기에 동료들과 함께 노력한 이야기를 삽입할 수 없는 이유는 이런 대학 문화를 반영한다.

물론 좁은 의미의 수업 연구를 넘어서 조금 더 넓은 연구공동체를 상정한다면 내가 근무하는 청주교대에는 그런 공동체적 실천이 전혀 없었던 것은 아니다. 교육연구원을 중심으로 10여 년 전부터 함께 공부하는 문화가 존재했다. 한국연구재단의 지원을 받아 9년 동안 열 명이 넘는 교수들이 함께 학교 혁신과 수업에 대한 연구를 함께 진행할 수 있었던 것도 큰 복이다. 수업 비평을 연구하는 동료 교수들도 여럿이 있다. 여러 가지 형태의 소규모 공부 모임도 종종 만들어졌다. 그러나 이런 연구공동체가 대학 전체의 문화로 정착되고 대학 교수로서 우리의 수업 실천을 함께 성찰하는 수준까지는 나아가지 못했다. 이런 상황을 매우 비판적으로 말하자면 현장 교사들에게는 수업도 공유하고 연구공동체도 만들어서 좋은 수업 실천을 하라고 독려하면서 우리는 그 멍에를 지지 않으려는 모양새라고 해야 할까?

구성의 오류라는 말이 있다. 철학에서도 사용되고 경제학에서도 사용되는 말이다. 경제학적 용례를 소개하자면 한 개인의 합리적인 행동이 사회 전체의 합리성을 담보하지 못한다는 것을 언급하는 말이다. 예를 들어 불경기가 될 때 미래의 불확실성에 대비하여 저축을 늘리는 것은 개인의 입장에서 보면 지극히 합리적인 행동이다. 그러나 개인들이 저축을 늘리는 행위는 사회 전체의 불경기를 더 심화시키는 방향으로 작용한다. 그러므로 사회 전체의 합리성을 고려하여 이에 개입하는 지혜로운 전략이 필요하다. 구성의 오류 개념을 교사 교육 기관에 적용해 보면 개별 교수가 강의실에서 열심히 학생들을 가르치는 것만으로 대학 전체의 좋은 교사 교육 프로그램이 담보될 수 없다. 전체 교사 교육 프로그램의 질이 담보되려면 거시적 수준에서 프로그램을 종합적으로 관리하는 시스템이 구축되어 있어야 한다. 불행하게도 대부분의 교사 양성 대학은 이런 체계적인 관리 시스템을 갖추고 있지 못하다. 통일된 목표를 함께 도출하는 힘도 약하고 프로그램을 지속적으로 모니터링하고 개선하려는 노력도 잘 눈에 띄지 않는다.[76]

내가 이런 생각을 심각하게 하게 된 계기는 2014년 캘리포니아 주
립대학 산타바바라에서 교사 교육 프로그램을 1년 가까이 참여 관
찰하면서이다. 학부를 졸업하고 대학원에 와서 1년 과정의 교사 교
육 프로그램을 이수하고 석사 학위와 교사 자격증을 동시에 수여받
는 프로그램이었다. 우리와 시스템이 달라서 단순 비교는 어렵다. 그
렇지만 37주가량 실습 ― 오전 실습이나 부분 실습의 형태도 있다 ―
을 받는다는 사실이 놀라웠다. 뿐만 아니라 대학의 교육자가 실습생
들을 거의 매주 방문해서 관찰하고 12개월 동안 밀착 지도하는 모
습은 더 충격적이었다.[77] 교사 교육을 담당하는 대학 구성원들이 매
우 자주 만나서 상호 협력적으로 프로그램을 운영하는 모습은 우리
대학 사회에서는 찾아보기 어렵다. 다시 말하지만 좋은 교사를 길러
내는 과업은 개별 교수의 노력으로 개별 강의가 좋아지는 것만으로
는 성취하기 어렵다. 교수 사회가 협력을 재구조화하고 대학 전체 프
로그램을 시스템적으로 점검해야 할 이유가 여기에 있다. 개별 교사
의 강의 평가를 넘어서 대학 전체의 교육 프로그램을 주기적이고 체
계적으로 점검하는 시스템과 함께 협력적인 교수 문화가 형성되어야
우리 교사 교육의 질적 도약도 가능할 것이다.

자기 연구라는 수업 개선을 위한 연구 장르[78]

〈교육대학교 교수로서 나는 어떻게 수업을 하고 있는가〉는 좁은 의미로는 자기 수업 비평이지만 넓은 의미로는 자기 연구Self-Study라는 연구의 한 장르에 속한다. 이 연구 장르는 1990년대에 미국에서 탄생하였다. 미국의 교육학자 자이흐너Kenneth M. Zeichner는 자기 연구의 탄생을 1990년대 교사 교육 분야 발전의 가장 의미 있는 단일 사건이라고 언급하였다. 수업을 개선하기 위해서 왜 자신을 연구해야 할까? 수업을 이끌어 가는 가장 중요한 행위자가 교사 자신이기 때문이다. 따라서 교사가 수업에 대한 신념과 가치를 포함하여 자기 자신을 성찰하는 능력을 갖추지 않으면 수업 개선은 불가능하다. 재미있는 것은 최초의 자기 연구가 교사가 아니라 대학 교수들에 의해서 시작되었다는 점이다. 1992년 미국교육연구학회American Education Research Association의 학술대회에서 몇몇 교사 교육자들이 '자신을 되돌아보기: 교사 교육자들의 수업에 대한 자기 성찰'이라는 주제로 발표를 하였다. 학회에서 발표된 수업 실천에 대한 최초의 자기 연구이다. 이처럼 자기 연구는 예비 교사를 양성하는 교육대학교와 사범대학교 교수들이 자신들은 제대로 수업하고 있는지를 성찰한 것에서 출발하였다. 자기 연구는 곧 미국교육연구학회 내의 중요한 연구공동체로 성장한다. 불과 10년 만인 2004년에 자기 연구에 대한 전문 핸드북(《International Handbook of Self-Study fo Teaching and Teacher Education Practices》)이 출판되었다. 2005년에는 전문 학술지도 창간되었다.

자기 연구는 교사나 교사 교육자뿐 아니라 실천에 종사하는 모든 사람들이 자신의 실천 행위를 돌아볼 수 있는 좋은 연구 방법이다. 나는 미국의 자기 연구의 발전 과정을 보면서 한국의 교사와 교사 교육자들도 수업 실천을 성찰하는 자기 연구를 더 많이 수행할 필요가 있다고 생각한다. 현재 자기 연구는 미국 조지메이슨대학의 아나스타샤 사마라스^{Anastasia P. Samaras}의 책이《더 나은 수업을 위한 셀프스터디: 셀프스터디 연구의 기초와 방법》이란 제목으로 번역 소개되어 있다. 그리고 '자기 연구'나 '셀프스터디'라는 제목의 학술 논문이나 학위 논문도 조금씩 생산되고 있다. 엄밀한 학술 논문의 형태가 아니더라도 교사와 교사 연구자들이 다양한 자기 연구를 일상에서 실천하는 것이 바람직하다.

자기 연구와 관련하여 강조하고 싶은 것은 이 연구가 혼자서 수행하거나 자신에 대한 자신만의 연구가 아니라는 점이다. 자기 연구는 비판적 동료^{Critical Friends}와 함께 수행하는 것이 바람직하다. 이때 비판적 동료는 비판과 격려라는 두 가지 기본 역할을 담당한다. 자기 수업의 문제점을 발견하고 개선하는 데 있어서 믿을 만한 동료와 신뢰 관계를 구축하고 함께하는 것이 필수적이다. 자기 연구는 서로를 존중하고 가능성과 잠재력을 격려하며 열린 마음으로 함께 성장하려는 학습공동체 속에서 더 잘 수행될 수 있다.

수업 연구 버킷리스트

30년 넘게 교직 생활을 하면서 수업 연구를 해 왔다. 아무리 생각해도 열심히 해 왔다고 할 수는 없다. 관심의 끈은 놓지 않았다는 정도일까? 그래서 앞으로 하고 싶은 일이 더 많다. 그 목록을 몇 가지 적어 보고자 한다. 아래의 목록 중 일부는 내가 개인적으로 해야 할 것들이다. 그러나 함께 할 수 있거나 혹은 한국의 수업 생태계를 건강하게 가꾸기 위해서 누군가가 해 주었으면 좋겠다고 생각하는 일들이다.

첫째, 수업을 주제로 몇 권의 책을 쓰는 일이다. 여러 나라의 수업을 관찰하여 비교하는 국제 수업 비평서를 내고 싶다는 생각을 10여 년 전부터 했다. 아직 실행에 옮기지를 못하고 있다. 국제 수업 비교 연구는 다른 나라의 교육을 날것 그대로 이해할 뿐 아니라 우리 수업 실천을 성찰하는 데도 유용할 것이다. 두 번째 쓰고 싶은 책은 수업 연구에 대한 책이다. 최근에 수업에 대한 다양한 책이 쏟아지고 있다. 무척 다행스러운 일이다. 그러나 아직도 수업 계획, 실행, 성찰, 공유에 이르기까지 협력적으로 수업을 실천하고 연구하는 방법을 안내하는 체계적인 저술은 없는 실정이다. 그런 책을 쓰고 싶다. 이 책이 10여 년 만에 내는 수업 비평 사례집인데 앞으로는 5년에 한 번 정도 수업 비평 사례집을 내면 좋겠다. 그 외에도 우리 교육을 넓게 조망하는 《한국의 교육 생태계》(2015) 후속 편이나 학교 내의 인물들의 삶을 조망하는 '한국의 교장들'이나 '한국의 교사들'과 같은 내용의 책도 해 보고 싶은 후속 작업들이다.

둘째, 수업을 연구하는 소박한 모임을 꾸리고 싶다. 주변에 수업을 연구하는 모임이 지속적으로 생겨나고 있는 것은 무척 바람직한 일이다. 경기도수업비평교육연구회, 다온, 미래교실네트워크, 수업디자인연구소, 한국협동학습연구회 등 주요한 교사 단체들과 교류하면서 배우는 일은 나에게는 소중한 자산이자 기쁨이다. 그러나 압도적으로 많은 단체들이 수도권에서 주로 활동한다. 그래서 충청과 세종에 있는 교사나 연구자들이 함께 수업을 비평하고 이를 바탕으로 새로운 실천을 모색하는 소박한 연구 모임을 꾸리고 싶다. 한 발 더 나아가서 한국에서 수업을 연구하는 많은 모임들이 서로 교류하고 소통하는 행사를 자주 열면 어떨까? 2017년에 청주교육대학교에서 '청주교사교육포럼'이라는 제목하에 전국에서 활동하는 수업 관련 교사 단체들과 학회가 함께하는 행사를 했는데 나름 의미가 있었다. 이런 식의 소통과 연대가 이어져서 수업을 연구하고 실천하는 단체들이 자주 만나는 전국적 네트워크로 발전할 수 있으면 좋겠다.

셋째, 수업 연구와 실천이 상호 소통되는 플랫폼이 만들어지면 좋겠다. 오랫동안 우리 교육학계에서 수업 연구는 주변부에 머물고 있었다. 다행히 최근에는 수업 연구가 비교적 의미 있게 증가하고 있다. 현장 교사들이 스스로 산출해 내는 수업 실천에 대한 연구들도 매우 활발해지고 있다. 그러나 학계와 현장과의 소통은 아직도 미약하다. 현장 교사들은 학술 논문에 대해서 별 관심이 없고 학계는 학계대로 현장 교사들이 산출해 내는 성과물 — 주로 단행본 형태가 많다 —

에 대한 관심이 적은 편이다. 학계와 현장이 만나고 이론과 실천이 순환하는 플랫폼이 만들어져서 양자가 함께 발전할 수 있어야 한다. 그런 소통 플랫폼이 구체적으로 어떤 모습이 되어야 할지는 아직 잘 모르겠다. 여러 전문가들의 아이디어가 모이면 좋은 모델이 나오지 않을까?

넷째, 수업 현상을 기록하고 분류하고 정리하는 수업 아카이브가 있었으면 좋겠다. 수업은 한 사회의 거대한 교육적 실천이자 문화적 실천 행위이다. 수업 현상을 기록하고 보존하는 일은 교육 현상을 넘어서 한 사회의 문화적 양상을 이해하는 데 있어서도 중요하다. 그러나 수업 현상을 체계적으로 수집하고 보존해야 한다는 생각은 아직 낯선 것 같다. 수업 아카이브를 만들려면 해야 할 연구들이 많다. 도서 십진분류법처럼 수업 실천에서 산출되는 다양한 자료들을 분류할 수 있는 분류법부터 만들어야 한다. 엄청나게 쏟아지는 수업 현상에 대한 자료들 중에서 무엇을 선별하여 수집할지에 대한 판단도 해야 한다. 예산이 투입되어야 가능한 일들이다. 한 시대의 수업 현상을 이해할 수 있는 최소한의 아카이브는 교육과 문화 현상에 대한 기록, 그리고 다양한 연구와 실천을 촉발하는 촉매제 역할을 할 수 있다. 교육부에서 관심을 가지고 추진하면 어떨까?

다섯째, 수업 비평을 이론적, 실천적으로 더 다듬어 가고 국제화하는 일이다. 수업 비평은 수업을 연구하고 소통하는 하나의 장르이다. 미국의 아이즈너Elliot W. Eisner가 '교육 비평'이라는 말을 사용하였으며 일본에서도 '수업 비평'이라는 용어가 사용되고 있다. 그러나 우리나라의 수업 비평은 다른 나라와 구별되는 독특성이 있다고 나는 생각한다. 문학 비평이나 예술 비평의 기능과 유사하게 수업 실천을 대중적 소통과 대화의 장으로 소환해 내려는 점이 특히 그러하다. 문학적 글쓰기가 중요시되는 것은 이 때문이다. 또한 수업 비평은 수업 실천의 개선이라는 일차적 목적에 한정되지 않는다. 수업 현상에 대한 다양한 방식의 읽기를 촉발한다. 이를 통해서 수업 실천뿐 아니라 수업 이해도 끝없는 의미 구성 과정임을 부각시킨다. 이런 숙고와 통찰에 익숙해지면 종국에는 현장 수업 실천도 더 인간적이고 숭고한 성격으로 변모될 수 있다. 이런 수업 비평 연구 장르가 안정적으로 발전할 수 있도록 수업 비평 무크지가 정기적으로 발행될 수 있으면 좋겠다. 그리고 한국의 수업 비평에 대한 실천과 연구가 다양한 루트를 통해서 국제적으로도 소개될 수 있기를 희망한다.

여섯째, 수업 실천과 비평 사례를 발굴하고 연구하는 공모전을 이어 가는 일이다. 청주교육대학교는 2010년부터 매년 한국교원대학교와 공동으로 '교사의 창의적 수업 사례 공모전'을 개최하고 있다. 공모전을 시작한 의도는 승진 점수와 연계되어 운영되는 관 주도의 수업연구대회를 넘어서서 자신의 수업을 순수하게 개선하려고 노력하는 사례들을 발굴하고 격려하기 위해서였다. 무엇이 우수한 수업인지에 대한 기존의 통념에도 균열을 내고 싶었다. 이 대회는 청주교육대학교와 한국교원대학교가 자체 예산을 부담하여 함께 운영하는 대학 간 협력 사례로도 의미가 있었다. 이와 더불어 청주교육대학교에서는 4년 전부터 소규모이기는 하지만 '수업 비평 공모전'을 운영하고 있다. '교사의 창의적 수업 사례 공모전'에서 선정된 수업을 대상으로 수업 비평문을 공모하여 시상하는 대회이다. 두 공모전을 통해서 실천과 비평이 함께 만나는 구조이다. 비록 큰 규모는 아니지만 내실 있게 운영되어 왔다. 그러나 이 공모전이 계속될지 현재는 불투명한 상태이다. 대학 학생 수 감소에 따라서 대학 재정이 열악해지고 있기 때문이다. 나는 이 두 대회가 계속 이어지기를 희망한다. 청주교육대학교가 아니라도 수업 실천과 그에 대한 비평이 결합된 공모전의 플랫폼을 누군가가 계속해 줄 수 있으면 좋겠다. 나아가서 공모전의 결과물들이 앞에서 이야기한 수업 아카이브와 연결되면 많은 교사들의 실천과 교육적 안목에 자극을 주는 통로가 될 수 있을 것이다.

일곱째, 전국의 많은 학교를 방문하여 수업 실천 사례를 수집하고 연구하는 일이다. 박사 논문도 수업 관찰을 통해서 작성하고 현재도 수업 관찰을 종종 하지만 내가 수업을 관찰한 시간의 절대량은 아직도 너무 적다고 느낀다. 1,500여 곳 이상의 학교를 방문하고 1만 번 이상의 수업에 참관했다는 일본의 사토 마나부 교수처럼 더 많은 교실을 방문하고 연구해야 할 필요를 매번 느낀다. 그러나 우선순위의 문제겠지만 좀처럼 시간을 내기가 어렵다. 이런 고민을 알았는지 아내가 연구년이 돌아오면 캠핑카를 하나 빌려서 전국 학교를 순례하라고 조언한다. 처음에는 웃어넘겼으나 의미가 있겠다는 생각을 점점 하게 된다. 최소한 몇 달만이라도 그런 기회를 통해서 수업 현장 곳곳을 방문하면서 배우고 내 생각도 교환하고 싶다.

앞에서 말했듯이 이 목록 중 일부는 순전히 내가 하고 싶은 것들이다. 그러나 대부분은 함께 했으면 하는 일들이기도 하다. 마지막 목록만 해도 타자를 초청하려는 열린 수업 실천가와 수업 현상에 더 많은 관심을 가지는 대학 연구자들이 생겨났으면 좋겠다는 큰 소망의 일부이기도 하다.

학생은 학교에서 가장 많은 시간을 보내고 그중 가장 많은 시간을 수업으로 보낸다. 교사의 삶도 이와 크게 다르지 않다. 따라서 이들이 수업에서 행복하게 만나고 함께 성장할 수 있으면 우리 교육과 우리 사회의 현재와 미래는 지금보다 훨씬 나아질 것이다. 수업 연구를 하면서 그런 꿈을 꾼다. 그 꿈을 많은 사람과 함께 꿈꾸고 싶다.

글의 출처

1

수업 비평, 비평가가 들려주는 이야기?!

- 신념에 따라 사는 것은 도덕적인가?　　　　　　…《오늘의 교육》 2016년 9·10월호

2

원숙함과 균형 감각 그리고 창조적 탈주

- 장곡중 배움의 공동체 수업을 참관하고　　　　　…《오늘의 교육》 2016년 5·6월호

3

하브루타로 보는 하브루타 과학 수업　　　　　　　…《오늘의 교육》 2017년 1·2월호

4

브렉시트 토론하는 6학년 학생들

- 학생들은 어디까지 성장할 수 있는가?　　　　　…《오늘의 교육》 2017년 3·4월호

5

도덕적 지식 습득과 도덕적 판단 능력의 함양 사이에서

- 경험적 실험을 통해 '존 롤스의 절차적 정의'를 배우는 윤리 수업

…《오늘의 교육》 2017년 5·6월호

6

2017년 한국, 고등학교 3학년 교실 수업은 어떤 모습일까?

- 교사는 제도의 요구를 넘어설 수 있는가　　　　…《오늘의 교육》 2017년 9·10월호

7

사상 최대의 수업 프로젝트, 미래 교실에 가장 가까운 수업!

…《오늘의 교육》 2018년 1·2월호

9

'교육대학교 교수'로서 나는 어떻게 수업을 하고 있는가?

…《오늘의 교육》 2017년 11·12월호

미주

1

1. 심영택(2013). 수업 비평적 담화 방법의 원리 탐색. **화법연구**. 제23호. 한국화법학회. 313-315쪽.

2. 심영택(2013). 앞의 논문. 317-318쪽.

3. 이 연구회는 2009년에 '경기도중등수업비평교육연구회'로 출발해서 2015년에 '경기도수업비평교육연구회'로, 2016년에 '수업비평교육연구회'로 명칭을 바꾸었다. 수업 비평과 관련하여 꾸준히 활동하는 우수 연구회이다(http://suup.canvaslab.net/home/).

4. 〈푸른 눈, 갈색 눈〉의 이야기는 책으로도 만들어졌고 우리말로도 번역되어 출간되었다. Peters, W.(1987). *A Class Divided, Then and Now*. 김희경 역(2012). **푸른 눈, 갈색 눈: 세상을 놀라게 한 차별 수업 이야기**. 서울: 한겨레출판.

5. 이혁규(2010). 수업 비평의 방법과 활용: 자전적 경험을 중심으로. **열린교육연구**. 제18집 제4호. 한국열린교육학회. 284쪽.

6. Lewis, C. S.(1961). *An Experiment in Criticism*. 허종 역(2002). **문학비평에서의 실험**. 서울. 동문신. 28쪽([심영택(2013). 앞의 논문. 313쪽]에서 재인용).

7. Kahneman, D.(2011). *Thinking, Fast and Slow*. 이진원 옮김(2012). **생각에 관한 생각: 우리의 행동을 지배하는 생각의 반란**. 서울: 김영사.

8. 이 책에 나오는 모든 학생들의 이름은 가명임을 밝힌다.

9. 이혁규(2013). **수업, 누구나 경험하지만 누구도 잘 모르는**. 서울: 교육공동체 벗. 38쪽. cf. 사실 이 문단은 어떤 학자의 글을 읽고 강렬한 영향을 받아서 쓴 것으로 기억하는데 그 학자의 글을 찾을 수가 없다.

10. Ben-Peretz, M.(1990). *The Teacher-Curriculum Encounter: Freeing Teachers from the Tyranny of Texts*. State University of New York Press. pp. 57-58.

11. 유시민(2013). **어떻게 살 것인가**. 서울: 생각의길. 269쪽.

12. 직감 연구의 선구자인 하버드대학의 날리니 엠바디[Nalini Ambady]와 로버트 로젠탈[Robert Rosenthal]의 연구에 의하면 무음으로 된 2~30초 분량의 교사와 대학 강사

의 짧은 수업 비디오 영상을 시청하고도 실험 참여자들은 그들의 역량, 우월성, 정직성, 열의, 전문성 등을 대단히 정확히 평가했다. Ambady, N., & Rosenthal, R.(1993). Half a Minute: Predicting Teacher Evaluations from Thin Slice of Nonverbal Behavior and Physical Attractiveness. *Journal of Personality and Social Psychology*. 64. pp. 431-441.([장동선(2016). *Mein Hirn hat seinen eigenen Kopf: Wie wir andere und uns selbst wahrnehmen*. 염동용 옮김(2017). **뇌 속에 또 다른 뇌가 있다**. 서울: 아르테. 83-85쪽]에서 재인용).

2

13. 박현숙·김현정·손가영·이경숙·백윤애·이윤정(2015). **수업의 고수들: 수업·교육 과정·평가를 말하다**. 서울: 살림터. 63쪽.
14. 박현숙·김현정·손가영·이경숙·백윤애·이윤정(2015). 앞의 책. 182쪽.
15. 박현숙·김현정·손가영·이경숙·백윤애·이윤정(2015). 앞의 책. 30쪽.
16. Engeström, Y.(1987). *Learning by Expanding: An Activity-Theoretical Approach to Developmental Research*. Helsinki: Orienta-Konsultit Oy. p. 78.
17. 박현숙 교사에 따르면, 배움의 공동체에서 활용하고 있는 '수업 관찰 체크리스트'는 원래 없었던 것이라고 한다. 장곡중이 배움의 공동체로 세팅될 당시 수업 공개를 할 때 필요에 의해 만든 것이란다. 우리나라 교육 현장에서 사용하던 기존의 체크리스트는 사실 평가지에 가까웠기 때문에 박 교사가 공개 수업을 관찰할 때 중심적으로 봐야 할 사항 정도를 안내하기 위해 체크리스트를 만들게 되었다는 것이다. 그 체크리스트가 전국으로 퍼져 나갔고 '배움의 공동체 체크리스트'로 일컬어지고 있다는 것이다. 정작 장곡중은 1년 정도 사용한 후 폐기했고 지금까지 체크리스트 없이 공개 수업에 참여하고 개인이 관찰한 바를 가감 없이 나누는 방식으로 진행하고 있다고 한다.
18. 이혁규(2015). **한국의 교육 생태계**. 서울: 교육공동체 벗. 253-254쪽.
19. Meyer, H.(2004). *Was ist guter Unterricht?*. 손승남·정창호 옮김(2011). **좋은 수업이란 무엇인가**. 서울: 삼우반. 244-245쪽.
20. Trilling, B. & Fadel, C.(2012). *21st Century Skills: Learning for Life in Our Times*. 한국교육개발원 옮김(2012). **21세기 핵심역량: 이 시대가 요구하는 핵심 스킬**. 서울: 학지사. 80-82쪽.

3

21. 전성수·양동일(2014). **질문하는 공부법, 하브루타**. 서울: 라이온북스. 122쪽.

4

22. 이혁규(2008). **수업, 비평의 눈으로 읽다**. 서울: 우리교육. 223-248쪽.

23. 영국의 유럽 연합^{EU} 탈퇴를 뜻하는 신조어로 영국^{Britain}과 탈퇴^{exit}의 합성어이다. 2016년 6월 23일 이뤄진 영국 국민투표 개표 결과 51.9%의 찬성으로 유럽 연합 탈퇴가 확정되었다. 브렉시트 여론은 2008년 글로벌 경제 위기로 촉발된 유럽 재정 위기가 계기가 되었다. 유럽 연합의 재정 악화가 심화되자 영국이 내야 할 분담금 부담이 커졌다. 이에 영국 보수당을 중심으로 유럽 연합 탈퇴 움직임이 확산되었다. 여기에 영국으로 들어오는 취업 목적의 이민자가 크게 증가하고, 특히 2015년 말 시리아 등으로부터의 난민 유입이 계속되자 유럽 연합 탈퇴를 요구하는 움직임이 가속화되었다. 두산백과, 시사상식사전 참조.

24. 실행 연구의 타당성을 확보하는 준거로는 민주적 타당도, 결과 타당도, 과정 타당도, 촉매적 타당도, 대화적 타당도 등이 거론된다. 실행 연구의 타당도에 대한 자세한 설명은 [Geoffrey E. Mills(2003). *Action Research: A Guide for the Teacher Researcher*(2nd ed.). 강성우 외 옮김(2005). **교사를 위한 실행 연구**. 서울: 우리교육. 150-152쪽]을 참고하라.

25. 정용주 교사는 영국 의회식 토론 수업과 논쟁 수업을 시도할 때 도움이 될 만한 자료를 추천해 주었다. 책으로는 존 미니와 케이트 셔스터 등이 공저한 《**모든 학문과 정치의 시작, 토론**》, 케빈 리의 《**대한민국 교육을 바꾼다**》 일반편과 심화편, 박혜미·조상희의 《**토론의 전사 7: 그림책, 청소년을 만나다**》, 정한섭의 《**토론의 전사 8: 독서 디베이트의 정석**》 등이다. 논쟁 수업을 고민할 때 도움이 될 만한 영상은 소비자TV의 〈Kevin Lee 디베이트〉(https://www.youtube.com/watch?v-6tXEhMjle9k)기 있다.

26. 5.18기념재단은 2016년 개최한 광주아시아포럼에서 홀로코스트 교육 등 부담스러운 과거사 교육의 여러 사례를 검토하여 5.18민주화운동에 대한 〈5월 교육의 원칙〉을 제시하였다. 〈5월 교육의 원칙〉에서 제시된 원리로는 '의미의 보편성을 깨닫게 함', '학습자 스스로 현재적 연관성 발견', '5.18의 유산과 부채를 함께 기억', '구조 속에서 개인의 행동반경과 책임에 대해 사고함' 등이다. 접근 전략으로는 '사실과 해석의 차이를 환기시키는 데서 출발', '서로 다른 입장에 서 있던 사람들의 내면을 이해할 수 있도록 정서적 공감을 도움', '정서적 부담을 덜도록 배려', '세계사적 시각에서 5.18을 조감', '증언을 통해 새로운 증인이 되도록 함' 등이 제시되었다([5.18기념재단(2016). **국가폭력과 역사왜곡**. 광주아시아포럼] 참조).

27. 이혁규·김남균·김민조·김병수·김정진·김향정(2017). 한국의 수업 혁신, 현황과 전망. 전국시도교육감협의회 연구보고서.

5

28. Michael J. Sandel(2009). *JUSTICE: What's the Right Thing to Do?*. 이창신 옮김(2010). **정의란 무엇인가**. 서울: 김영사. 213쪽.
29. Alasdair MacIntyre(1981). *After Virtue*. Notre Dame, Ind.: University of Notre Dame Press. pp. 204-205([Michael J. Sandel(2009). *JUSTICE: What's the right thing to do?*. 이창신 옮김(2010). **정의란 무엇인가**. 서울: 김영사. 311쪽]에서 재인용).
30. 이 수업 사례는 필자가 2008년에 쓴 책 《**수업, 비평의 눈으로 읽다**》와 2009년에 쓴 학술 논문 [미국교사양성대학에 대한 참여 관찰 연구. **학생생활연구**. 제16집. 청주교육대학교 교육연구원]을 통해서 소개한 적이 있다.

6

31. 이기정. 학종에 대한 미련. 경향신문. 2017년 3월 28일 29면.
32. 이 내용은 [임종헌·김병찬(2014), EBS 연계 정책의 '의도하지 않은 효과'에 대한 질적 사례 연구. **교육학연구**. 제52권 제3호. 175-203쪽]; [김태우·안선회(2015). 수능-EBS 연계 정책의 영향 및 정책 인과가설 평가: 학생과 교사의 인식 조사를 근거로. **한국교육학연구**. 제21권 제3호. 197-232쪽] 등을 참조함.
33. 교육과학기술부. (보도자료) 공교육을 보완하는 수능-EBS 연계 정착. 2011년 2월 17일.
34. 김태우·안선회(2015). 앞의 논문. 228쪽.
35. 김수현 교사는 학생 개인 또는 모둠별로 과제를 수행할 때마다 도장을 찍어 주고 20개의 도장이 채워지면 수행 평가 만점을 준다.
36. 김선욱 외(2017). **윤리와 사상**. 서울: 금성출판사. 187쪽.
37. Zemelman, S., Daniels, H. & Hyde, A.(2005). *Best Practice: Today's Standards for Teaching and Learning in America's Schools*(3rd ed.). Portsmouth: Heinemann. p. 8.
38. 이 비유는 [김용학(1992). **사회 구조와 행위**. 파주: 나남. 98-102쪽]을 참고하였다.
39. 필자가 "수시 입학 인원의 확대와 같은 대학 선발 방식의 변화가 고등학교 3학년 수업에 어떤 영향을 미치고 있다고 생각하십니까?"라고 질문하자, 김 교사는 "이미 미치고 있죠. 수시니까 학교생활 속의 이야기로 대입을 하는 것이니까요. 근데 수능과 수시 동시에 가니까 학생들 입장에선 고3 8월 말에 어떤 전형이 자기한테 유리할지 모르니까 다 준비하게 되잖아요. 이중고를 겪는 거예요.

사람의 체력이나 집중력은 한계가 있다고 봐요. 수시 확대가 수시에 올인하는 경우를 늘린다고 하지만 소위 명문대라고 하는 대학들이 제시하는 수능 최저 등급을 맞춰야 최종 합격이 됩니다. 서울대 지역 균형 전형도 그렇죠. 큰 변화는 없다고 봐요. 고3 수업에는 어떤 영향도 미치질 않고. 만약 어떤 교사가 내신이 포함되는 3학년 1학기까지 모둠이나 토론 등 귀찮은 수업이나 평가 형태를 유지하면, 학생들이 말은 안 해도 속으로 괴로워할 거예요"라고 답하였다.

40. 필자가 "초콜릿을 나누어 주기도 하는데 학생들의 동기를 어떻게 유발하고 유지하는지요?"라고 질문하자, 김 교사는 "초콜릿이나 사탕은 원래 안 줬어요. 중학교에 근무할 때도 다른 선생님들은 많이 줬는데 저는 오히려 안 줬어요. 그런데 고3을 계속하다 보니까, 학생들이 매점도 없는 학교에 종일 갇혀 있는데 몸에 좋든 나쁘든 입이 심심할 것 같았어요. 교육학 책에 외적인 동기 유발은 안 좋다고 하잖아요. 그래서 고등학교에서는 원래 잘 안 주죠. 사탕이나 초콜릿은 제게 동기 유발을 위한 게 아니라 재미고 같이 나눠 먹고 싶은 거예요. 학생들에게 이번 달 먹고 싶은 특정 브랜드 사탕이나 초콜릿을 신청받기도 해요. 게임할 때와 1학기에 대단원 마칠 때, 수업 도장판 중간 점검 때 학생들이 사탕을 받으니까 (학기당) 서너 번쯤 되겠네요"라고 대답하였다.

41. 한강(2014). **소년이 온다**. 파주: 창비. 212-213쪽.

42. 오욱환(2000). **한국 사회의 교육열: 기원과 심화**. 서울: 교육과학사. 232쪽.

7

43. 천희완 외(2001). **아름다운 교육실천 사회참여 체험교육**. 서울: 우리교육.

44. 이 글은 학생의 목소리를 빌어 내가 가상으로 쓴 글이다.

45. 이 글도 학생의 목소리를 빌어 내가 가상으로 쓴 글이다.

46. Buchanan, Mark(2007). *The Social Atom*. 김희봉 옮김(2010). **사회적 원자**. 서울: 사이언스북스. 25-32쪽.

47. 수가타 미트라 교수의 '벽 속의 구멍' 실험에 대한 비판적인 검토는 [Cuban, L.(2012). No end to magical thinking when it comes to high tech Schooling(https://larrycuban.wordpress.com/2013/03/18/no-end-to-magical-thinking-when-it-comes-to-high-tech-schooling/)]; [Arora, P.(2010). Hope-in-the-Wall? A digital promise for free learning. *British Journal of Educational Technology*. 41. pp. 689-702]; [Clark, D.(2013). Sugata Mitra: Slum chic? 7 reasons for doubt(http://donaldclarkplanb.blogspot.kr/search?q=Mitra)] 등을 참고하라.

48. 이 내용은 2018년에 충청북도교육청·세종특별자치시교육청·한국열린교육학회

·청주교육대학교가 공동 주관한 '제28회 학교와 수업 연구 학술대회'에서 필자가 발표한 〈한국의 수업 연구 역사에 대한 일 견해〉를 참고하여 작성하였다.

49. 이 기사는 [조선일보. 1946년 11월 8일]; [오천석(2014). **한국신교육사**(한글수정판). 파주: 교육과학사. 393쪽]의 내용을 재인용한 것이다.

8

50. www.yes24.com/24/AuthorFile/Author/141028.

51. 홍성대, 송성문, 서한샘에 대한 서술은 인터넷의 여러 인물 정보를 참조하여 집필하였다.

52. 무코야마 요이치向山洋— 씀. 한형식 옮김(2012). **아이들이 열중하는 수업에는 법칙이 있다**. 서울: 즐거운 학교. 78쪽. 이 책은 옮긴이가 무코야마 요이치의 300여 권에 이르는 방대한 저작들 중 한국 현실에 맞는 수업 방법론이 제시된 내용만을 골라서 편집하여 만들었다고 한다.

53. 김은경·송기인(2014). **감성과 신뢰의 스피치 기법**. 서울: 커뮤니케이션북스. 6-8쪽.

54. 이창용·권정민·박범수(2011). **이야기의 힘: 매혹적인 스토리텔링의 조건**. 서울: 황금물고기. 25-38쪽.

55. 이창용·권정민·박범수(2011). 앞의 책. 43-90쪽.

56. 대중에게 어필하는 이야기를 만들려면 엄밀한 역사 해석으로부터 멀어질 가능성이 생긴다. 예컨대, 한 나라의 흥망을 '초심'으로 해석하는 것은 매우 거친 역사 해석이다. 이런 역사 해석은 속류 역사 해석이 될 위험성이 있다.

57. Hargreaves, A.(2003). *Teaching in the Knowledge Society*. 곽덕주 외 옮김(2011). **지식사회와 학교교육: 불완전한 시대의 교육**. 서울: 학지사. 56-57쪽.

58. 보다 자세한 내용은 [교육과학기술부. (보도자료) 체계적인 역사교육과정개발을 위한 역사교육과정 개발 추진 위원회 발족. 2011년 2월 14일; 교육과학기술부. 역사교육강화방안. 2011년 4월; 교육부. 역사교육강화방안(안). 2013년 8월; 교육부. 학생·학부모 부담 완화와 학교교육 정상화를 위한 대입 전형 간소화 및 대입 제도 발전 방안. 2013년 10월 25일; 교육부. 2017학년도 대학수학능력시험 기본계획. 2014년 9월 2일] 등을 참조하기 바란다.

59. [이해영·문영주(2017). 고등학생의 문항 풀이 과정으로 본 수능 필수 한국사의 출제 방향. **역사와 담론**. 제82권. 197쪽]에서도 유사한 문제의식을 확인할 수 있다. "많은 교사들은 한국사 시험이 쉬워지다 보니 학생들의 수업 참여가 현저히 줄어들어 역사 교실이 붕괴되어 가고 있다고 말했다. 그러나 한국사 시험이 쉬워졌기 때문에 기존에 다양한 수업을 하지 못하는 이유로 입시를 말했던

교사들은 자율성을 가지고 전문성을 발휘할 수 있는 기회가 주어졌다고 할 수 있다. 쉬워진 필수 한국사 시험이 교사들의 수업 재구성을 활성화시켜 학생들의 역사 이해를 돕기를 기대해 본다."

60. 김선(2018). **교육의 차이**. 서울: 혜화동. 76-77쪽.

61. 예컨대, 이종각은 새로운 개념의 사교육 대책을 고려하는 맥락에서 첫째, 악한 사교육 대 선한 공교육이라는 대결적 관점을 버리고 양쪽 모두 우리 사회의 교육 기능을 수행하는 주체라는 것을 인정해야 한다. 둘째, 공교육과 사교육의 경계가 희미해지고 있으니 둘 사이를 융합적인 관점에서 조망할 필요가 있다. 셋째, 사교육을 없앨 수 없다면 의미 있게 활용할 수 있는 방안을 도출해야 한다고 주장한다. [이종각(2009). 공교육과 사교육: 대결을 넘어설 방법은 없는가. 한국교육학회 뉴스레터. 45(4). 1-5쪽] 참조.

62. 이런 관점에서 이종각은 교육기업 등 '학교 밖 교육 공급자를 포괄하는 교육 공공성 논의 모형'을 제안하고 한 사회에서 관찰되는 어떤 형태의 교육이든 공공성을 항상 가지고 있어야 한다는 명제 아래에 사교육 영역에서 공공성을 어떻게 확보할지 구체화할 필요가 있다고 주장한다. [최선주·강대중(2014). 상장교육기업 최고경영자의 교육 담론: '악한 사교육' 담론의 균열과 재구성. **아시아교육연구**. 제15권 제2호. 1-27쪽] 참조.

63. 이기정(2008). **내신을 바꿔야 학교가 산다: 교사가 신나고 학교가 행복해지는 학교교육 해법**. 서울: 미래인. 4-7쪽.

64. 살만 칸의 이야기는 [Khan, Salman(2012). *The One World Schoolhouse*. 김희경·김현경 옮김(2013). **나는 공짜로 공부한다: 우리가 교육에 대해서 꿈꾸던 모든 것**. 서울: RHK]를 참고하라. 살만 칸의 이야기는 필자의 책 《**수업, 누구나 경험하지만 누구도 잘 모르는**》에도 간략히 소개되어 있다.

65. [임종헌 김병찬(2014). EBS연계정책의 '의도하지 않은 효과'에 대한 질적 사례 연구. **교육학연구**. 제52권 제3호. 175-203쪽]; [김태우·안선회(2015). 수능-EBS 연계 정책의 영향 및 정책 인과가설 평가: 학생과 교사의 인식 조사를 근거로. **한국교육학연구**. 제21권 제3호. 197-232쪽] 등 참조

66. 교육전문신문 〈베리타스 알파〉는 2017년 3월 25일 기사에서 "'사교육 돕는' EBS… 강사 10명 중 3명 학원강사, 수능연계, 공교육 본산의 취지 감안하면 100% 교사 충원해야"라는 제목으로 사교육 강사들이 EBS 수능 강의의 상당 부분을 차지하고 있음을 비판적으로 보도했다(www.veritas-a.com/news/articleView.html?idxno=77543).

67. 이와 관련된 문제의식은 [강준만(2015). **개천에서 용 나면 안 된다: 갑질 공화국의 비밀**. 서울: 인물과 사상사]; [장은주(2017). **시민교육이 희망이다: 한국 민주시민교육의 철학과 실천모델**. 서울: 피어나] 등을 참고하라.

68. Michael J. Sandel(2009). *JUSTICE: What's the Right Thing to Do?*. 이창신 옮김(2010). **정의란 무엇인가**. 서울: 김영사. 226쪽.

9

69. 조셉 러프트Joseph Luft와 해리 잉햄Harry Ingham이라는 두 심리학자가 1955년에 한 논문에서 개발한 것으로 '조하리Johari'는 두 사람 이름의 앞 글자를 합성해서 만든 용어이다. 조하리의 창은 크게 네 개로 이뤄지는데, 자신도 알고 타인도 아는 '열린 창', 자신은 알지만 타인은 모르는 '숨겨진 창', 나는 모르지만 타인은 아는 '보이지 않는 창', 나도 모르고 타인도 모르는 '미지의 창'이 그것이다. 네 개의 창은 자아를 점검하고 자신과 타인의 관계를 맺는 데 유용하게 활용할 수 있다.

70. 전문성신장학교PDS는 1983년 17개 대학교 교육대학 학장들이 함께 구성한 홈즈 그룹Holmes group 활동에서 시작되었다. 교원 양성 대학교의 교육이 현장에서 쓸모없다는 비판과 관련하여 실천가인 현장 교사와 이론가인 대학 연구자들이 동료로서 함께 일하는 장으로 전문성신장학교가 시도되었다. 예비 교사, 교사, 교육 행정가가 학습공동체를 이루어 교수와 학습에 대한 신중하고 장기적인 연구를 통해서 모든 학생들의 공동 성장에 기여하려는 시도로 미국의 교사 양성 기관의 재구조화에 많은 영향을 미쳤다.

71. 이계삼(2013). **삶을 위한 국어교육**. 서울: 교육공동체 벗. 6쪽.

72. 이정동(2017). **축적의 길**. 서울: 지식노마드. 110쪽.

73. 이 훌륭한 수업 아이디어는 황인복, 최봉근, 허용, 송유진 교사의 공동 작업의 산물이다. 이들은 미래교실네트워크 오프라인 모임에서 동학년 교사로 알게 된 후 1년 동안 격주에 한 번씩 만나서 공동으로 수업을 설계했다. 수업을 설계할 때는 교과서의 핵심 내용을 학생들이 직접 활동해 보면서 체득할 수 있도록 하는 데 중점을 둔다고 했다. 이렇게 공동으로 작성한 수업 아이디어를 바탕으로 수업을 해 보고 수업 후기도 수시로 공유한다. 그 덕분에 한 차시 수업을 네 차례 정도 서로 공유하면서 학습지나 활동을 계속해서 수정하고 다듬어 가는 기회를 가질 수 있었다. 본문에 소개된 '비빔밥 만들기' 활동도 그런 과정을 통해서 개발하고 수정되었기 때문에 매우 완성도 높은 활동이 될 수 있었다. 초등 교사는 교과 전담을 하지 않는 이상 한 차시의 수업을 다시 수정하여 수업해 볼 기회가 없어 수업 아이디어를 다듬고 완성도를 높여 가기가 어려운 환경이다. 네 교사의 수업공동체 활동은 이런 상황을 극복하고 협력을 통해서 수준 높은 수업을 실천해 가고 있다는 점에서 초등 수업 연구의 매우 좋은 전형이다.

74. 교수의 의도에 학생들이 모두 따라오는 것이 꼭 좋은 수업은 아니라는 단서는

달아 두어야겠다. 비판적 시각을 견지하는 것은 언제나 중요하다.

75. 유시민의 《후불제 민주주의》, 장하준의 《그들이 말하지 않는 23가지》, 한국 문화인류학회의 《처음 만나는 문화인류학》, 선대인의 《일의 미래, 무엇이 바뀌고 무엇이 오는가?》, 노웅희·박병석의 《교실 밖 지리여행》, 유시민의 《내 머리로 생각하는 역사 이야기》이다. 책의 목록을 보면 필자의 선호가 많이 반영되어 있다는 생각을 새삼 하게 된다. 책 선정에 대한 고민은 앞으로 좀 더 해야 할 듯하다.

76. 이 문단은 필자가 2016년에 쓴 논문 [현장 중심 미국 교사 교육 프로그램에 대한 관찰 연구. 청주교육대학교 논문집. 제51집. 18쪽]을 일부 수정하여 인용하였다.

77. 물론 모든 교수가 이 과업을 수행하지는 않는다. 대학 내에 교사 교육을 담당하는 부서가 별도로 있고 여기에 소속된 교수와 교사 교육자supervisor들을 중심으로 예비 교사 교육을 전담하는 형태이다. 따라서 우리나라 대학의 경우도 학문 연구를 담당하는 파트와 교사 교육을 실천적으로 담당하는 파트를 구분하여 양자가 상호 보완적으로 발전하게 하는 것도 교사 양성 대학 개편 방안 중 하나로 검토해 볼 수 있다.

78. 이 글의 주요 내용은 [Anastasia P. Samaras(2010). *Self-Study Teacher Research: Improving Your Practice Through Collaborative Inquiry.* 임칠성 외 옮김(2014). **더 나은 수업을 위한 셀프스터디: 셀프스터디 연구의 기초와 방법**. 서울: 우리학교]를 참고하였다.

교육공동체 벗

교육공동체 벗은 협동조합을 모델로 하는 작은 지식공동체입니다.
협동조합은 공통의 목적을 가진 사람들이 모여서 만든
권력과 자본으로부터 독립된 경제조직입니다.
교육공동체 벗의 모든 사업은 조합원들이 내는 출자금과 조합비로 운영됩니다.
수익을 목적으로 하지 않기에 이윤을 좇기보다
조합원들의 삶과 성장에 필요한 일들과
교육운동에 보탬이 될 수 있는 사업들을 먼저 생각합니다.
정론직필의 교육전문지, 시류에 휩쓸리지 않는 정직한 책들,
함께 배우고 나누며 성장하는 배움 공간 등
우리 교육 현실에 필요한 것들을 우리 힘으로 만들고 함께 나누고 있습니다.

조합원 참여 안내

출자금(1구좌 일반 : 2만 원, 터잡기 : 50만 원)을 낸 후 조합비(월 1만 5천 원 이상)를 약
정해 주시면 됩니다. 조합원으로 참여하시면 교육공동체 벗에서 내는 격월간 교육전문지
《오늘의 교육》과 조합 회지 〈벗마을 이야기〉를 받아 보실 수 있습니다. 출자금은 종잣돈으
로 가입할 때 한 번만 내시면 됩니다. 조합을 탈퇴하거나 조합 해산 시 정관에 따라 반환합
니다. 터잡기 조합원은 벗의 터전을 함께 다지는 데 의미와 보람을 두며 권리와 의무에서
일반 조합원과 차이는 없습니다. 아래 홈페이지나 카페에서 조합 가입 신청서를 내려받아
작성하신 후 메일이나 팩스로 보내 주세요.

홈페이지 communebut.com
카페 cafe.daum.net/communebut
이메일 communebut@hanmail.net
전화 02-332-0712
팩스 0505-115-0712

교육공동체 벗을 만드는 사람들

※하파타 순

후쿠시마 미노리, 황지영, 황정일, 황정원, 황이경, 황윤호성, 황봉희, 황기철, 황규선, 황고운, 홍정인, 홍용덕, 홍순성, 홍세화, 홍성구, 홍석근, 현복실, 현미열, 허효인, 허창수, 허윤영, 허성균, 허보영, 허기영, 허광영, 함점순, 함영기, 한학범, 한채민, 한지혜, 한은옥, 한영욱, 한소영, 한성찬, 한석주, 한민혁, 한만중, 한낱, 한길수, 한경희, 하효정, 하주현, 하정호, 하정필, 하인호, 하승우, 하승수, 하순배, 탁동철, 최희성, 최현숙, 최현미, 최진규, 최주연, 최정윤, 최정아, 최은희, 최은정, 최은숙, 최은경, 최윤미, 최원혜, 최영식, 최연희, 최연정, 최승훈, 최승복, 최선영, 최선경, 최봉선, 최보람, 최병우, 최미영, 최류미, 최대현, 최기호, 최광용, 최경미, 최경련, 최강토, 채효정, 채종민, 채민정, 차종숙, 차용훈, 진현, 진주형, 진웅용, 진영준, 진냥, 지정순, 지수연, 주순영, 조희정, 조형식, 조현민, 조향미, 조해수, 조진희, 조지연, 조준혁, 조주원, 조정희, 조용현, 조윤성, 조원희, 조원배, 조용진, 조영현, 조영옥, 조영실, 조영선, 조여은, 조여경, 조성희, 조성실, 조성배, 조성대, 조석현, 조석영, 조문경, 조남규, 조경애, 조경아, 조경삼, 조경미, 제남모, 정희영, 정희선, 정홍윤, 정혜령, 정현진, 정현주, 정현숙, 정혜레나, 정춘수, 정진영a, 정진영b, 정진규, 정종헌, 정종민, 정재학, 정이든, 정은주, 정은균, 정유진a, 정유진b, 정유숙, 정유섭, 정원탁, 정원석, 정용주, 정예슬, 정영현, 정애순, 정수연, 정보라, 정미숙a, 정미숙b, 정명옥, 정명영, 정늑년, 정대수, 정남주, 정광호, 정광필, 정광일, 정관모, 정경원, 전혜원a, 전혜원b, 전준한, 전정희, 전유미, 전세란, 전보애, 전병기, 전민기, 전미영, 전명훈, 전난희, 장현주, 장인하, 장은하, 장은미, 장윤영, 장원영, 장시준, 장상욱, 장병훈, 장병학, 장병순, 장근영, 장군, 장경훈, 임혜정, 임향신, 임한철, 임지영, 임중혁, 임종길, 임정은, 임전수, 임은우, 임수진, 임성빈, 임성무, 임선영, 임상진, 임민자, 임동헌, 임덕연, 이희옥, 이희연, 이효진, 이호진, 이혜정, 이혜린, 이현, 이혁규, 이향숙, 이한진, 이태영a, 이태영b, 이충근, 이진혜, 이진주, 이지현, 이지향, 이지영, 이지연, 이중석, 이주희, 이주영, 이종은, 이정희a, 이정희b, 이재익, 이재영, 이재두, 이임순, 이인사, 이은희a, 이은희b, 이은향, 이은진, 이은주, 이은영, 이은숙, 이윤엽, 이윤승, 이윤선, 이윤미, 이윤경, 이유진a, 이유진b, 이월녀, 이원남, 이용환, 이용석, 이용기, 이영화, 이영혜, 이영주, 이영아, 이연진, 이연주, 이연숙, 이연수, 이승헌, 이승태, 이승아, 이슬기a, 이슬기b, 이수정a, 이수정b, 이수연, 이수미, 이성희, 이성호, 이성숙, 이성수, 이설희, 이선표, 이선영a, 이선영b, 이선애a, 이선애b, 이선미, 이상훈, 이상화, 이상직, 이상원, 이상우, 이상미, 이상대, 이병준, 이병곤, 이범희, 이민아, 이미옥, 이미숙, 이미라, 이문영, 이명훈, 이명형, 이동철, 이동준, 이덕주, 이남숙, 이난영, 이나경, 이기규, 이근희, 이근철, 이근영, 이광연, 이계삼, 이경화, 이경은, 이경욱, 이경언, 이경림, 이건진, 윤홍은, 윤지형, 윤종원, 윤우람, 윤영훈, 윤영백, 윤수진, 윤상혁, 윤병일, 윤규식, 유효성, 유재을, 유영길, 유수연, 유병준, 위양자, 원지영, 원윤희, 원성제, 우창숙, 우지영, 우완, 우수경, 오중근, 오정오, 오재홍, 오은정, 오은경, 오유진, 오수진, 오수민, 오세희, 오민식, 오명환, 오동석, 염정신, 여희영, 여태전, 엄창호, 엄지선, 엄재홍, 엄기호, 엄기옥, 양해준, 양지선, 양은주, 양은숙, 양영희, 양애정, 양선형, 양서영, 양상진, 안효빈, 안찬원, 안지현, 안지윤, 안준철, 안정선, 안용덕, 안옥수, 안영신, 안영빈, 안순억, 심항일, 심은보, 심승희, 심수환, 심동우, 심경일, 신혜선, 신충일, 신창호, 신창복, 신중휘, 신중식, 신은정, 신은경, 신유준, 신소희, 신성연, 신미옥, 송호영, 송혜란, 송한별, 송정은, 송인혜, 송용석, 송승훈, 송명숙, 송근희, 손현아, 손진근, 손정란, 손은경, 손성연, 손민정, 손미승, 소수영, 성현석, 성유진, 성용혜, 성열관, 설은주, 설원민, 선휘성, 선미라, 석옥자, 석경순, 서혜진, 서태성, 서지연, 서정오, 서인선, 서은지, 서우철, 서예원, 서명숙, 서강선, 상형규, 변현숙, 백현희, 백영호, 백승범, 배희철, 배주영, 배정현, 배정원, 배이상헌, 배영진, 배아영, 배경내, 방득naji, 방경내, 반영진, 박희진, 박희영, 박효정, 박효수, 박환조, 박혜숙, 박혜린, 박형진, 박형일, 박현희, 박현숙, 박춘애, 박춘배, 박철호, 박진환, 박진수, 박진교, 박지희, 박지홍, 박지혜, 박지인, 박지원, 박중구, 박정미, 막재선, 막은하, 막은아, 막은성, 막봉민, 막복수, 막복均, 박냉실, 박연지, 박신자, 박수진, 박세영, 박성ㅠ, 박목선, 박미희, 박명진, 박명숙, 박동혁, 박도정, 박도영, 박덕수, 박대성, 박노해, 박내현, 박나실, 박고형준, 박경화, 박경이, 박건형, 박건진, 민병성, 문용석, 문영주, 문순옥, 문수현, 문수영, 문수경, 문성철, 문명숙, 문경희, 모은정, 마승희, 류창모, 류정희, 류재향, 류우종, 류명숙, 류대현, 류경원, 도정철, 도방주, 데와 타카유키, 노영현, 노상경, 노경미, 남효숙, 남정민, 남윤희, 남유경, 남원호, 남예린, 남미자, 남궁역, 나규환, 김희정, 김희옥, 김홍규, 김훈태, 김환희, 김홍규, 김혜영, 김혜림, 김형렬, 김현진a, 김현진b, 김현주a, 김현주b, 김현영, 김현실, 김현경, 김현택, 김필임, 김태훈, 김태원, 김천영, 김찬우, 김찬영, 김진희, 김진숙, 김진명, 김진, 김지훈, 김지운, 김지연a, 김지연b, 김지안, 김지미, 김지광, 김중미, 김준연, 김주영, 김종현, 김종진, 김종원, 김종욱, 김종성, 김종선, 김정은, 김정식, 김정삼, 김재황, 김재민, 김인순, 김이은, 김이민경, 김은파, 김은영, 김은아, 김은식, 김은숙, 김윤주, 김윤우, 김윤예, 김원석, 김우영, 김우, 김용훈, 김용양, 김용만, 김요한, 김영희, 김영진a, 김영진b, 김영진c, 김영주a, 김영주b, 김영아, 김영삼, 김연정a, 김연정b, 김연일, 김연오, 김연미, 김아현, 김순천, 김수현, 김수진a, 김수진b, 김수정a, 김수정b, 김수연, 김수경, 김소희, 김소혜, 김소영, 김세호, 김성탁, 김성진, 김성숙, 김성보, 김선희, 김선철, 김선우, 김선미, 김선구, 김석규, 김서화, 김상희, 김상정, 김봉석, 김보현, 김병희, 김병훈, 김병기, 김범주, 김민희, 김민선, 김민곤, 김민결, 김미향, 김미진, 김미숙, 김미선, 김문옥, 김무영, 김묘선, 김명희, 김명섭, 김동현, 김동일, 김동원, 김도석, 김다희, 김다영, 김남철, 김나혜, 김기웅, 김기언, 김규태, 김광민, 김고종호, 김경일, 김경미, 김가연, 기세라, 금현진, 금현옥, 금민순, 권혜영, 권혁천, 권태윤, 권자영, 권용해, 권미지, 국찬석, 구자혜, 구자숙, 구원회, 구완회, 구수연, 구본희, 구미숙, 꽹이눈, 광흠, 곽혜영, 곽현주, 곽진경, 곽노현, 곽노근, 공현, 공영아, 고춘식, 고진선, 고윤정, 고영주, 고영실, 고병헌, 고병연, 고민경, 강화정, 강현주, 강현정, 강한아, 강태식, 강준희, 강인성, 강이진, 강은영, 강윤진, 강영일, 강영구, 강순원, 강수미, 강수돌, 강성규, 강석도, 강서형, 강미정, 강경모

※ 2022년 11월 15일 기준 742명

* 이 책의 본문은 재생 용지를 사용해서 만들었습니다.
* 생태 보존과 자원 재활용을 위해 표지 코팅을 하지 않았습니다.